资源枯竭型城市
创业服务体系创新研究

田贵贤◎著

RESEARCH ON INNOVATION OF
ENTREPRENEURSHIP SERVICE SYSTEM IN
RESOURCE-EXHAUSTED CITIES

经济管理出版社
ECONOMY & MANAGEMENT PUBLISHING HOUSE

图书在版编目（CIP）数据

资源枯竭型城市创业服务体系创新研究/田贵贤著．—北京：经济管理出版社，2022.12
ISBN 978-7-5096-8851-9

Ⅰ.①资…　Ⅱ.①田…　Ⅲ.①城市经济—转型经济—研究—中国　Ⅳ.①F299.21

中国版本图书馆 CIP 数据核字（2022）第 244832 号

组稿编辑：魏晨红
责任编辑：魏晨红
责任印制：黄章平

出版发行：经济管理出版社
　　　　　（北京市海淀区北蜂窝 8 号中雅大厦 A 座 11 层　100038）
网　　址：www.E-mp.com.cn
电　　话：（010）51915602
印　　刷：北京市海淀区唐家岭福利印刷厂
经　　销：新华书店
开　　本：720mm×1000mm/16
印　　张：26.25
字　　数：456 千字
版　　次：2023 年 12 月第 1 版　　2023 年 12 月第 1 次印刷
书　　号：ISBN 978-7-5096-8851-9
定　　价：88.00 元

前　言

当前，我国经济进入了创新驱动发展的新常态。基于市场与制度是资源配置的两种形态，创新创业的发展离不开创业服务体系的支持。创业服务体系与创业主体深度结合，能有效地促进新创企业技术优势和资源配置效率的提升，进而实现创业服务体系—新创企业—社会经济的协同发展。

资源枯竭是城市在社会发展过程中由资源禀赋、技术变革或社会发展等因素导致的结果。它给城市经济的转型升级和社会发展带来了一定程度的阻碍，同时也影响着创业服务体系的功效。基于我国经济转型升级背景下资源枯竭型城市数量逐渐增加导致的社会经济矛盾逐渐加剧，本书以资源枯竭型城市创业服务体系的创新为研究课题就具有了一定的现实意义和理论价值。

资源枯竭型城市创业服务体系创新研究的核心问题是如何深化了解创业服务体系与新创企业的互动机理和功效，其逻辑路径是：细化创业服务体系对新创企业的机会识别、资源获取、能力构建以及价值创造过程的互动机理，并科学地评价互动机理的功效以及影响因素。资源枯竭型城市创业服务体系创新研究是结合城市自身现状和社会经济发展目标进行创业服务体系创新的现实基础和路径设计的前提条件。

创业服务体系可以细化为新创企业合法性服务、资源性服务、机会识别性服务和市场协调性服务。它们对市场需求型新创企业和对技术创造型新创企业的作用机理是存在差异的。本书通过实证分析发现，政府质量提升下的机会识别性服务和市场协调性服务更有助于技术创造型新创企业成长，而资源性服务有助于市场需求型新创企业成长，但也会造成资源错配。这表明资源枯竭型城市创业服务体系对异质的新创企业互动机理和功效是有差异的。

政府、新创企业和市场是创业服务体系的三个主体。它们之间的利益有时是冲突的，这种冲突影响着创业服务体系对新创企业的互动机理和功效。本书通过分析政府—新创企业、新创企业—市场以及政府—市场之间的利益关系，明晰了资源枯竭型城市创业服务体系的创新应以现有市场需求和资源技术为基础、以社会经济协同发展为目标的体系结构再构建。

区位差异、历史原因、资源禀赋以及行政因素等造成了资源枯竭型城市居民生活、产业结构、劳动力结构和市场体制的差异，它们也影响着资源枯竭型城市创业服务体系的功效。本书通过比较这些差异和新创企业的关系，不仅明晰了创业服务体系再构建的详细指标，也明晰了创业服务体系指标权重的设置对异质新创企业功效的差异及机理。这表明创业服务体系评价及管理标准的不同会通过创业服务体系的功效使资源枯竭型城市的社会经济协同发展和转型升级发生变化。

基于新创企业的就业效应、全要素生产率效应和经济效应，本书实证分析了创业服务体系差异的上述三个效应。并通过比较它们的回归系数发现：创业服务体系的合法性服务对三个效应均有显著关系，但作用力度有限；资源性服务对就业效应有显著关系，但对全要素生产率效应和经济效应关系不显著；机会识别性服务对三个效应均有显著关系，但对技术创造型新创企业发挥功效时需要一定的外部调节因素；市场协调性服务对三个效应也均有显著关系，但同样需要一定的外部调节因素。这表明资源枯竭型城市创业服务体系的创新路径是有差异的。

最后，基于资源枯竭型城市创业服务体系创新的原则，结合资源枯竭型城市的现状、资源禀赋、产业结构以及社会经济发展目标，本书用纳什模型、Salop模型、Hotelling 模型和匹配模型分析并设计了创业服务体系中合法性服务创新的路径是大数据、互联网和云计算平台提供服务效率的提升；资源性服务创新的路径是信息传递和资源激励技术创造型新创企业以及行政服务市场需求型新创企业；机会识别性服务创新的路径是培育企业家精神；市场协调性服务创新的路径是构建资本—市场—大数据的创业平台。

本书的主要创新点体现在三个方面：第一，通过细分创业服务体系明晰了创业服务体系创新对新创企业不同的作用机理，政府质量和市场协调更有助于新创技术型企业成长；第二，通过创业服务体系利益主体的博弈分析深化了外部环境对创业服务体系作用机理的影响，创业服务体系创新的关键在内容与权重上；第三，通过实证分析创业服务体系的差异与当地社会经济目标的关系，创新性地提出了创业服务体系的创新原则是因地制宜、动态创新、激励管理和持续有效。

目　录

1　绪论

本章首先介绍本书的研究背景、目的与意义，形成研究主体；其次对国内外相关研究文献进行综述，并根据研究主体概念界定了资源枯竭型城市、创业和创业服务体系；再次通过延伸资源枯竭型城市创业服务体系的问题给出了本书的研究思路与研究内容；最后提出了本书的学术贡献与创新点。

1.1　研究背景、目的与意义

1.1.1　研究背景

企业是国民经济的细胞与载体，它的更新与成长促进了国民经济的健康发展。随着市场经济体制改革和对外开放政策的逐步推进，我国涌现出无数民营企业、集体企业和外资企业，它们构成了我国经济增长的重要力量。国家统计局发布的《2018 年国民经济和社会发展统计公报》显示，截至 2018 年底，我国国内生产总值（GDP）为 900309 亿元，首次突破 90 万亿元大关，成为世界第二大经济体。

经济增长的动力有投资、消费和出口，以往我国经济增长是要素驱动型、投资驱动型和出口驱动型的增长。2008 年世界经济危机之后，我国经济出现了要素成本上升、出口竞争力较低等问题，经济增长方式进入了创新驱动发展的新常态。这更需要创业服务体系与创业主体深度结合，以促进新创企业技术优势和资源配置效率的提升，进而实现创业服务体系—新创企业—社会经济的协同发展。

《国务院关于大力推进大众创业万众创新若干政策措施的意见》成为各级政府推出创业服务体系的指导纲领。2016年5月，国务院办公厅印发了《关于建设大众创业万众创新示范基地的实施意见》，并强调要优先支持建设双创示范基地的新模式，提出了拓宽市场主体发展空间、强化知识产权保护、加速科技成果转化、加大财税支持力度和促进创业创新人才流动等改革举措，通过激发体制活力和内生动力，营造良好的创业创新生态和政策环境。

技术创造型创业可以促进经济质量的提升，市场需求型创业可以增加就业、缓解贫富差距，实现我国经济在创新驱动发展的新常态和供给侧去杠杆背景下的经济转型升级和社会和谐发展以及全面小康中国梦。我国各类企业孵化器不仅在数量上呈爆发式增长，规模上也是一骑绝尘。这表明无论是在理论指导上还是在社会实践上，创业服务体系的构建和创新都已成为我国经济转型升级和社会和谐发展的重要政策工具。

1.1.2　研究目的

根据资源产业与资源型城市发展的规律，资源型城市必然要经历建设—繁荣—衰退—转型—振兴或消亡的过程，在这一过程中由于资源开采已超过70%而出现资源枯竭的城市就通常被称为资源枯竭型城市。资源枯竭型城市的经济转型是个世界性问题。从国际经验来看，较好地实现了资源枯竭型城市转型和可持续发展的城市有德国鲁尔（煤钢城）、法国洛林（煤钢城）、日本九州（煤城）等，正在科学合理实现的城市有美国匹兹堡（钢城）、美国休斯敦（油城）、美国洛杉矶（油城）等。

国际上解决资源枯竭型城市转型问题常用的模式有：市场式转型（以美国为代表），即政府很少对转型进行具体的控制，主要做好规划和服务工作，更多地依靠市场力量和企业自身发展；政府领导式转型（以法国、德国为代表），即政府成立专门委员会和其他组织来协调各种资源，进行产业结构调整、促进地区产业进步和经济发展，并最终实现区域经济的腾飞；产业政策式转型（以日本为代表），即在产业政策指导下进行产业援助，按产业发展规模配置资源以促进新产业成长。

我国资源枯竭型城市已处于创新驱动发展的新常态和供给侧去杠杆的过程中，且产业链竞争、产业集聚发展已成为国家的宏观战略。由于市场主导下的产业转型升级、政府主导下的产业转型升级以及产业政策主导下的转型升级都不能改变资源枯竭型城市劳动力外流、主导企业核心竞争力不足、要素成本上升等转型瓶颈，为此，资源枯竭型城市通过创业服务体系促进创新来实现就业、经济转型升级和社会和谐发展是一条科学可行的战略途径。这是因为创业既可以带动就业，也可以促进产业转型，它是资源枯竭型城市转型发展的潜在动力。一方面，农民工返乡创业不仅缓解扶贫压力，还可以通过收入增加刺激消费；另一方面，大学生技术创造型创业可以实现技术效率的提升，促进产业转型升级，创业增加的财政收入可以支撑社会和谐发展。

目前，我国资源枯竭型城市开始注重在创业服务体系构建与创新方面加大投入力度。据国家发展和改革委员会消息，截至 2018 年 12 月底，全国 69 个资源枯竭城市已累计获得中央财政转移支付资金近 1600 亿元，其中 3.7% 用在了创业服务体系构建和创新上，例如，成立创业孵化基地、财政补贴农民工返乡创业等。董利红等（2015）发现，制度质量和技术投入水平的提高可以有效地改善资源依赖对经济增长的负面影响，万建香和汪寿阳（2016）提出，社会资本加速积累将引导更多劳动力流向技术创新部门，从而打破资源枯竭型城市转型中的"资源诅咒"。

创业服务体系的创新对资源枯竭型城市就业、转型升级和社会和谐发展的功效还有一些问题需要深化研究，例如，如何在技术创造型创业和市场需求型创业之间权衡财政支出、创业服务体系对新创企业的作用机理是什么、如何激励等。基于上述问题和新企业创立初期存活率低、深受"新进入缺陷"困扰的现状，资源枯竭型城市创业服务体系的创新就构成了本书的研究主题，该主题的研究对资源枯竭型城市的转型升级具有一定的理论价值和现实意义。

1.1.3 研究意义

1.1.3.1 理论意义

创业服务体系可以通过机会识别、资源支持、创业激励等措施影响新创企业的创建和成长，而新创企业可以通过实现就业、全要素生产率提升和经济增长影响城市的转型升级和社会和谐发展。为此，在创新驱动实体经济增长的新常态和供给侧去杠杆背景下，资源枯竭型城市同样期望通过创业服务体系来促进就业、经济转型升级和社会和谐发展。

本书通过实证分析创业服务体系的合法性服务、资源性服务、机会识别性服务和市场协调性服务对技术创造型创业和市场需求型创业的作用机理，深化了对创业服务体系创新的核心与关键是政府质量提升和市场协调效率提升的认识。

本书通过对创业服务体系利益相关者的博弈进行分析，明晰了创业服务体系创新后内生性生态影响功效的机理是利益冲突与信息不对称性下的机会主义。这表明创业服务体系的创新是内容指标创新和权重创新。

本书在创业服务体系创新后的评价体系构建中不仅注重内容指标和权重，还注重资源枯竭型城市差异化环境和内容对评价体系的影响，这表明资源枯竭型城市创业服务体系创新后的评价体系也要因地制宜、动态管理。

本书通过实证分析资源枯竭型城市创业服务体系创新的效应发现，资源枯竭型城市创业服务体系的创新路径是差异化的。这种差异来自创业服务体系与新创企业互动机理的差异、利益相关者影响功效的差异、资源枯竭型城市特征的差异和转型升级战略选择的差异。

本书的理论价值在于深化了创业服务体系与新创企业互动的机理、明晰了利益相关者对创业服务体系功效的影响、探索了创业服务体系创新的内容指标和权重、拓展了创业服务体系创新与资源枯竭型城市转型升级的理论基础。

1.1.3.2 现实意义

我国资源枯竭型城市数量不仅是国家现已审批的 69 个，还有一些潜在的城市（如一些林场地区等），其数量多（约占我国县级以上城市的 2.2%）、人口规模大（接近1亿人）、区域分布广（27个省、自治区或直辖市）。资源枯竭型城市的就业、经济转型升级和社会和谐发展不仅影响着我国新时代全面小康社会的建设，还影响着我国国民经济跨越中等收入陷阱的宏伟战略。为此，各资源枯竭型城市均在推进创业服务体系的创新，执行"双创政策"，鼓励农民工返乡创业、大学生创业以及高层次人才的科技创业，以通过创业推动资源枯竭型城市就业、经济转型升级和社会和谐发展目标的实现。

本书深化研究创业服务体系的创新与新创企业互动的机理以及利益相关者对创业服务体系创新功效的影响，不仅可以实现指导资源枯竭型城市创业服务体系的创新来促进创业，进而实现就业、经济转型升级和社会和谐发展，还可以为我国资源枯竭型城市通过创业推进全面建成小康社会和新时代城乡一体化提供现实指导。

1.2　国内外相关研究文献综述

1.2.1　国外相关研究文献综述

国外对创业的研究兴起于20世纪60年代。早期主要围绕创业者本身以及创业者的创业精神和资源整合而展开，其理论基础是熊彼特的创新理论和 Kirzner 的企业家精神理论。随着创业在美国和世界各地的蓬勃发展，创业的研究领域也在不断拓展，主要涉及创业支撑环境体系研究、创业企业生成过程研究、创业过程的影响因素分析、创业的国与国间比较研究以及产权视角下的动态能力研究等。

上述创业研究视角及其成果已体现在以下教科书里，例如，布鲁斯·R.巴林杰（2016）在《创业计划书》中提到了从创意到方案的过程；珍妮特·K.史密斯等（2017）从新创企业融资的视角展开了研究；托马斯·H.拜尔斯等（2017）深入研究了技术创业的过程；史蒂夫·布兰克和鲍勃·多夫（2013）在创业手册中细化了创业过程的资源整合和竞争优势构建。这些研究综合分析了创业企业的环境、成长过程、关键因素管理和国际视角下竞争优势的构建及价值创造。

事实上，创业者对创新性机会的识别是一系列内外部因素综合作用的结果，创业者先前的工作经验和知识结构有助于发现创业机会。机会发现是个体获取、处理并解读信息价值的过程。创业者所识别的机会特征各不相同，大多数创业者识别的是模仿性创业机会，只有极少数人才能看到极富创新性的创业机会。即使是在嵌入网络结构中相似的个体之间，仍会因网络成员的特征不同而导致个体所能获取的信息质量和价值存在差异。

创业机会的发现取决于两个必要条件：一是个体获取承载创业机会的信息；二是个体合理解读这些信息并识别其中蕴含的价值。这表明新创企业对资源整合创建竞争优势同样是创业过程的重要组成部分。管理者在动态环境中不断利用自身特征及资本调整企业资源整合状态以应对外界变化，例如，整合更多的资源进行新产品研发来满足顾客需求、拥有更多机会实施地区多元化销售以突破区域发展的局限性。

制度经济学家鲍莫尔（1998）和道格拉斯·诺斯（2022）认为，合理的制度能激励创业者致力于生产性创业活动，在转型经济环境下，创业型企业不但可以适应，而且可以通过改变一定的条件为自己创造相对有利的制度环境。这也从创业环境的视角解读了外部政策对创业活动的影响。例如，David M. Hart（2003）等分别论述了创业政策的概念、必要性及构成等。

1.2.2 国内相关研究文献综述

我国学者对创业的相关研究主要集中在创业服务体系、创业过程、孵化器、创业主体、创业环境及政策等方面。

潘光林（2001）对创业支持系统的构成从宏观、中观、微观三个方面进行了详细的论述。何云景（2006）认为，创业是人员、资金与项目的有机结合，并提出应从知识支持系统、资金支持系统和政府支持系统三个方面支持大学生创业。

邵佩佩（2019）从人才培养、机制建设、环境营造等方面，对我国中小企业创新创业服务体系建设进行了研究，并给出了政策层面的制定建议。罗萧（2018）提出了系统数字化运营平台。刘静和熊一坚（2011）认为，有必要从中小企业的内部机制、融资、创业辅助等层面构建和优化相应的支持体系。

张秀娥和徐雪娇（2019）基于链式中介效应模型，分析了创业学习与新创企业成长之间的关系，发现创业学习对新创企业成长具有正向影响。项国鹏等（2018）提出，创业者社会网络能力有利于推动创业机会的识别。曲婉和冯海红（2018）研究了创业资本和创业机会之间的关系，发现创新创业政策并非直接作用于创业活动，而是通过增强创业资本和创业机会对早期创业行为的正向影响来发挥重要的调节作用。

鲁喜凤和郭海（2018）发现，创业者在创业过程中，只有根据所识别机会的创新性程度匹配合适的资源整合方式，才能获得更高的绩效回报。肖智润（2007）针对创业培训体系进行了深入、全面、系统的研究。陈聪等（2018）提出，创业环境（市场化指数）作为调节变量能强化市场需求型创业动机对创业者自尊感的正向影响。李新春等（2016）认为，地区市场化进程、正式制度、行动者资源地位及业绩期望四个方面会驱动创业者从事技术创造型创业。

尹俣潇等（2019）实证研究发现，创业认知学习、经验学习、实践学习在创业网络关系嵌入与创业成长的关系中发挥部分中介作用，尤其是创业经验对新创企业绩效有显著影响。芮正云和罗瑾琏（2019）指出，机会型创业导向显著促进企业进行突破式创新追赶，而资源型创业导向显著促进企业进行渐进式创新追赶。

陈建安（2019）发现，创业成长抱负并非越高越好，它对创业者和新创企业均可能带来"双刃剑"效应。刘田田等（2019）验证了创业服务体系与新创企业的互动导向对新创企业绩效的促进作用，并阐释了互动导向转化为新创企业绩效的机理。袁剑锋和许治（2018）对孵化器的本质、类型、孵化过程、孵化模式、孵化机理和孵化绩效进行了全面的探讨。

易锐和夏清华（2018）认为，孵化器对新创企业克服初创脆弱性具有显著的作用。李浩和胡海青（2019）探究了孵化器控制力与在孵企业创造力之间的内在逻辑关系，实证检验了孵化器控制力与在孵企业创造力之间呈倒"U"形关系。颜振军和侯寒（2019）使用 K—均值聚类法将 30 个省份的孵化器划分为孵化器运行高效类、孵化器规模低效类、孵化器运行低效类、孵化器配置低效类四类。

黄聿舟等（2019）指出，金融支持政策、公共服务政策和创业孵化绩效之间呈倒"U"形关系，政府应制定创业支持政策来科学地促进小微企业创业孵化基地建设。张建峰（2019）、杨俊宇等（2019）、段玲和张甜溪（2019）、许君如（2019）等指出，在"双创"背景下，孵化基地应积极探索符合中国发展模式的"政产学研用"协同创新模式，促进科技成果转化和中小企业融资，发挥企业家精神。潘冬等（2019）指出，当前关于孵化器知识产权服务升级影响因素的研究还较为匮乏。吴小春和宣燚斐（2018）提出了促进我国孵化器整合优势资源、实现产业发展的对策建议。

黄紫微等（2018）认为，孵化器应注重"政策性+产业化"发展，以补充和完善新兴产业的创新创业环境。胡海青等（2017）考察了孵化器控制力与绩效的关系，指出孵化器网络要拓展深度和广度。王兆群等（2018）指出，孵化网络中的网络成员应更加丰富、开放，企业契约控制对企业行为信任和能力信任有着显著的正向影响。

屠文娟等（2018）认为，创业风险投资强度等因素对孵化企业竞争力有正向影响，并提出了提升我国科技企业孵化器竞争力的对策建议。娄丽娜（2019）指出，政府应当出台农民工返乡创业的法律法规，让返乡创业政策更科学化，真正发挥农民工创业对全国经济增长的直接贡献率。杜威漩（2019）认为，政府应该制定农民工返乡创业激励政策、搭建农民工返乡创业服务平台、营造农民工返乡创业扶贫的思想文化环境，以强化农民工返乡创业的积极性。

张立新等（2019）、李宏英（2019）等指出，应该优化乡村创业环境，营造良好的乡村创业氛围，增强返乡农民工创业意愿。王阳（2019）建议健全创业服务标准体系、完善一体化创业服务信息网、培育高素质农村创业服务人员队伍。王章豹等（2019）认为，理工科大学生对创业教育的重要性与前景有着客观的认识，但其创业兴趣和胜任力有待通过创业教育进一步增强。

张敬伟（2009）基于创造性拼凑与企业价值创新视角揭示了高成长企业的成长逻辑。张龙和王昀（2018）、王琦（2018）等提出了教育面向服务的产学研培育模式。林龙飞和陈传波（2019）指出，要围绕创业的核心要素进行政策和助创体系设计，解决我国创业政策"最后一公里"的梗阻问题。

文正再和王幸子（2018）从资源枯竭型城市的实际情况出发，提出了在政府主导下构建资源枯竭型城市开放式多层次的新型创业服务体系。吕文晶等（2017）界定了组织间依赖的内涵，并指出组织间依赖是组织权力的来源，分析了组织间依赖对创业政策的影响。高秀娟和彭春燕（2019）发现，中国创业政策主体呈现多元化和协调性趋势，造成拉动需求的政策工具使用率偏低。

程华和娄夕冉（2019）认为，当前供给类和环境类政策过溢，需求类政策偏少。其中，创新创业准备阶段环境型政策缺乏，起步阶段供给型政策缺乏，发展阶段需求型政策缺乏，造成技术创造型创业不足。刘伟江等（2019）提出，应根据各区域创新创业水平制定科技政策，根据不同区域的资源配置程度调整创新创业政策。

代明和郑闽（2018）提出，只有科学的区域创业政策才能提高企业家创业精神和创新精神，进而促进地区全要素生产率提升。何波（2018）指出2012～2017年创新创业服务综合评价指数总体上呈逐年递增的趋势，但创业政策对企业创新创业服务的支撑能力仍然不足。王宏起和李婧媛（2017）依据科技创新活动的影响因素，实证检验了区域"双创"政策对科技创新创业活动具有显著的推动作用。

张青和张瑶（2017）发现，农户创业受所在农村社区的非生产性公共品供给影响，且不同类型的公共品对农户创业具有异质性作用。郑健壮等（2018）指出，需求型创业政策更有助于技术创造型创业。池仁勇和张宓之（2012）指出，创业政策培育出的多是市场需求型创业行为。文亮和李海珍（2010）指出，完善和提高创业企业激励政策有助于中小型新创企业的成长。

陈景信和代明（2018）发现，省域市场化环境对城市创业服务体系及创业绩效具有非线性影响，该影响还受到融资成本、法律法规等外部因素的调节。张晓冬和张卉娟（2011）从创业孵化机构服务质量的提升，赖敏等（2018）从制度环境和政府效能，张秀娥和赵敏慧（2017）从创新创业教育体系建设和开发成果的转化，陈文府（2007）从新创企业融资成本，韩飞燕和李波（2019）从农民电商的创业意愿，李雪莲等（2015）从创业者的社会资本，王一凡（2018）和董秀莹（2017）从农民工返乡创业中的政府扶持体系，钟惠波和刘霞（2018）从创业类型与市场化协同效应，王舒扬等（2018）从创业者预期，王肖芳（2017）从农民工返乡创业动机，陈敏灵和周彬（2019）从融资环境等方面分别提出了改善创业环境的措施。

1.2.3 文献述评

国内外相关创业文献的综述在一定程度上表明，创业是一个通过机会识别、资源整合、创建竞争优势进而创造价值的过程。该过程受创业服务体系、政府制度、创业类型、市场化程度等因素的影响。结合资源枯竭型城市有行政区位、基础设施、产业结构等方面的差异，不难发现，资源枯竭型城市创业服务体系与新创企业之间的作用机理还有待深入研究，以进一步促进资源枯竭型城市创业服务体系的创新，并提升创新功效。

1.3　概念界定

资源枯竭型城市、创业企业以及创业服务体系是本书的核心概念。基于我国实体经济创新驱动发展的新常态、供给侧去杠杆政策的背景，本书的研究主题是通过创业服务体系的创新促进资源枯竭型城市创业的科学和合理，进而实现资源枯竭型城市的就业、经济转型升级和社会和谐发展，这里有必要对这三个概念进行重新界定。

1.3.1 资源枯竭型城市

资源枯竭型城市通常是指，由于矿产资源开发进入后期、晚期或末期阶段而造成产业结构、经济增长甚至社会和谐稳定等出现一系列问题的城市。常见的问题包括失业率提高、经济增长缓慢甚至衰退以及社会福利与财政支出出现冲突等。产生这些问题的根源是城市的就业和社会经济发展过度依赖资源，而资源的累计采储量已达到可采储量的70%以上，资源危机的负面影响凸显（如环境污染）。

资源枯竭型城市的产生、发展、衰退与转型是全国各大资源型城市在探索中的普遍规律，资源枯竭型城市的转型升级也是各国政府和学者关注的典型难题。目前，资源枯竭型城市转型升级常用的模式主要有市场式转型、政府领导式转型、产业政策式转型等。其理论基础是依靠市场、政府或者政府—市场合力配置资源，促进产业转型升级。

资源枯竭型城市的转型升级不仅可以依靠政府—市场协调资源配置来实现，也可以通过创业政策支持下的产业发展来实现。资源禀赋差异、基础设施差异、市场化程度差异、区域经济水平差异等都对创业的效果以及城市转型升级有显著的影响。为此，本书的资源枯竭型城市是指在国家发展和改革委员会、自然资源部和财政部等单位评定、国务院发布的69个资源枯竭型城市（县、区）的基础上，具有资源禀赋差异、基础设施差异、市场化程度差异、区域经济水平差异城市。

这种对资源枯竭型城市的概念界定能体现资源枯竭型城市创业要素和创业环境的差异，可以明晰创业服务体系的外部环境、深化创业服务体系的创新机理和优化创业服务体系的创新路径，这主要是因为市场需求、创业环境、社会资本、政府质量影响着创业过程及其功效；同时，可以通过促进创业实现资源枯竭型城市的就业改善、经济转型升级和社会和谐发展。具体而言，本书以阜新、鹤岗、焦作、枣庄、铜仁、黄石、韶关、泸州、萍乡、潼关、白银、铜陵为样本，进行资源枯竭型城市创业服务体系的创新研究。

1.3.2　创业

创业是指企业家或创始人在机会识别的基础上，通过资源整合创建企业、构建竞争优势并获取价值的过程。这表明创业是从机会识别开始的一个过程，需要通过资源整合创建竞争优势来实现价值。

蒂蒙斯创业过程模型和萨尔曼创业过程模型是最典型的两个创业过程模型。前者聚焦商业机会、创业者或团队和资源能力，它认为商业机会是创业过程的核心驱动力，创业者或团队是创业过程的主导者，而资源能力是创业成功的根本保证，并强调在创业过程中，资源与机会之间存在一个适应→差距→适应的动态连续过程。后者聚焦商业机会、创业者或团队、外部环境和资源能力，并突出了环境的核心位置以及影响其他三个要素的互动过程。

不同于规模企业的再创业，这里的创业是指新创企业的创建与价值创造的过程。为了深化理解资源枯竭型城市的环境对新创企业的影响，明晰创业服务体系对新创企业的作用机理和自身创新的路径选择，本书把创业过程细化为机会识别、资源整合、合法性获取以及市场协调四个过程。其中，每一过程都体现企业家或创始人的认知、能力和行为；机会识别和资源整合是所有新创企业的两个核心过程，但技术创造型创业和市场需求型创业在这两个过程中有显著的差异；合法性获取和市场协调是新创企业通过政府或市场实现与外部环境匹配、获取竞争优势和价值创造的策略方法，体现了外部环境对新创企业成长的影响。

1.3.3　创业服务体系

新创企业受技术不成熟、固定资本少、声誉缺失、进入壁垒低等因素的影响，总是表现出一定程度的成长脆弱性。无论是市场经济发达的国家，还是政府主导型国家，或者是新兴市场经济体，其新创企业的成长都在一定程度上依赖政府政策支持，如财政补贴、产学研一体化、私募资金等。

创业服务体系通常是指帮助新创企业构建和价值创造的一系列服务体系，主要包括创业方案策划、经营管理咨询、技术成果转让、融资担保服务、人才培训、市场信息对接以及其他事务代理等。转型升级背景下，资源枯竭型城市也是通过创业服务体系支撑新创企业发展的。例如，焦作成立了妇女创业基金来支持中年妇女创业；白银、阜新等城市利用财政补贴发展电子商务；萍乡、鹤岗等城市均成立了创新创业孵化基地；铜仁、韶关等城市也是通过创业培育和创业项目比赛等措施开展技术创造型创业；还有部分资源枯竭型城市利用产学研合作实现了产业升级等。

现有的创业服务体系并没有关注技术创造型创业和市场需求型创业的差异，更没有考量创业服务体系的资源配置效率以及创新的方向。本书把资源枯竭型城市创业服务体系细分为合法性服务体系、资源性服务体系、机会识别性服务体系和市场协调性服务体系，具体的资源枯竭型城市创业服务体系内容结构如图1-1所示。

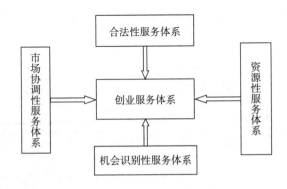

图1-1　资源枯竭型城市创业服务体系内容结构

这种细分创业服务体系的内容结构具有以下优点：一是有助于识别和区分技术创造型创业和市场需求型创业；二是有助于深化理解创业服务体系对创业过程的作用机理并优化创业路径；三是有助于根据资源枯竭型城市自身的资源禀赋、区位特征和产业现状制定科学合理的创业服务体系，从而实现就业、经济转型升级和社会和谐发展。

1.4　研究思路与研究内容

资源枯竭型城市创业服务体系创新的目的是，通过自身创新、优化新创企业成长，实现资源枯竭型城市的就业、经济转型升级和社会和谐发展。其创新的逻辑路径为：明晰创业服务体系与新创企业的作用机理、深化利益主体及外部环境对创业服务体系的影响、制定科学合理的创业服务体系创新内容及管理策略。本节具体介绍资源枯竭型城市创业服务体系创新的研究思路和研究内容。

1.4.1 研究思路

基于资源枯竭型城市的特征（如具有一定的产业基础、市场规模、行政级别等）、国内外创业服务体系的相关文献以及概念界定，构建资源枯竭型城市创业服务体系和新创企业的互动关系，如图 1-2 所示。

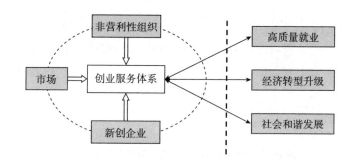

图 1-2　资源枯竭型城市创业服务体系和新创企业的互动关系

如图 1-2 可知，第一，资源枯竭型城市创业服务体系与城市的经济转型发展有一定的互动关系，创业服务体系通过促进创业可以帮助资源枯竭型城市实现就业改善、经济转型升级和社会和谐发展的战略目标，而资源枯竭型城市的产业政策、财政政策、技术政策和区域功能政策同样影响创业服务体系的创新功效；第二，创业服务体系不仅与新创企业具有直接的互动关系和作用机理，例如，培训创业者机会识别—资源支持鼓励创业—提高自身效率促进新创企业成长（其中也会注重新创企业成长中的市场关系协调，如法律、市场、技术等方面的咨询），它还通过间接作用影响自身与新创企业的互动，例如，通过协调新创企业外部网络或者通过提升新创企业外部市场的合法性来促进企业成长；第三，创业服务体系通过促进创业实现资源枯竭型城市就业改善、经济转型升级和社会和谐发展的战略目标中涉及政府（或非营利性组织、创业服务体系的执行者）、企业家或创始人（通常指新创企业的所有者）、市场（通常指利益相关者，包括消费者和竞争者等）等利益主体，它们的行为同样影响资源枯竭型城市创业服务体系的创新功效。

为此，资源枯竭型创业服务体系创新的研究思路是：明晰创业服务体系与新创企业的互动关系和作用机理，深化利益主体在创业服务体系与新创企业互动中的均衡行为特征，完善创业服务体系的指标内容和权重，实证检验资源枯竭型城市外部环境对创业服务评价体系的影响，制定科学、合理、动态的资源枯竭型城市创业服务体系的创新路径。具体问题如下：

1.4.1.1 探索资源枯竭型城市创业服务体系创新的机理

技术创造型创业和市场需求型创业不仅在机会识别上存在差异（差异在于是否需要技术研发来创业，例如，农民工返乡创业多是市场需求型创业，而产业升级多是技术创造型创业），在资源整合创造优势上也有差异（技术创造型创业需要技术研发和风险承担，而市场需求型创业需要低成本资源和低交易成本等），同时还存在政府或非营利性组织的合法性服务差异（市场需求型创业强调先动性和效率，而技术创造型创业强调技术和资本支持）以及市场协调的差异（技术创造型创业更注重市场的认可和上下游战略联盟）。为此，明晰资源枯竭型城市创业服务体系对新创企业的作用机理是促使企业有效创新的前提条件。

1.4.1.2 研究资源枯竭型城市创业服务体系利益相关者的博弈均衡

资源枯竭型城市创业服务体系促进新创企业的构建与成长的价值以及在就业、经济转型升级和社会和谐发展中的战略地位主要涉及政府、新创企业和市场（包括消费者和利益相关者）三个利益主体。这三个利益主体的行为同样影响着创业服务体系创新的路径和功效。为此，明晰资源枯竭型城市创业服务体系中利益相关者的博弈均衡以及激励措施是资源枯竭型城市创业服务体系能否孵化成功创新的关键。

1.4.1.3 完善资源枯竭型城市创业服务体系创新的评价体系

尽管资源枯竭型城市创业服务体系创新的目的已经明确，但其功效的发挥还在于执行与管理。资源枯竭型城市创业服务体系的评价是政府、新创企业和市场三个利益主体关注的重点。政府评价创业服务体系注重自身的效率，新创企业评价创业服务体系注重自身的创业环境，市场利益相关者评价创业服务体系注重自身的利益。这种相互独立的评价并不利于资源枯竭型城市创业服务体系的创新，其根本原因是忽视了资源枯竭型城市创业服务体系是一个系统工程，涉及政府、新创企业、市场三个利益主体，其创新的路径与功效受这三方利益主体的共同影响。为此，从指标和评价权重上完善资源枯竭型城市创业服务评价体系是促使企业有效创新的一项重要工作。

1.4.1.4　基于资源枯竭型城市特征选择创业服务体系的创新路径

资源枯竭型城市在基础设施、产业结构、人口结构、经济水平和行政区位功能等方面存在差异，这些差异影响着创业服务体系对新创企业的孵化和培育。资源枯竭型城市在一定程度上依赖于创业服务体系的创新促进创业，进而实现就业、经济转型升级和社会和谐发展。这就要求资源枯竭型城市从自身特征出发选择科学、合理、动态的创业服务体系创新路径，遵循技术创新、产业布局和组织优化促进资源枯竭型城市经济质量提升和社会和谐发展的科学规律。

1.4.1.5　动态、科学、合理地设计和管理资源枯竭型城市创业服务体系的创新路径

资源枯竭型城市创业服务体系是一个生态系统，政府、新创企业、市场三者动态地影响创业服务体系及其创新功效，资源枯竭型城市的社会经济发展作为外部环境同样影响创业服务体系的创新路径和资源配置功效。这种影响不仅体现在利益冲突上（如财政补贴是优先补贴技术创造型创业还是优先补贴市场需求型创业，二者利益如何权衡），还体现在资源枯竭型城市的转型战略上（如是市场需求型创业拉动技术创造型创业还是后者拉动前者，抑或同步前进）。为此，资源枯竭型城市创业服务体系的创新不仅要因地制宜、动态设计，还要科学合理地设计与管理，这样才能真正地通过创业服务体系促进企业创新创业，进而实现资源枯竭型城市的就业、经济转型升级和社会和谐发展。

1.4.2　研究内容

本书的内容主要分为以下五个部分：

一是资源枯竭型城市创业服务体系创新的机理分析。首先介绍了资源枯竭型城市创业服务体系的结构内容、特征和缺陷，并分析了其创新目标、动力和创新协同。其次基于创业服务体系中合法性服务、资源性服务、机会识别性服务和市场协调性服务，针对新创企业作用机理的不同，实证分析了政府质量和市场协调对技术创造型创业和市场需求型创业的异质性影响，为资源枯竭型城市创业服务体系的创新提供了指标内容的指导。

二是资源枯竭型城市创业服务体系创新的利益相关者博弈分析。首先介绍了博弈论的基础知识和资源枯竭型城市创业服务体系的社会经济效益和福利损失。其次分别构建了政府、新创企业和市场三个利益主体的效用函数。最后分析了政府—新创企业、新创企业—市场以及政府—市场之间的博弈均衡，深化了政府质量和市场协调对政府、新创企业、市场之间博弈均衡的激励与再平衡，为资源枯竭型城市创业服务体系的创新提供了权重变化的指导。

三是资源枯竭型城市创业服务评价体系分析。首先介绍了资源枯竭型城市创业服务评价体系的指标构成与权重。其次分析了其特点、功效和改进的措施，并给出了资源枯竭型城市创业服务体系创新后评价体系的再构建原则。最后比较了资源枯竭型城市创业服务体系创新后评价体系再构建的环境功效和内容功效差异。这为资源枯竭型城市通过创业服务体系的创新促进就业、经济转型升级和社会和谐发展提供了现实的依据。

四是资源枯竭型城市创业服务体系创新的效应分析。首先基于就业视角、经济转型升级视角和社会和谐发展视角，通过理论分析、模型构建实证分析了合法性服务、资源性服务、机会识别性服务和市场协调性服务对资源枯竭型城市相关指标的影响。其次通过比较资源枯竭型城市的特征差异，设计了资源枯竭型城市创业服务体系差异化的创新路径。

五是资源枯竭型城市创业服务体系创新的路径选择。首先给出了资源枯竭型城市创业服务体系创新的原则，并用纳什模型、Salop 模型、Hotelling 模型和匹配模型分析并设计了创业服务体系中的诸多路径，其中合法性服务创新的路径是大数据、互联网和云计算平台提供服务效率的提升；资源性服务创新的路径是信息传递和资源激励技术创造型新创企业以及行政服务市场需求型新创企业；机会识别性服务创新的路径是培育企业家精神；市场协调性服务创新的路径是构建资本—市场—大数据创业平台。

本书的结构框架如图 1-3 所示。

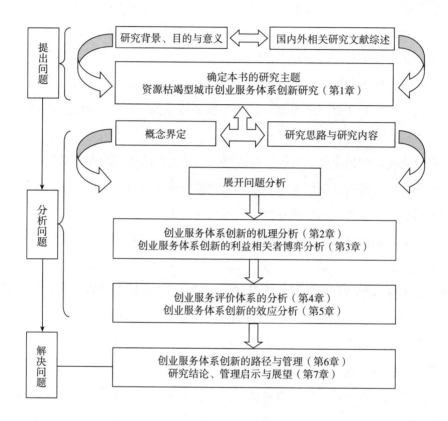

图 1-3　本书的结构框架

1.5　学术贡献与创新点

综合国内外相关文献、概念界定和资源枯竭型城市创业服务体系创新的研究思路与研究内容，本书具有一定的学术贡献与创新点。

1.5.1 学术贡献

本书的学术贡献体现在以下三个方面：

（1）拓宽了资源枯竭型城市转型升级的理论视角，丰富了资源枯竭型城市转型升级的相关理论成果。世界上资源枯竭型城市有很多，其解决问题的方式主要是市场式转型、政府领导式转型、产业政策式转型。本书从创业服务体系创新促进创业的视角来研究资源枯竭型城市的就业、经济转型和社会发展等方面的效应，无论是从理论探索还是从现实指导角度而言，都拓展和丰富了资源枯竭型城市转型升级的相关理论。

（2）深化了创业服务体系和新创企业之间互动关系的研究。以往创业服务体系的研究与应用多是从供给的视角进行的，如财政补贴缓解融资、产学研一体化降低技术风险、合法性效率提升新创企业的先动优势等。事实上，创业政策并不是"一刀切"的，深化创业政策与新创企业的互动关系是明晰创业服务体系与新创企业作用机理、促进创业服务体系创新的前提条件。

（3）探索了创业服务体系的功效内生性问题。创业服务体系、新创企业和资源枯竭型城市存在于同一个生态系统，利益主体的效用函数会影响这一生态系统的均衡，导致创业服务体系的功效具有内生性。本书从利益主体的博弈均衡出发，研究创业服务体系的内生性，不仅在学术上深化了创业服务体系的创新机理，而且为科学管理和激励创业服务体系创新提供了新的研究视角。

1.5.2 创新点

本书的创新点主要体现在以下三个方面：

（1）通过细分创业服务体系明晰了合法性服务、资源性服务、机会识别性服务和市场协调性服务对新创企业成长的不同作用机理，且政府质量提升和市场协调效率更有助于技术型新创企业成长，这为通过创业服务体系创新促进资源枯竭型城市转型升级提供了理论指导和现实参考。

（2）通过对创业服务体系利益主体的博弈关系进行分析深化了创业服务体系生态对新创企业作用机理的探索，它表明创业服务体系创新的关键在于指标内容与权重，这为通过激励措施提升创业服务体系功效以及通过创业服务体系创新实现资源枯竭型城市的转型升级搭建了桥梁，同时为科学管理与评价创业服务体系提供了理论依据和参考标准。

（3）通过实证分析创业服务体系的差异性特征与资源枯竭型城市社会经济发展目标的关系，创新性地提出了创业服务体系的优化原则应是因地制宜、动态创新、激励管理和持续有效。这不仅表明了创业服务体系的异质性，还指出了创业服务体系与环境动态匹配性和内生成长性，为创业服务体系的制定、创新和管理提供了方向和指导。

2 资源枯竭型城市创业服务体系创新的机理分析

本章首先介绍了资源枯竭型城市创业服务体系，并分析总结了其特征和缺陷；其次叙述了资源枯竭型城市创业服务体系创新的目标、动力和协同，初步搭建了其对新创企业作用机理的框架；再次通过理论分析、模型构建和实证分析明确了枯竭型城市创业服务体系创新中政府质量提升和市场协调效率提升是新创企业科学成长的主要影响因素；最后提出了资源枯竭型城市创业服务体系创新的两个重要机制及管理方法。

2.1 资源枯竭型城市创业服务体系

2.1.1 创业服务体系的内容

综合现有创业服务体系的实践内容和理论研究，可以初步明晰资源枯竭型城市创业服务体系的主要内容，如表2-1。

由表2-1可知，资源枯竭型城市的创业服务体系更多地体现在资源服务和信息服务上。新创企业尤其是资源枯竭型城市的新创企业具有脆弱性、融资成本高、市场要素扭曲严重等特征，创业服务体系对其创建和成长发挥了一定的作用。

表 2-1　创业服务体系的主要内容

名称	维度	指标	机理	备注
融资支持	财政补贴	创业性质及补贴标准	资金支持	资源服务
	信用担保	创业者特征及融资担保	间接资金支持	
	中介服务	对接金融市场与新创企业	间接资金支持	
	成立基金	直接服务专项的新创企业	资金支持	
技术支持	技术指导	专门技术人员的技术指导	技术支持	资源服务
	技术培训	对新创企业的技术人员进行培训	间接技术支持	
	专利支持	鼓励新创企业专利申请和应用	技术或资金支持	
	专利保护	对新创企业的专利进行保护	间接技术支持	
机会支持	创业培训	对新创企业创始人或员工进行培训	提升机会解读能力	信息服务
	市场指导	结合创业政策进行创业机会指导	信息传递	
	行业趋势分析	信息传递创业机会	信息传递	
	城市发展战略	结合创业政策进行信息传递	信息传递	
人才支持	人才扶持	支持某些特殊技能人才创业	资源支持	资源服务
	人才引进	引进专业技术人才并鼓励创业	间接资源支持	
	人才培养	专门培养急需的人才	资源支持	
	人才规划	根据产业经济发展需要培养人才	间接资源支持	

资料来源：笔者整理。

通过创业服务体系对新创企业资源服务和信息服务的支持，资源枯竭型城市通过创业增加了就业、居民收入和社会和谐发展。例如，从 2013 年起焦作市通过成立妇女创业基金、农民工返乡创业贷款担保、"一户一创业"扶贫工程等增加就业 3.07 万人，居民人均可支配收入增长了 6.3%①。

　　资源枯竭型城市创业服务体系主要是在执行中央政府的"双创"政策，尽管通过农民工返乡创业、大学生创业和科技创业改进了产业结构，但并没有从根源上通过技术创造型创业实现转型升级。例如，白银市通过创业服务体系三次产业的增长比率为 6.2∶7.6∶4.7②，阜新市通过创业服务体系三次产业的增长比率为 4.8∶7.2∶4.2③，等等。其可能的原因是，创业服务体系没有通过与技术

①　https：//www. henan. gov. cn/2012/12-21/475761. html.

②　https：//ishare. iask. sina. com. cn/f/m1lPaGP9of. html.

③　https：//www. doc88. com/p-24559485902742. html？ r=1.

创造型新创企业的互动和协同实现技术创造型新创企业的内生成长。

资源枯竭型城市要想通过创业促进就业、经济转型升级和社会和谐发展，不仅要采用互联网通信等技术提升创业服务体系的效率，还要根据技术创造型新创企业的内在成长规律创新其创业服务体系的内在机制。例如，通过市场协调实现技术创造型新创企业与产业链协同的创新和成长，而不是简单地把技术型企业放在孵化基地通过产学研一体化就能实现城市转型升级。

2.1.2 创业服务体系的特征

资源枯竭型城市创业服务体系具有目的性、趋同性、创新性和政策性四个特征。

（1）目的性。通过要素驱动发展和市场经济体制建设，我国经济进入了创新驱动发展的新常态。杨凯瑞等（2019）指出，我国创新创业支持政策具有文本形式上的多样性和指导性，用于指导各地方科技园区、孵化基地等服务效率的提升，以促进科技成果转化、中小科技型企业创建与成长等（杨俊宇等，2019）。

资源枯竭型城市创业服务体系的构建与完善同样具有一定的目的性，即促进新创企业创建与成长，提升就业率；鼓励农民工返乡创业或妇女创业，提高居民收入；鼓励大学生或科技人才进行技术创造型创业，提升经济增长质量。另外，资源枯竭型城市创业服务体系的构建与完善还有其他目的，即通过技术创造型创业实现产业转型与结构升级，通过居民就业优化和人均收入提高实现城乡一体化和社会和谐发展。

（2）趋同性。制度与市场是资源配置的两种形式，由于新创企业具有脆弱性、规模小、融资成本高、竞争力弱等特点，世界各地均根据自身情况构建并完善了创业服务体系。当前，创业服务体系具有趋同性，主要体现在创业指导、财政补贴、融资担保、技术指导、知识产权保护等方面。段玲和张甜溪（2019）实证研究发现，创新创业相关政策的实施给新创企业带来了显著的正向绩效，且企业家精神起到了部分中介作用。即便孵化器、科技园区的产业定位和功能建设有所差异，但它们仍是创业服务体系趋同性的综合体现。

资源枯竭型城市面临转型升级的产业经济压力、全面小康建设的政治压力和居民生活提高的社会压力，其创业服务体系具有分散化的一面。例如，成立专门的创业基金鼓励农民工返乡创业；财政支出用于发展电子商务；在科技企业孵化器中发展"政产学研用"的协同创新模式（张建峰，2019），但整体表现仍是趋同的，即帮助新创企业机会识别、给予新创企业资源支持、提高自身服务效率和市场协调性等。

（3）创新性。自改革开放以来，我国创业政策始终保持与经济体制改革同步（林龙飞和陈传波，2019），先后经历了放开个体经济、支持私营经济、鼓励非公有制经济、创业带动就业和大众创业五个阶段。在这五个阶段中，创业服务体系利用互联网、信息技术、云计算等提升了自身的服务效率，根据产学研一体化、金融市场的发展完善了科技政策支持、融资政策支持等。这些创业服务体系效率的提升和完善表明了其具有创新性的特征。

资源枯竭型城市创业服务体系的创新性不仅坚持了与城市产业特征、行政区划和基础设施等相契合，还切实围绕创业服务体系核心要素的设计与新创企业的需求实现互动。例如，焦作针对青年妇女的创业，专门进行机会识别、运营管理和风险管理的职业教育；韶关、铜陵每年进行大学生创业比赛并选择好的项目进行孵化培育等；阜新针对自身产业特征与盐城进行了孵化基地项目、市场、人才及资金的对接等。

（4）政策性。创业服务体系是政府或非营利性组织根据社会需求、新创企业成长规律以及社会福利所设计的一种支持新创企业创建和成长的公共政策，它具有延续性、战略性、可执行性和时效性。黄聿舟等（2019）实证研究发现，金融支持政策、公共服务政策和间接支持政策对创客空间的创业孵化绩效具有调节作用。这在一定程度上表明了创业服务体系作为一项支持新创企业创建与成长的政策，其执行具有一定的成本，其功效依赖于新创企业的互动和科学应用。

资源枯竭型城市创业服务体系的政策性成本更高，更需要外在因素支持其发挥功效（张治河等，2018）。例如，冯金余（2017）认为，科技企业孵化器是技术创造型创业的重要创新型载体；而政产学研协同创新是技术创造型企业成长的重要动因（原长弘等，2015）；良好的政府质量是资源枯竭型城市财政补贴促进企业 R&D 效率的重要外部影响因素（卢方元和李彦龙，2016）。这表明，资源枯竭型城市创业服务体系发挥功效的前提是科学、合理地促进新创企业的机会识别、资源整合和优势构建以及实现价值创造。

2.1.3 创业服务体系的缺陷

通过分析资源枯竭型城市创业服务体系的现状和特征，发现其存在以下四个缺陷有待完善。

（1）无战略性。创业服务体系可以通过人才培养、机制建设、环境营造和数字化运营平台等措施支持新创企业的创建和成长，进而促进就业并发展当地经济。世界各地均会根据自身资源禀赋、产业战略等外部环境和城市战略来发展和创新创业服务体系。自改革开放以来，我国创业服务体系经历了初建、发展和完善的过程，基本上呈现孵化基地或产学研一体化等综合形态。

资源枯竭型城市为了支持国家"双创"政策、解决就业问题等，通过孵化基地建设、产学研一体化等措施发展和完善了创业服务体系。但资源枯竭型城市的创业服务体系依旧表现出无战略性的特征，即没有体现通过创业服务体系的创新促进新创企业创建和成长，实现就业、经济转型升级和社会和谐发展等目标，从而推进城市的转型和可持续发展。

即便一些学者从理论和实践角度分析了创业服务体系与资源枯竭型城市转型发展的关系，也只是独立地表明了创业服务体系的发展和完善应该具有战略性。例如，王宏起和李婧媛（2017）认为，需求牵引型政策结合产学研一体化更能促进技术创造型创业活动，从而促进产业转型和升级；陈文府（2007）认为，中部地区、西部地区的资金环境已严重阻碍了企业家的创业活动，进而抑制了技术创造型企业的创建和成长等。

事实上，创业服务体系的战略性更应该体现在通过创业服务体系的发展和完善助力实现资源枯竭型城市的战略目标上。例如，赖敏等（2018）提出，政府效能的提升可以改进创业环境，降低新创企业的融资成本等，进而帮助新创企业的创建和成长。

（2）无差异性。整体而言，创业服务体系是通过设立专项法规、健全财税政策、扶持技术创新等方式为新创企业提供创建和成长的支持（刘静和熊一坚，2011），即便是创业孵化基地或产学研一体化等综合性创业服务体系也仅有量的差异，质的差异不大。

资源枯竭型城市由于在行政区位、人口结构、产业结构以及基础设施等方面差异明显，创业服务体系通过促进创业提升就业和社会经济增长中的作用机理是有差异的。例如，由于人口众多、地处中原山区，通过发展先进制造业解决就业和全面建成小康社会是有困难的，因此焦作市就选择鼓励农民工返乡创业和妇女创业的方式促进就业和社会和谐发展，白银市则通过电子商务发展农业的创业方式促进就业和社会和谐发展等。

资源枯竭型城市的创业服务体系具有一定的分散性的特点。例如，鼓励农民工返乡创业会有专门的创业指导中心和基金支持，鼓励大学生创业会有专门的大学生创业指导中心和科技园区支持，鼓励科技人才创业会有专门的人才引进中心和科技应用中心对接等。然而，这些分散的特点只是表明创业基金的来源不同、创业的技术指导存在差异，并没有体现技术创造型创业和市场需求型创业在资源枯竭型城市创业服务体系中作用机理的差异。

李新春等（2016）指出，制度和资源环境是新创企业创业行动的重要因素。为此，资源枯竭型城市在通过创业服务体系创新促进创业，进而实现就业、经济转型升级和社会和谐发展时，应根据自身的资源禀赋、行政区位和产业结构的不同，制定差异化的创业服务体系，重点体现在支持技术创造型创业和市场需求型创业的差异上。例如，郑健壮等（2017）指出，商业网络仅有助于信息类资源的获取，政治网络仅有助于资产类资源的获取等。

（3）无激励性。创业服务体系更多体现在供给体系上，是政府或非营利性组织作为供给方、新创企业作为受益方的体系。在这个体系中，由于权责不对等，可能会出现供给方（政府或非营利性组织）的低效率、非专业化和非公平性，这会严重影响新创企业的创建和成长，受益方（新创企业）为了获得更多的资源支持有时会贿赂供给方，造成创业服务体系的寻租行为。

一些学者提出了创业服务体系的激励措施。例如，文亮和李海珍（2010）指出，要从创业环境出发完善和提高创业企业激励体系；杜威漩（2019）提出，应制定农民工返乡创业扶贫的资金、技术创新、人才培育及引进等方面的激励政策；张立新等（2019）提出，通过创业满意度来改善农民工的创业意愿；胡海青等（2018）认为，应从孵化支持情境（网络支持和制度支持）来激励创业服务体系发挥功效。这些激励措施多体现在激励供给上。

资源枯竭型城市既面临着市场需求型创业的扩大就业，又面临着技术创造型创业的产业转型升级，且技术型人才的外流、偏远的行政区划也制约着产业转型发展。此时，资源枯竭型城市创业服务体系的激励性更应该体现创业机理的激励，一方面通过市场调节实现市场需求型创业和技术创造型创业扩大就业、实现经济转型升级和社会和谐发展；另一方面通过市场协调实现技术创造型创业带动市场需求型创业，进而实现城市的可持续发展。

（4）无动态管理性。创业服务体系与新创企业之间是动态互动的关系，创业服务体系可以通过科技政策、创业环境或者孵化基地等传递机会信息，而新创企业的创始人或管理者在通过资源获取创建优势时又会利用创业服务体系。例如，尹俣潇等（2019）认为，创业者的认知学习、经验学习、实践学习可以深化创业网络与新创企业之间的关系，从而提升后者的绩效；刘田田等（2019）阐释了互动导向转化为新创企业绩效的机理。

受计量工作和数据来源的限制，以往对创业服务体系的研究更多是静态的。这就在一定程度上抑制了创业服务体系促进新创企业创建和成长的功效，其中的原因可能是未能明晰互动机理和影响因素。这就是创业服务体系管理的无动态性，其结果可能是：创业服务体系对新创企业的创建和成长总会出现"最后一公里"的梗阻问题（林龙飞和陈传波，2019）。

资源枯竭型城市要想通过创业服务体系促进创业来实现转型升级，改变以往的"资源诅咒"，就必须在创业服务体系创新中明晰其与新创企业间的互动演化关系（黄紫微等，2018），实行动态化、激励化、差异化和战略化的创业服务体系创新和管理。

2.2 资源枯竭型城市创业服务体系的创新

创业服务体系作为一项支持中小企业成长的政策，无论是在市场经济发达的美国，还是在新兴经济体的新加坡和中国香港，抑或是在发展中国家，都是很注重创新的。互联网通信技术的应用、国家产业发展的整体布局、居民消费需求的升级、产业集聚效应和全球产业价值链的竞争等因素均对创业服务体系的创新有显著的影响。这里资源枯竭型城市创业服务体系的创新主要体现在创新目标、创新动力和创新协同三个方面。

2.2.1 创新目标

资源枯竭型城市创业服务体系创新的目标主要包括通过市场需求型创业扩大就业和经济发展、通过技术创造型创业实现产业转型和升级、通过全要素生产率提升实现城市绿色发展和全面建成小康社会。资源枯竭型城市创业服务体系的创新目标层级结构如图2-1所示。

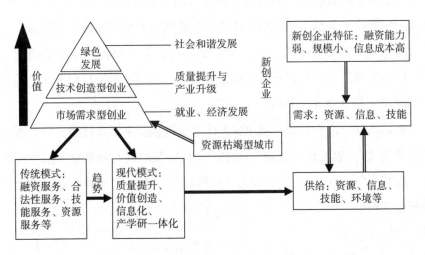

图 2-1 资源枯竭型城市创业服务体系的创新目标层级结构

在创新驱动实体经济增长，全球产业价值链，制造业信息化、网络化和人工智能化，以及劳动力区域布局的背景下，资源枯竭型城市创业服务体系的创新目标有就业和促进经济发展、产业升级和经济质量提升、社会和谐发展三个层次。这三个层次的创新目标相辅相成，协同服务于资源枯竭型城市的现代产业体系。

资源枯竭型城市需要改变以往资源依赖的经济发展模式，通过创业服务体系（包括创业辅导、技术支持、资金支持、人才培育等）鼓励技术创新型创业实现产业转型和升级，此时政府的技术补助和税收优惠等政策有助于地方全要素生产率的提高和经济质量的提升。同时，资源枯竭型城市需要创业服务体系鼓励农民工的市场需求型创业以扩大就业，并最终实现社会和谐发展（王阳，2019）。

资源枯竭型城市创业服务体系在市场需求型创业和技术创造型创业之间存在资源配置方式和效率的问题。一旦创业政策不能确保科学竞争，那么政府的税收优惠和技术补助就会加剧资源错配，进而抑制创业服务体系的功效以及资源枯竭型城市创业服务体系创新目标的实现。资源枯竭型城市良好的创业服务体系支出每增加1%，当地的就业人员就会增长0.033%（吴利学等，2016）。

资源枯竭型城市创业服务体系的三大创新目标涉及政府、市场和新创企业三个利益主体。一方面，创业服务体系越能提高企业家创业精神和创新精神，就越能促进地区全要素生产率的提高（代明和郑闽，2018；刘伟江等，2019；颜振军和侯寒，2019）；另一方面，政府对投资者保护得越完善、政府对腐败的监察力度越高，就越能降低新创企业的注册成本、缩短新创企业各项环节的审批时间，政府激励措施越有利于促进新创企业的创新创业活动（赖敏等，2018）。

资源枯竭型城市创业服务体系有助于市场间关系的构建。当新创企业因资本规模小、技术研发能力弱而融资困难时，创业服务体系可以通过合法性促进新创企业的成长（Lumpkin et al.，1996；杜运周等，2008）。并且，市场间信息共享有助于新创企业的创业机会识别和商业模式创新（张秀娥和徐雪娇，2019）。资源枯竭型城市转型升级的技术创新型创业，不仅需要简单的孵化器支持，更需要孵化基地的创业服务体系支持（黄紫微等，2018）。

2.2.2 创新动力

资源枯竭型城市创业服务体系的服务主体是政府或非营利性组织，服务对象是新创企业。此时，同业结构与竞争、要素供给、需求条件以及市场化程度均影响创业服务体系对新创企业的功效。这里，政府、新创企业和利益相关者就构成了资源枯竭型城市创业服务体系创新动力，如图2-2所示。

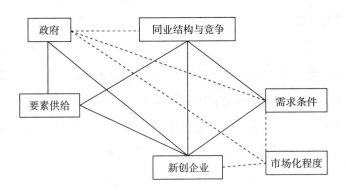

图2-2 资源枯竭型城市创业服务体系创新动力

政府是资源枯竭型城市创业服务体系创新的首要动力。就业、经济转型升级和社会和谐发展考核着地方政府的执政能力和绩效。资源枯竭型城市由于受市场化程度低、金融发展滞后、科技创新不足等的制约，其政府创业补贴对新创企业的研发并未表现出显著的效应（张杰等，2011），贷款贴息类型的政府创业补贴政策对新创企业私人研发的挤入效应反而特别强。这对资源枯竭型城市创业服务体系的创新提出了挑战，促使政府在创业孵化方面通过充分发挥政府资本的效用支持创新创业（许君如，2019）。

新创企业则是资源枯竭型城市创业服务体系创新的另一个动力。农民工创业不仅是就业的一种趋势，它还改变了生活方式、价值创造、精神文明和社会和谐（王肖芳，2017；王一凡，2018；鲁喜凤和郭海，2018）；大学生科技创业拥有心理幸福感和自我价值实现感（陈聪等，2018）。市场需求型创业和技术创造型创业互为导向（芮正云和罗瑾琏，2018），对资源枯竭型城市实现就业、经济转型升级和社会和谐发展形成一个强大的内在动力，显著地促进了资源枯竭型城市实现突破式创新发展。

市场通过风险投资、银行资本、社会资本形成资源枯竭型城市创业服务体系创新的第三大动力。例如，陈敏灵和周彬（2019）、张青和张瑶（2017）指出，创业支持系统是一种政策间接环境，共同通过公共品供给来影响创业服务体系的创新动机和功效；王宏起和李婧媛（2017）将资源枯竭型城市"双创"政策分为供给推动型政策、环境影响型政策和需求牵引型政策，并结合企业、高校和科研院所分析了科技创新服务体系的作用过程和功效；韩飞燕和李波（2019）通过政府扶持电商市场行为描述了"政府—电商—农民"三位一体的创业服务体系创新行为，提出了以电商为载体的创业服务运营管理模式。

2.2.3　创新协同

非营利性组织、市场和新创企业是资源枯竭型城市创业服务体系的执行主体，其相互关联作用形成了一个生态，如图2-3所示。

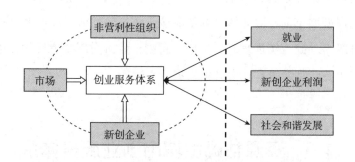

图2-3　资源枯竭型城市创业服务体系的创新协同

政府、市场和新创企业作为资源枯竭型城市创业服务体系的三个利益主体，三者协同创新是资源枯竭型城市实现创业服务体系创新目标的动力机制和途径。

第一，由于各地区资源禀赋不同、政策不同，市场化程度也存在明显差异，政府和市场协同是资源枯竭型城市创业服务体系创新的首要机制和途径。为此，资源枯竭型城市各级地方政府应在要素市场领域（包括土地、资本、劳动力以及环境等）科学配置、合理干预，以发挥创业服务体系的功效（张杰等，2011）。

第二，由于新创企业的融资能力、研发能力和成长能力的差异，政府和新创企业的协同是资源枯竭型城市创业服务体系创新的另一机制和途径（张杰，2011）。政府质量、社会资本和技术创造型创业是资源枯竭型城市打破"资源诅咒"，实现转型升级和可持续发展的重要机制和途径（董利红等，2015；万建香和汪寿阳，2016）。为此，资源枯竭型城市创业服务体系的创新协同就要坚持在知识产权保护制度完善程度越弱的地区，政府创业补贴政策越要倾向于技术创新型创业，贷款贴息类型的政府创业补贴政策越要倾向于市场需求型企业。

第三，注重新创企业和市场之间的协同。吕文晶等（2017）指出，组织间依赖是组织权力的来源，也是新创企业机会识别和战略选择的依据。项国鹏等（2018）指出，创业者网络协同能力有利于推动技术创造型创业机会识别。

政府、市场、新创企业的协同是创业服务体系创新的最终追求。Krugman（1991）以信息外部性假设为基础，认为创业服务体系应该指向那些具有动态规模经济的行业；强调创业政策应促进研发密集型行业的发展；资源枯竭型城市政府应通过创业服务体系扶持具有"潜在比较优势"的行业以实现效率协同。为此，资源枯竭型城市创业服务体系创新应该坚持比较优势，以产业结构与技术结构的不断升级为基础，实现政府、市场、新创企业协同创新为目的，进而促进资源枯竭型城市的转型升级和社会和谐发展。

2.3 资源枯竭型城市创业服务体系创新机理的实证分析

2.3.1 问题提出

国内学者从不同创业服务体系视角对新创企业的创建与成长机理进行了实证研究，取得了丰富的成果。例如，雷鹏等（2015）从政府补助的视角研究发现，企业融资约束的缓解有利于其研发规模效率的提高；谢子远（2015）从研发要素集聚的视角研究发现，研发要素集聚跨过一个门槛值后将抑制研发效率的提升；刘和东（2011）从人力资本视角研究发现，人力资本集聚有助于企业研发效率的提升；陈修德等（2014）从市场化的视角研究发现，市场化改革是推动中国企业研发效率持续动态提升的背后驱动力量和重要制度因素；卢方元和李彦龙（2016）发现，财政补贴与税收优惠能显著地提升高技术产业的R&D 效率；吴建銮等（2017）发现，国家或地区孵化器能够提升科技企业的研发效率。

上述创新驱动理论与实证文献表明了构建国家或地区创新体系、促进协同创新是我国经济转型发展、产业升级的必由之路（王玉民等，2016）。同时，它们也暗含了以下假设：第一，国家或地区创新体系是个整体，协同创新更能提升绩效（祝佳，2015）；第二，市场化程度差异、创新体系内容差异以及制度背景差异影响创新绩效（严成樑和胡志国，2013）。这些文献和暗含的假设既强调了转型经济环境对企业行为的影响（林亚清和赵曙明，2013），又忽视了我国科技资源匮乏区域的地方政府推动经济转型升级的动机和能力（Shleifer & Vishny，1994）。

事实上，在财政分权、职位晋升竞争等制度背景下，我国科技资源匮乏区域的地方政府有推动经济转型升级的动机和能力（周黎安，2007），它们通过产学研合作（王伟光等，2015）、成立高新区和孵化基地（冯金余，2017）、财政补贴等措施构建创新体系和执行创新驱动战略。只是鲜有文献研究我国科技资源匮乏地区的创新驱动战略（张治河等，2018），仅少数文献研究了我国政府质量与企业行为的关系（陈德球等，2011），但也忽视了当地政府质量的动机。为此，研究我国科技资源匮乏地区的政府质量与创新驱动战略的机理、动机和效果具有一定的理论价值和现实意义。

2.3.2 实证方法

2.3.2.1 理论分析与假设

我国各地区经济制度差异较大，这是资源禀赋、社会历史、国家战略、市场化改革等原因造成的，例如，中华人民共和国成立后，我国东部沿海地区资源优越、经济相对发达；计划经济体制时期，我国的科技资源多分布在直辖市或省会城市，如北京、上海、武汉、南京、西安等高校、科研机构汇聚的地区；我国的市场经济体制改革采用了从经济特区、沿海开放城市、计划单列市到全面对外开放的渐进方式，使我国各个地区市场化差异较大、创新体系差异较大、劳动力集聚差异较大（Krugman，1991）。权力集中的政治制度、财政分权的市场经济制度，有助于提升政府官员职位晋升和经济发展的政治动机和经济动机（周黎安，2007）。因此，我国各地政府都在通过创建高新技术产业开发区、搭桥产学研合作、政府补贴、外国直接投资（Foreign Direct Investment，FDI）等手段构建区域创新体系并激励创新驱动战略。

一些文献已经实证检验了我国科技资源匮乏区域的创新驱动战略，例如，张治河等（2018）重点分析了"科技资源匮乏"与"创新驱动"的本质与内涵，并提出了有效实施创新驱动战略的措施；冯金余（2017）认为，科技企业孵化器是创新驱动发展的重要创新型载体；原长弘等（2015）揭示了政产学研协同创新的机理；卢方元和李彦龙（2016）发现，科技资源匮乏区域的政府财政补贴会抑制企业的 R&D 效率等。不过这些文献都强调了科技资源匮乏区域的创新体系协调能促进创新驱动战略的实现（李晓萍等，2015）。基于外部环境是影响企业行为的重要因素（Baum & Wally，2003）和我国科技资源匮乏区域的地方政府有动机构建创新体系的事实，本书定义政府质量是政府协调创新体系促进企业研发进而创造价值的治理机制，并认为该机制不仅影响企业的现金持有、研发投入，还影响企业的内部资源配置效率和创新。也就是说，我国科技资源匮乏区域的地方政府有通过政府质量的治理来实现创新驱动战略的动机。

自 Schumpeter（1942）提出创新理论以来，创新成为企业战略研究的一个重要主题。企业管理者通过机会识别、资源整合或创造把握机会来创造价值。可见，外部环境是企业创新的前提条件（林亚清和赵曙明，2013），利用资源整合或创造是创新的过程（Barney，2001）。这种企业创新驱动发展战略在我国科技资源匮乏区域受到了外部环境和政府质量的显著影响。这是因为我国科技资源匮乏地区的经济相对落后、人力资本不足，同时，市场化程度低，金融抑制、要素价格扭曲。此时，企业管理者很难通过外部市场或技术信息获取企业创造性机会，即便获取到了创造性机会，也会由于创新体系的协同不足、关键资源的获取成本较高以及恶意竞争而丧失创新。如果具有"扶持之手"（Knack & Keefer，1995）的政府是高质量的，那么就有动机给企业管理者提供产学研创新信息（王伟光等，2015）、促进创新主体的协同（孙兆刚，2015），并通过制度支持降低融资成本以及避免恶意竞争（祝佳，2015）。例如，盛楠等（2016）指出，创新驱动的实质是人才驱动，而高质量的政府能给创新企业提供人力资本的保证；卢方元和李彦龙（2016）发现，高质量的政府能实现财政补贴与税收优惠政策，可显著地提升高新技术产业的 R&D 效率，并且高新技术企业自身 R&D 投入、企业规模与地区因素会对政府的财政补贴与税收优惠政策产生不同程度的协同作用，并提升企业的资源配置效率（陈德球等，2012）。因此，提出如下假设：

H1a：在科技资源匮乏区域，高质量的政府是企业创新驱动战略的重要影响因素。

我国科技资源匮乏地区由于市场化程度低、要素价格扭曲，已经抑制了企业创新（张杰，2011）。低质量的政府，会彻底磨灭企业的创新驱动战略。而高质量的政府会选择一些理想的企业给予创新信息、创新资源及市场支持。此时，没有获取这些创新信息、创新资源和市场支持的企业，由于没有认识到创新机会或者融资成本过高、没有合法性优势（Lumpkin & Gregory，1996），也会抑制创新绩效，甚至放弃创新。即使有些企业获得了政府的创新信息、创新资源以及市场支持，也会被挤占创新投入来满足政府的需求，此时，企业的信息寻租、风险规避以及与政府的利益合谋会抑制其创新驱动战略。例如，杨洋等（2015）实证研究发现，一些地方政府通过信息垄断、要素资源垄断提高了企业内部的代理成本，同时通过抑制企业的融资途径来实现政企合谋，从而降低了企业的研发投入。因此，提出如下假设：

H1b：在科技资源匮乏区域，高质量的政府是抑制企业创新驱动战略的重要影响因素。

企业创新驱动战略是指企业创造性机会识别、创造竞争优势把握机会从而实现价值创造的战略。在我国科技资源匮乏的地区不仅创造性机会识别困难，创造竞争优势把握机会也困难（Barney，2001），这不仅是因为市场化程度低会造成要素价格扭曲，还因为信息传递不畅、制度不健全加大了企业的创新风险。此时，即便是高质量的政府，也只是缓解融资约束、增加研发投资和提高资源配置效率，并不能降低企业创新的一些合法性风险（Lumpkin & Gregory，1996），如客户的质量接受、应用技术承诺等。管理者的先前经验是指其工作经验或创业经验，它有助于扩展企业管理者的社会资本（Nahapiet & Ghoshal，1998），进而帮助企业管理者识别创造性机会以及构建竞争优势（张玉利等，2008；杜运周等，2008）。例如，史欣向和梁彤缨（2013）发现，管理者的社会资本可以提升研发的中间产出效率和最终产出效率。事实上，管理者的先前经验越丰富，在科技资源匮乏区域就越能发挥作用。第一，可以利用高质量政府的动机识别创造性机会（焦豪等，2017）；第二，可以利用高质量政府的"扶持之手"获取先动性竞争优势（杜运周等，2008）；第三，可以利用高质量政府的"扶持之手"获取政府补贴或税收优惠，构建技术优势（徐保昌和谢建国，2015）；第四，可以利用高质量政府的"扶持之手"规避恶意竞争带来的风险（林亚清和赵曙明，2013）。因此，提出如下假设：

H2a：在科技资源匮乏区域，管理者的先前经验在高的政府质量与创新驱动战略的关系中起调节作用。

管理者的先前经验即便再能扩展社会资本、提升企业技术能力和创建竞争优势，其创新绩效也会受到外部环境的影响。在科技资源匮乏的区域，市场化程度低、要素价格扭曲、合法性限制以及交易高成本都会阻碍企业的创新绩效。此时，低的政府质量不能提供创新体系的协同、再加上掠夺动机，这势必使管理者的先前经验不能提升企业创新绩效。余明桂和潘红波（2008）发现，在科技资源匮乏区域的政治关系能显著地影响企业绩效，这也会促进政企之间的合谋竞争，其结果是扭曲政府补贴、人力资本配置等资源效率（徐保昌和谢建国，2015；林洲钰和林汉川，2013）。现有文献也实证表明，在科技资源匮乏区域"掠夺之手"的政府会扭曲创新要素，促进企业的政企合谋和研发资本寻租（杨洋等，2015），从而抑制研发投入。此时，管理者的先前经验只会促进其发挥政治战略而不是创新驱动战略作用。因此，提出如下假设：

H2b：管理者先前经验在科技资源匮乏区域高的政府质量与创新驱动战略的关系中不起调节作用。

2.3.2.2　样本与变量测度

基于上述研究假设，这里首先明确中小企业这一研究对象。2003年2月颁布的《关于印发中小企业标准暂行规定的通知》明确规定，中小企业员工人数应满足以下条件：工业中员工人数不超过2000人，建筑业、交通运输和邮政业中员工人数不超过3000人，批发和零售业中员工人数不超过500人等。

基于历史原因和资源禀赋，我国各区域的市场化程度具有很大的差异。为了保证上述假设得以检验，本书样本的采集首先控制了市场化的差异。即在我国每个行政区下随机选择3个城市，要求在那里的同学、朋友或亲属亲自去问卷调研10个以上中小企业。本书采用自填问卷的形式收集数据，共联系了30个省份的76位同学，发放问卷745份，最终回收问卷436份，其中有效问卷378份，有效问卷回收率为86.7%。由于采用了自填问卷的方法，可能出现共同方法偏差问题，因此采用Harman单因素检验法进行了检验，结果未旋转的所有变量的探索性因子分析，第一个因子的方差解释度为13.269%，这说明不存在明显的共同方法偏差问题。

（1）政府质量。这是本书的关键变量，其测量效果的好坏直接影响研究结果。这里借鉴陈德球等（2011）、焦豪等（2017）关于政府质量的测量方法。政府质量1代表知识产权保护的法规制度，用1~7个分值进行打分测量；政府质量2代表产学研合作体系构建，同样用1~7个分值进行打分测量；政府质量3代表金融市场完善情况，同样用1~7个分值进行打分测量；政府质量4代表政企交流情况，同样用1~7个分值进行打分测量；政府质量5代表政府给予企业的政策优惠情况，同样用1~7个分值进行打分测量。

表2-2报告了政府质量指数的描述性统计结果。政府质量1的均值（中位数）为4.522（4.512），政府质量2的均值（中位数）为3.721（3.715），政府质量3的均值（中位数）为4.682（4.713），政府质量4的均值（中位数）为3.913（3.917），政府质量5的均值（中位数）为4.012（4.102）。政府质量的各分指数值变化范围较大，说明样本所在地区的政府质量存在显著的差异。

表 2-2　政府质量指数描述性统计

名称	均值	方差	最小值	25%分位数	中位数	75%分位数	最大值
政府质量 1	4.522	1.307	3.216	4.113	4.512	4.671	5.019
政府质量 2	3.721	0.946	3.318	3.516	3.715	3.962	4.018
政府质量 3	4.682	0.835	4.487	4.571	4.713	4.876	4.915
政府质量 4	3.913	0.907	3.612	3.864	3.917	4.115	4.217
政府质量 5	4.012	1.101	3.617	3.906	4.102	4.531	4.875

（2）市场协调。企业创新绩效的测量通常是采用产品专利数或新产品利润率，但这并不能代表企业通过技术创新在带来竞争优势时取得的利润增长率和市场占有率会增加。这里我们借鉴 Miller 和 Friesen（1983）有关企业成长绩效的测量方法，即使用销售收入增长率、市场占有率以及税前利润增长率 3 个指标进行测度，并提取主成分因子，如表 2-3 所示。其中，Cronbach's α 为 0.7983，KMO 为 0.7635，适合做主成分因子分析。

表 2-3　企业绩效

企业绩效	因子 1
市场占有率	0.7992
税前利润增长率	0.8943
销售收入增长率	0.8751

2.3.3　实证分析

表 2-4 给出了主要研究变量的描述性统计特征。其中，政治资本的均值为 4.958，方差为 1.452，差异化显著，有助于分析企业成长的机理是否企业家精神。

回归分析结果如表 2-5 所示，政府质量在模型 PQ-1 的系数为 0.245（p<0.01）、模型 PQ-2 的系数为 0.237（p<0.01）、模型 PQ-3 的系数为 0.262（p<0.01）、模型 PQ-4 的系数为 0.249（p<0.01）、模型 PQ-5 的系数为 0.251（p<0.01），这表明政府质量的各个维度均有助于企业绩效的提升，H1a 得到了验证。

表 2-4   主要研究变量的描述性统计特征

名称	均值	方差	最小值	25%分位数	中位数	75%分位数	最大值
先前经验	3.497	0.761	3.315	3.408	3.501	3.643	3.872
研发投入	3.685	0.835	3.549	3.625	3.684	3.706	3.781
政治资本	4.958	1.452	4.862	4.934	5.015	5.213	5.432
企业规模	4.675	0.243	4.513	4.652	4.653	4.861	4.987
企业性质	4.893	1.368	4.763	4.805	4.881	4.902	4.997
企业年限	3.798	1.435	3.521	3.647	3.796	3.879	4.053
市场化	4.522	1.307	3.326	3.479	4.524	4.615	4.713

表 2-5   政府质量对企业创新驱动发展战略的回归分析

被解释变量	企业绩效				
	PQ-1	PQ-2	PQ-3	PQ-4	PQ-5
政府质量	0.245***	0.237***	0.262***	0.249***	0.251***
先前经验	0.263**	0.261**	0.279**	0.246**	0.258**
研发投入	0.179***	0.184***	0.165***	0.193***	0.167***
政治资本	0.245**	0.253**	0.267**	0.238**	0.249**
企业规模	0.261**	0.257**	0.271**	0.263**	0.274**
企业性质	0.179***	0.168***	0.171***	0.174***	0.183***
企业年限	0.272***	0.273***	0.267***	0.259***	0.275***
市场化	0.356***	0.361***	0.357***	0.382***	0.343***
常数	0.245***	0.257***	0.268***	0.249***	0.256***
观测值	448	448	448	448	448
Adj. R^2	0.279**	0.267**	0.281**	0.272**	0.283**

注：**、***分别表示在5%、1%的水平上显著。

也就是说，在科技资源匮乏区域，高的政府质量同样可以执行创新驱动发展战略。

如表 2-6 所示，政府质量×先前经验在模型 PQ-1 的系数为 0.267（p<0.01）、模型 PQ-2 的系数为 0.272（p<0.01）、模型 PQ-3 的系数为 0.268（p<0.01）、模型 PQ-4 的系数为 0.263（p<0.01）、模型 PQ-5 的系数为 0.271（p<0.01），这表明管理者的先前经验在科技资源匮乏区域高的政府质量与创新驱动

战略的关系中起调节作用，H2a 得到了验证。也就是说，在科技资源匮乏区域，管理者先前经验在高的政府质量背景下才能促进创新驱动战略来创造价值。

表 2-6　管理者先前经验对政府质量与企业绩效关系的调节回归分析

被解释变量	企业绩效				
	PQ-1	PQ-2	PQ-3	PQ-4	PQ-5
政府质量	0.243***	0.241***	0.257***	0.249***	0.258***
先前经验	0.263**	0.267**	0.271**	0.259**	0.261**
政府质量×先前经验	0.267***	0.272***	0.268***	0.263***	0.271***
研发投入	0.172***	0.168***	0.171***	0.187***	0.165***
政治资本	0.252**	0.251**	0.249**	0.248**	0.256**
企业规模	0.260**	0.257**	0.261**	0.264**	0.269**
企业性质	0.154***	0.158***	0.147***	0.163***	0.1593***
企业年限	0.267***	0.269***	0.272***	0.263***	0.265***
市场化	0.372***	0.374***	0.365***	0.377***	0.351***
常数	0.325***	0.317***	0.338***	0.329***	0.336***
观测值	448	448	448	448	448
Adj. R^2	0.239**	0.237**	0.231**	0.232**	0.233**

注：**、***分别表示在5%、1%的水平上显著。

如表 2-7 所示，我们把市场化程度取平均值，以分出市场化程度高和低两个大样本，继续上述的回归分析。政治资本在模型 PQ-1 的系数分别为 0.251 和 0.247（p<0.05）、模型 PQ-2 的系数分别为 0.253 和 0.252（p<0.05）、模型 PQ-3 的系数分别为 0.264 和 0.261（p<0.05）、模型 PQ-4 的系数分别为 0.257 和 0.255（p<0.05）、模型 PQ-5 的系数分别为 0.249 和 0.246（p<0.05），并没有发生显著差异，这表明在科技资源匮乏区域，高的政府质量是通过管理者先前经验或企业家精神来实现创新驱动战略的。同理，它给了我们一个政策建议，即在科技资源匮乏区域，要想执行创新驱动战略，必须提升当地的政府质量。

表 2-7 政府质量与企业绩效之间的机理比较

被解释变量	企业绩效									
	PQ-1		PQ-2		PQ-3		PQ-4		PQ-5	
	高	低	高	低	高	低	高	低	高	低
政府质量	0.249***	0.241***	0.246***	0.248***	0.257***	0.255***	0.251***	0.255***	0.258***	0.261***
先前经验	0.243**	0.245***	0.247**	0.235***	0.251***	0.265***	0.239**	0.245***	0.241**	0.245***
政府质量×先前经验	0.231***	0.247**	0.234***	0.248**	0.243***	0.256***	0.251***	0.253**	0.271***	0.263**
研发投入	0.172***	0.179***	0.168***	0.167***	0.171***	0.177***	0.187***	0.179***	0.169***	0.187***
政治资本	0.251**	0.247**	0.253**	0.252**	0.264**	0.261**	0.257**	0.255**	0.249**	0.246**
企业规模	0.241**	0.247**	0.256**	0.263**	0.265**	0.257**	0.259**	0.247**	0.252**	0.261**
企业性质	0.176**	0.174**	0.168**	0.155**	0.157**	0.153**	0.163**	0.165**	0.159**	0.155**
企业年限	0.257***	0.253**	0.259**	0.256**	0.252**	0.251**	0.248**	0.246**	0.256**	0.258**
市场化	0.343***	0.313***	0.337***	0.326***	0.341***	0.319***	0.332***	0.314***	0.321***	0.319***
常数	0.315***	0.292***	0.317***	0.293***	0.321***	0.311***	0.317***	0.331***	0.336***	0.297***
观测值	227	221	227	221	227	221	227	221	227	221
Adj. R^2	0.315***	0.325***	0.324***	0.321***	0.336***	0.339***	0.327***	0.348***	0.351***	0.335***

注：**、***分别表示在5%、1%的水平上显著。

2.4 资源枯竭型城市创业服务体系创新机制与管理

由于政府质量和市场协调是资源枯竭型城市创业服务体系提升功效的两个重要因素，本节重点从这两个视角来分析资源枯竭型城市创业服务体系的创新机制及其管理。

2.4.1 创新机制

机会识别、资源配置、优势构建和价值创造是新创企业创建与成长的过程。在该过程中，市场需求型创业的市场机会易于识别，资源获取与配置是其构建竞争优势和价值创造的关键；技术创造型创业的机会识别需要一定的知识、信息，还需要承担一定的创新风险，因此资源获取与配置也是其构建竞争优势的关键。另外，市场协调也是其构建竞争优势的关键。只有资源获取与配置合理、市场协调科学，技术创造型创业才能实现其健康成长。

政府质量、市场协调与新创企业创业过程之间是互动协调的关系，是资源枯竭型城市创业服务体系创新的两个重要机制，如图2-4所示。

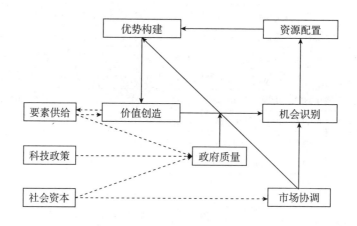

图2-4 创业服务体系创新机制

2.4.1.1 政府质量的互动机制

创业服务体系对新创企业创建与成长的作用为：通过政策传递提升新创企业创始人或所有者的机会识别能力，并培养他们的机会识别能力；通过财政补贴、税收优惠、融资担保、科技政策指导等提供新创企业资源以帮助新创企业取得竞争优势来实现价值创造；通过提升自身效率提升新创企业的合法性效率；通过孵化基地建设、产学研一体化、产业集聚创业环境改善等政策促进技术创造型新创企业的创建和成长。

政府质量在创业服务体系对新创企业创建与成长的作用中起到的一般功效是降低交易成本、促进资源要素流动和产权保护等。实际上，政府质量还可以起到促进互动的功效，即政府质量促进创业服务体系与新创企业的互动，进而提升创业服务体系的功效、实现新创企业的创建和健康成长。政府拥有产业网络、科技资源网络和市场信息网络，这三者在良好的政府质量作用下可以提升新创企业的机会识别能力。例如，农民工返乡创业，市场机会的识别不仅存在于政府财政补贴和税收优惠的市场信息传递中，也存在于农业的技术支持和网络销售指导政策中，同时还存在于产业工人的招聘和培训信息政策中。

政府的财政、税收以及人才资源配置对新创企业通过资源配置获取竞争优势具有一定程度的影响。良好的政府质量可以提升自身资源配置效率，进而影响新创企业的资源配置（张杰等，2011；杨洋等，2015）。否则，在市场化程度低、要素价格扭曲的地方，由于政府的信息寻租会致使新创企业抑制要素资源的优化配置和研发支出，其结果是市场需求型创业拉动了要素价格上升。况且，良好的政府质量不仅可以提升新创企业的合法性，使其获取先动优势，还可以通过提升新创企业上下游供应商的合法性使其由于具有良好的创业环境而健康成长。

政府质量的提升还可以改善资源枯竭型城市的创业环境（刘志彪，2011），其路径为：通过创业服务体系直接促进创业，以及通过招商引资、产业集聚、工业园区发展、国家战略性新兴产业布局等间接促进创业（李晓萍等，2015）。可见，政府质量会影响资源枯竭型城市创业服务体系与新创企业之间的互动，进而影响创业服务体系对新创企业的作用机理和功效。本书把政府质量的这种功效称为政府质量的互动机制。不难发现，政府质量的互动机制是资源枯竭型城市创业服务体系创新的一个维度。

2.4.1.2　市场协调机制

新创企业通过资源配置获取竞争优势和实现价值创造不仅是个体行为，还是外部环境的反应行为（张玉利等，2008），即市场关系影响新创企业的创建与成长。例如，恶性竞争的市场关系会加剧扭曲新创企业的资源配置，甚至抑制技术创造型新创企业的研发投入（林亚清和赵曙明，2013）；合作集聚的市场关系会提升技术溢出效应，从而促进技术创造型新创企业的成长（张玉利等，2008；罗建利等，2019）。

市场关系是创业环境的一个外在表现。通常情况下，互补性创业能改善市场关系，而竞争性创业会恶化市场关系。例如，农产品新创企业与电子商务新创企业是互补性市场关系，二者可以通过信息共享、效率提升来实现共赢；农产品新创企业间是竞争关系，低进入壁垒、激烈的资源竞争往往会扭曲要素资源价格（如价格战造成农产品价格低等）。这种市场关系可以用市场手段协调，但它有时间的滞后性、资源的错配成本和新创企业风险，这不利于资源枯竭型城市创业服务体系的功效，因为农民工返乡创业的风险承担能力弱、科技型人才（包括大学生或高科技专业人才）的风险融资成本高等。

由于制度是信息传递、资源配置的一种手段，政府质量也影响着市场关系的协调与改进。在市场化程度低的区域，完善的创新体系和高的政府质量依旧能通过社会资本网络、科技政策和要素配置协调新创企业间的市场关系、促进该区域技术创造型新创企业的创建与成长（刘志彪，2011）；否则，政府的资源配置寻租、信息传递寻租等会恶化新创企业的创建与成长（赖敏等，2018）。

资源枯竭型城市创业服务体系功效的发挥表现为通过市场协调来改进创业环境，而这种市场协调是信息传递下的机会识别、社会资本和技术政策的优化配置。不难发现，基于产业结构特征、行政区划和基础设施等的差异，资源枯竭型城市创业服务体系同样需要市场协调机制来促进其功效，且政府质量是会协助调节市场协调机制的，这也是资源枯竭型城市创业服务体系创新的另一个维度。

2.4.2 机制管理

政府质量和市场协调是资源枯竭型城市创业服务体系提升新创企业创建和成长的两个重要机制，也是资源枯竭型城市创业服务体系创新的两个维度。这里其机制管理包括管理内容、管理方法与管理措施。

2.4.2.1 管理内容

一方面，政府质量的提升可以促进资源枯竭型城市创业服务体系与新创企业的互动，从而促进新创企业的创建和成长；另一方面，市场协调机制的提升可以促使资源枯竭型城市市场需求型创业或技术创造型创业适应市场、优化资源配置并降低风险，从而促进它们的创建和成长。因此，这里的机制管理内容既要能体现上述机理，又要能发挥政府质量差异和市场协调差异，同时还要能有助于实现资源枯竭型城市创业服务体系创新的目标、动力和协同。资源枯竭型城市创业服务体系创新机制管理内容如表 2-8 所示。

表 2-8 资源枯竭型城市创业服务体系创新机制管理内容

名称	维度	指标	机理	备注
政府质量	自身效率	提高自身创业过程的专业化水平	提升服务质量	合法服务
		利用新技术提高服务效率	降低交易成本	
	资源服务	提升资源配置效率	降低融资成本	资源服务
		利用政府产学研、社会资本、声誉等	使用无形资源	
	机会识别	利用自身资本与网络深化信息	提升信息质量	机会识别服务
		利用平台或园区提升信息的传递效率	提升信息效率	
	市场协调	提升市场信息的收集、整理与传递	提升信息效率	市场协调服务
		深化资源的需求、分配和应用管理	提升市场效率	
市场协调	信息协调	人才、研发、采购、物流等信息传递	提升信息价值	利用政府信息、资本、网络、技术的市场协调
		公共品、公共技术信息传递	提升信息价值	
	权益协调	知识产权的保护和应用	提升技术收益	
		产权共享的财政补贴效率	激励技术共享	
	资源协调	人才、技术等共用资源的协调	提升资源效率	
		企业间技术资源的共享	提升技术创造型企业的技术效率	

资料来源：笔者整理。

由表 2-8 可见，资源枯竭型城市创业服务体系中两个机制创新的本质就是利用政府或非营利性组织的要素资源、科技政策和社会资本促进政府、新创企业、市场之间的互动和协调，从而通过信息共享和解读提升技术创造型机会，通过技术和社会资本共享提升资源优化配置效率以及技术创造价值的能力，最终实现产业转型升级和社会和谐发展。

政府质量的提升，可以降低新创企业的融资成本、提升产业网络信息的效率和科技政策（郑健壮等，2018），通过创业服务体系的互动机制提升技术创造型创业的创建和成长功效（李晓萍，2015），还可以降低企业注册成本、减少不必要的政府干预、缩短企业各个环节的审批时间（赖敏等，2018），通过改进创业环境促进技术创造型创业。

市场需求、技术机会和独占性是技术创造型新创企业创建和成长的前提条件。资源枯竭型城市创业服务体系中市场协调机制的构建可以提升市场需求的信息传递效率、提高技术的应用机会和科学激励技术收益，进而促进技术创造型新创企业的创业行为（张玉利等，2008；林亚清和赵曙明，2013），并整体提升产业的技术效率和价值创造（刘志彪，2011）。这也表明政府与市场是推进资源枯竭型城市创新驱动战略的两个重要力量。

2.4.2.2 管理方法与管理措施

资源枯竭型城市创业服务体系机制创新的功效在于执行、在于政府或非营利性组织、新创企业以及市场的互动和协同。为此，资源枯竭型城市创业服务体系机制创新的管理方法是构建机制创新评价指标体系和考评改进，其目的是发现机制创新的不足、避免利益冲突和激励措施。

具体管理措施为：

首先，构建政府、新创企业、市场利益主体的效用函数进行博弈分析，通过发现利益共享和利益冲突的因素进一步明晰和完善资源枯竭型城市创业服务体系创新的两个机制指标。例如，王明益和石丽静（2018）实证研究发现，劳动力价格扭曲对劳动密集型企业市场退出影响最大，而对资本技术密集型企业市场存活概率的影响不大，这也在一定程度上表明了在不同的资源枯竭型城市创业服务评价体系中劳动力培育的权重指标是有差异的。

其次，资源枯竭型城市创业服务体系考评指标中增加了政府质量和市场协调两个变量，并调整权重。赖敏等（2018）强调了政府效能对创业活动具有显著影响，并认为制度环境和政府效能是创业服务政策发挥功效的重要因素。为此，资源枯竭型城市创业服务评价体系在设计指标的权重时应该考虑到城市的行政区域功能、基础设施、产业结构和人口结构等外部环境因素和城市战略目标。例如，焦作市基于农村人口众多（接近300万人）和国家创建全面建成小康社会的政治任务，突出了对农民工返乡创业和妇女创业的支持，起到了扶贫脱贫的效果；韶关市借助珠三角产业转移，在一定程度上实现了技术创造型创业、产业集聚和城市的转型升级等。

最后，政府、新创企业、市场三方主体独立考评资源枯竭型城市创业服务评价体系，基于分值的差异动态调整权重，并因地制宜地改进指标。其中，改进的原则是：激励政府、新创企业、市场三方主体创业互动和市场协调。例如，白银市既注重电商平台创业促进农业发展，也注重孵化基地建设培育技术创造型创业，其创业服务评价体系需改进的地方应是鼓励政府、新创企业、市场三方主体信息共享，进而促进产业结构深化、价值链提升的技术创造型创业。

2.5　小结

通过对资源枯竭型城市创业服务体系创新机理的分析，本章主要得出了以下结论：

（1）资源枯竭型城市通过创业服务体系促进创业来帮助实现城市的转型升级已有一定的理论基础和现实依据，也得到了中央和地方政府的支持。当前，资源枯竭型城市创业服务体系具有目的性、趋同性、创新性和政策性等特点，但同时也具有无战略性、无差异性、无激励性和无动态性等特征。这些不足影响着资源枯竭型城市创业服务体系的创新功效和城市战略目标的实现。

（2）资源枯竭型城市创业服务体系的创新体现在创新目标、创新动力和创新协同三个方面。本章从新创企业合法性服务、资源性服务、机会识别性服务和市场协调性服务四个视角分析了资源枯竭型城市创业服务体系三个方面的创新现状，初步明晰了资源枯竭型城市创业服务体系对新创企业创建与成长的作用机理。

（3）资源枯竭型城市创业服务体系对市场需求型新创企业和技术创造型新创企业的作用机理是有差异的。本章通过因子分析引入政府质量和市场协调两个变量，实证分析了创业服务体系与新创企业成长之间的关系，发现政府质量提升下的机会识别性服务和市场协调性服务有助于技术创造型新创企业的成长，而政府质量提升下的资源性服务有助于市场需求型新创企业的成长，但也会造成资源错配。

（4）政府质量提升和市场协调效率提升是资源枯竭型城市创业服务体系创

新的两个重要机制。本章从合法性服务、资源性服务和机会识别性服务视角分析了政府质量的互动机制，从市场协调视角分析了政府质量对技术创造型企业的协调机制，并给出了详细的指标内容，以便资源枯竭型城市深化对创业服务体系的两个创新机制的管理。

3 资源枯竭型城市创业服务体系创新的利益相关者博弈分析

本章首先介绍了博弈论的基本知识；其次叙述了创业服务体系的经济效益、社会效益以及福利损失；再次根据政府、新创企业和市场（主要是指产业利益相关者）的自身特征、效益行为和动机构建了各行为主体的效用函数；最后利用博弈论知识构建了资源枯竭型城市创业服务体系行为主体的博弈模型，给出并评价了政府质量和市场协调视角下政府、新创企业、市场博弈模型的均衡状态。

3.1 博弈论基本知识

博弈论也称对策论（Game Theory），就是利用公式化的个体行为函数寻求个体利益最大化下的行为均衡状态。这样有助于明晰个体行为产生的原因、结果以及机理。本书资源枯竭型城市创业服务体系涉及政府、新创企业和市场三个主体。

博弈过程是个体效用实现的仿真过程。其中，局中人、策略和收益是博弈论的最基本的要素，而局中人的行动和均衡结果被统称为博弈规则。利用博弈论分析资源枯竭型城市创业服务体系的利益相关者有助于资源枯竭型城市通过创业服务体系的创新提升创业服务体系的功效，进而提升资源枯竭型城市的经济增长质量并帮助其实现社会经济目标。

按照参与人对其他参与人的信息的了解程度，将博弈论分为完全信息博弈和不完全信息博弈。按照行为的时间序列性，博弈论分为静态博弈和动态博弈。其中，信息是指参与人对其他参与人的特征、策略空间及收益函数的信息。资源枯竭型城市创业服务体系的三个主体——政府、新创企业、市场是不完全信息博弈。

这里的信息的不完全既有外部环境造成的不完全，也有个体隐藏行为造成的不完全。其均衡状态主要有四种：纳什均衡是完全信息静态博弈、精炼纳什均衡是完全信息动态博弈、贝叶斯均衡是不完全信息静态博弈、精炼贝叶斯均衡是不完全信息动态均衡。

可见，博弈分析的基础是了解行为人的收益、行为空间以及个体特征，也就是通常所说的参与人用数学公式表示的收益函数。

3.2 资源枯竭型城市创业服务体系的效益分析

资源枯竭型城市可以通过创业服务体系促进新创企业的创建和成长，进而扩大就业、提升居民收入、实现产业转型升级以及社会和谐发展。可见，资源枯竭型城市创业服务体系的政府、新创企业、市场这三个主体均具有一定的经济效益和社会效益。

3.2.1 经济效益

3.2.1.1 收入增加

新创企业的创建和成长不仅可以增加企业所有者和管理者的收入，也可以通过降低相关产业的交易成本和扩大内需提升市场的收入，还可以通过税收实现资源枯竭型城市的政府收入。

农民工返乡成为近年来的大趋势（娄丽娜，2019）。农民工返乡后能为农村区域经济建设输入大量资金、引进先进技术和信息、拉动农村经济建设的消费能力。并且，大学生科技创业也是资源枯竭型城市转变经济增长方式、促进经济发展的重要动力（张秀娥和徐雪娇，2019；胡海青等，2018）。资源枯竭型城市创业服务体系通过创业辅导、技术支持、资金支持、人才培育等措施优化资源配置、解决新创企业的技术难点和融资难点，从而促进中小企业获得先动优势和成长机会（Lumpkin & Dess，1996；Miller & Friesen，1983；杜运周等，2008）。

事实上，为了提升居民收入、转变经济增长方式和实现社会和谐发展，资源枯竭型城市一直通过财政补贴、政策完善和经济体制改革发展和完善创业服务体系，例如，焦作市、白银市等资源枯竭型城市通过完善创业服务体系来提升居民收入，并通过扶持农民工创业实现扶贫脱困。

3.2.1.2 要素资源优化配置

政府、新创企业和市场是资源配置的主体。我国资源枯竭型城市要素资源匮乏，尤其是在技术要素、资金要素等方面。良好的创业服务体系可以通过促进新创企业成长和市场结构优化实现要素的配置，同时提升政府资源的配置，并通过良好的营商环境吸引外部技术和资金资源的进入。

王阳（2019）提出，政府应该通过完善一体化就业创业服务信息网、加强政府购买就业创业服务制度建设和培育高素质服务人员队伍来提升服务质量、优化行政资源的配置；赖敏等（2018）实证研究发现，政府对腐败的监察力度越高，越能降低企业注册成本、减少不必要的政府干预、缩短企业各项环节审批的时间，进而促进企业的创新创业活动；这将进一步优化市场资源的配置能力（吴利学等，2016）、提高企业家创业精神和创新精神（代明和郑闽，2018），进而促进地区全要素生产率和经济质量的提高。刘伟江等（2019）、颜振军和侯寒（2019）实证检验了创业服务体系对要素资源配置能力的影响。

事实上，我国资源枯竭型城市一直通过完善服务体系来优化自身资源配置能力、提升全要素生产率和经济增长质量，其措施为产学研一体化、行政服务效率（主要是针对创业园区和产业孵化基地）提升等。例如，铜仁、韶关等资源枯竭型城市均创建了产业孵化基地。

3.2.1.3 要素能力提升

技术创新具有高资金需求、高风险性等特征，是城市发展中技术、资金、人才等因素共同作用的结果。黄紫微等（2018）实证研究发现，不同的新兴产业技术创新对不同市场化程度的孵化器的影响具有相对滞后性，尤其是公共孵化器在产业政策限制下对技术导向创新的反应相对缓慢。

发展高新技术产业、成立高新技术产业园区是我国多数城市政府的战略选择，它有助于城市实现创新驱动发展。事实上，我国资源枯竭型城市具有比较优势的产业，市场化程度弱、技术和资金集聚能力不强，这显著影响着要素能力的提升、经济增长方式的转变和社会和谐发展。而创业服务体系通过鼓励技术创业或许能帮助资源枯竭型城市实现经济增长方式的转变和社会和谐发展。

3.2.2 社会效益

3.2.2.1 就业

就业是一个城市发展的基础，也是政府的一个战略目标，而新创企业和市场的健康成长是就业的载体。随着我国经济增长方式的转变，创新驱动发展成为时代主题。其结果是农民工返乡创业和大学生科技创业成为一种趋势，同时也成为一种就业趋势（李宏英，2019；王阳，2019）。各级地方政府注重城镇化发展和这种就业趋势，利用完善财政支出政策和发展创业服务体系来支持这种就业趋势。王阳（2019）实证研究发现，公共财政就业支出增加1%，全国就业人员增长0.033%、城镇就业人员增长0.083%。

事实上，这种创业就业可以增加当地农民的收入、改善农民的生活条件、潜移默化地改变农村经济结构和农村的发展方式。另外，也可以增加城市大学生的就业和内需，帮助城市实现经济增长方式的转变。可见，通过创业服务体系的创新来提高就业是资源枯竭型城市解决就业、促进产业转型升级和社会经济和谐发展的一种重要战略。

3.2.2.2 社会经济增长方式的转变

经济增长方式既有要素驱动和技术驱动之分，也有需求驱动、投资驱动和创新驱动之分。我国资源枯竭型城市以往是要素驱动型经济增长方式，随着资源的枯竭，现在需要转变到技术驱动型发展模式上来。资源枯竭型城市的农民工返乡创业可以通过电商平台→改进农村产业结构→提高农民收入→扩大工业品需求的机理转变经济增长方式（杜威漩，2019）；资源枯竭型城市的大学生创业可以通过政策支持→技术创业→扩大就业和工业品需求→提升产业结构的机理转变经济增长方式（刘伟江等，2019）。李贡和吴利华（2018）、代明和郑闽（2018）实证研究发现，创业精神和创新精神是促进城市转变经济增长方式的一种重要策略。

可见，创业、创新是资源枯竭型城市转变经济增长方式的一种重要战略。资源枯竭型城市政府只有通过创业服务体系的创新促进创业、创新，才能从根本上转变经济增长方式。事实上，阜新市、鹤岗市等资源枯竭型城市一直都在通过创业服务体系的创新来寻求经济增长方式的转变，例如，阜新市和盐城市进行创业服务体系的战略联盟来促进创业。

3.2.2.3　社会和谐发展

经济增长方式的转变和社会和谐发展是一体的。一些地方政府注重利用创业实现社会和谐发展和全面建成小康社会。资源枯竭型城市通常技术缺乏、资金缺乏、产业竞争力弱，通过创业服务体系支持农民工返乡创业和大学生创业解决就业，进而提升收入和转变经济增长方式，是新时代中国社会和谐发展的重要途径，体现了技术发展、全民发展、社会经济和谐发展等。

社会和谐发展是我国的一项基本国策，是资源枯竭型城市扶贫、产业转型升级和全面建成小康社会的战略选择。枣庄市、铜陵市、泸州市等资源枯竭型城市多是通过完善创业服务设施、制定创业政策和鼓励创业等措施来实现当地经济社会和谐发展的。

3.2.3　福利损失

资源枯竭型城市的就业、经济增长方式转变和社会和谐发展是一个社会生态系统，其创业服务体系的经济效益和社会效益是可以相互转化的。其机理是：创业→就业和收入→扩大需求→改变经济增长方式→社会和谐发展→多元化创业。本书分析资源枯竭型城市创业服务体系的社会福利损失，如图3-1所示。

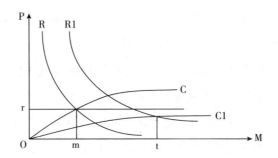

图 3-1 资源枯竭型城市创业服务体系的社会福利损失

P 代表效益，包括经济效益和社会效益，M 代表创业服务体系；R 和 R1 代表资源枯竭型城市政府的收益无差异曲线，R 和 R1 的不同是由于政府财政支出中支出方式不同产生的效益差异（如政府财政支出 80 亿元，用于支持技术研发会产生 600 亿元收益，不同于政府财政支出 80 亿元用于电商平台构建和农民工创业资金支持会产生 500 亿元收益）；C 和 C1 代表新创企业的收益，财政支出越多，收益相对越大（同理，C 和 C1 也可代表市场收益）；r 代表资源枯竭型城市政府和新创企业（或市场）收益最大化均衡；m 和 t 代表新创企业的数量（或者市场结构）。

由于政府支出方式的不同、新创企业资源配置的不同以及市场竞争（或合作）的差异，资源枯竭型城市创业服务体系的经济效益分析和社会效益分析最优均衡点应该在 t 点，这样才能使资源枯竭型城市政府、新创企业、市场的整体福利最大化。可现实情况是，由于政府、新创企业、市场的"囚徒困境"，资源枯竭型城市政府、新创企业、市场的整体均衡点在 m 点，这就造成了资源枯竭型城市创业服务体系的社会福利损失，且 m 点越接近 t 点，其社会福利损失就会越少。这也是资源枯竭型城市创业服务体系不断创新的根源。由图 3-1 可知，资源枯竭型城市创业服务体系的社会福利损失主要体现在以下三点：

3.2.3.1 政府、新创企业、市场追求个体利益最大化，因利益冲突而造成社会损失福利

政府作为创业服务体系的供给者，其财政支出是追求社会效益和经济效益最大化。同样，新创企业（尤其是科技型创业）追求经济利益最大化，市场作为

产品的供给者和需求者，更是追求个体利益最大化。当政府、新创企业、市场追求个体利益最大化时，会因利益冲突而造成社会福利损失。

政府在财政支出用于创业服务体系时，会由于服务人员能力不足、服务不科学、信息不对称和寻租等行为与新创企业产生利益冲突（许君如，2019；肖智润，2007）；新创企业在资源获取时会由于资源价值差异和资源配置能力差异与政府或市场产生利益冲突（王琦，2018；张龙和王昀，2018）；新创企业、市场在供需交易中会由于控制权不对等产生利益冲突（钟惠波和刘霞，2018）。上述这些利益冲突通过政府、新创企业、市场的效益减少直接产生福利损失。

3.2.3.2 政府为实现战略目标而资源错配，结果抑制创业服务体系功效的发挥

资源枯竭型城市为了支持国家"双创"政策、解决就业问题以及全面建成小康社会，通过孵化基地建设、产学研一体化等措施发展和完善了创业服务体系。但资源枯竭型城市的创业服务体系为了实现就业、经济转型升级和社会和谐发展的目标，往往会由于劳动力流动管制、金融抑制、政府补贴等措施而造成资源错配（王明益和石丽静，2018），结果是政府、新创企业、市场在资源错配中进行寻租行为而使创业服务体系的功效难以发挥。

制度和资源环境是新创企业开展创业行动的重要因素（李新春等，2016），而政府为了就业、经济增长与社会和谐发展而进行的资源错配往往会抑制新创企业的成长，例如，陈文府（2007）明确指出，中部地区、西部地区的资金环境已严重阻碍了企业家的创业活动；王宏起和李婧媛（2017）指出，需求牵引型政策结合产学研一体化更能促进技术创造型创业活动，而政府网络资源的错配往往抑制新创企业的信息类资源的获取和成长（郑健壮等，2018）。可见，资源枯竭型城市创业服务体系资源的错配不仅仅会抑制新创企业的成长，还会抑制创业服务体系功效的发挥，从而造成创业服务体系的构建和创新的社会福利损失。

3.2.3.3 创业服务体系无激励性，会抑制政府、新创企业、市场的互动，从而降低创业服务体系的创造性

创业服务体系与新创企业以及市场之间是动态互动的关系，创业服务体系可以通过科技政策、创业环境或者孵化基地等传递机会信息，而新创企业创始人或管理者在通过资源获取构建竞争优势时又会反馈给创业服务体系市场需求的信

息，从而优化创业服务体系的资源配置服务能力。例如，尹俣潇等（2019）认为，认知学习、经验学习、实践学习可以深化创业网络与新创企业之间的关系，提升后者的绩效；刘田田等（2019）阐释了政府、新创企业、市场互动导向转化为新创企业绩效的机理。

创业服务体系的无激励性不仅会造成创业服务体系的寻租行为，还会抑制创业服务体系的创造力（林龙飞和陈传波，2019）。文亮和李海珍（2010）指出，要从创业环境出发完善和提高新创企业激励体系；杜威漩（2019）提出了制定农民工返乡创业扶贫的资金、技术创新、人才培育及引进等方面的激励政策；张立新等（2019）提出，应通过创业满意度来改善农民工的创业意愿；胡海青等（2018）指出，应通过孵化支持情境（网络支持和制度支持）来激励创业服务体系发挥功效。这些激励措施多体现在激励供给上，可避免创业服务体系的寻租行为。

资源枯竭型城市要想通过创业服务体系促进创业来实现转型升级，改变以往的"资源诅咒"，就必须在创业服务体系创新中明晰其与新创企业的互动演化关系（黄紫微等，2018），实行动态化、激励化、差异化和战略化的创业服务体系创新和管理，从而激发创业服务体系在资源枯竭型城市的创造力。

不难发现，降低资源枯竭型城市创业服务体系的福利损失、激发其创造力的关键是明晰政府、新创企业、市场三者在创业服务体系作用下的互动机理，如图3-2所示。

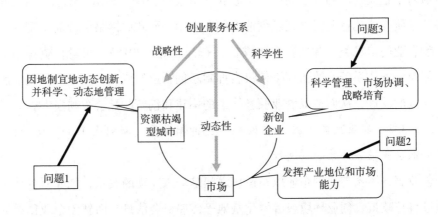

图3-2　政府、新创企业、市场三者在创业服务体系作用下的互动机理

（1）资源枯竭型城市创业服务体系的构建与创新的目的是通过创业促进就业、经济增长和社会和谐发展，而在不考虑协同效应的情况下，技术创造型创业比市场需求型创业对城市经济增长的促进作用更显著（钟惠波和刘霞，2018），且市场既是资源枯竭型城市产业集聚的动因，也是市场需求型创业和技术创造型创业的影响因素。这就需要因地制宜地动态创新并科学、动态地管理资源枯竭型城市的创业服务体系。

（2）新创企业的创建、成长和竞争优势的确立既受政府制度的影响，也受市场关系的影响。二者共同影响新创企业的机会识别和资源配置，进而影响创业服务体系的功效。为此，资源枯竭型城市创业服务体系的创新需要坚持在战略培育、要素聚集、市场协调、生态体系建设等方面进行创新，走"孵化+制造升级"的新型孵化道路，建立符合高科技与新经济形态相结合情境下创新创业需求的创新驱动发展之路（许君如，2019）。

（3）产业市场是创业的基础，产业市场知识不仅能为新创企业提供机会识别、资源获取和合法性的培育（肖智润，2007；王琦，2018），也能促进产学研加速融合（张龙和王昀，2018），进而通过产业政策、市场协调和价值链整合升级来发挥市场的战略定位和导向能力。

综观政府、新创企业、市场整体互动对创业服务体系功效的影响可以发现，基于自身利益的政府、新创企业、市场行为激励是创业服务体系创新的方向。

3.3 资源枯竭型城市创业服务体系的利益相关者

3.3.1 政府

资源枯竭型城市创业服务体系的构建和创新是需要成本的，主要包括创业辅导、技术支持、资金支持、人才培育等财政支出和政策执行、法规完善以及服务人员工资等管理成本。资源枯竭型城市创业服务体系的构建和创新可以促进新创企业的创建和成长，从而促进就业、经济增长和全要素生产率的提升。例如，王阳（2019）提出，完善一体化就业创业服务信息网、加强就业创业服务制度建设和培育高素质服务人员有助于提升创业服务体系的功效。

资源枯竭型城市对创业服务体系运作的过程也是资源配置及制度安排的过程，它可以通过信息传递和资源优化配置来促进新创企业的创建和成长，例如，赖敏等（2018）发现，政府效能的提升可以显著地改善企业的创新创业活动，降低企业注册成本、减少不必要的政府干预、缩短企业各项环节的审批时间，从而有利于促进企业的创新创业活动；吴利学等（2016）实证研究发现，通过创业服务体系中的市场协调促进企业的进入与退出能提升制造业全要素生产率10%左右；代明等和郑闽（2018）提出，通过创业服务体系提高企业家创业精神和创新精神，对提升资源枯竭型城市全要素生产率有显著的作用。

资源枯竭型城市对创业服务体系运作的过程及其功效受运营成本的影响。例如，创业服务体系通过机会识别和资源配置影响新创企业绩效（胡海青等，2017）；而不同技术创新导向的新兴产业与不同市场化程度的孵化器的互动、协调和演化关系影响技术创造型新创企业和市场需求型新创企业的绩效（黄紫微等，2018），且科技政策在资源枯竭型城市发挥功效的力度也受其创业服务体系运营成本的影响（刘伟江等，2019；颜振军和侯寒，2019）。

基于上述事实叙述和实证研究可以发现，资源枯竭型城市政府创业服务体系的支出和效率是一种函数关系。这里本书定义资源枯竭型城市创业服务体系中政府的利益函数为：

$$Pg = Ug(R) - Cg(W, T) \tag{3-1}$$

其中，$Ug(R)$代表政府的收益，包括就业、经济增长和全要素生产率；$Cg(W, T)$代表政府的支出，包括财政补贴W、创业服务体系构建和创新中的公益性支出T（如税收减免、工业用地优惠措施、政府人员培训、创业服务体系的信息化改造等）。

3.3.2　新创企业

近年来，农民工返乡创业和大学生科技创业逐渐成为一种趋势。无论是农民工返乡创业还是大学生科技创业，都是为了就业和获取收益（杜威漩，2019；张龙和王昀，2018）。新创企业收益的来源是利用社会资本或财政补贴等降低资源获取成本或者利用社会网络等把握市场机会（李雪莲等，2015）。这里有一个假设是投入和收益之间有一个转换过程，该过程影响着新创企业的收益风险，且政府的公共支出也是新创企业的间接收益（张青和张瑶，2017），同样需要进行转换。

王肖芳（2017）指出，农民工返乡创业多选择与政府有一定距离并能获得政府支持的区位，这是农民工为了提升投入与收益之间的转换效率。事实上，获得先动优势的新创企业更能提升转换效率（Lumpkin & Dess，1996；Miller & Friesen，1983）。张秀娥和徐雪娇（2019）提出，良好的创业服务体系同样能提升新创企业的转换效率，主要表现在机会识别降低信息搜索成本、资源服务和市场协调降低融资成本、合法性服务提升外部知识的整合能力。胡海青等（2018）指出，不同创业服务体系对市场需求型新创企业和技术创造型新创企业的转换效率是有差异的。

新创企业有时会和政府或者市场上下游联盟企业进行寻租以提升自身的转换效率（陈聪等，2018）。相对于技术创造型新创企业而言，市场需求型新创企业往往更会通过联盟或寻租来提升转换效率。这表明资源枯竭型城市创业服务体系影响新创企业投入与收益的转换效率，一旦转换效率低下就会抑制新创企业的成长。

基于上述事实叙述和实证研究，这里我们定义新创企业的利益函数为：

$$Pc = Uc(m) - Cc(a, e) \tag{3-2}$$

其中，$Uc(m)$ 为新创企业的收益，其中 m 为政府的激励支出（每个新创企业的 m 是差异的，它们受其他资源的协同和转换效率的影响）；$Cc(a, e)$ 为新创企业的支出，其中 a 为新创企业的资源配置效率（如研发、员工努力程度等），e 为新创企业员工的工资、劳动力培训成本以及其他福利等。

3.3.3 市场

市场（这里通指产业）中的企业是地方政府经济的主体，其承担着当地的就业、税收和技术进步等社会责任以及投资者获利的经济责任。在资源枯竭型城市中，一些市场开始萎缩，技术需要转型升级。此时，市场作为资源枯竭型城市当地经济利益的主体和就业、税收的载体，也会有动机从创业服务体系中获取利益。

部分学者考察政府补贴和税收优惠等产业政策手段对企业全要素生产率的影响后发现，如果这些产业政策手段能够确保或促进竞争，则能够显著地提高企业全要素生产率。这也表明市场会利用竞争从新创企业手中获取利益并转移风险。吕文晶等（2017）实证研究发现，组织间依赖程度对市场和新创企业的利润有显著的影响。

资源枯竭型城市创业服务体系通过合法性服务、资源性服务、机会识别性服务和市场协调性服务影响着市场的竞争策略和利润。刘伟江等（2019）实证测度了科技政策通过创业服务体系影响新创企业和市场竞争方式的路径，颜振军和侯寒（2019）实证测度了不同资源枯竭型城市孵化器效率、纯技术效率和规模效率的差异，发现较差的创业服务体系会恶化新创企业和市场之间的竞争，提升它们的运营成本、降低它们的利润，而良好的创业服务体系可以降低新创企业和市场之间的信息不对称下的逆向选择行为和技术研发风险，实现利润共赢。

基于上述事实叙述和实证研究，这里定义市场利益相关者的收益函数为：

$$Ph = Uh(W, T, e) - Ch(k) \tag{3-3}$$

其中，$Uh(W, T, e)$ 为市场的收益，W 为直接财政补偿，T 为社会公益，e 为新创企业带来的间接收益（如上下游企业研发会提升产业价值链竞争力，从而提升市场利润），$Ch(k)$ 为市场企业的支出（如工人工资、运营成本等）。

3.4 资源枯竭型城市创业服务体系的利益相关者博弈

3.4.1 政府—新创企业博弈

本书把政府—新创企业博弈定义为委托—代理博弈，即政府通过资源投入促进新创企业的创建和成长，进而实现自身经济利益和社会利益最大化。该博弈的特点之一是政府对新创企业的创建和经营具有资源配置的指导权，而不具有控制权。

假定政府认为新创企业技术成长能力强的概率为 u，技术成长能力弱的概率为 1-u，政府选择激励的期望收益是 $E(\pi_g)$，并定义新创企业的利润函数为$\pi_c = k-tm^2/2$。β 为企业利润中被拿走的比例，新创企业在知道政府的激励创业服务成本条件下努力使成本为 C(e)，新创企业将选择最大化收益函数为：

$$\pi_c = (1-\beta)\pi-C(m) = (1-\beta)[k-C(e)]-tm^2/2 \tag{3-4}$$

假设新创企业努力成本为 C(e)=m，则新创企业的收益函数为：

$$\pi_c = \beta\pi-C(e) = \beta[k-C(e)]-ra^2/2 \tag{3-5}$$

最大化的一阶条件为：

$$a^* = [\beta+\beta'_a(k-C(e))]/(r-\beta'_a) \tag{3-6}$$

新创企业技术能力强时的努力为 a_2^*，新创企业技术能力弱时的努力为 a_1^*，有：

$$a_2^* = [\beta+\beta'_a(k+\phi-C(e))]/(r-\beta'_a) \tag{3-7}$$

$$a_1^* = [\beta+\beta'_a(k+(1-\phi)(e-C(e)))]/(r-\beta'_a) \tag{3-8}$$

由于政府不知道新创企业的技术能力，从而不知道企业的最优努力选择是 a_2^* 还是 a_1^*，因此政府将选择 m 最大化自己的期望收益函数：

$$E(\pi_g) = u[(1-\beta)k-tm^2/2]+(1-u)[(1-\beta)k-tm^2/2] \tag{3-9}$$

解最优化的一阶条件得：

$$m^* = (1-\beta)[1+(\beta+\beta'_a)/(r-\beta'_a)]/t \tag{3-10}$$

将式（3-8）代入式（3-6）或式（3-7），可以得到新创企业的努力程度 a^*。

资源枯竭型城市政府在推进创业服务体系创新时，政府—新创企业间具有利益冲突和利益共赢。资源枯竭型城市要想通过创业服务体系创新促进新创企业创建和成长，进而实现自身经济利益和社会利益最大化，就应该在社会公益支出中权衡新创企业的努力程度和价值创造能力，即资源枯竭型城市在创业服务体系创新中存在政府—新创企业间的"囚徒困境"，城市政府只有提升自身创业服务体系的管理能力和执行能力，才能实现政府—新创企业的共赢，从而提升资源枯竭型城市创业服务体系的创新功效。

3.4.2 政府—市场博弈

政府与市场是资源配置的两种基本形式，它们通过新创企业的资源配置战略来共同影响资源枯竭型城市创业服务体系创新的功效，具体表现为隐藏行为提升交易成本或者利用（行政或市场）控制权力寻租。它们的博弈属于动态博弈。

假定当地政府的行动空间为：{财政补贴 W、财政补贴 W+社会公益支出 T}，其中 W+T=Cg，p 为 W 所占 Cg 的比例；市场的行动空间为 {合作 W、不合作 0}，市场有概率为 q 的不合作，并有可能承担额外的支出，双方各自行动的收益如表 3-1 所示。

表 3-1　政府—市场博弈

市场		政府	
		财政补贴	财政补贴+社会公益
	合作	W　T	Cg　0
	不合作	0　Cg	T　−T

那么，资源枯竭型城市政府的期望收益为：

$$E(政府) = (1-p)\times[0+(1-q)\times(-T)]+p\times[q\times T+(1-q)\times Cg] \tag{3-11}$$

市场的期望收益为：

$$E(市场) = (1-q)\times[0+(1-p)\times T]+q\times[p\times W+(1-p)\times Cg-Ch] \tag{3-12}$$

如果 E（政府）最大和 E（市场）最大，则实现了政府—市场创业服务体系的利益均衡：

$$Ep(政府) = 1+(1-q)\times Cg=0 \tag{3-13}$$

$$Eq(市场) = W-Ch \tag{3-14}$$

所以，政府的最大收益 q 越大、Cg 越小或二者同时同向变化；市场的最大收益 W 越大、Ch 越小或二者同时反向变化。政府—市场具有产业价值链的共赢均衡和利益冲突下的共输均衡。

基于政府和市场是资源配置的两种基本形式，资源枯竭型城市创业服务体系的创新应该注重政府—市场共赢的产业价值创造，通过技术支持、人才培育和科技政策等措施实现产业价值创造下的创业服务体系创新，而不仅仅是注重利益冲突下创业服务体系的创新激励或行政监管。

3.4.3 新创企业—市场博弈

新创企业与市场之间是供需关系，此时，利益分配影响它们的战略选择和成长，新创企业与市场之间还有间接资源获取的竞争关系和间接共赢的外生产业集聚关系。

这里把新创企业—市场关系定义为信息不对称下的竞争合作关系。新创企业的福利为 W_1，市场福利为 W_2，则：

$$EV(W_1+W_2) = \alpha_1 + \beta_1[S(\pi)+\varepsilon] + \alpha_2 + \beta_2(S(\pi)+\varepsilon) \tag{3-15}$$

激励相容条件为：

$$\beta_1 \cdot \frac{dS(\pi)}{d\pi} + \beta_2 \cdot \frac{dS(\pi)}{d\pi} = 0 \tag{3-16}$$

求导 β_1、β_2 可知：

$$\beta_1 = \frac{1+k+nk}{(1+k+nk) \cdot e + (k+1)^2 \cdot r \cdot v \cdot e^{-1}} \tag{3-17}$$

$$\beta_2 = \frac{k \cdot (1+k+nk)}{(1+k+nk) \cdot e + (k+1)^2 \cdot r \cdot v \cdot e^{-1}} \tag{3-18}$$

β_1、β_2 均大于 0，政府只有科学管理 β_1、β_2 才能实现新创企业与市场的共赢，从而促进创业服务体系创新功效的实现。且 k 是新创企业与市场利润分配的比重，政府也可以通过行政协调科学管理 β_1、β_2，从而促进创业服务体系创新功效的实现。

3.4.4 三者利益均衡分析

政府、新创企业、市场在资源枯竭型城市创业服务体系中组成了一个生态系统，该系统在资源枯竭型城市为了扩大就业、促进经济转型升级和社会和谐发展而进行的创业服务体系平台构建和创新中相互竞争和合作，在实现自身利益最大化的同时实现三者之间的博弈均衡，如图 3-3 所示。

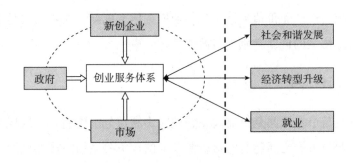

图 3-3　政府、新创企业、市场在创业服务体系中利益均衡

由图 3-3 可知，政府、新创企业、市场在资源枯竭型城市创业服务体系中的利益均衡具有如下特征。

3.4.4.1　社会福利损失变大

我国经济发展进入新常态，结合党的十六大提出的全面建设小康社会的目标，资源枯竭型城市大力通过孵化基地建设、产学研一体化等措施来发展和完善创业服务体系，以实现就业、经济转型升级和社会和谐发展。具体措施为每年加大开展用于人才培养、机制建设、创业环境营造和数字化信息化运营平台等创业服务体系的构建和创新的财政支持力度。

一些学者实证研究了创业服务体系的功效。例如，王宏起和李婧媛（2017）认为，创业政策结合产学研一体化更能促进技术创造型创业活动的开展，从而促进产业转型和升级；陈文府（2007）认为，中部、西部地区的资金环境已阻碍了企业家的创业活动，进而抑制了技术创造型企业的创建和成长等；赖敏等（2018）提出，政府效能的提升可以改进创业环境、降低新创企业的融资成本等，进而帮助新创企业的创建和成长，最终有助于城市跨越中等收入陷阱。事实上，资源枯竭型城市创业服务体系及其创新呈现同质化特征，例如，每个资源枯竭型城市的创业服务体系中均有财政补贴中小企业研发，但并没有涉及政府、新创企业、市场三个利益主体行为的要素资源配置均衡，其结果是财政补贴研发失效，更多的财政补贴是政府、新创企业、市场三个利益主体行为的寻租均衡。

3.4.4.2 政府、新创企业、市场的利益冲突加剧

创新驱动发展和全面建设小康社会下的社会和谐发展需要财政资金投入下的技术创新和风险承担。由于资源枯竭型城市存在就业和扶贫需求、产业转型升级压力、资源禀赋差异和行政区位差异，政府、新创企业、市场的利益冲突会加剧。

资源枯竭型城市创业服务体系的专项法规、财税政策和技术扶持政策等既要顾及市场产业的研发投入（刘静和熊一坚，2011），又要顾及新创企业的成长，这就会加剧新创企业与市场之间的利益冲突。鼓励农民工返乡创业要有专门的创业指导中心和基金支持、鼓励大学生创业要有专门的大学生创业指导中心和科技园区支持、鼓励科技人才创业要有专门的人才引进中心和科技应用中心对接等，这会加剧市场需求型创业与技术创造型创业之间的冲突。同时，资源枯竭型城市既面临市场需求型创业来扩大就业，又面临技术创造型创业来实现产业转型和升级，这会加剧政府与市场之间因技术型人才的外流、偏远的行政区划而产生的利益冲突。

李新春等（2016）指出，制度和资源环境是新创企业创业行动的重要因素。新创企业与市场之间良好的商业网络有助于信息类资源的获取和研发中的风险承担（郑健壮等，2018）。政府、新创企业、市场三者之间利益冲突的加剧会恶化创业环境（文亮和李海珍，2010），引起农民工返乡创业扶贫的资金、技术创新、人才培育及引进等方面的资源错配，从而抑制农民工和大学生的创业意愿以及创业服务体系的功效发挥（张立新等，2019；胡海青等，2018）。事实上，资源枯竭型城市创业服务体系的创新措施多体现在政策资源的供给上，这是加剧政府、新创企业、市场利益冲突的根源。只有权责对等、信息透明、资源配置合理才能降低政府、新创企业、市场的利益冲突，抑制它们的寻租行为，从而通过激励它们合作创新，进而实现共赢。

3.4.4.3 技术创造型创业难度变大

技术创造型创业是资源枯竭型城市转型升级和社会和谐发展的战略途径，也是资源枯竭型城市可持续发展的根本。技术创造型创业的关键在于机会识别、资源获取和风险承担以及市场协同。

尹俣潇等（2019）认为，认知学习、经验学习、实践学习可以深化创业网络与新创企业之间的关系，提升后者绩效；刘田田等（2019）阐释了新创企业与市场间的互动导向转化与新创企业绩效的机理。林龙飞和陈传波（2019）实证研究发现，创业服务体系对新创企业的创建和成长总会出现"最后一公里"的梗阻，其关键是政府、新创企业、市场之间利益冲突的加剧。事实上，资源枯竭型城市要想通过创业服务体系促进创业来实现转型升级和社会和谐发展，就必须改变以往的"资源诅咒"，并明晰创业服务体系创新与新创企业的互动演化关系（黄紫微，2018），实行动态化、激励化、差异化和战略化的创业服务体系创新管理。

3.4.4.4 创业服务体系创新的动力和阻力同在

政府、新创企业、市场的利益是创业服务体系创新的动力。资源枯竭型城市的就业、经济转型升级和社会和谐发展的战略目标能促进创业服务体系创新；新创企业者的就业、收入增长和实现自我价值也能促进创业服务体系创新；市场（产业）的国际化、价值链提升和转型升级也能促进创业服务体系创新。同样，政府、新创企业、市场之间的利益冲突会阻碍资源枯竭型城市创业服务体系功效的发挥，表现为二者之间增加了信息不对称性、资源错配性和技术合作创新风险性。

资源枯竭型城市创业服务体系网络之间的互动学习可以降低信息不对称性、可以提升技术创造型创业的机会识别和关键资源获取概率、可以通过信息共享和技术合作降低技术研发风险等。这表明资源枯竭型城市创业服务体系可以通过激励措施、科学创新管理提升服务效率、降低信息不对称、抑制资源错配、促进技术研发合作，从而实现政府、新创企业、市场之间的利益共赢。可见，创业服务体系创新的动力和阻力同在，这会造成资源枯竭型城市创业服务体系功效的梗阻问题（林龙飞和陈传波，2019）。一方面，资源枯竭型城市创业服务体系的投入加大会增加福利损失；另一方面，资源枯竭型城市并不能通过技术创造型创业实现经济转型升级和社会和谐发展。为此，资源枯竭型城市要想增加创业服务体系的动力、减缓阻力就必须通过激励措施深化政府、新创企业、市场的良性互动，实现三者利益共赢。

3.5 资源枯竭型城市创业服务体系的创新差异对利益相关者的影响

经过多年的高速增长，我国经济从外延式粗放增长阶段进入了内涵式质量增长阶段，增长方式由"要素驱动"、"投资驱动"转向"创新驱动"（辜胜阻等，2014；刘志彪，2011）。此时，资源枯竭型城市的转型升级更应该是创业服务体系支撑下的实体企业创业驱动和创新发展。资源枯竭型城市创业服务体系的创新是一个城市或地区内生经济增长的系统性工程，该工程涉及构建创新主体、政府制度、金融体系、人才资源、产业市场等要素及其相互作用形成的创新体系平台和激发政府、新创企业、市场之间互动、研发以及科技成果商业化的价值创造（孙兆刚，2015；王涛和邱国栋，2014）。

基于我国集权的政治制度、分权的区域财政制度，结合资源枯竭型城市市场化程度的差异、产业结构差异、资源禀赋差异和行政区划差异，资源枯竭型城市创业服务体系的构建和创新总是受政府官员职位晋升和经济发展的政治动机和经济动机的影响（周黎安，2007）。即便我国各资源枯竭型城市政府都是通过创建高新技术产业开发区、搭桥产学研合作、政府补贴、FDI等手段构建和创新创业服务体系，政府质量的差异和市场结构的差异也影响着政府、新创企业、市场三者利益行为的博弈均衡，进而影响资源枯竭型城市创业服务体系的功效。例如，良好的政府质量会减少企业干预，从而降低企业的资源错配，让企业拥有更多的可支配资源实施探索性创业行为；良好的市场结构会减少新创企业与市场（产业）间的恶性竞争，从而促进企业通过技术研发以在破坏性技术创造的新市场中进行竞争。这在一定程度上表明了资源枯竭型城市创业服务体系的功效可能会受到政府质量和市场协调的影响。

一些学者实证研究了政府质量和市场协调与企业行为的关系，认为政府质量和市场协调是企业生存的外部环境，是影响企业行为的重要因素（Baum et al.，

2003；林亚清和赵曙明，2013）。政府质量影响着企业的现金持有、研发投入（陈德球等，2011），市场协调影响着企业的内部资源配置效率和创新效率（王锋正等，2018）。

资源枯竭型城市创业服务体系的创新包括合法性服务创新、资源性服务创新、机会识别性服务创新和市场协调性服务创新，该创业服务体系创新的执行与考评主体是人，是政府、新创企业、市场的利益相关者。为此，即便创业服务体系的创新内容相同，不同政府质量和市场协调差异的资源枯竭型城市也存在创业服务体系创新的功效差异，这主要是由政府、新创企业、市场利益主体的行为博弈造成的（文亮和李海珍，2010）。

3.5.1 政府质量视角

资源枯竭型城市创业服务体系的政府质量是指资源枯竭型城市政府在创业服务体系中的资源拥有、服务能力、信息化管理市场和资源配置能力。资源枯竭型城市创业服务体系创新的过程，通常也体现政府质量变革的过程。利用人工智能、大数据、云计算和互联网平台进行信息数据的管理，可以提升资源枯竭型城市创业服务体系的合法性效率、资源配置效率和机会识别能力；构建产学研一体化网络，促进创业认知学习、经验学习和实践学习，可以提升创业服务体系的机会识别能力和市场协调能力（尹俣潇等，2019）；政府、新创企业、市场的信息化管理可以降低创业服务体系的交易成本，提升它们的知识整合能力与创造能力，通过持续性的、动态的激励管理能更有效地发挥创业服务体系的整体功效。

资源枯竭型城市创业服务体系利益相关者的行为博弈分析表明，上述创业服务体系的创新只是逻辑上的理想结果，现实中并没有或难以实现。这是因为由政府、新创企业、市场组成的外部系统环境也影响着新创企业的行为和绩效（Baum & Wally，2003；林亚清和赵曙明，2013）。例如，即便政府质量促进了新创企业的合法性先动优势、现金持有、机会识别和研发投入，但是政府—市场博弈下的寻租行为也会抑制新创企业的成长。

可见，资源枯竭型城市创业服务体系的创新及功效发挥要注重政府、新创企业、市场三个利益主体的行为激励管理、发挥利益主体的创造性，尤其是对新创企业管理者的机会知识、市场知识和资源配置知识的解读，可使三个利益主体的行为博弈均衡，实现技术创造性创业，从而通过创业服务体系的创新扩大资源枯竭型城市就业、经济转型升级和社会和谐发展。

（1）针对政府—新创企业的博弈均衡，如式（3-6）、式（3-10）所示：

$$a^* = [\beta + \beta'_a(k - C(e))]/(r - \beta'_a)$$

$$m^* = (1 - \beta)[1 + (\beta + \beta'_a)/(r - \beta'_a)]/t$$

由于政府与新创企业之间的代理关系，资源枯竭型城市政府创业服务体系中财政支出的增加会促进新创企业的搭便车行为，其结果是资源枯竭型城市创业服务体系功效减弱，进而影响城市居民的收入和就业、经济转型升级以及社会和谐发展。而政府创业服务体系中政府—新创企业的互动，可以减少信息不对称下的代理成本和新创企业的搭便车行为，从而实现共赢。

（2）针对政府—市场的博弈均衡，如式（3-13）、式（3-14）所示：

$$Ep(政府) = 1 + (1 - q) \times Cg = 0$$

$$Eq(市场) = W - Ch$$

由于政府与市场（产业）间存在直接的利益冲突（与政府和新创企业相似，代理成本造成的市场搭便车行为）和间接的利益冲突（通过影响新创企业的行为获取利益），改变政府与市场行为博弈均衡的关键是使二者共赢，即 Cg 支出要更加科学合理，一方面通过 Cg 支出提升市场收益，另一方面通过 Cg 支出降低Ch，从而提升新创企业的机会识别与市场（产业）的战略协同及发展。

（3）针对新创企业—市场的博弈均衡，如式（3-17）、式（3-18）所示。

$$\beta_1 = \frac{1 + k + nk}{(1 + k + nk) \cdot e + (k + 1)^2 \cdot r \cdot v \cdot e^{-1}}$$

$$\beta_2 = \frac{k \cdot (1 + k + nk)}{(1 + k + nk) \cdot e + (k + 1)^2 \cdot r \cdot v \cdot e^{-1}}$$

由于新创企业与市场之间存在战略共赢和资源获取竞争的关系，在政府支出 e 不变或增加的情况下，只有通过改进政府质量实现新创企业与市场的战略共赢和降低它们之间因资源获取而产生的利益冲突，才能真正提升创业服务体系的功效,从而实现资源枯竭型城市的就业、经济转型升级和社会和谐发展的战略目标。

由此可知,在资源枯竭型城市创业服务体系创新时,要注重政府服务质量的改进,通过政府、新创企业、市场三个利益主体行为均衡博弈的改进来提升创业服务体系的功效。

3.5.2 市场协调视角

本书所指的市场协调是指新创企业与产业间的供需信息共享、研发风险分担以及不存在垄断权力获取和寻租行为。由于资源枯竭型城市市场化程度低、技术能力弱、创业环境不完善等,通常情况下,资源枯竭型城市创业服务体系功效的发挥更依赖市场协调。其原因为:一是组织间依赖影响新创企业的资源配置和创新投入(吕文晶等,2017);二是组织间的网络关系影响新创企业的机会识别和成长(项国鹏等,2018);三是组织间的学习影响新创企业的研发投入决策和商业模式的构建(张秀娥和赵敏慧,2017)。

在资源枯竭型城市创业服务体系的创新中,市场协调有政府主导和市场自发两种模式。政府通过行政手段以及财政补贴等经济手段可以改善市场环境,促进新创企业机会识别和创业幸福感(陈景信和代明,2018;陈聪等,2018),但这种创业更多地有助于市场需求型创业,并不能强化技术创造型创业。市场自发性协调多发生在企业家利用社会资本获取的创业(陈敏灵和周彬,2019),它虽有助于技术创造型企业成长(张敬伟,2009),但在市场化程度弱、技术能力差的资源枯竭型城市则需要政府资本的协同(李新春等,2016);否则,会由于研发风险而产生寻租,出现资源枯竭型城市创业服务体系创新的"最后一公里"的梗阻现象。

可见,市场协调既是资源枯竭型城市技术创造型创业促进经济转型升级和社会和谐发展的基础,又是抑制创业服务体系创新功效实现的阻碍因素。为此,资源枯竭型城市创业服务体系的创新要明晰市场协调对政府、新创企业、市场三个利益主体行为博弈的影响,以通过深化技术创造型创业和市场需求型创业的互动和协同来提升创业服务体系功效(芮正云和罗瑾琏,2019)。

（1）针对政府—新创企业的博弈均衡，如式（3-6）、式（3-10）所示。

$$a^* = [\beta + \beta_a'(k-C(e))]/(r-\beta_a')$$

$$m^* = (1-\beta)[1+(\beta+\beta_a')/(r-\beta_a')]/t$$

市场协调可以提升新创企业投入和收益之间的转换效率，这相对会提升新创企业者的创业意愿，为政府与新创企业之间的代理关系提供动力，此时，良好的政府质量可以通过资源优化配置和合法性服务实现二者的共赢；否则，寻租行为会加剧抑制创业服务体系的功效。这也表明市场协调是资源枯竭型城市创业服务体系创新的基础，而政府质量则是关键要素。

（2）针对政府—市场的博弈均衡，如式（3-13）、式（3-14）所示。

$$Ep(政府) = 1+(1-q) \times Cg = 0$$

$$Eq(市场) = W-Ch$$

由于政府的良好预期会增加 Cg 投入，此时，新创企业的资源获取成本相对降低。另外，Ch 相对减少可以提升市场（产业）的利润和竞争力，结合市场协调自然会提升新创企业的成长机会。可见，市场协调能显著地提升政府—市场的博弈均衡，从而实现共赢。

（3）针对新创企业—市场的博弈均衡，如式（3-17）、式（3-18）所示。

$$\beta_1 = \frac{1+k+nk}{(1+k+nk) \cdot e+(k+1)^2 \cdot r \cdot v \cdot e^{-1}}$$

$$\beta_2 = \frac{k \cdot (1+k+nk)}{(1+k+nk) \cdot e+(k+1)^2 \cdot r \cdot v \cdot e^{-1}}$$

由于政府支出 e 的增加，新创企业和市场（产业）的利润都会相对增加，此时，市场协调会提升新创企业和市场之间的信息共享、研发风险分担和战略合作意愿，从而通过技术创造型创业提升产业竞争力，在促进就业和经济转型升级的同时实现社会和谐发展。

因此，市场协调是政府、新创企业、市场三个利益主体行为博弈均衡提升的基础，它们通过降低交易成本、信息共享和战略联盟提升产业竞争力。而政府质量也会通过市场协调提升政府、新创企业、市场三个利益主体行为的博弈均衡。可见，政府质量是资源枯竭型城市创业服务体系通过创新提升功效的关键，而市场协调是基础。

3.5.3 资源枯竭型城市创业服务体系的利益相关者行为博弈评价

构建资源枯竭型城市创业服务体系的目的是鼓励创业以及促进新创企业健康成长，进而实现城市就业、经济转型升级和社会和谐发展。资源枯竭型城市创业服务体系创新的内在逻辑是：明晰创业服务体系中政府、新创企业、市场的内在互动机理、政府质量以及市场协调对利益主体行为的动态影响，进而通过完善创业服务体系中的政府质量和市场协调来提升创业服务体系的功效。如表 3-2 所示。

表 3-2　资源枯竭型城市创业服务体系的利益相关者行为博弈差异评价

利益相关者	行为	服务体系功效	均衡	政府质量	市场协调
政府—新创企业	代理、寻租、共赢	损失	低端	共赢	传递信息
政府—市场	寻租、共赢	损失	低端	促进共赢	获取信息
新创企业—市场	竞争、寻租、联盟	损失	低端	促进联盟	促进联盟、共赢
政府—新创企业—市场	寻租、共赢	损失	低端	改进、共赢	共赢

资料来源：笔者整理。

（1）政府质量和市场协调共同促进资源枯竭型城市新创企业的创建和成长。我国资源枯竭型城市注重创业服务体系的建设与管理从人才培养、机制建设、环境营造和政策支持等方面构建创业服务体系（邵佩佩，2019），并注重农民工返乡创业和大学生科技创业，通过财政补贴、创业培育、孵化基地建设等孕育出了一批中小企业，为当地经济发展、就业和构建和谐社会做出了一定的贡献。资源枯竭型城市由于行政区位、产业结构和市场化程度等差异，其政府质量和市场协调是有差异的，这种差异影响着新创企业的创建和成长。田贵贤（2019）实证分析发现，政府质量提升下的机会识别性服务和市场协调性服务更有助于技术创造型新创企业的成长，而资源性服务有助于市场需求型新创企业的成长，但也会造成资源错配。这不仅解释了资源枯竭型城市创业服务体系对异质的新创企业互动机理和功效是差异化的，同时也为资源枯竭型城市创业服务体系的内容创新提供了方向和准则。

（2）政府质量和市场协调更能促进技术创造型创业。技术创造型创业的特点不仅在于市场机会识别，还在于要素资源的获取和研发风险的承担。基于新创企业的脆弱性（易锐和夏清华，2018）、低社会资本、低市场竞争地位、高融资成本和竞争力相对较弱的特征，资源枯竭型城市在创业服务体系创新中只有注重政府质量和市场协调，才有可能促进技术创造型新创企业健康地成长，实现社会经济价值和促进城市转型升级（文正再和王幸子，2018）。市场与制度是资源配置的两种形态（Acemoglu & Johnson，2005），我国资源枯竭型城市以往的创业环境及其服务体系更多的是培育出了以需求为导向的中小企业，其结果是拉动了生产要素成本的上升，难以促进自身实现经济转型升级和社会和谐发展（池仁勇和张宓之，2012）。为此，资源枯竭型城市要想实现转型升级和社会和谐发展，必须注重创业服务体系中的政府质量和市场协调，以促进技术创造型创业和成长。

（3）政府质量和市场协调促进资源枯竭型城市孵化基地和高新技术产业园区的协同发展和成长。孵化器基地和产学研等一体化的高新技术产业园区是资源枯竭型城市创业服务评价体系创新的载体，也是新创企业创建和成长的平台。无论是创业服务体系中的大数据和云计算等新互联网技术的创建和应用（邵佩佩，2019），还是系统数字化运营平台的创建和应用（罗萧，2018），都体现了创业孵化基地和高新技术产业园区的地位和作用。由于行政区位、资源禀赋和产业结构等因素的影响，我国资源枯竭型城市的创业服务体系并没有发挥大的功效（李贲和吴利华，2018），这是由于政府、新创企业、市场三个利益主体行为博弈下寻租、逆向选择和资源错配造成的。只有政府质量和市场协调促进资源枯竭型城市孵化基地和高新技术产业园区的协同发展和成长，才能提升政府、新创企业、市场三个利益主体的行为博弈均衡，进而有助于新创企业的健康成长。

（4）政府质量和市场协调的提升有利于促进资源枯竭型城市创业服务体系中政府、新创企业、市场三个利益主体的行为均衡，减缓利益冲突，激励它们实现共赢。创业服务体系的执行主体是人，是政府或事业单位的办事人员，是新创企业的企业家，还是市场消费者和市场利益相关者，它们的行为博弈均衡影响着创业服务体系的功效，而政府质量和市场协调可以通过信息共享、技术研发风险分担和战略联盟提升它们的博弈均衡，进而提升资源枯竭型城市创业服务体系的功效。例如，李晓萍等（2015）实证研究发现，在市场化程度低、要素市场扭曲的区域，政府质量对该地区新创企业的资源配置行为和效率的影响更显著。

资源枯竭型城市创业服务体系的政府质量和市场协调不仅体现在设立专项法规、健全财税政策、建立社会化服务体系和扶持技术创新等方式为新创企业服务（刘静和熊一坚，2011），还体现在政府、新创企业、市场的互动和协同中，通过政府的信息传递行为和企业家机会识别行为促进技术创造型创业（张玉利等，2008），而通过新创企业和市场的战略联盟和信息共享促进新创企业的研发投入等（林亚清和赵曙明，2013）。政府与市场是推进新创企业创新成长的两个重要力量（刘志彪，2011），为此，资源枯竭型城市创业服务体系创新中要注重通过政府质量和市场协调来提升政府、新创企业、市场三个利益主体的行为均衡、减缓它们的利益冲突、激励它们实现共赢。

3.6　小结

本章基于资源枯竭型城市创业服务体系的三个利益主体——政府、新创企业和市场，通过分析其利益追求和福利损失，研究了政府、新创企业、市场三个利益主体的行为博弈及其均衡，并引入政府质量和市场协调深化了三个利益主体的行为博弈及其均衡。主要研究结论为：

（1）政府、新创企业、市场三个利益主体在资源枯竭型城市创业服务体系中追求自身利益最大化，结果造成福利损失，即政府、新创企业、市场存在着利益冲突，这影响着创业服务体系对新创企业的互动机理和功效。

（2）通过博弈分析政府—新创企业、新创企业—市场以及政府—市场之间的利益关系，发现资源枯竭型城市创业服务体系在创新驱动发展、社会和谐发展和全面建设小康社会背景下存在以下问题：利益冲突加剧、抑制技术创造型企业成长、创业服务体系福利损失加剧以及创业服务体系中创新动力与阻力同在。

（3）政府质量和市场协调能通过深化创业服务体系中的政府、新创企业、市场互动、信息共享、资源合理配置来改进三者行为均衡博弈，从而减少它们的利益冲突、促进技术创造型创业和提升创业服务体系功效。

（4）资源枯竭型城市创业服务体系功效的提升措施是通过政府质量和市场协调激励政府、新创企业、市场三个利益主体良性互动、利益共享、寻租行为减少等，即资源枯竭型城市创业服务体系的创新要注重政府、新创企业、市场三个利益主体的良性互动和共赢。

4 资源枯竭型城市创业服务评价体系分析

本章首先介绍了资源枯竭型城市创业服务评价体系，主要包括体系的构成和指标权重；其次分析了资源枯竭型城市创业服务评价体系的特点、功效和改进措施，并提出了资源枯竭型城市创业服务评价体系再构建的原则和权重确定方法；最后从环境和内容的视角评价了资源枯竭型城市创业服务评价体系再构建后的功效。

4.1 资源枯竭型城市创业服务评价体系介绍

4.1.1 评价体系的构成

国内外学者和理论实践者对创业服务评价体系进行了深入的研究和应用，已相对成熟。资源枯竭型城市创业服务评价体系主要包括营商环境、法规政策、人才科技以及社会服务四个方面。如图4-1所示。

法规政策从合法性、税收优惠、人才供给、科技政策支持等视角明晰了新创企业创建和成长的制度保障；营商环境注重新创企业的市场地位、竞争、融资的公平，以保证新创企业拥有健康成长的动力和外部条件；社会服务注重新创企业在人、财、物、供应商等方面信息需求和供给的时效；人才科技注重企业家对技术能力的吸收和转化，以促进新创企业构建竞争优势。上述四个维度相辅相成，共同组成了资源枯竭型城市创业服务评价体系的核心内容。

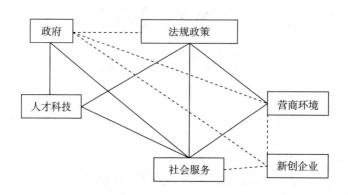

图 4-1 资源枯竭型城市创业服务评价体系

无论是创业孵化基地服务质量的评价（张晓冬和张卉娟，2011）、孵化基地人才科技的评价（梅强等，2019），还是高校大学生科技创业的社会服务评价（涂继亮和陶秋香，2019），都是通过因子分析完善资源枯竭型城市创业服务评价体系的内容。

4.1.2 评价体系的指标权重

资源枯竭型城市创业服务评价体系的主体主要有资源枯竭型城市政府、新创企业者和理论研究者。它们对资源枯竭型城市创业服务评价体系指标权重的确定多是采取对营商环境、法规政策、人才科技和社会服务四个维度评分的方式设计的，如表4-1所示。

本书借鉴表4-1对资源枯竭型城市的新创企业和政府进行了问卷调研，并进行了自身评价，获得了12个资源枯竭型城市（白银、焦作、枣庄、铜陵、潼关、阜新、鹤岗、韶关、黄石、萍乡、泸州、铜仁）创业服务评价体系的评价分值。如表4-2所示。

表 4-1 资源枯竭型城市创业服务评价体系的内容及权重

内容	指标	权重
营商环境	政府干预程度	0.05
	产业结构	0.05
	金融发展	0.05
	交通运输	0.05
	经济水平	0.05
法规政策	创业扶持政策	0.07
	孵化基地和园区管理法规	0.06
	产业发展法规	0.06
	行政法规	0.06
人才科技	人才素质	0.05
	科研能力	0.06
	科研投入	0.04
	研发补贴	0.04
	企业家创业	0.06
社会服务	政府服务效率	0.05
	信息化网络	0.05
	基础设施	0.05
	创业支持	0.05
	政府网络	0.05

资料来源：笔者根据已有表格整理。

由表 4-2 可以发现：

（1）评价主体不同，评价分值存在差异。资源枯竭型城市政府对自身创业服务评价体系的完善和创新是相对满意的，其评价分值相对较高，而新创企业和本书对资源枯竭型城市创业服务评价体系的完善和创新是初步认可但也有差异，新创企业管理者期望资源枯竭型城市通过财政支出进一步完善和提高创业服务体系，以给新创企业的创建和成长提供更为科学、宽松的营商环境，人才科技支持和社会服务，从而促进新创企业的健康成长。

（2）权重差异小，资源枯竭型城市创业服务评价体系趋向同质性。无论是资源枯竭型城市政府的自身评价分值，还是新创企业管理者的评价分值，都没有

表 4-2 资源枯竭型城市创业服务评价体系的评价分值

城市	政府	新创企业	本小组评价
白银	8.8	6.7	7.6
焦作	9.0	7.2	7.8
萍乡	9.0	6.9	7.7
铜仁	8.8	6.5	7.4
阜新	9.2	6.3	7.6
鹤岗	8.6	6.1	7.1
铜陵	8.4	6.6	7.9
枣庄	8.5	6.7	7.5
黄石	8.3	6.5	7.2
泸州	8.6	6.7	7.3
韶关	8.9	6.7	7.7
潼关	8.5	6.6	7.0

资料来源：笔者根据调研资料整理。

显著区分出资源枯竭型城市创业服务评价体系的差异。这种同质性不仅阻碍了资源枯竭型城市因地制宜地发挥创业服务体系的功效，还阻碍了资源枯竭型城市创业服务评价体系创新和完善的方向和准则。

（3）忽略了政府、新创企业、市场互动对创业服务评价体系分值的影响。政府、新创企业、市场互动不仅影响着资源枯竭型城市创业服务体系的功效，还通过创业认知学习、经验学习和实践学习影响着新创企业管理者对创业服务评价体系的评价和新创企业的资源配置，进而影响政府对创业服务体系创新的支出和功效，例如，新创企业管理者对上下游供应商的互动和技术战略联盟认知少，就会增加资源配置在上下游供应商关系的维护成本，其结果可能是新创企业与上下游供应商之间形成寻租行为，从而抑制资源枯竭型城市创业服务体系创新中财政支出的功效。

4.2 资源枯竭型城市创业服务评价体系分析

4.2.1 评价体系的特点

通过对资源枯竭型城市创业服务评价体系的内容和权重介绍，可以发现其现有评价体系具有以下特点：

4.2.1.1 指标全面

资源枯竭型城市创业服务评价体系包括基础性服务构成（财税政策、建立社会化服务体系、扶持技术创新）、政策服务构成（政策支持）、保障服务构成（人才培养、机制建设、环境营造）、其他服务构成（产权意识、企业家精神、创新潜能和孵化器维度的规划设计、信息挖掘、网络支持、服务平台）。这能从新创企业的机会识别（信息解读）、创建公司（合法性）到资源获取（行动）、市场协调（构建竞争优势）给予全方位的服务。

创业环境的不同维度对新创企业成长的作用机理不同，也存在功效的差异（文亮和李海珍，2010），但整体上资源枯竭型城市创业服务评价体系属于规模低效类、资源配置低效类，创业服务评价体系的创新更应该注重全面改善（颜振军和侯寒，2019），以发挥规模效率和技术效率。

4.2.1.2 权重明晰

资源枯竭型城市创业服务评价体系的维度权重是平均分配的，这体现了机会识别、资源获取和竞争优势构建相同的重要性。据统计，新创企业的高失败率中机会认知错误、资源配置错误和外部环境影响均占 33% 左右（李正卫等，2019）。因此，有必要从机会识别、融资机制、创业辅助等层面构建和优化相应的支持体系。

王琦（2018）通过调研分析认为，农民工返乡创业更注重资源枯竭型城市的创业环境，如金融支持政策、公共服务政策和创业辅导等，而大学生科技创业更注重产学研、科技成果转化以及金融支持政策、创业孵化基地建设等，且系统数字化运营为政府制定创业支持政策、更好地促进小微创客创业孵化成功提供了重要的平台。

4.2.1.3　功效悖论

资源枯竭型城市为了支持国家"双创"政策、解决贫困和就业问题以及全面建设小康社会，也通过孵化基地建设、产学研一体化等措施发展和完善了创业服务体系，并且其财政支出逐年增加，用于创业培训、创业基金扶持、孵化基地建设或产学研一体化系统改进（刘静和熊一坚，2011）。但是，资源枯竭型城市创业服务评价体系同质化严重，就业、经济转型升级和全要素生产率功效不显著。这表现为资源枯竭型城市创业服务评价体系的"功效悖论"。

如表4-3所示，资源枯竭型城市创业服务评价体系中政府、新创企业、市场三个利益主体的营商环境、法规政策、人才科技和社会服务四个维度的差异不显著，其功效悖论产生的原因可能有：一方面，资源枯竭型城市并没有针对自身资源禀赋差异、行政区位差异和产业结构差异制定适合产业集聚的创业服务评价体系，资源枯竭型城市创业服务评价体系创新不合理；另一方面，新创企业成长是新创企业管理者机会识别、资源获取和竞争优势构建以及风险承担下的成果，资源枯竭型城市服务评价体系的无差异不能同步支持技术创造型企业，因为该类型企业的机会识别需要技术，企业发展初期又拥有较大的研发风险，最终造成资源枯竭型城市创业服务评价体系的创新不能科学支持新创企业的健康成长。

表4-3　资源枯竭型城市创业服务评价体系的方差分析

评价主体	营商环境	法规政策	人才科技	社会服务	总体
政府	0.198	0.036	0.095	0.051	0.069
新创企业	0.096	0.035	0.085	0.050	0.070
市场	0.076	0.036	0.081	0.052	0.069

资料来源：笔者根据调研资料整理。

事实上，还有一个原因会造成资源枯竭型城市创业服务评价体系创新的功效悖论，即创业服务评价体系是供给体系，忽略了政府、新创企业、市场三个利益主体的行为博弈均衡。例如，资源枯竭型城市往往由于市场化程度低、技术支持能力弱、要素资源稀缺和扭曲而抑制企业家精神的涌现（陈文府，2007）；资源枯竭型城市由于权责不对等、信息不对称，可能会出现供给方（政府或非营利性组织）的低效率、非专业化和非公平性，这严重影响新创企业的创建和成长，而需求方（新创企业）为了获得更多的资源支持有时会贿赂供给方，结果造成创业服务评价体系的寻租行为，以及对新创企业的创建和成长产生"最后一公里"的梗阻问题。

4.2.2　评价体系的功效

资源枯竭型城市创业服务评价体系创建与管理的目的是通过创业服务体系促进创业来实现就业、经济转型升级和社会和谐发展，其具体策略是考评、改进和完善服务评价体系以促进创业服务体系对新创企业成长的作用机理（黄紫微等，2018）。

一些学者通过实证分析提出了创业服务评价体系的改进和完善措施对资源枯竭型城市战略目标的作用机理及功效。主要有：王宏起和李婧媛（2017）认为，科技政策结合产学研一体化更能促进技术创造型创业活动，从而促进资源枯竭型城市的产业转型和升级；文亮和李海珍（2010）认为，创业环境的完善和新创企业激励体系的构建更能促进新创企业的成长；杜威漩（2019）、张立新等（2019）认为，制定农民工返乡创业扶贫的资金、技术创新、人才培育及引进等方面的激励政策和通过创业满意度来改善农民工的创业意愿能促进农民工返乡创业，从而促进就业和减少贫困；尹俣潇等（2019）、刘田田等（2019）认为，创业的认知学习、经验学习、实践学习可以深化创业网络与新创企业之间的关系，促进新创企业的创业和成长；胡海青等（2018）认为，孵化支持情境（网络支持和制度支持）可以发挥支持和激励的功效。

2018年资源枯竭型城市创业服务评价体系的功效如表4-4所示。

资源枯竭型城市创业服务评价体系的功效悖论表明，逻辑上创业服务评价体系可以促进就业、经济转型升级和经济增长，可创业服务评价体系的同质性混淆了二者的关系，使资源枯竭型城市创业服务体系的创新与其功效没有显著的直接关系。

表4-4 2018年资源枯竭型城市创业服务评价体系的功效

城市	分值	创业	就业	人均收入（万元）	产业结构	GDP（亿元）
白银	7.60	0.05	4.41	2.95	13.5∶41.8∶44.7	511.60
焦作	7.80	0.07	6.00	3.15	5.9∶59.5∶34.6	2371.50
萍乡	7.70	0.06	3.33	3.58	5.9∶46.5∶47.6	1009.05
铜仁	7.40	0.06	5.05	2.07	22.7∶28.3∶49.0	1066.52
阜新	7.60	0.05	0.00	2.57	24.0∶26.2∶49.8	421.70
鹤岗	7.10	0.05	0.00	2.01	23.1∶25.3∶51.6	305.59
铜陵	7.90	0.08	3.16	3.60	4.1∶58.2∶37.7	1222.40
枣庄	7.50	0.07	4.40	2.43	6.5∶50.8∶42.7	2402.38
黄石	7.20	0.06	6.00	3.53	6.0∶58.6∶35.4	1587.33
泸州	7.30	0.08	4.20	3.41	11.2∶52.1∶36.7	1695.00
韶关	7.70	0.09	3.34	3.03	11.6∶33.5∶54.9	1343.90
潼关	7.00	0.05	0.36	3.00	12.0∶35.8∶52.2	40.35

资料来源：笔者整理。

（1）就业方面。理论上，创业服务体系的建设起到了促进就业的积极作用，但实证研究显示，公共财政创业就业支出对就业的正向促进关系并不显著，尤其是在资源枯竭型城市（王阳，2019）。其可能的原因是资源枯竭型城市劳动力外流（如阜新、鹤岗）、技术能力弱导致不能促进技术创造型新创企业的成长和就业、市场化程度低和要素资源扭曲抑制了创业和就业、创业服务体系的寻租行为显著等。

（2）经济转型升级方面。理论上，科技政策对创业服务体系及地区经济发展起着关键作用，但影响路径的差异性仍有待厘清。刘伟江等（2019）实证分析发现，科技政策与区域生产率关系在创新创业水平较低的区域存在直接效应，而创业服务体系以及不同区域的资源配置程度会影响该效应。企业家创业精神与创新精神（代明和郑闽，2018；李贲和吴利华，2018）对产业转型升级的直接效应更显著。

（3）经济增长方面。逻辑上，农民工和大学生创业增加了收入、改善了生活条件、潜移默化了需求拉动经济的发展方式，从而提升了资源枯竭型城市的经济增长质量，促进了社会和谐发展。但事实上农民工的返乡创业减贫效应和大学生科技创业的经济增长效应并不显著（杜威漩，2019）。可能是资源枯竭型城市创业扶贫资金、技术创新、人才培育等方面的激励政策不到位抑制了新创企业的创建，或者因为寻租行为、要素资源扭曲、恶性竞争等，创业服务体系对新创企业的成长起到了抑制作用。

4.2.3 评价体系的改进

创业服务评价体系的改进与完善是一个长期系统积累的过程。资源枯竭型城市随着就业压力、经济转型升级压力和社会和谐发展全面建设小康社会压力的加大，也逐渐通过"产学研一体化""人工智能、大数据、云计算和互联网平台""创客空间孵化器"等新技术应用改进和完善其创业服务评价体系。其具体方法是：①利用人工智能、大数据、云计算和互联网平台更新信息数据，提高技术创造型创业机会的识别和创业服务体系的效率；②通过创业培训、产学研一体化网络，促进创业认知学习、经验学习和实践学习，提升新创企业的资源整合能力和市场协调能力，进而深化技术创造型创业；③通过政策法规、人才科技、社会服务提升孵化基地的运营效率。

每个资源枯竭型城市会根据自身的财政支出、资源禀赋和战略目标不定期地调整、改进和完善其创业服务评价体系。资源枯竭型城市创业服务评价体系的改进如表4-5所示。

（1）资源枯竭型城市创业服务评价体系的完善和改进更多是以系统数字化运营平台、孵化基地建设和创业行为扶持等措施进行的，这是以需求为导向的创业，并未注重新创企业的创建成长与资源禀赋、行政区位、产业结构等外部环境的关系。

（2）创业服务评价体系的改进与完善更加同质化，并没有深化创业服务体系与新创企业的创建和成长的互动机理。即便创业服务体系影响新创企业的创业和成长（韩飞燕和李波，2019），政府、新创企业、市场三个利益主体的行为博弈也影响创业服务体系与新创企业的互动及功效，这是由于三个利益主体的寻租行为影响创业服务体系的信息传递、资源优化配置、研发投入和风险承担等，从

表 4-5　资源枯竭型城市创业服务评价体系的改进

城市	2016 年		2017 年		2018 年	
	分值	措施	分值	措施	分值	措施
白银	7.2	财政/信息化技术	7.4	财政/农民工创业	7.6	孵化基地
焦作	7.3	财政/创业	7.5	科技创业	7.8	创业/孵化基地
萍乡	7.3	财政/信息化技术	7.5	创业	7.7	创业/孵化基地
铜仁	6.9	财政/创业	7.2	创业/孵化基地	7.4	信息化/创业
阜新	7.2	信息化技术	7.5	孵化基地	7.6	财政/孵化基地
鹤岗	7.0	信息化技术	7.5	孵化基地	7.6	财政/孵化基地
铜陵	7.1	财政/创业	7.5	孵化基地/创业	7.9	创业/信息化
枣庄	7.2	孵化基地	7.4	科技创业	7.5	创业/孵化基地
黄石	6.9	信息化技术	7.1	孵化基地	7.2	科技创业
泸州	7.0	财政/信息化技术	7.2	创业/信息化技术	7.3	财政/创业
韶关	7.1	信息化技术/创业	7.5	科技创业/财政	7.7	创业/孵化基地
潼关	6.5	信息化技术	6.8	孵化基地	7.0	创业

资料来源：笔者整理。

而影响创业服务体系对新创企业的功效。

（3）创业服务体系的改进、完善和创新并没有体现资源枯竭型城市战略目标的差异化。市场需求型创业和技术创造型创业对就业、经济转型升级和社会和谐发展的机理和功效是有差异的（董利红等，2015）。资源枯竭型城市只有根据市场化程度、要素资源扭曲程度、行政区位、战略目标等合理地配置并进行创业服务体系的改进、完善和创新，才能真正地通过新创企业的创建和成长实现战略目标。

4.3　资源枯竭型城市创业服务评价体系再构建

4.3.1　构建原则

资源枯竭型城市创业服务体系的战略目标是通过创业扩大就业、促进经济转型升级和社会和谐发展，而政府、新创企业、市场三个利益主体的行为博弈均衡由于利益冲突和寻租行为弱化了创业服务体系实现战略目标的功效，使其在孵化基地建设、人才科技扶持、创业环境改进及政策法规的制定等方面的创新改进投入产出出现了功效悖论（许君如，2019）。

创新驱动实体经济增长的经济新常态和全面建成小康社会的社会形态以及政治集中制下的官员激励会进一步恶化资源枯竭型城市创业服务评价体系的功效悖论。如果资源枯竭型城市想通过创业服务评价体系的创新改变这一悖论，必须明晰创业服务评价体系的作用机理以及功效悖论恶化的原因。

首先，资源枯竭型城市创业服务评价体系的营商环境、人才科技、法规政策和社会服务四个维度对技术创造型创业和市场需求型创业的作用机理是有差异的，例如，技术创造型创业不仅需要技术机会的识别，还需要市场研发风险的分担和市场战略联盟创造外部规模性价值（主要原因是新创企业规模小、没有声誉等）；而市场需求型创业更注重政府资源的支持和合法性服务。只有明晰了创业服务评价体系各个维度的作用机理，才能更科学地创新资源枯竭型城市创业服务评价体系。

其次，资源枯竭型城市创业服务评价体系只注重了政府的服务供给行为，忽视了政府与新创企业之间两个利益主体的寻租、合谋和逆向选择问题以及政府、新创企业、市场三个利益主体互动下行为博弈均衡的相关问题（项国鹏等，2018）。例如，创业服务体系的社会服务可以通过创业机会的识别增加新创企业的认知机会，但这一机会也会因上下游供应商的恶意竞争而消失；人才科技和营商环境的服务可以促进新创企业通过资源整合创建竞争优势，这或许会因新创企业间的资源竞争而错配，进而扭曲要素资源的功效；政策法规可以保障新创企业的健康经营和成长，可政策法规的执行同样有成本，也会受到新创企业和市场行为的影响。

为此，为了创新和改进资源枯竭型城市创业服务评价体系的功效悖论，本书构建了政府、新创企业、市场三个利益主体在创业服务评价体系中的互动关系，如图4-2所示。

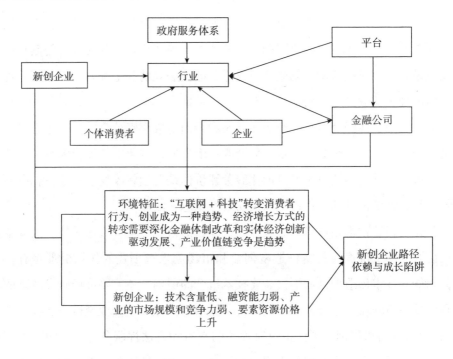

图 4-2　利益主体在资源枯竭型城市创业服务评价体系中的互动关系

市场（产业）需要转型升级实现成长和利润，新创企业同样需要资金、技术等资源实现成长和利润，市场（产业）和新创企业之间存在利益冲突和利益共赢两种趋势，尤其是技术创造型新创企业和市场之间的冲突共赢关系更为显著，政府只有协调好市场和新创企业之间的关系，才能实现三者的共赢。为此，资源枯竭型城市创业服务评价体系的再构建应坚持以下三个原则。

（1）基于政府质量和市场协调机制的差异进行构建，以提升政府、新创企业、市场三个利益主体的行为博弈均衡。

政府促进新创企业创建成长的关键是科学合理地提供机会识别服务、合法性服务、资源性服务和市场协调性服务，以促进新创企业从机会识别到创建企业、资源整合构建竞争优势以及最后实现政府、新创企业、市场的共赢。政府资本、市场升级需求、产学研一体化可以提升新创企业的机会识别（尤其是技术创造型机会识别）能力，况且良好的政府质量可以通过合法性服务、信息传递促进新创企业—市场之间的共赢、降低二者的冲突，进而优化新创企业—市场之间的资源配置、提升二者的资源配置效率；良好的政府质量可以弥补新创企业—市场之间市场协调的信息不对称、地位不对等等市场失灵问题。

赖敏等（2018）实证分析发现，良好的政府质量对投资者保护越完善，越可以显著地改善企业的创新创业活动、降低新创企业注册成本、减少不必要的政府干预、缩短企业各项环节的审批时间，对腐败的监管程度等制度环境、对高收入国家的创新活动的影响更加明显；李晓萍等（2015）实证分析发现，在市场化程度低、要素市场扭曲的区域，政府质量的高低更能影响该地区新创企业的资源配置行为和效率。

（2）基于服务机理的差异，科学设计资源枯竭型城市创业服务评价体系的权重，以优化资源枯竭型城市创业服务体系创新改进中的资源投入与产出功效。

机会识别性服务、合法性服务、资源性服务和市场协调性服务对技术创造型新创企业和市场需求型新创企业的作用机理是有显著差异的，例如，技术创造型新创企业创建成长的关键是技术性机会识别和研发投入中的风险分担和市场协同，而市场需求型新创企业创建成长的关键是资源性服务和合法性支持。况且技术创造型创业有助于产业转型升级，而市场需求型创业有助于扩大就业。为此，这也表明可以根据不同的服务机理和战略需求来优化资源枯竭型城市创业服务体系创新改进中的资源投入与产出功效。

池仁勇和张宓之（2015）实证分析发现，创业服务评价体系更多的是培育出以需求为导向的新创企业，其结果是在扩大就业的同时提高了生产要素的成本。刘静和熊一坚（2011）指出，政府不仅应通过专项法规、健全的财税政策、合法性服务和技术扶持服务等方式激励新创企业，还应该通过信息传递行为和企业家机会识别行为激励市场需求型新创企业和技术创造型新创企业（张玉利等，2008），且企业的市场竞争行为也影响着新创企业的研发投入（林亚清和赵曙明，2013）。为此，资源枯竭型城市创业服务评价体系创新改进的一个关键环节是科学合理地确定其权重（刘志彪，2011；易锐和夏清华，2018；文正再和王幸子，2018）。

（3）基于资源枯竭型城市的战略目标实现创业服务评价体系的创新，以促进资源枯竭型城市扩大就业、实现产业转型升级和社会和谐发展。

在经济转型升级的压力下，资源枯竭型城市发展动力不足、就业率低、社会矛盾突出，其创业服务体系创新的战略目标是扩大就业、实现产业转型升级和社会和谐发展。无论是市场需求型新创企业还是技术创造型新创企业都可以扩大就业，且技术创造型新创企业的成长有助于实现产业转型升级，技术创造型新创企业和市场需求型新创企业的协同成长有助于社会和谐发展。资源枯竭型城市存在行政区位、市场化程度、产业结构和技术能力的差异，其创业服务评价体系的创新不仅要注重内容创新以促进新创企业的创建和成长（李贲和吴利华，2018），还要注重创业服务评价体系的服务机理和权重（杨凯瑞等，2019；颜振军和侯寒，2019），以促进创业服务评价体系对资源枯竭型城市战略目标的功效。

4.3.2 权重确立

本书中资源枯竭型城市创业服务评价体系权重确立的方法是：首先，利用各维度的分值做因子分析；其次，利用各维度的因子与新创企业绩效做相关性分析，并确立相关系数；最后，标准化各维度相关系数以确定权重。这样做的好处为：一是可以根据资源枯竭型城市的战略目标因地制宜、动态科学地改进创新创业服务评价体系；二是可以根据创业服务评价体系分值发现并解决资源枯竭型城市新创企业创建和成长的一些隐性问题，例如，市场需求型新创企业和技术创造型新创企业在资源获取中产生的冲突等。

由表4-6可见，资源枯竭型城市创业服务评价体系再确立后的特点为：

（1）权重明晰。合法性服务只是为新创企业的创建提供效率，有时也可以支持新创企业获得先动优势，其标准化权重为0.233；资源性服务和机会识别性服务的标准化权重分别为0.258和0.253，这表明资源获取和机会识别是新创企业创建和成长的基础，资源枯竭型城市应该注重这些服务体系内容的创新；市场协调性服务的标准化权重为0.256，这表明资源枯竭型城市创业服务评价体系的创新不仅是政府—新创企业服务内容的创新，同时还是政府、新创企业、市场三个利益主体协调的创新。

表 4-6 资源枯竭型城市创业服务评价体系的权重再确立

内容	指标	相关系数	标准化权重
合法性服务	工商行政	0.6785	0.233
	产品质量等服务		
	创业培育		
	相关市场		
	相关社会服务		
资源性服务	研发补贴	0.7531	0.258
	创业基金		
	人才科技		
	税收优惠		
	创业基地		
机会识别性服务	市场需求信息	0.7362	0.253
	技术支持信息		
	产业发展信息		
	融资成本信息		
	人才科技等信息		
市场协调性服务	信息性协调	0.7462	0.256
	资源性协调		
	融资性协调		
	产品性协调		
	技术性协调		

资料来源：笔者整理。

（2）内容明确。资源枯竭型城市创业服务评价体系的创新不仅是利用大数据、云计算等新互联网技术创建创业服务评价体系平台（邵佩佩，2019）和利用系统数字化运营平台来管理评价孵化器运营效率（罗萧，2018）等，还是政府、新创企业、市场三个利益主体行为博弈均衡的改进和创新。且内容权重还顾及了资源枯竭型城市行政区位、产业结构、市场化程度和人均生活水平的差异以及新创企业成长的功效差异（李贲和吴利华，2018）。这表明创业服务体系评价及管理标准的不同会给资源枯竭型城市带来社会经济协同发展和转型升级的差异，它同时也表明资源枯竭型城市应动态调整和管理其创业服务评价体系，使其创业服务体系的创新更科学合理。

4.3.3 再构建后的应用

基于资源枯竭型城市创业服务评价体系再构建后的内容和权重指标，对白银、焦作等 12 个资源枯竭型城市再次进行调研考评，数据整理如表 4-7 所示。

表 4-7　资源枯竭型城市创业服务评价体系再构建后的考评分值

城市	合法性服务	资源性服务	机会识别性服务	市场协调性服务	企业评价	小组评价
白银	7.5	7.1	6.5	7.0	6.4	7.0
焦作	7.9	7.3	6.8	7.4	6.8	7.3
萍乡	7.4	6.9	6.4	8.0	6.5	7.1
铜仁	7.8	6.8	6.2	6.7	6.2	6.8
阜新	7.2	6.4	6.5	7.4	6.0	6.8
鹤岗	7.1	6.2	6.7	6.1	5.9	6.5
铜陵	7.4	7.1	6.9	7.1	6.3	7.1
枣庄	7.3	6.8	6.3	7.0	6.1	6.8
黄石	7.6	6.6	6.4	5.9	6.0	6.6
泸州	7.3	7.0	6.3	6.7	6.3	6.8
韶关	7.7	7.2	6.7	6.5	6.3	7.0
潼关	6.9	7.0	6.4	5.9	6.0	6.5

资料来源：笔者整理。

资源枯竭型城市创业服务评价体系再构建后的考评分值表具有以下几个特点：

（1）企业评价和小组评价的结果相对一致。资源枯竭型城市创业服务体系创新的战略目标是促进新创企业健康成长，进而实现当地就业率的提升、经济增长方式的转变和社会和谐发展，本书研究资源枯竭型城市创业服务体系创新是为了改进、完善资源枯竭型城市创业服务体系的功效悖论，以实现资源枯竭型城市创业服务评价体系创新的战略目标。企业评价和小组评价分值的相对一致性为本书深化研究提供了现实依据并奠定了基础。如图 4-3 所示。

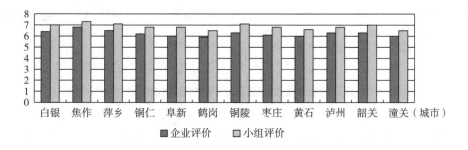

图 4-3 资源枯竭型城市创业服务评价体系再构建后的评价比较

（2）维度指标明晰、权重指标科学，有助于资源枯竭型城市政府因地制宜、科学合理地管理创业服务评价体系。资源枯竭型城市创业服务评价体系的内容维度是合法性、资源性、机会识别性和市场协调性，它是新创企业创建成长的一个过程。从单个主因子得分来看，在转型过程中，多个城市的创业服务评价体系均积累了各自的优势（陈浩等，2015），但采用聚类分析法对各资源枯竭型城市创业服务评价体系的成效进行分类时发现，各城市创业服务评价体系均存在功效悖论且成效差异较大。这为深化分析资源枯竭型城市创业服务评价体系的机理和孵化基地政策评价提供了现实依据（杨凯瑞等，2019；颜振军和侯寒，2019），这也为资源枯竭型城市基于市场需求型创业和技术创造型创业因地制宜制定、动态调整和科学管理创业服务评价体系提供了理论支持。

（3）创业服务评价体系再构建的科学合理，有助于改进资源枯竭型城市创业服务评价体系创新的功效悖论。资源枯竭型城市创业服务评价体系的载体是孵化基地或者创业扶持中心。不同的产业集聚对新创企业的创建和成长发挥着不同的集聚效应（Baum & Wally，2003；Barney，2001）。为此，资源枯竭型城市创业服务评价体系创新的功效悖论可能是创业服务评价体系和其体系载体共同作用的选择。资源枯竭型城市创业服务评价体系再构建后的方差分析如表 4-8 所示。

表 4-8 表明，资源枯竭型城市创业服务评价体系对新创企业功效的差异不仅来自资源性服务和机会识别性服务，还有可能来自市场化程度、行政区位、产业结构等环境性因素。因此，资源枯竭型城市创业服务评价体系功效悖论改进的关键是明晰产业环境和创业服务评价体系共同对新创企业的创建和成长的作用机

理，否则，产业环境和创业服务评价体系的资源错配会抑制新创企业创建和成长，进而加剧功效悖论。

表4-8　资源枯竭型城市创业服务评价体系再构建后的方差分析

评价主体	合法性服务	资源性服务	机会识别性服务	市场协调性服务	总体
城市政府	0.198	0.236	0.195	0.079	0.169
新创企业	0.096	0.268	0.215	0.081	0.135
研究小组	0.076	0.281	0.231	0.102	0.153

4.4　资源枯竭型城市创业服务评价体系再构建的功效分析

资源枯竭型城市为了扩大就业、实现经济转型升级和社会和谐发展，通常通过创业服务评价体系创新来实现上述战略目标，其战略逻辑为：创业服务评价体系—新创企业—就业—人均收入增加—经济转型升级—社会和谐发展。由于市场化程度低、技术能力弱、产业结构需要转型升级等原因，资源枯竭型城市创业服务评价体系常出现功效悖论，即资源枯竭型城市政府用于创业服务评价体系创新和改进的财政投入逐年增加，但新创企业成长的功效却在下滑。

明晰创业服务评价体系的作用机理是改进资源枯竭型城市创业服务评价体系功效悖论的关键。基于资源枯竭型城市产业转型的出路在于培育新产业集群（李方正，2014）、创业服务评价体系的载体是孵化基地和政府主导下的市场化经济体制，资源枯竭型城市创业服务评价体系促进新创企业创建和成长的机理受产业集聚和创业服务内容的协同作用的影响。

基于孵化基地的产业集聚可以降低外部信息搜索成本，提升新创企业的机会识别能力，且资源的获取成本和经营风险较低（孙晓华等，2017），能促进新创企业创建；产业集聚的互补知识能促进新创企业与市场（产业）在技术和客户上的知识共享和技术创新（余维臻和余克艰，2018），从而提升新创企业的研发投入和技术效率（钱方明和宁自军，2018）；产业集聚下的价值链分工、专业化能力和市场机会有助于新创企业的专业化分工和机会把握能力，进而促进新创企业成长（范钧和王进伟，2011；祝振铎和李新春，2016；梁强等，2017）。

创业服务评价体系的合法性服务能帮助新创企业获得合法性（Miller et al.，1983；Nahapiet & Ghoshal，1998；Lieberman & Montgomery，1988）或先动优势来促进新创企业的成长（郑丹辉等，2014）；创业服务评价体系的资源性服务能降低新创企业融资成本、优化新创企业的资源配置而促进新创企业成长（郑丹辉等，2014）；创业服务评价体系的机会识别性服务能优化新创企业自身知识积累和资源整合能力（张军和许庆瑞，2018），促进技术创造型创业；创业服务评价体系的市场协调性服务能协同产业集聚和新创企业的技术研发和创新能力（张玉利等，2008），新创企业管理者通过组织学习和外部资源获取实现资源整合优势的提升和可持续成长（李新春等，2010；何晓斌等，2013；李贞和杨洪涛，2012），进而促进产业价值链的转型升级（杨隽萍等，2013；彭伟和符正平，2014）和社会和谐发展（蒋天颖等，2014；刘井建，2011）。

可见，资源枯竭型城市创业服务评价体系协同产业集聚共同影响新创企业的成长（Baum & Wally，2003；Barney，2001）。只有明晰创业服务评价体系与产业集聚协同作用于新创企业的机理才能解决资源枯竭型城市创业服务评价体系创新改进中的功效悖论。否则，创业服务评价体系协同产业集聚会通过资源错配加剧功效悖论，从而抑制资源枯竭型城市战略目标的实现。

4.4.1　功效环境分析

资源枯竭型城市创业服务评价体系的载体通常是孵化基地、高新园区，而产业集聚通过信息共享、知识外部性、低交易成本和产业化分工促进新创企业的机会识别、资源获取和竞争优势构建，进而协同创业服务评价体系促进新创企业的创建和成长。

一些学者实证研究了产业集聚对新创企业成长的作用机理。例如，孙晓华等（2017）、孙骞和欧光军（2018）发现，在产业集聚区内，外部信息的搜索成本较低、相关生产性服务业效率较高，这有助于新创企业的机会识别、资源获取和经营风险分担；余维臻和余克艰（2018）发现，产业集聚的互补知识更有助于新创企业的成长；侯光文和薛惠锋（2017）、芮正云和罗瑾琏（2018）发现，产业集群的网络关系能促进新创企业和市场（产业）共享技术和客户知识，这有助于新创企业的研发投入和技术创新，进而提升技术创造型新创企业的技术效率（胡畔和于渤，2017）；梁强等（2017）、范钧和王进伟（2011）实证研究发现，产业集聚有助于价值链分工，扩大新创企业专业化能力和市场机会，进而促进技术创造型新创企业的创建和成长。

产业集聚既可因资源禀赋、地理区位和社会环境等因素外生形成，也可因产业竞争力、产学研技术等因素内生形成。不同的形成原因也会间接地影响资源枯竭型城市创业服务评价体系的创新功效，为此，本书在分析资源枯竭型城市创业服务评价体系的功效时要考虑产业集聚这一影响因素。

（1）创业服务评价体系的分值与就业。企业是就业的载体，逻辑上鼓励创业可以扩大就业。因为新创企业固定资产少、声誉弱、融资成本高，世界各国均把构建创业服务体系作为新创企业创建和成长的重要资源。

创业服务体系通过政府网络、社会资本和市场信息帮助新创企业管理者识别和把握外部市场机会（张玉利等，2008），通过合法性服务促进新创企业获取先动优势（Lumpkin & Dess，1996；郑健壮等，2018；Xin & Pearce，1996），通过资源性服务帮助新创企业构建竞争优势（Miller et al.；Lieberman et al.）来促进新创企业的成长。

资源枯竭型城市创业服务评价体系再构建后的分值与就业的关系如图4-4所示。

由图4-4可知，资源枯竭型城市创业服务评价体系再构建后的分值与就业之间没有显著的直接关系，其可能的原因是：第一，焦作、铜仁和黄石是农民工较多的地区，创业服务评价体系的分值高，就业率相对也高，可能是创业服务评价体系促进了农民工返乡创业；第二，韶关、潼关、白银、萍乡和枣庄即便有农民工返乡创业，也不能反映创业服务评价体系与就业的直接关系；第三，阜新、鹤岗未有劳动力就业增加，其主要原因是劳动力外出就业多，且就业率低，未能显示。

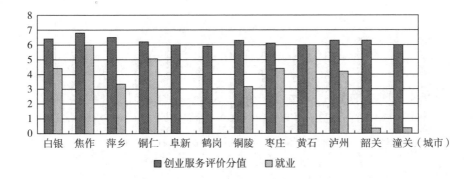

图 4-4 资源枯竭型城市创业服务评价体系再构建后的分值与就业的关系

资源枯竭型城市创业服务评价体系与就业之间的关系受外部因素的影响较大，甚至可能出现创业服务评价体系中"竞次式"补贴性竞争的加剧，削弱了资源枯竭型城市区域内产业或企业的内在联系与协同发展（李晓萍等，2015），以及要素市场扭曲所带来的寻租机会可能会削弱或抑制企业的研发投入（张杰等，2011），最终结果是创业服务评价体系没有促进技术创造型新创企业的创建和成长。

（2）创业服务评价体系的分值与人均可支配收入。人均可支配收入增加的途径为劳动收入增加、相对支出减少，它体现在创业服务评价体系上就是：创业服务评价体系促进新创企业创建和成长，带来新创企业内员工的工资增加，而不是因物价上涨、员工需求困难引起的工资增加。

资源枯竭型城市因要素资源扭曲、市场化程度低、技术能力弱和产业转型升级压力，其创业服务评价体系并不一定有助于新创企业成长，例如，谭洪波（2015）实证研究发现，中国要素市场扭曲有利于工业的增长而不利于服务业的增长。

资源枯竭型城市创业服务评价体系再构建后的分值与人均可支配收入的关系如图 4-5 所示。

由图 4-5 可知，资源枯竭型城市创业服务评价体系与人均可支配收入没有显著的线性关系，其可能的原因是：第一，技术创造型创业和市场需求型创业没有细分，创业服务评价体系促进技术创造型新创企业创建和成长后，更有可能提升

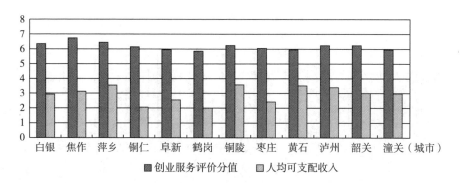

图4-5 资源枯竭型城市创业服务评价体系再构建后的分值与人均可支配收入的关系

人均可支配收入；第二，中间分值的创业服务评价体系和人均可支配收入更具有稳定的关系，如枣庄、韶关和铜陵等，这或许表明一定的技术创造型创业在产业转型升级压力和大学生就业压力下能促进人均可支配收入的增长；第三，人均可支配收入高的资源枯竭型城市，如黄石、泸州、铜陵、韶关和萍乡，都有发挥发展技术创造型创业的潜力，行政区位邻近长三角、珠三角和重庆，科技创业具有相对优势；第四，资源禀赋、技术化改进、创业，服务评价体系支持的农民工返乡创业同样能提升人均可支配收入，如白银的农作物采用电商创业销售。

创业服务评价体系促进人均可支配收入的增长，需要一定的外部环境条件，如较高的产业规模效率和技术效率（李贲和吴利华，2018）、产业集聚和创业服务评价体系具有协同能力（李新春等，2010；何晓斌等，2013）、新创企业具有组织间学习管理和外部资源获取及整合能力（李贞和杨洪涛，2012；杨隽萍等，2013）、政府支持下的农业技术化改进（彭伟等，2013）等。

（3）创业服务评价体系与工业产业比重。资源枯竭型城市经济增长的动力在于产业转型升级，更在于创业服务评价体系作用下的技术创造型创业。技术创造型创业可以通过组织学习和外部市场机会在获取实现自身成长的同时带动产业价值链的延伸和分工（李贞和杨洪涛，2012），进而实现工业产业比重的增加。资源枯竭型城市创业服务评价体系可以通过技术资源支持、技术创造型机会识别、合法性服务（技术合法、产学研一体化合法等）和市场协调来促进技术创造型新创企业的创建和成长（刘芳等，2014）。

资源枯竭型城市创业服务评价体系再构建后的分值与工业产值比重的关系如图 4-6 所示。

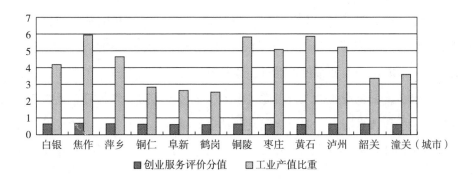

图 4-6 资源枯竭型城市创业服务评价体系再构建后的分值与工业产值比重的关系

由图 4-6 可知，资源枯竭型城市创业服务评价体系与工业产业比重没有直接的关系，其可能的原因是：第一，工业产业比重是积累值，而创业服务评价体系是静态评价值，若要分析二者的关系就应该先分析增长率变化之间的关系；第二，工业产业比重受历史因素、资源禀赋、行政区位等因素的影响，如焦作、铜陵和黄石的工业产值比重较大，这或许造成创业服务评价体系促进技术需求型创业而忽视了市场需求型创业；第三，创业服务评价体系发挥功效和工业产业比重变化是一个错位时间的关系，新创技术型创业不一定能当年生产工业产品而改变工业产业比重，往往是滞后几年；第四，忽略了政府、新创企业、市场三个利益主体在创业服务评价体系和工业产业比重之间的作用机理，政府、新创企业、市场三个利益主体的行为博弈均衡可能会抑制它们之间的功效。

资源枯竭型城市工业产业比重的变化是以产业结构转型升级和合理化、高级化为目标的，创业服务评价体系的改进和完善创新也应以工业结构比重合理化、高级化为目标，而不是仅仅通过研发投入、财政补贴、技术支持来扶持高新技术产业。在资源枯竭型城市地区，新创企业易受到市场保护、财政政策支持等，结果往往是由于新创企业的竞争力不足而抑制其发展，进而加剧创业服务评价体系的功效悖论，不能促进产业结构合理化和高级化。

（4）创业服务评价分值与全要素生产率。全要素生产率是指一个产业或者企业通过技术能力提升、资源优化配置来实现经济增长质量的提升。但资源枯竭型城市由于"竞次式"补贴性竞争削弱了区域内产业或企业的内在联系与协同发展（李晓萍等，2015）；以及要素市场扭曲所带来的寻租机会削弱或抑制了企业的研发投入（张杰等，2011），从而难以实现全要素生产率的提升和社会经济和谐发展。资源枯竭型城市可以通过创业服务评价体系促进技术创造型新创企业和市场需求型新创企业的进入，再通过市场竞争和市场协同来提升企业或产业的资源配置效率和技术能力，进而实现资源枯竭型城市经济增长质量的提升。资源枯竭型城市创业服务评价体系再构建后的分值与全要素生产率的关系如图4-7所示。

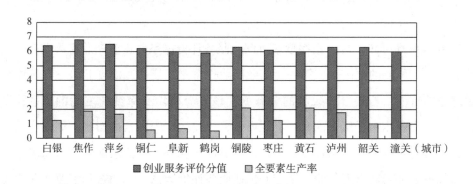

图4-7 资源枯竭型城市创业服务评价体系再构建后的分值与全要素生产率的关系

由图4-7可知，资源枯竭型城市创业服务评价体系再构建后的分值与全要素生产率之间没有直接的线性关系，其可能的原因是：第一，创业服务评价体系支持下的市场需求型创业进入壁垒低，恶性竞争拉升了资源要素价格、抑制了新创企业的创新研发投入和成长；第二，焦作、黄石和铜陵的创业服务评价体系的分值和全要素生产率的关系相对显著，这或许是创业服务评价体系科学合理地实现了市场需求型创业和技术创造型创业的协同；第三，全要素生产率是社会和谐发展的重要指标，即使创业服务评价体系和其没有显著的线性关系，其非线性关系的存在也会促进资源枯竭型城市注重通过创业服务评价体系的改进、创新来实现社会和谐发展；第四，创业服务评价体系和全要素生产率之间的关系或许受到产业集聚等因素的影响，例如，阜新、鹤岗和铜仁的全要素生产率在一定程度上得到了显著的增长，而它们都注重孵化基地建设和产学研一体化平台的应用。

资源枯竭型城市社会和谐发展的关键是创业服务评价体系的改进创新要科学合理，要注重通过创业服务评价体系和产业集聚的协同来促进新创企业的成长（Teece，2007），而不仅仅是通过利用创新性机会获取先动优势（Lumpkin & Dess，1996；郑健壮等，2018；Xin & Pearce，1996）或社会资本获取的合法性（Miller & Friesen，1983；Lieberman & Montgomery，1988）来实现新创企业的成长。否则，往往会由于政府、新创企业、市场三个利益主体的寻租行为、逆向选择行为或道德风险而造成资源错配和研发投入不足，进而抑制资源枯竭型城市社会和谐发展战略目标的实现。

4.4.2 功效内容分析

创业服务评价体系通过机会识别性服务、资源性服务、合法性服务和市场协调性服务来促进新创企业认识和解读机会、资源整合、构建优势、把握机会以及行动合法性和市场协调性来实现利益。创业服务评价体系实现资源枯竭型城市战略目标的途径是促进新创企业的创建和成长。

一些学者已经理论深化和实证研究了创业服务评价体系与新创企业利益之间的关系。主要涉及：社会资本的知识积累和认知能力有助于新创企业识别技术创造型机会（张玉利等，2008）；新创企业的合法性和先动优势有助于新创企业通过资源整合能力与环境匹配来构建竞争优势（Nahapiet & Ghoshal，1998）；新创企业的社会资本和关键资源获取是其成长的重要能力（刘芳等，2014）；组织间学习管理和技术创新市场的协调有助于技术创造型新创企业的成长（刘井建，2011）。

资源枯竭型城市创业服务评价体系在机会识别性服务、资源性服务、合法性服务和市场协调性服务四个维度上具有差异性（赵连荣和葛建平，2013），这种差异性可以通过市场需求型创业（主要依赖资源性服务和合法性服务）和技术创造型创业（主要依赖机会识别性服务和市场协调性服务）来影响城市产业转型升级（文伟扬等，2014）和社会和谐发展（刘世磊和张文会，2015），且对扩大的就业作用机理也是有差异的（主要由于市场需求型创业有助于农民工就业，而技术创造型创业有助于大学生等技术人才就业）。

可见，资源枯竭型城市创业服务评价体系的内容不同，其功效也不相同。2018 年资源枯竭型城市创业服务评价体系再构建后的分值与功效如表 4-9 所示。

表 4-9　2018 年资源枯竭型城市创业服务评价体系再构建后的分值与功效

城市	合法性服务	资源性服务	机会识别性服务	市场协调性服务	就业	人均可支配收入	工业比重
白银	7.5	7.1	6.5	7.0	4.41	2.947	41.8
焦作	7.9	7.3	6.8	7.4	6.0	3.150	59.5
萍乡	7.4	6.9	6.4	8.0	3.33	3.576	46.5
铜仁	7.8	6.8	6.2	6.7	5.05	2.068	28.3
阜新	7.2	6.4	6.5	7.4	0	2.571	26.2
鹤岗	7.1	6.2	6.7	6.1	0	2.009	25.3
铜陵	7.4	7.1	6.9	7.1	3.16	3.600	58.2
枣庄	7.3	6.8	6.3	7.0	4.4	2.433	50.8
黄石	7.6	6.6	5.9	5.9	6.0	3.533	58.6
泸州	7.3	7.0	6.3	6.7	4.2	3.414	52.1
韶关	7.7	7.2	6.7	6.5	3.34	3.029	33.5
潼关	6.9	7.0	6.4	5.9	0.36	3.001	35.8

资料来源：笔者整理。

（1）创业服务评价体系的各维度和就业之间不存在显著的线性关系。我国资源枯竭型城市的劳动力不仅具有规模的差异，还有质量的差异，例如，焦作外出务工的劳动力较多，大学毕业生外出就业也较多；而阜新和鹤岗因产业转型升级外出务工人员多有一定的学历和知识技能等。创业服务评价体系的合法性服务和资源性服务更有助于市场需求型创业，而机会识别性服务和市场协调性服务更有助于技术创造型创业。这在一定程度上表明资源枯竭型城市通过创业服务评价体系扩大就业要因地制宜、科学管理。

（2）创业服务评价体系的各维度和人均可支配收入之间不存在显著的线性

关系。市场需求型创业对就业人员的可支配收入受规模经济的影响严重，且进入壁垒低，会因企业间恶性竞争或政府—新创企业的寻租行为而失去功效；技术创造型企业的成长有助于企业员工的可支配收入增加。技术创造型企业的成长受人才科技（盛楠等，2016）、产学研创业创新信息（王伟光等，2015；孙兆刚，2015）、融资成本（严成樑和胡志国，2013；祝佳，2015）、财政税收（卢方元和李彦龙，2016）以及新创企业与市场主体的恶意竞争（林亚清和赵曙明，2013）等因素的影响严重。这在一定程度上表明了资源枯竭型城市只有通过创业服务评价体系促进技术创造型创业才有助于人均可支配收入的增加，进而实现产业转型升级和经济可持续增长。

（3）创业服务评价体系的各维度和工业比重不存在显著的线性关系。资源枯竭型城市工业比重的增加不仅在于数量，还在于质量，即产业价值链的分工和技术研发的合作上。创业服务评价体系的改进有助于技术创造型新创企业的建立时，其与产业集聚的协同才有助于工业比重的合理化和高级化。良好的创业服务评价体系能促进技术创造型新创企业的现金持有（陈德球等，2011）、研发投入（王锋正等，2018）、内部资源配置效率和创新（陈德球等，2012）；而产业集聚的协同可以加速技术创造型新创企业的成长（王锋正等，2018；冯金余，2015）、促进政产学研协同创新与经济增长之间的技术转化（原长弘等，2015；Baum & Wally，2003；林亚清和赵曙明，2013）。这在一定程度上表明了资源枯竭型城市通过创业服务评价体系促进技术创造型创业，并结合产业集聚实现协同创新才能实现产业转型升级和经济可持续增长，并提升经济增长质量和实现社会和谐发展。

经济增长质量提升和社会和谐发展是资源枯竭型城市的战略目标，但由于市场化程度低、技术能力不足、金融抑制和要素价格扭曲，资源枯竭型城市通过创业服务评价体系实现上述战略目标的过程通常产生功效悖论。该功效悖论是创业服务评价体系和产业集聚差异共同造成的。接下来，我们分析创业服务评价体系的维度差异与经济增长质量和社会和谐发展的机理（这里把全要素生产率的提升定义为经济增长质量提升和社会和谐发展，主要是基于全要素生产率代表资源的优化配置和技术能力的提升）。

（4）合法性服务与全要素生产率。创业服务评价体系中的合法性服务可以通过合法性资源配置提升新创企业的资源配置效率，还可以通过机会识别和市场协调促进技术创造型企业技术效率的提升。可见，资源枯竭型城市创业服务评价体系中的合法性服务有助于新创企业全要素生产率的提升，进而实现资源枯竭型城市的经济增长提升和社会和谐发展。

市场化程度低、技术能力弱、要素资源扭曲抑制了资源枯竭型城市经济增长质量提升和社会和谐发展。如果资源枯竭型城市创业服务评价体系中的合法性服务是高质量的，那就有可能通过制度支持来降低融资成本（严成樑和胡志国，2013；祝佳，2015）以及通过避免恶意竞争（林亚清和赵曙明，2013）来实现新创企业的资源优化配置，也有可能给技术创造型新创企业提供产学研创新信息（王伟光等，2013）、人才保证、财政税收优惠来促进新创企业与市场创新主体的协同（孙兆刚，2015），进而提升技术创造型新创企业的 R&D 效率。资源枯竭型城市创业服务评价体系的合法性服务和全要素生产率的关系如图 4-8 所示。

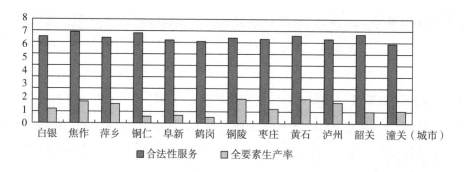

图 4-8　资源枯竭型城市创业服务评价体系的合法性服务和全要素生产率的关系

由图 4-8 可知，资源枯竭型城市创业服务评价体系的合法性服务和全要素生产率之间并不是显著的线性关系，其可能的原因是：第一，由于市场化程度低、要素价格扭曲，政府—新创企业间的寻租合谋已经抑制了新创企业的资源配置效率（杨洋等，2015）；第二，过多的市场需求型创业可以通过政府合法性服务提升全要素生产率，这或许是因为进入壁垒低和信息化管理缓解了新创企业和政府的寻租行为，而竞争的压力促进了新创企业优化资源配置；第三，技术创造型创业需要客户的质量接受和应用技术承诺等，此时，政府创业服务评价体系的合法性服务可以通过信息传递、技术资源支持缓解新创企业的融资约束、增加其研发投资来提高技术效率，并通过市场协调降低一些研发性风险（Lumpkin & Dess，1996）；第四，技术创造型创业没有实现与产业集聚的协同成长，抑制了其技术效率的提升。

资源枯竭型城市创业服务评价体系的合法性服务是通过信息垄断、要素资源垄断等影响新创企业全要素生产率的（杨洋等，2015），有时还通过抑制新创企业的融资途径、市场协同来降低其研发投入和全要素生产率。

（5）资源性服务与全要素生产率。资源是新创企业构建优势、把握机会和实现利益的根本。通常情况下，新创企业因规模小、无声誉和能力弱等特点，获取稀缺资源困难，且成本较高，这会加剧新创企业的资源错配和减少研发投入，进而降低其全要素生产率。

如果资源枯竭型城市创业服务评价体系中的资源性服务是高质量的，它就会把资源性服务给有成长潜力的新创企业，通过新创企业的资源优化配置（陈德球等，2012）和技术研发投入促进其创新成长以及全要素生产率的提升（孙兆刚，2015），且良好的资源性服务评价体系能缓解政府—新创企业的寻租行为和避免恶意竞争（林亚清和赵曙明，2013）。可见，资源枯竭型城市创业服务评价体系的资源性服务和全要素生产率有一定的关系，如图4-9所示。

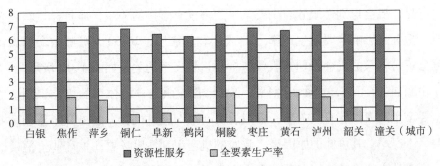

图4-9 资源枯竭型城市创业服务评价体系的资源性服务和全要素生产率的关系

由图 4-9 可知，资源枯竭型城市创业服务评价体系的资源性服务和全要素生产率不存在显著的线性关系，其可能的原因是：第一，资源枯竭型城市因市场化程度低、要素价格扭曲和技术能力弱，阻碍了技术创造型新创企业的研发投入，如白银；第二，非良好的资源性服务管理体系促进了政府—新创企业的合谋行为（余明桂和潘红波，2008），其结果是扭曲政府补贴、人力资本配置等的资源效率（徐保昌和谢建国，2015），如萍乡；第三，新创企业与市场之间的研发补贴之争扭曲了新创企业的要素资源配置和研发投入（杨洋等，2015），从而抑制了技术创造型新创企业全要素生产率的提升，如阜新和鹤岗。

资源枯竭型城市创业服务评价体系的资源性服务通过资源获取影响新创企业的全要素生产率。为此，提升新创企业全要素生产率的关键是科学管理政府、新创企业、市场三个利益主体的行为博弈均衡，激励新创企业通过资源优化配置和研发投入获取竞争优势，在实现自身利益的同时提升全要素生产率。

（6）机会识别性服务与全要素生产率。市场需求型机会识别通过要素资源优化配置提升新创企业的全要素生产率，而技术创造型机会识别通过技术研发和内部资源优化配置提升新创企业的全要素生产率。由于我国资源枯竭型城市的技术能力相对落后、产学研一体化信息相对闭塞、市场化程度低、要素价格扭曲（张杰，2011），导致技术创造型机会识别相对困难，制度不健全加大了企业的创新风险，从而抑制了新创企业全要素生产率的提升，而市场需求型机会识别因进入壁垒低、竞争激烈，往往会通过资源错配抑制新创企业的全要素生产率的提升。

可见，机会识别性服务与全要素生产率没有直接的关系，而是通过新创企业的机会把握来影响全要素生产率（严成樑和胡志国，2013）。资源枯竭型城市创业服务评价体系的机会识别性服务与全要素生产率的关系如图 4-10 所示。

由图 4-10 可知，即便资源枯竭型城市创业服务评价体系的机会识别性服务与全要素生产率没有直接关系，铜陵、黄石依旧通过机会识别提升了新创企业的全要素生产率。其可能的原因是：政府的机会识别性服务更注重产业价值链的延伸、现有技术能力的应用以及现有市场需求信息的传递。

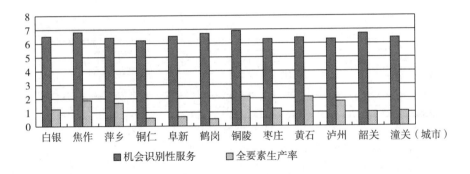

图4-10 资源枯竭型城市创业服务评价体系的机会识别性服务与全要素生产率的关系

资源枯竭型城市创业服务评价体系中的机会识别性服务更应该注重社会资本对新创企业研发的中间产出效率和最终产出效率（史欣向和梁彤缨，2013），更应该注重产学研一体化的 R&D 效率和产业内企业的资源配置效率（陈德球等，2012）。新创企业基于产业集聚下的更多的研发投入和资源配置才能提升其全要素生产率，从而促进资源枯竭型城市的产业转型升级、经济增长质量提升和社会和谐发展。

（7）市场协调性服务与全要素生产率。市场协调性服务可以通过外部市场或技术信息协调新创企业的资源配置和研发投入，从而提升新创企业的全要素生产率，尤其是技术创造型新创企业，市场的研发协同影响其资源配置效率和研发投入（卢方元和李彦龙，2016），从而影响其全要素生产率。

资源枯竭型城市良好的创业服务评价体系中的市场协调性服务，可以避免恶意竞争（林亚清和赵曙明，2013）、提供产学研创新一体化（王伟光等，2015），以及降低融资成本（严成樑和胡志国，2013；祝佳，2015），这会促进新创企业通过资源优化配置和研发投入提升自身的全要素生产率。资源枯竭型城市创业服务评价体系的市场协调性服务与全要素生产率的关系如图 4-11所示。

由图 4-11 可知，萍乡、焦作、白银、铜陵的市场协调性服务评价的分值较高，其全要素生产率也较高，而黄石的市场协调服务评价的分值较低，但全要素生产率相对较高。其可能的原因是：第一，资源枯竭型城市创业服务评价体系的

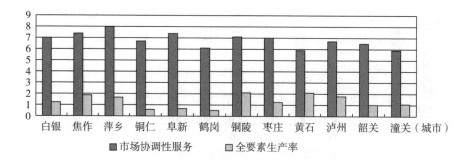

图 4-11　资源枯竭型城市创业服务评价体系的市场协调性服务与全要素生产率的关系

市场协调性高可以促进新创企业合理利用财政补贴或税收优惠来构建技术优势
（徐保昌和谢建国，2015），如萍乡、焦作、白银、铜陵；第二，资源枯竭型城市
创业服务评价体系的市场协调性较高，体现在产业集聚下的新创企业与市场的协
同，如阜新和鹤岗；第三，资源枯竭型城市创业服务评价体系的市场协调性较
高，体现在自身资源要素的配置科学合理，规避了恶意竞争（林亚清和赵曙明，
2013），如黄石和泸州。

　　资源枯竭型城市创业服务评价体系中的市场协调性服务可以直接影响新创企业
的资源配置、研发投入和全要素生产率，是其创新改进的一个重要维度。资源枯竭
型城市创业服务评价体系中的政府质量和市场协调更有助于新创企业全要素生产率
的提升，进而帮助资源枯竭型城市实现经济增长质量的提升和社会和谐发展。

4.5　中国资源枯竭型城市创业服务影响因素分析

　　为了对中国资源枯竭型城市创业服务评价体系展开进一步的研究，本节根据
前文收集整理的 24 个中国资源枯竭型城市的面板数据，对中国资源枯竭型城市
创业服务进行影响因素分析，面板数据的样本区间是 2007～2018 年，共 24 个截
面单元，总体个数为 288。中国资源枯竭型城市创业服务影响因素分析模型中涉

及的变量分别为中国资源枯竭型城市创业服务创新评价指数（Y）、经济发展指数、社会发展指数、公共服务平台指数、中介金融服务指数、企业经济社会效率指数、企业科技发展指数、创业者培训指数和创业环境指数（X_1 至 X_8），变量的描述性统计结果如表 4-10 所示。

表 4-10   描述性统计结果

变量	Y	X_1	X_2	X_3	X_4	X_5	X_6	X_7	X_8
观测值	288	288	288	288	288	288	288	288	288
最大值	0.860	1.000	1.000	0.490	1.000	1.000	1.000	1.000	1.000
最小值	0.200	0.105	0.000	0.216	0.188	0.050	0.004	0.059	0.179
平均值	0.435	0.407	0.491	0.336	0.532	0.537	0.132	0.284	0.531
标准差	0.151	0.233	0.255	0.052	0.221	0.202	0.215	0.183	0.218

为防止伪回归，本书利用 Eviews 10.0 对参与影响因素分析变量的一阶差分值进行了单位根检验，发现，所有变量经过一阶差分之后均平稳，LLC 和 IPS 检验结果如表 4-11 所示。

表 4-11   单位根检验结果（一阶差分）

变量	Y	X_1	X_2	X_3	X_4	X_5	X_6	X_7	X_8
LLC	-8.104***	-12.611***	-7.208***	-10.305***	-8.697***	-5.281***	-2.094***	-8.961***	-3.808***
IPS	-3.706***	-2.713***	-2.810***	-5.182***	-3.386***	-2.702***	-0.381*	-3.883***	-0.975*

注：*、***分别表示在10%、1%的水平下显著。

为考察我国资源枯竭型城市创业服务水平所受到的影响，本书建立了固定效应面板模型，如式（4-1）所示。

$$Y_{it} = C + \beta_1 \times X_{it} \tag{4-1}$$

其中，$Y_{it} = y_{it} - y_{it-1}$ 为被解释变量，反映我国资源枯竭型城市创业服务创新水平的变化；$X_{it} = x_{it} - x_{it-1}$ 为解释变量，由 X_1 至 X_8 构成；常数 C 衡量的是固定效应。式（4-1）的估计结果如表 4-12 中的 EQ（1）所示，多数解释变量的系数并不显著，而且估计结果的拟合优度 R^2 仅为 0.078，表明式（4-1）遗漏了重要的解释变量。为此，本书通过固定效应动态面板模型，建立了我国资源枯竭型城市创业服务水平动态影响因素模型，如式（4-2）所示。

$$Y_{it} = C + \beta_0 \times Y_{it-1} + \beta_1 \times X_{it} + \beta_2 \times X_{it-1} \tag{4-2}$$

其中，Y_{it-1} 为我国资源枯竭型城市创业服务创新评价指数变化的前期值（用 Y_1 表示）；X_{it-1} 为解释变量的滞后变量，分别由 X_{11} 至 X_{81} 构成；β_0 至 β_2 衡量的是动态效应，本书首先对所有的解释变量进行了估计，估计结果如表 4-12 中的 EQ（2）所示。可以发现，某些解释变量的系数并不显著，通过剔除系数不显著的解释变量，得到最优的估计结果，如表 4-12 中的 EQ（3）所示，

表4-12　中国资源枯竭型城市创业服务影响因素回归估计结果

解释变量	EQ（1）	EQ（2）	EQ（3）
C	-0.027**	0.002	
Y_1		-0.813***	-0.810***
X_1	-0.025*	0.097***	0.078***
X_2	0.021**	0.101***	0.100***
X_3	0.062*	0.157***	0.156***
X_4	0.011	0.142***	0.144***
X_5	0.012	0.065***	0.066***
X_6	-0.001	0.113***	0.131***
X_7	0.003	0.288***	0.288***
X_8	-0.017	0.120***	0.124***
X_{11}		-0.018	
X_{21}		-0.015***	-0.015***
X_{31}		-0.007	
X_{41}		-0.036***	-0.039***
X_{51}		-0.008*	-0.009**
X_{61}		0.017	
X_{71}		-0.051**	-0.050***
X_{81}		-0.020**	-0.023***
R^2	0.078	0.967	0.967

注：*、**、***分别表示在10%、5%、1%的水平下显著。

通过分析我国资源枯竭型城市创业服务水平动态影响因素模型的最优估计结果，可以发现：

（1）解释变量 Y_1 的系数显著为负，且远小于其他解释变量的系数，表明我国资源枯竭型城市创业服务的前期水平会对我国资源枯竭型城市的创业服务水平带来较大的逆向影响，前期水平越高，我国资源枯竭型城市创业服务水平越趋于稳定，越有利于我国资源枯竭型城市创业服务水平的进一步提高。

（2）解释变量 X_1 至 X_8 的当期值均显著为正，表明解释变量的当期值会对我国资源枯竭型城市的创业服务水平带来正向影响，通过提升我国资源枯竭型城市的经济发展水平、社会发展水平、公共服务平台水平、中介金融服务水平、企业经济社会效率、企业科技发展水平、创业者培训水平和创业环境水平的当期值，可以有效地提高我国资源枯竭型城市的创业服务水平，相比较而言，创业者培训水平所带来的积极影响最大，企业经济社会效率所带来的积极影响最小。

（3）解释变量的前期值 X_{21}、X_{41}、X_{51}、X_{71} 和 X_{81} 的系数显著为负，表明这些解释变量前期值的高低影响我国资源枯竭型城市创业服务水平的稳定性，而且这些系数的绝对值要远小于当期值系数的绝对值，表明从提高我国资源枯竭型城市创业服务水平的角度来说，提高我国资源枯竭型城市的经济发展水平、社会发展水平、公共服务平台水平、中介金融服务水平、企业经济社会效率、企业科技发展水平、创业者培训水平和创业环境水平的当期值，所带来的积极影响更为直接有效。

4.6　小结

本章首先对资源枯竭型城市创业服务评价体系的内容、权重以及功效三个方面进行了分析，并提出了功效悖论；其次基于政府质量和市场协调对创业服务评价体系进行了再设计；最后分析了资源枯竭型城市创业服务评价体系再设计后环境和内容对功效的影响，得出的主要结论为：

（1）资源枯竭型城市创业服务评价体系通常包括营商环境、政策法规、人才科技和社会服务四个维度，忽略了政府、新创企业、市场三个利益主体的行为博弈。另外，由于政府、新创企业管理者以及理论研究者把资源枯竭型城市创业服务评价体系的权重平均分配，导致了资源枯竭型城市创业服务评价体系的功效悖论。

（2）资源枯竭型城市创业服务评价体系的改进和创新主要包括三个方面：一是从机会识别性服务、合法性服务、资源性服务和市场协调性服务添加政府质量和市场协调内容，以创新、促进和完善创业服务评价体系的内容并提升政府、新创企业、市场三个利益主体的行为博弈均衡。二是用机会识别性服务、合法性服务、资源性服务和市场协调性服务与新创企业绩效科学标准化确定创业服务评价体系的权重。三是从资源枯竭型城市的战略目标出发，科学动态地、因地制宜地管理创业服务评价体系。

（3）资源枯竭型城市的战略目标是扩大就业、实现产业转型升级和社会和谐发展。由于资源枯竭型城市的行政区位、市场化程度和产业结构存在差异，其创业服务评价体系的功效机理也是有差异的，即创业服务评价体系和产业集聚共同通过新创企业的创建和成长影响资源枯竭型城市战略目标的实现。

5 资源枯竭型城市创业服务
体系创新的效应分析

本章基于资源枯竭型城市创业服务体系创新的环境、内容和功效来研究其就业效应、经济效应和全要素生产率效应。首先通过模型构建、机理分析以及实证设计检验了资源枯竭型城市创业服务体系的就业效应、经济效应和全要素生产率效应，然后通过比较资源枯竭型城市创业服务体系创新的效应差异，给出了资源枯竭型城市创业服务体系创新的指导路径和适用条件。

5.1 资源枯竭型城市创业服务体系创新的就业效应

5.1.1 问题提出

我国经济已由高速增长阶段转向高质量发展阶段。此时，发展产业集聚的高新技术产业园区成为我国各级政府的首要任务，这是因为产业集聚能够通过产业竞争力的提升扩大就业，进而实现地区经济增长、转型升级和社会和谐发展。例如，2006 年颁布了《支持国家电子信息产业基地和产业园发展政策》，2007 年颁布了《国家发展改革委关于促进产业集群发展的若干意见》，2016 年颁布了《国务院办公厅关于建设大众创业万众创新示范基地的实施意见》，其理论依据都是产业集聚可以实现规模经济、提升产业竞争力、降低交易成本和知识共享（Krugman，1991；Williamson，1995）。

资源枯竭型城市处于产业转型升级阶段、技术相对落后，其企业成长动力不足，这严重抑制了劳动力就业、经济转型增长和社会和谐发展。为实现上述战略目标，资源枯竭型城市一方面通过科技政策、财政政策和产业政策创建产业集聚园区来促进地方经济转型升级，另一方面通过创业服务体系创新鼓励"大众创业、万众创新"。其理论依据是：企业是国民经济的载体，是地方劳动力就业和地方政府税收的源泉，且产业集聚有助于新创企业成长。例如，Duranton 和 Puga（2004）发现，集聚中心区的企业有更高的生产率；Rosenthal 和 Strange（2004）发现，企业集聚在中心区更能提升技术效率及核心竞争力；郑健壮等（2017）研究发现，集群企业开放宽度对企业知识获取的正向效应更显著。

产业集聚促进新创企业成长的机理为：提升产业集聚地企业的内部吸收能力（阳银娟，2017）、降低产业集聚地企业的外部资源获取成本（侯光文和薛惠锋，2017）、提升产业集聚地企业的战略管理者整合能力（张军和许庆瑞，2018）。可我国资源枯竭型城市的产业集聚不仅具有异质性（李贲和吴利华，2018），还具有资源竞争下的要素扭曲性，这严重影响了新创企业在产业集聚异质性下的战略选择行为（何晓斌等，2013）。

当前，资源枯竭型城市注重农民工返乡创业和大学生科技创业（李宏英，2019），并给予财政补贴、创业教育、人才培育等方面的激励政策（杜威漩，2019），搭建农民工返乡创业和大学生科技创业的政府服务平台，营造创业促进就业的营商环境。那么，资源枯竭型城市通过创业服务体系创新实现就业效应的关键是明晰二者的影响机理、把握实现创新的指导依据。

5.1.2 机理分析

新古典经济理论、交易成本理论、新经济地理学、新产业组织理论从不同方面研究了产业集聚的动因及其对企业的影响，认为产业集聚的外部性可以提供企业成长机会和竞争优势，可以提供企业知识共享和技术效率，可以提供低的交易成本和高的关联效率及高的产业集聚规模效率（陈元志等，2018）。

产业集聚的关联效率体现在集聚区内外部信息的搜索成本低，相关生产性服务业效率高，新创企业的机会识别、资源获取成本和经营风险低（孙晓华等，2017）。同时，帮助新创企业实现先动优势来获取绩效（杜运周等，2008）。余维臻和余克艰（2018）实证研究发现，产业集聚的互补知识更有助于提升新创企业的绩效。

产业集聚的技术效率体现在技术和客户知识共享，进而促进新创企业的技术创新，这是因为创新的前提是对外部信息机会的获取和对创新资源的把握（芮正云和罗瑾琏，2018）。侯光文和薛惠锋（2017）实证分析发现，产业集群的网络关系显著地正向影响企业协同创新绩效，帮助提升企业的技术效率。

产业集聚的规模效率体现在可以实现价值链分工、扩大新创企业专业化能力和市场机会，提升其绩效。梁强等（2017）实证分析发现，产业集聚的规模有助于新创企业成长。这是因为产业集聚有助于新创企业的专业化分工和机会把握能力的提升（祝振铎和李新春，2016）。

基于产业集聚的资源枯竭型城市创业服务体系可以通过合法性服务、资源性服务、机会识别性服务和市场协调性服务强化产业集聚效率，进而促进新创企业成长。事实上，资源枯竭型城市的新创企业易受到市场保护、政府政策支持等，这也造就了新创企业利用资源禀赋优势成长而降低市场竞争的压力。例如，张杰（2011）实证分析发现，要素市场扭曲所带来的寻租机会可能会削弱或抑制新创企业 R&D 投入；谭洪波（2015）实证分析发现，资源枯竭型城市要素市场扭曲有利于工业的成长而不利于服务业的成长。

可见，资源枯竭型城市创业服务体系能否发挥就业效应的关键是，明晰新创企业能否利用创业服务体系的创新实现战略成长。其主要原因为：

（1）创业服务体系的资源性服务是新创企业的重要资源，它不仅影响着企业内部资源能力的配置，还影响着对外部市场机会的识别和把握，以及促进企业利用该创新性机会获取先动优势（郑健壮等，2018）、社会资本和合法性服务（Marvin et al.，1988）来促进新创企业成长；

（2）产业集聚发挥集聚效应影响新创企业成长的前提是要素资源没有错配，例如，张玉利等（2008）发现，新创企业管理者的先前经验具有协同产业集聚和新创企业成长的功能，这是因为它的知识积累和认知能帮助新创企业识别创新性机会、其社会资本能帮助新创企业获取合法性服务或先动优势来促进新创企业的成长。

可见，明晰创业服务体系与新创企业成长的机理是资源枯竭型城市通过创业服务体系创新实现就业效应的关键。刘芳等（2014）发现，关键资源获取是新创企业管理者的重要能力，是新创企业成长中的关键环节，起到了战略性作用。张军和许庆瑞（2014）认为，新创企业管理者不仅具有机会识别能力，还具有不同的资源整合能力，这有助于新创企业的差异化成长。杨隽萍等（2013）实证分析认为，新创企业通过组织学习和外部资源获取来提升自己的整合能力；蒋天颖等（2009）、刘井建（2011）研究发现，不同的战略领导行为调节着企业的创新绩效。本章在现有文献的基础上，研究资源枯竭型城市创业服务体系的创新对就业效应的影响机理，以期发现资源枯竭型城市创业服务体系创新的内容和路径。

5.1.3 实证设计

（1）样本与数据收集。2008年、2009年、2011年，我国分三批确定了69个资源枯竭型城市，将其园区、经济开发区和高新技术开发区定义为产业集聚区，而本书将资源枯竭型城市的新创企业界定为研究对象，进行数据收集和整理。

首先，明晰资源枯竭型城市新创企业（包括园区、经济开发区和高新技术开发区内外的企业），采用问卷调查方法收集样本，通过邮寄、电子邮件的方式进行调查。新创企业是指公司自注册之日起经营年限不超过8年的企业。本研究共发放问卷1200份，回收1152份，有效问卷1008份，有效回收率为84%。研究样本的产业分布涉及软件开发、电子商务、智能制造、技术服务、物流、新能源汽车、新材料、环保、生物医药、电子通信、食品加工等；样本企业的成立时间大致呈正态分布，而且200人以上的科技型中小企业占48.5%；62%以上的受访者在公司担任中高级职位，87%的受访者拥有本科以上学历，78.5%的受访者年龄在30岁以上，这在很大程度上保证了本调查问卷的真实性和可靠性。其次，收集整理样本企业的宏观数据。这里的产业集聚特征、市场化程度是根据樊纲指数、国家统计数据计算而来的，保证了样本企业宏观数据的科学性和一致性。

由于此次一套调研问卷是由一个人完整回答的，有可能造成同源方法偏差（Common Method Bias）。因此，我们对回收问卷进行了 Harman 单因素检验，具体做法是把所有变量放到一个探索性因子分析（EFA）中，未旋转的因子分析结果显示，因子结构中不存在一个共同的因子，而且第一个因子只解释了38%的变异。另外，自变量和因变量负荷在不同的因子上。因此，可推断不存在同源方法偏差。

（2）变量的测量。第一，新创企业成长（因变量）。对新创企业成长的测量，国际上采取一致的指标体系，即 Baum（2003）列出的企业成长性指标，主要包括销售收入增长、雇员数增长和净利润增长三类指标。由于我国新创企业的行业不同、区位的市场化不同、资源禀赋不同，其企业成长的测量指标也有所差异，本书借鉴杜运周等（2008）、刘井建（2011）、郑丹辉等（2014）的新创企业成长测量方法，即采用销售收入增长率（绝对指标）、净利润增长率（绝对指标）、市场占有率（产业集聚地相对指标）三个指标。

第二，产业集聚效率。借鉴白俊红等（2009）、廖名岩等（2018）的园区产业集聚的效率测量方法和自己调研数据，测量整理出各样本企业园区集聚的关联效率、规模效率和技术效率。即该区域产业全要素生产率中的关联效率贡献比率、规模效率贡献比率、技术效率贡献比率。

第三，创业服务评价。本书创业服务体系的评价分值分为合法性服务、资源性服务、机会识别性服务和市场协调性服务四个维度，其权重指标为相关系数标准化后的权重。

第四，控制变量。本书的控制变量包括新创企业规模、企业性质、企业年限、市场化程度、政治资本、管理者先前经验等。企业规模不仅体现着企业资源，还反映着企业经营成本，是新创企业成长的重要影响因素。这里企业规模采用企业员工人数测量，因为新创企业处于弱势地位，其总是合理配置员工人数的。企业性质在一定程度上反映着企业的成长能力和资源的获取，例如，科技型企业易于获取社会融资和政府补贴。这里采用虚拟变量的方法测量，科技型企业为1，非科技型企业为0。企业年限是指新创企业自注册之日起所经营的年限，它也是新创企业成长的重要影响因素，因为经营年限越长，企业学习效应越明显，越能建立竞争优势，进而促进自己的成长。这里企业年限的测量用具体数字，例如，2.5年指新创企业自注册之日起已经营两年半。市场化程度也是新创企业成长的重要影响因素，因为它影响新创企业的资源获取成本和配置方式。这里采用樊纲指数测量，借鉴张杰等（2011）和国家统计局对各样本企业集聚地的统计数据进行微调。政治资本有助于新创企业获得稀缺资源，是其成长的重要影响因素。这里采用虚拟变量的做法，即若企业董事长或总经理曾担任人民代表大会代表、政协委员、政府行政职务等，取值为1；否则为0。管理者先前经验是指工作经验和创业经验。借鉴张玉利等（2008）的测量方法，用工作年限或创业年限来测量管理者先前经验。

（3）样本变量的信度与效度。由于本书中的新创企业成长、产业集聚效率、创业服务评价和控制变量采用的是相对成熟的问卷量表，我们用SPSS 17.0测量样本变量的信度和效度，结果如表5-1所示。

表5-1　样本变量的信度和效度

新创企业成长绩效（growth）		因子1	
销售收入增长率		0.886	
市场占有率		0.903	
净利润增长率		0.869	
变量	变量分维度	因子	Cronbach'α
产业集聚效率 （p=0.113；GFI=0.926；NFI=0.918； AGFI=0.965；CFI=0.904；RMSEA=0.021）	关联效率	0.781	0.826
	规模效率	0.732	
	技术效率	0.813	
创业服务评价 （p=0.127；GFI=0.908；NFI=0.921； AGFI=0.971；CFI=0.912；RMSEA=0.014）	合法性服务	0.821	0.829
	资源性服务	0.816	
	机会识别性服务	0.824	
	市场协调性服务	0.795	
新创企业成长 （p=0.103；GFI=0.915；NFI=0.924； AGFI=0.975；CFI=0.916；RMSEA=0.031）	销售收入增长率	0.739	0.765
	净利润增长率	0.707	
	市场占有率	0.756	

续表

变量	变量分维度	因子	Cronbach'α
控制变量 （p＝0.107；GFI＝0.924；NFI＝0.932； AGFI＝0.974；CFI＝0.911；RMSEA＝0.019）	企业规模	0.789	0.797
	企业性质	0.801	
	企业年限	0.769	
	市场化程度	0.792	
	政治资本	0.806	
	工作经验	0.813	
	创业经验	0.759	

KMO 的样本充分性：0.842；Approx. Chi-Square：312.576 d.f.：63；sig.：000

为了避免出现同源方法偏差，本书用 Harman 单因子检测法检测统计数据，结果显示在未旋转时的第一个主成分占到载荷量的 23.27%，这表明无同源方法偏差。

由表 5-1 可知，信度系数均在 0.700 以上，表明问卷的信度基本满足要求。至于效度，产业集聚效率、创业服务评价、新创企业成长和控制变量的拟合系数 GFI、AGFI、NFI 和 CFI 均大于 0.900，而 RMSEA 的值均小于 0.05，构建效度效果非常好。且 KMO 的值为 0.842，因子的内容效度非常好。

5.1.4 实证分析

本章的数据分析采用层级式的多元回归方法。由因子得分构成的标准分变量是一个连续变量，可以采用一般线性模型来进行回归分析。为了检验前面所提出的假设，采用逐步加入控制变量、自变量与调节变量、自变量与调节变量的交互项的层级回归模型（Hierarchical Regression Model）进行数据分析。为了避免加入交互项带来的多重共线性问题，按照通行做法，分别对自变量与调节变量做中心化处理，然后再计算其交互项并代入回归方程之中。

（1）描述性统计与相关分析。由表 5-2 可知，合法性服务、资源性服务、机会识别性服务和市场协调性服务与资源枯竭型城市新创企业的绩效均有显著的相关性，这可以初步表明资源枯竭型城市的创业服务体系创新有助于实现其就业效应（只有企业成长才能扩大就业）。

表5-2　各变量的均值、标准差及相关系数

变量	均值	标准差	1	2	3	4	5	6	7
新创企业成长	4.522	1.307	1						
合法性服务	3.721	0.946	0.369**	1					
资源性服务	4.682	0.835	0.245***	0.346**	1				
机会识别性服务	3.913	0.907	0.263**	0.268**	0.281	1			
市场协调性服务	3.497	0.761	0.179***	0.146**	0.265**	0.323**	1		
市场化程度	3.685	0.835	0.245***	0.346**	0.681	0.835	0.245	1	
企业规模	7.958	4.452	0.261**	0.268***	0.912	0.907	0.263*	0.268	1
企业性质	0.675	0.243	0.179***	0.146**	0.267***	0.761	0.179	0.146	0.761
企业年限	4.893	1.368	0.272***	0.238***	0.621***	0.692***	0.259**	0.135	0.352
政治资本	0.798	1.435	0.356***	0.169***	0.496***	0.632**	0.153	0.189	0.671

注：*、**、***分别表示在10%、5%、1%的水平上显著。

（2）回归分析。本章利用 SPSS 17.0 软件，采用逐层回归的方法做多元回归分析。为避免交互项在回归分析中的多重共线性，对交互项做均值中心化处理。回归结果如表5-3所示。

表5-3　回归结果

解释变量	被解释变量：新创企业成长					
	模型1	模型2	模型3	模型4	模型5	模型6
合法性服务	0.048***	0.036***	0.015***	0.048***	0.048***	0.048***
资源性服务	0.223***	0.253***	0.261**	0.241***	0.231***	0.251**
机会识别性服务	0.107***	0.192***	0.183**	0.136***	0.178***	0.152**
市场协调性服务	0.051***	0.065***	0.065**	0.083**	0.137**	0.114**
合法性服务×产业集聚				0.083**	0.097***	0.107***
资源性服务×产业集聚				0.192***	0.147**	0.163**
机会识别性服务×产业集聚				0.172***	0.183***	0.131***
市场协调性服务×产业集聚				0.153**	0.171**	0.159**
产业集聚	0.191***	0.187***	0.181**	0.191*	0.191*	0.191*
市场化程度	0.175***	0.177***	0.171***	0.172***	0.153***	0.158**

续表

解释变量	被解释变量：新创企业成长					
	模型 1	模型 2	模型 3	模型 4	模型 5	模型 6
企业规模	0.265***	0.267***	0.268**	0.271***	0.270***	0.276***
企业年限	0.127***	0.130***	0.129***	0.131**	0.126***	0.135***
常数	0.321***	0.295***	0.307***	0.296***	0.319***	0.314***
观测值	1008	512	496	1008	512	496
Adj. R^2	0.343***	0.331***	0.337***	0.351***	0.336***	0.347***

注：*、**、***分别表示在10%、5%、1%的水平上显著。

由表5-3可知，创业服务体系的合法性服务对就业效应具有显著的影响，但作用力度有限；资源性服务对就业效应有显著的影响；机会识别性服务对就业效应有显著的影响，但对技术创造型新创企业发挥功效需要有一定的外部调节因素；市场协调性服务对就业效应也具有显著的影响，但同样需要有一定的外部调节因素。这表明资源枯竭型城市创业服务体系的创新可以实现就业效应。

5.2 资源枯竭型城市创业服务体系创新的经济效应

5.2.1 问题提出

在我国经济从外延式粗放增长阶段进入了内涵式质量增长阶段，增长方式由"要素驱动"、"投资驱动"转向"创新驱动"（辜胜阻等，2014）。此时，资源合理配置和技术驱动发展才能促进经济增长，否则，社会资源成本的上升会抑制经济增长，即便劳动力收入相对增加，也会由于可支配收入的减少而没有体现经济增长。

资源枯竭型城市创业服务体系实现经济增长的关键就是通过构建包括创新主体、政府制度、金融体系、人才资源、产业市场等要素及其相互作用形成的创新体系（孙兆刚，2015；王海花等，2014）和形成激发创新机制的动力来实现科技成果商业化的价值创造（王涛和邱国栋，2014），从而提升企业员工的可支配收入，它是一个资源枯竭型城市内生经济增长的系统性工程（弗里曼，2004），其理论基础是熊彼特在1942年提出的创新理论，即创新机制→创新活动→创新成果→商品化→商业化的创新过程。可见，资源枯竭型城市创业服务体系发挥经济效应的直接体现就是新创企业员工可支配收入的直接增加。

资源枯竭型城市的农民工返乡创业和大学生科技创业已成趋势（杜威漩，2019；李宏英，2019）。一些学者从不同视角对创新驱动战略与新创企业的成长机理进行了实证研究，取得了丰硕的成果。例如，雷鹏等（2015）从政府补助的视角研究发现，企业融资约束的缓解有利于其研发规模效率的提高；谢子远（2015）从研发要素集聚的视角研究发现，研发要素集聚跨过一个门槛值后将会抑制研发效率的提升；刘和东（2011）从人力资本的视角研究发现，人力资本集聚有助于企业研发效率的提升，陈修德等（2014）从市场化的视角研究发现，市场化改革是推动中国企业研发效率持续动态增进的背后驱动力量和重要制度因素；卢方元和李彦龙（2016）研究发现，财政补贴与税收优惠能显著地提升高新技术产业的R&D效率；吴建銮等（2017）研究发现，国家或地区的孵化器能够提升科技企业的研发效率。

资源枯竭型城市通过构建区域创新体系、促进协同创新进而促进经济增长的逻辑为：第一，产业集聚和创业服务体系促进新创企业成长，协同创新提升新创企业绩效；第二，新创企业提升创新绩效不仅可以增加地方税收和财政支出，还可以直接增加员工的可支配收入（程郁和陈雪，2013）。

事实上，我国科技资源匮乏区域的地方政府既有推动经济转型升级的动机和能力（周黎安，2007），也有资源错配和寻租的动机和能力（Shleifer et al.，1994；Knack et al.，1995；林洲钰和林汉川，2013）。

可见，实证研究资源枯竭型城市创业服务体系和人均可支配收入的机理既是研究资源枯竭型城市创业服务体系实现经济效应的关键，也是资源枯竭型城市实现创新驱动战略的关键。

5.2.2 机理分析

由于资源禀赋、社会历史、国家战略、市场化改革等原因，我国各资源枯竭型城市地区经济制度差异大、市场化差异大、区域创新体系差异大、劳动力集聚差异大。这种过大的地区经济制度差异造成了我国各资源枯竭型城市在通过创建高新区、搭桥产学研合作、政府补贴、FDI 等手段构建区域创新体系并激励创新驱动战略时存在功效差异，甚至影响经济增长效应。

一些学者实证研究了区域创新体系构建与经济增长之间的关系，但并未得到一致的结论。例如，冯金余（2017）认为，科技企业孵化器是创新驱动发展的重要创新型载体；原长弘等（2015）揭示了政产学研协同创新与经济增长之间的机理；卢方元和李彦龙（2016）研究发现，资源枯竭型城市的财政补贴会抑制企业的 R&D 效率等。其根本原因是区域创业服务体系是通过影响企业行为来影响企业价值创造，进而影响经济增长的，这中间的功效受创业服务体系与新创企业之间战略协同的影响（Baum & Wally，2003）。例如，良好的创业服务体系影响企业的现金持有（陈德球等，2011）、研发投入（王锋正等，2018）、内部资源配置效率和创新（陈德球等，2012）等。

我国资源枯竭型城市通常经济相对落后、科技资源匮乏、人力资本不足、市场化程度低、金融抑制和要素资源价格扭曲。此时，新创企业的管理者很难通过外部市场或技术信息获取企业技术创造性机会，即便获取到技术创造性机会，也会由于创业服务体系的协同不足、关键资源的获取成本高以及恶意竞争而丧失把握机会的能力，从而抑制企业员工人均可支配收入的增加。

如果资源枯竭型城市具有良好的创业服务体系，那么，就能给新创企业的管理者提供产学研创业创新信息（王伟光等，2015）、促进新创企业与市场主体的创新协同（孙兆刚，2015）并通过制度支持降低新创企业的融资成本（祝佳，2015）以及避免新创企业与市场主体的恶意竞争，从而促进新创企业的创新性成长，并提升新创企业员工的人均可支配收入，最终有助于实现资源枯竭型城市区域的经济增长。例如，盛楠等（2016）指出，创新驱动的实质是人才驱动，而良好的创业服务体系能给新创企业提供人力资本的保证；卢方元和李彦龙（2016）

研究发现，良好的创业服务体系能通过财政补贴与税收优惠政策显著地提升高技术产业的 R&D 效率，促进技术型新创企业扩大自身的 R&D 投入，并提升新创企业的资源配置效率（陈德球等，2012）。

如果资源枯竭型城市创业服务体系不科学、不合理，由于科技资源匮乏、市场化程度低和要素价格扭曲等，资源枯竭型城市的创业服务体系会抑制新创企业的创新和成长。杨洋等（2015）实证研究发现，具有"掠夺之手"的地方政府可以通过信息垄断、要素资源垄断提高企业内部的代理成本，同时通过抑制企业的融资途径来实现政企合谋，从而降低企业的研发投入。新创企业由于没有认识到创新机会或者高的融资成本或者没有合法性优势，也会抑制创新绩效，甚至放弃创新。可见，资源枯竭型城市不科学、不合理的创业服务体系会造成企业的信息寻租、风险规避以及与政府的利益合谋，从而抑制其自身创新驱动成长，这自然也会抑制新创企业员工人均可支配收入的增长以及经济增长效应。

可见，在资源枯竭型城市地区创业服务体系影响经济增长效应的逻辑是：第一，创业服务体系通过机会识别性服务提供新创企业创造性机会（焦豪等，2017）；第二，创业服务体系通过合法性服务和资源性服务为新创企业提供先动性竞争优势（杜运周等，2008）；第三，创业服务体系通过市场协调性服务为新创企业提供技术优势，并规避恶意竞争带来的风险（林亚清和赵曙明，2013）；第四，新创企业在创造性成长过程中增加员工人均可支配收入，新创企业员工在可支配收入增加的前提下通过直接消费或间接消费实现经济增长。

上述逻辑实现的前提条件是：创业服务体系能促进新创企业成长。可现实中，资源枯竭型城市的创业服务体系并不能降低新创企业创新的一些合法性风险和市场协调性风险（Lumpkin & Dess，1996；Nahapiet & Ghoshal，1998），如客户的质量接受、应用技术承诺等。况且新创企业管理者由于社会资本、政治关系和技术能力的匮乏（焦豪等，2017；余明桂和潘红波，2008），通常会出现政企合谋及寻租行为，从而抑制自身成长和员工可支配收入的增加，自然也不能实现经济增长效应。

为此，实证研究资源枯竭型城市创业服务体系是否有助于企业员工人均可支配收入的增加是研究资源枯竭型城市创业服务体系创新中经济增长效应的一种有效途径。

5.2.3 模型构建

5.2.3.1 样本与数据收集

基于资源枯竭型城市创业服务体系创新中经济效应机理分析的目的，本书在12个资源枯竭型城市中选择新创企业及其员工为样本进行调研。具体样本选择如表5-4所示。

表5-4 样本分布

城市	企业数目	员工数目	城市	企业数目	员工数目
萍乡	2	22	阜新	2	20
焦作	2	26	鹤岗	1	18
铜陵	2	21	泸州	2	21
枣庄	2	28	潼关	1	18
韶关	2	24	铜仁	1	18
黄石	2	20	白银	1	19

本书选择新创企业为研究对象，一是因为新创企业与创业服务体系的关系紧密；二是因为新创企业员工的人均可支配收入变化更能体现经济增长效应。为了验证假设，本书采取问卷调研方法收集数据，数据收集的时间为2017年4~12月。本次调研进行了周密的组织。第一，为了保证数据的质量，对调研人员进行耐心的讲解与培训；第二，对20家中小企业进行了调研，并根据调研的反馈结果对初始问卷进行修改，在最后进行数据分析的时候并不包含这20份问卷；第三，采用邮寄的方式进行大规模调研。

我们选取620家企业进行了调研，共回收有效问卷535份，回收率为86.3%。问卷回收率非常高，原因为：第一，调研对象有针对性；第二，量表简洁易懂；第三，调研对象对问题感兴趣。

样本企业的基本特征是：企业成立时间2年及以下的占19.35%，3~5年的占29.03%，6~8年的占22.58%，8年以上的占29.04%；企业员工人数100人及以下的占62.90%，101~500人的占19.35%，501~1000人的占12.90%，1001

人以上的占 4.85%；企业类型中高新企业占 52.70%，传统企业占 47.30%。样本企业特征的描述性统计如表 5-5 所示。

表 5-5　样本企业特征的描述性统计

企业特征	分类标准	样本数（个）	百分比（%）
企业年龄	2 年及以下	120	19.35
	3~5 年	180	29.03
	6~8 年	140	22.58
	8 年以上	180	29.04
员工人数	20 人及以下	120	19.35
	21~50 人	130	20.97
	51~100 人	140	22.58
	101~500 人	120	19.35
	501~1000 人	80	12.90
	1001 人以上	30	4.85
所在地区	东部地区	315	50.80
	中部地区、东北地区	205	33.10
	西部地区	100	16.10
创业类型	农民工创业	170	27.42
	大学生或科技人员创业	450	72.58
企业类型	传统企业	293	47.30
	高新企业	327	52.70

为了避免问卷调研中的同源方法偏差，我们对回收问卷进行了 Harman 单因素检验。未旋转的因子分析结果显示，因子结构中不存在一个共同的因子，而且第一个因子只解释了 38% 的变异，问卷调研结果不存在同源方法偏差。

5.2.3.2　变量的测量

（1）因变量。人均可支配收入：这里是指新创企业员工的可支配收入，采用新创企业员工实际收入减去房屋贷款、汽车、家庭教育等大项支出后的可支配收入，并且取对数以降低回归分析偏差。它不同于国家统计局调研的家庭可支配收入或者人均可支配收入，这有助于理解资源枯竭型城市新创企业成长与员工经济变化的关系。

（2）自变量。创业服务体系评价分值：它是本章的关键变量，其测量效果的好坏直接影响本书的研究结果。这里创业服务体系的评价分值按合法性服务、资源性服务、机会识别性服务和市场协调性服务四个维度进行测量。其权重指标为按相关系数标准化后的权重。

表 5-6 报告了政府质量指数的描述性统计结果。合法性服务的均值（中位数）为 8.522（8.512），资源性服务的均值（中位数）为 7.721（7.715），机会识别性服务的均值（中位数）为 8.682（8.713），市场协调性服务的均值（中位数）为 7.913（7.917）。资源枯竭型城市创业服务体系各评价分值变化范围较大，说明样本所在地区创业服务评价体系之间存在显著的差异性。

表 5-6 创业服务评价体系指标描述性统计

名称	均值	方差	最小值	25%分位数	中位数	75%分位数	最大值
合法性服务	8.522	1.307	7.216	8.113	8.512	8.671	9.019
资源性服务	7.721	0.946	7.318	7.516	7.715	7.962	8.018
机会识别性服务	8.682	0.835	7.487	7.571	8.713	8.876	8.915
市场协调性服务	7.913	0.907	7.612	7.864	7.917	8.115	8.217

（3）调节变量（新创企业成长）。对于新创企业成长的测量，国际上已取得一致的指标体系，即 Baum 和 Wally（2003）列出的企业成长性指标，主要包括销售收入增长、雇员数增长和净利润增长。由于我国新创企业的行业不同、区位的市场化不同、资源禀赋不同，其企业成长中的指标有所差异，本书借鉴杜运周等（2008）、刘井建（2011）、郑丹辉等（2014）对新创企业成长的测量方法，即采用销售收入增长率（绝对指标）、净利润增长率（绝对指标）、市场占有率（产业集聚地相对指标）三个指标（见表 5-1）。

（4）控制变量。本书的控制变量包括企业规模、企业性质、企业年限、GDP、政治资本等。企业规模通常体现企业人力资源、企业运营成本，是企业绩效的重要影响因素。这里企业规模采用企业员工人数测度，因为新创企业总是通过合理配置员工人数来科学管理企业成本和其他资源；企业性质在一定程度上反映了企业的成长能力和资源的获取能力，尤其是在资源枯竭型城市区域更是如此。例如，科技型企业更易于获取银行融资和政府补贴。这里采用虚拟变量的方法测量，技术创造型企业为 1，市场需求型企业为 0（注意：这里的企业性质由工商管理部门认定）。企业年限是指新创企业在资源枯竭型城市区域自注册之日起所经营的年限，它也是新创企业成长的一个重要影响因素，因为经营年限越长，企业学习效应越明显，越能建立竞争优势，进而促进自己的成长。这里企业年限的测量用具体数字表示，如 2.5 年指新创企业自注册之日起已经营两年半。GDP 是指资源枯竭型城市上年经济增长的比率，由于经济增长、物价变化会影响企业员工的工资预期，为此，这里把 GDP 作为控制变量。政治资本是资源枯竭型城市新创企业成长的重要影响因素，这是由于政治资本可以给予新创企业获取政府的资源支持、创造性信息机会以及合法性优势，从而促进新创企业创新成长。这里采用虚拟变量的做法，即企业董事长或总经理以前或现在担任人民代表大会代表、政协委员、政府行政职务等，取值为 1，否则为 0。为了消除变量单位的影响，对新创企业规模和公司年限等变量进行了 Z 标准化处理。

5.2.3.3 实证方法

本书的数据分析方法是层级式的多元回归方法。新创企业员工的人均可支配收入是由统计和计算得到的一个连续变量，可以采用一般线性模型来进行回归分析。本书采用逐步加入控制变量、自变量与调节变量、自变量与调节变量的交互项的层级回归模型进行数据分析。为了避免加入交互项带来的多重共线性问题，按照通行的做法，分别对自变量与调节变量做了中心化处理，然后再计算其交互项并代入回归方程之中。

5.2.4 实证分析

5.2.4.1 描述性统计分析

表 5-7 给出了资源枯竭型城市创业服务体系创新的经济效应相关研究变量的描述性统计（创业服务体系评价分值变量参考表 5-6）。

表 5-7　主要研究变量的描述性统计特征

名称	均值	方差	最小值	25%分位数	中位数	75%分位数	最大值
员工可支配收入	3.497	0.761	3.315	3.408	3.501	3.643	3.872
新创企业成长	3.685	0.835	3.549	3.625	3.684	3.706	3.781
政治资本	4.958	1.452	4.862	4.934	5.015	5.213	5.432
企业规模	4.675	0.243	4.513	4.652	4.653	4.861	4.987
企业性质	4.893	1.368	4.763	4.805	4.881	4.902	4.997
企业年限	3.798	1.435	3.521	3.647	3.796	3.879	4.053
GDP	4.522	1.307	3.326	3.479	4.524	4.615	4.713

5.2.4.2　回归分析

回归分析结果如表 5-8 所示，创业服务评价体系在模型 PQ-1 的系数为 0.245（p<0.01）、模型 PQ-2 的系数为 0.237（p<0.01）、模型 PQ-3 的系数为 0.262（p<0.01）、模型 PQ-4 的系数为 0.249（p<0.01），这初步表明资源枯竭型城市创业服务评价体系可以实现经济效应。

表 5-8　创业服务评价体系对新创企业员工可支配收入的回归分析

变量	新创企业员工可支配收入			
	PQ-1	PQ-2	PQ-3	PQ-4
创业服务评价体系	0.245***	0.237***	0.262***	0.249***
新创企业成长	0.179***	0.184***	0.165***	0.193***
政治资本	0.245**	0.253**	0.267**	0.238**
企业规模	0.261**	0.257**	0.271**	0.263**
企业性质	0.179***	0.168***	0.171***	0.174***
企业年限	0.272***	0.273***	0.267***	0.259***
GDP	0.356***	0.361***	0.357***	0.382***
常数	0.245***	0.257***	0.268***	0.249***
观测值	448	448	448	448
Adj. R^2	0.279**	0.267**	0.281**	0.272**

注：**、***分别表示在 5%、1%的水平上显著。

如表 5-9 所示，创业服务评价体系×新创企业成长这一行中，模型 PQ-1 的系数为 0.267（p<0.01）、模型 PQ-2 的系数为 0.272（p<0.01）、模型 PQ-3 的系数为 0.268（p<0.01）、模型 PQ-4 的系数为 0.263（p<0.01），这表明新创企业成长在资源枯竭型城市创业服务体系创新的经济效应中起调节作用。

表 5-9　新创企业成长起调节机理的回归分析

变量	新创企业员工可支配收入			
	PQ-1	PQ-2	PQ-3	PQ-4
创业服务评价体系	0.243***	0.241***	0.257***	0.249***
创业服务评价体系×新创企业成长	0.267***	0.272***	0.268***	0.263***
新创企业成长	0.172***	0.168***	0.171***	0.187***
政治资本	0.252**	0.251**	0.249**	0.248**
企业规模	0.260**	0.257**	0.261**	0.264**
企业性质	0.154***	0.158***	0.147***	0.163***
企业年限	0.267***	0.269***	0.272***	0.263***
市场化程度	0.372***	0.374***	0.365***	0.377***
常数	0.325***	0.317***	0.338***	0.329***
观测值	448	448	448	448
Adj. R^2	0.239**	0.237**	0.231**	0.232**

注：**、***分别表示在5%、1%的水平上显著。

如表 5-10 所示，我们把新创企业按技术创造型和市场需求型进行分类，继续上述的回归分析。合法性服务在模型 PQ-1 的系数分别为 0.231 和 0.247（p<0.05）、资源性服务在模型 PQ-2 的系数分别为 0.244 和 0.248（p<0.05）、机会识别性服务在模型 PQ-3 的系数分别为 0.256 和 0.237（p<0.05）、市场协调性服务在模型 PQ-4 的系数分别为 0.251 和 0.253（p<0.05），这表明机会识别性服务更有助于技术创造型新创企业的经济效应，而合法性服务更有助于市场需求型新创企业的经济效应。

表 5-10　创业服务评价体系创新的经济效应机理比较

变量	新创企业员工可支配收入							
	PQ-1	低 PQ-1	PQ-2	低 PQ-2	PQ-3	低 PQ-3	PQ-4	低 PQ-4
创业服务评价体系	0.249***	0.241***	0.246***	0.248***	0.257***	0.255***	0.251***	0.255***
创业服务评价体系× 新创企业成长	0.231***	0.247**	0.244***	0.248**	0.256***	0.237**	0.251**	0.253**
新创企业成长	0.172***	0.179***	0.168***	0.167***	0.171***	0.177***	0.187***	0.179***
政治资本	0.251**	0.247**	0.253**	0.252**	0.264**	0.261**	0.257**	0.255**
企业规模	0.241**	0.247**	0.256**	0.263**	0.265**	0.257**	0.259**	0.247**
企业性质	0.176***	0.174***	0.168***	0.155***	0.157***	0.153***	0.163***	0.165***
企业年限	0.257***	0.253***	0.259***	0.256***	0.252***	0.251***	0.248***	0.246***
GDP	0.343***	0.313***	0.337***	0.326***	0.341***	0.319***	0.332***	0.314***
常数	0.315***	0.292***	0.317***	0.293***	0.321***	0.311***	0.317***	0.331***
观测值	227	221	227	221	227	221	227	221
Adj. R^2	0.315***	0.325***	0.324***	0.321***	0.336***	0.339***	0.327***	0.348***

注：**、***分别表示在5%、1%的水平上显著。

5.3　资源枯竭型城市创业服务体系创新的全要素生产率效应

5.3.1　问题提出

我国经济进入了创新驱动发展的新常态，科技创新与产业转型升级已成为时代的主题，同时，全面建成小康社会的新时代也已成为社会发展的主题。此时，资源枯竭型城市作为我国社会经济的重要组成部分，政府每年都会拿出约150亿元支持其转型升级和社会和谐发展，以实现资源枯竭型城市就业、经济增长和质量提升、社会和谐发展的战略目标。通过创业服务体系创新帮助资源枯竭型城市实现经济质量提升和社会和谐发展目标的途径是促进新创企业的优化资源配置和技术效率提升，即实现资源枯竭型城市创业服务体系的全要素生产率效应。

随着资源的逐渐减少以及近年来煤炭、石油等资源价格的下跌，刘世磊和张文会（2015）认为，资源型城市特别是资源枯竭型城市应该通过创业服务体系主动或被动地谋求产业转型升级，其产业转型升级的出路在于培育新产业集群（李文正，2014）和创业服务体系创新促进新创企业成长的动力机制形成。文伟扬等（2014）同样指出，资源枯竭型城市经济结构调整和产业转型升级之路是基于价值链视角下纵向通过技术理念革新延长传统工业价值链寿命和横向引导第二、第三产业融合、鼓励智力引进和服务创新来扩展城市价值链空间，其前提是创业服务体系促进新创企业的成长。

资源枯竭型城市创业服务体系及其创新促进其全要素生产率提升的机理为：创业服务体系的合法性服务及其创新可以通过建立并完善企业资产的抵押和流转市场以及深化金融改革来解决新创企业的融资约束问题；创业服务体系的资源性服务及其创新可以通过制度环境、公共政策与政府行为等内化新创企业的关键资源获取和配置；创业服务体系的机会识别性服务及其创新更有助于技术型新创企业的机会识别和把握；创业服务体系的市场协调性服务及其创新可以通过税收集聚降低市场交易成本，进而促进新创企业的成长。

上述创业服务体系及其创新有助于资源枯竭型城市全要素生产率提升的机理在产业集聚的国家高新区、创业孵化基地更显著促进全要素生产率增长。例如，刘伟江等（2019）实证发现，仅在创新创业水平低的地区科技政策与区域生产率存在直接效应；李贲和吴利华（2018）研究发现，采取创新行为能改善新创企业的生存状态，优化新创企业资源配置能力；代明和郑闽（2018）发现，企业家创业精神与创新精神对全要素生产率增长有显著的正向效应。

可见，理论上创业服务体系及其创新有助于资源枯竭型城市全要素生产率的提升。但任何政策都具有两面性，尤其是政府、企业、市场的合谋寻租行为也会抑制这种全要素生产率效应。为此，实证检验创业服务体系及其创新有助于资源枯竭型城市全要素生产率提升的机理具有理论价值和现实意义。

5.3.2 实证设计

5.3.2.1 全要素生产率的测量

这里全要素生产率的测量对象是资源枯竭型城市的新创企业。机理为：如果资源枯竭型城市创业服务体系有助于新创企业全要素生产率提升，则新创企业的随机前沿技术效率是增长的。具体方法为：基于柯布-道格拉斯模型，两边取对数，再借鉴随机前沿测量方法具体构建模型如下：

$$\ln Y_t = \ln A_t + (1\ln S_t + (2MS + (3NI_t + (4T_t + (5I_t + (6M_t + (7GDP_{t-1} + (8F_t + (9DR_t +$$
$$(10MP_t + w_t))))))))))$$

其中，w_t 代表随机干扰项，Y 是被解释变量，代表新创企业的经营收入；NI 代表研发投入、S_t 代表经营规模、MS 代表新创企业类型、I 代表新创企业的市场力量、T 代表新创企业经营年限、M 代表新创企业管理者能力、GDP 代表资源枯竭型城市所在区域的外部环境、DR 代表新创企业人力资本、MP 代表新创企业的政治资本，它们均是新创企业经营收入来源的主要影响因素。

其中，$w_t = U_t + \varepsilon$，U 为新创企业不可观测因素对残差的影响，U 为负代表正向影响、U 为正代表负向影响。

5.3.2.2 变量的测量

因变量是全要素生产率，用统计计算的方法所得。其余自变量、调节变量和控制变量的测量、机理和备注如表5-11所示。

样本数据的来源同资源枯竭型城市创业服务体系创新的就业效应和经济效应。在实证中，为了消除变量单位的影响，本书对企业规模、企业年限等变量进行了 Z 标准化处理。

5.3.3 实证分析

5.3.3.1 变量间的相关分析

如表5-12所示，管理者能力、产业竞争力与新创企业的经营收入是显著相关的，其相关系数分别为：r=0.378，p<0.05；r=0.315，p<0.01。这表明新创企业的全要素生产率是受内外部因素共同影响的。同时，政治资本与管理者能

力、产业竞争力也有一定的相关性（其中前者 r=0.178，p<0.01；后者 r=0.183，p<0.01），这就要求我们做全要素生产率测量时注重方差膨胀因子分析（VIF）。

表 5-11　变量统计

类别	名称	机理	测量	备注
自变量	创业服务体系评价	合法性服务获取先动优势、资源性服务降低融资成本、机会识别性服务获取前沿技术，市场协调性服务促进成长	创业服务体系的评价分值按合法性服务、资源性服务、机会识别性服务和市场协调性服务四个维度进行测量	研究设计
控制变量	产业竞争力	相关产业带动的企业成长能力	产业增长比率/GDP	国内外学者已成熟的研究
	管理者能力	管理者工作经验影响新创企业成长	工作经验	
	政治资本	获得资源优势和先动能力	采用虚拟变量	
	研发投入	直接影响企业的创新绩效	年度研发投入，取对数	特别控制
	企业规模	企业规模影响企业的干中学	员工人数测度，并取对数	朱益宏等（2016）
	企业年限	企业年限能体现公司的学习经营能力的积累	年限差测度	
	企业性质	传统行业和高科技行业	采用虚拟变量测量	
	企业类型	政策优惠和财政补贴	具体数目求对数	
	GDP	外部环境影响	当地 GDP 变化率	统计

资料来源：笔者整理。

表 5-12　各变量间的相关系数

变量	1	2	3	4	5	6	7	8	9
新创企业经营收入	1								
管理者能力	0.378**	1							
产业竞争力	0.315***	0.237**	1						
政府质量1	0.241*	0.298**	0.275*	1					
政府质量2	0.186***	0.159**	0.167*	0.231**	1				
政府质量3	0.272***	0.285**	0.243**	0.276*	0.294**	1			
政府质量4	0.197***	0.188**	0.212***	0.175*	0.167*	0.152*	1		

续表

变量	1	2	3	4	5	6	7	8	9
政治资本	0.191 **	0.178 ***	0.183 ***	0.215 **	0.186 **	0.135 *	0.165 **	1	
GDP	0.269 ***	-0.242 **	-0.223 **	0.281 ***	0.247 **	0.211 ***	0.284 **	0.201 *	1
企业规模	0.245 ***	0.180 **	0.215 **	0.203 *	0.263 **	0.211 *	0.186 *	0.171 *	0.186 *
企业年限	0.253 **	0.279 ***	0.281 ***	0.232 *	0.213 *	0.222 *	0.176 *	0.216 *	0.209 *
企业性质	0.186 **	0.176 **	0.187 **	0.151 *	0.164 *	0.153 *	0.182 *	0.173 *	0.167 *
企业类型	0.272 **	0.242 **	0.259 **	0.215 *	0.219 *	0.188 *	0.216 *	0.219 *	0.227 *
研发投入	0.356 ***	0.312 **	0.366 **	0.331 *	0.312 *	0.341 **	0.278 **	0.292 **	0.311 ***

注：*、**、***分别表示在10%、5%、1%的水平上显著。

5.3.3.2 回归分析和机理解读

本书利用 SPSS 17.0 软件采用逐层回归的方法做多元回归分析。方差膨胀因子 VIF 的值（3.95）小于 10，不存在多重共线性。政治关联和中小企业创新绩效的回归结果如表 5-13 所示。

表 5-13 政治关联和中小企业创新绩效的回归结果

变量	新创企业经营收入			
	模型 1	模型 2	模型 3	模型 4
政治资本	0.365 ***	0.337 ***	0.365 ***	0.365 ***
管理者能力	0.296 ***	0.265 ***	0.296 ***	0.296 ***
合法性服务	0.271 ***	0.281 ***	0.356 ***	0.326 ***
资源性服务	0.286 ***	0.276 ***	0.336 ***	0.301 ***
机会识别性服务	0.291 ***	0.281 ***	0.376 ***	0.341 ***
市场协调性服务	0.289 ***	0.299 ***	0.321 ***	0.276 ***
管理者能力×合法性服务		0.241 ***	0.278 ***	0.267 ***
管理者能力×资源性服务		0.239 ***	0.244 ***	0.232 ***
管理者能力×机会识别性服务		0.235 ***	0.262 ***	0.236 ***
管理者能力×市场协调性服务		0.248 ***	0.276 ***	0.241 ***
GDP	0.257 ***	0.248 ***	0.256 ***	0.287 ***

续表

变量	新创企业经营收入			
	模型 1	模型 2	模型 3	模型 4
企业规模	0.231***	0.221***	0.227***	0.234***
企业年限	0.246**	0.235**	0.233**	0.221**
企业性质	0.179**	0.177**	0.166**	0.173**
企业类型	0.263**	0.269**	0.258**	0.258**
研发投入	0.348***	0.351***	0.334***	0.291***
常数	0.316	0.295	0.242	0.275
观测值	620	620	327	293
Adj. R²	0.329	0.326	0.316	0.281

注：**、***分别表示在5%、1%的水平上显著。

模型1表明，GDP、企业规模、研发投入、管理者能力和政治资本是新创企业经营收入的重要影响因素，这与其他学者的观点一致。这为获取资源枯竭型城市新创企业的全要素生产率提供了可行的依据。

模型2中我们把创业服务体系作为调节变量引入模型发现，创业服务评价分值能显著提升管理者能力对新创企业经营收入的影响。比较模型3（技术创造型企业）和模型4（市场需求型创业）发现，创业服务体系在技术创造型企业中更能发挥作用。

我们在获取资源枯竭型城市全要素生产率（特指随机技术效率）后进一步回归分析创业服务体系创新和新创企业研发投入对全要素生产率的影响，结果如表5-14所示。

模型6和模型7表明创业服务体系、管理者能力和研发投入是新创企业全要素生产率提升的重要影响因素，模型8和模型9的比较表明技术创造型新创企业的管理者更能通过创业服务体系创新提升全要素生产率。这也表明资源枯竭型城市可以通过创业服务体系创新实现全要素生产率提升效应，进而促进资源枯竭型城市社会和谐发展。

表 5-14 创业服务体系创新和新创企业研发投入对全要素生产率的回归分析

变量	全要素生产率			
	模型 6	模型 7	模型 8	模型 9
政治资本	0.355**	0.359**	0.368**	0.371**
管理者能力	0.267**	0.259**	0.286***	0.305***
合法性服务	0.347**	0.351**	0.356***	0.340***
资源性服务	0.343**	0.334**	0.323**	0.341***
机会识别性服务	0.356*	0.349*	0.348***	0.353***
市场协调性服务	0.319**	0.320**	0.270**	0.281**
合法性服务×管理者能力		0.358**	0.342***	0.355***
资源性服务×管理者能力		0.288**	0.293**	0.279**
机会识别性服务×管理者能力		0.241**	0.245**	0.232**
市场协调性服务×管理者能力		0.261**	0.256**	0.231**
管理者能力×研发投入		0.243**	0.251***	0.238**
企业规模	0.241***	0.231***	0.226**	0.228***
企业年限	0.218**	0.224**	0.233**	0.227**
产业竞争力	0.247**	0.258**	0.261**	0.271**
研发投入	0.266**	0.263**	0.261**	0.260**
常数	0.264	0.232	0.249	0.251
观测值	620	620	327	293
Adj. R^2	0.277	0.287	0.303	0.311

注：*、**、***分别表示在 10%、5%、1%的水平上显著。

5.4 资源枯竭型城市创业服务体系创新的效应比较

5.4.1 内容比较

资源枯竭型城市创业服务体系的就业效应、全要素生产率效应和经济效应的机理分析比较汇总如表 5-15 所示。

表 5-15　资源枯竭型城市创业服务体系创新的效应比较

变量	就业效应		经济效应		全要素生产率效应	
合法性服务	**显著**			显著		显著
资源性服务	**显著**		**显著**			显著
机会识别性服务		显著	**显著**		**显著**	
市场协调性服务		显著		显著	**显著**	

资料来源：笔者整理。其中，加黑字体代表技术创造型创业，后者代表市场需求型创业。

由表 5-15 可见：

（1）资源枯竭型城市创业服务体系的创新效应存在且有差异。合法性服务有助于技术创造型创业的就业效应，但对于经济效应和全要素生产率效应而言不如市场需求型创业显著；资源性服务有助于技术创造型创业的就业效应和经济效应，但对全要素生产率效应而言不如市场需求型创业显著；机会识别性服务有助于技术创造型创业的经济效应和全要素生产率效应，但对于就业效应而言不如市场需求型创业显著；市场协调性服务有助于技术创造型创业的全要素生产率效应，但对于就业效应和经济效应而言不如市场需求型创业显著。资源枯竭型城市既有经济转型升级的压力，也有农民工返乡创业和大学生就业的压力，更有社会经济和谐发展、全面建成小康社会的压力。此时，发展动力不足、就业率低、社会矛盾突出成为资源枯竭型城市的主要特征。由于劳动力流动、技术能力差异和行政区位差异，这些特征还是有差异的，且资源枯竭型城市创业服务体系的创新是有一定成本和风险的。为此，资源枯竭型城市创业服务体系的创新应该因地制宜、科学动态地管理。

（2）资源枯竭型城市创业服务体系创新的方法是创业服务体系的内容以及权重要科学、合理。大数据、云计算等新互联网技术以及系统数字化运营平台可以整体促进合法性服务、资源性服务、机会识别性服务和市场协调性服务，从而提升孵化器运营效率（罗萧，2018）和创业服务评价体系的功效（李贲和吴利华，2018）。但它们忽略了合法性服务中的人为认知因素、资源性服务中的人为动机因素、机会识别性服务中的政府资本因素以及市场协调性服务中的市场管理信息因素等。资源枯竭型城市创业服务体系中不同维度的创新对就业效应、经济效应和全要素生产率效应作用机理和功效不同，为此，资源枯竭型城市应根据自身资源禀赋、行政区位和战略目标等深化创业服务体系的内容。且创业服务体系的创新成本也要求资源枯竭型城市要合理设计创业服务评价体系的权重，以改进创业孵化环境，促进新创企业的成长。为此，资源枯竭型城市创业服务体系的创新目标是内容和权重要更科学、更合理。

（3）资源枯竭型城市创业服务体系创新的内在机理是提升政府质量和市场协调机制。我国资源枯竭型城市注重创业服务体系的建设与管理，这既体现在人才培养、机制建设、环境营造和政策支持等方面（邵佩佩，2019），也体现在培育技术创造型企业以促进城市实现经济转型升级和社会和谐发展的权重方面（池仁勇和张宓之，2012）。资源枯竭型城市创业服务评价体系的同质化、无战略化造成了其功效缺失。

本书通过引入政府、新创企业、市场三个利益主体的博弈均衡来改进创业服务体系的创新内容和权重，发现了资源枯竭型城市创业服务体系创新的就业效应、经济效应和全要素生产率效应，其关键是明晰了资源枯竭型城市创业服务体系发挥功效的内在机理就是提升政府质量和市场协调机制，从而通过二者的作用深化政府、新创企业、市场的互动和共赢。

政府质量提升下的机会识别性服务和市场协调性服务更有助于技术创造型新创企业的成长，而资源性服务有助于市场需求型新创企业的成长，但也会造成资源错配。政府的信息传递行为和企业家机会识别行为影响市场需求型创业和技术创造型创业，而企业的市场竞争行为也影响着新创企业的研发投入反应（林亚清和赵曙明，2013），刘志彪（2011）甚至认为政府与市场是推进新创企业创新成长的两个重要力量。

为此，资源枯竭型城市创业服务体系的创新应是政府、新创企业、市场以现有市场需求和资源技术为基础、社会经济协同发展为目标方向的体系结构再构建。

5.4.2 路径比较

基于资源枯竭型城市创业服务体系中合法性服务、资源性服务、机会识别性服务和市场协调性服务的创新效应差异，结合资源枯竭型城市的行政区位、产业结构、资源禀赋等原因，其创业服务体系的创新路径具体设计如图5-1所示。

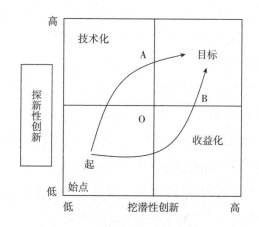

图 5-1 创业服务体系的创新路径

由图5-1可见，资源枯竭型城市创业服务体系的创新路径可以设计为以下三种：

（1）挖潜性创新，即利用大数据、人工智能、信息技术等科学、合理地配置资源，并提升自身合法性服务能力和资源性服务能力。

（2）探新性创新，即利用政治资本、社会网络、产业集聚和产学研一体化等提升技术创造性机会的识别和市场协调能力。

（3）组合创新，即挖潜性创新和探新性创新同步进行，并协同优化。

资源枯竭型城市创业服务体系的三种创新路径的选择与应用是有前提条件和适用对象的，具体条件如表5-16所示。

由表5-16可知：

（1）挖潜性创新成本低、风险小，有助于提升就业效应。扩大就业是实现经济增长和社会和谐发展的基础，财政分权、职位晋升等竞争制度背景下我国资源枯竭型城市的行政官员更有动机通过挖潜创新服务体系来扩大就业。其具体方式是：通过产学研合作（王伟光和马胜利，2015）、成立高新技术开发区和孵化基地（冯金余，2017）、财政补贴等措施促进农民工返乡创业和大学生科技创业。

表5-16 创业服务体系创新路径的选择和应用

升级路径	特点（前提条件）	适用对象
路径A	资源性服务对市场需求型创业显著，合法性服务对技术创造型创业和市场需求型创业均显著，创新成本低、风险性小	有农民工就业压力、有构建全民小康社会压力的区域，例如白银、焦作、泸州、萍乡
路径B	机会识别性服务和市场协调性服务对技术创造型创业显著，创新成本高、风险性大	有经济转型升级的压力，有一定的技术基础和产业条件，例如韶关、铜陵、阜新、鹤岗
组合路径A+B	创业服务体系创新能提升区域全要素生产率和经济增长，	有一定的产业基础、创业孵化基地和技术能力，需要提升经济增长质量，例如枣庄、铜仁、潼关、黄石

创业服务体系的挖潜创新不仅在于利用互联网、云计算、信息技术共享等实现创业氛围、创业机制或创业文化的改进，还在于提升创业服务人员的合法性服务的挖潜能力和资源性服务的科学、高效、公平能力。这样，根据各资源枯竭型城市区域创业服务水平制定科技政策和根据各资源枯竭型城市区域的资源配置程度调整创业服务评价体系有助于促进市场需求型创业（刘伟江等，2019），从而提升资源枯竭型城市的就业水平。

例如，焦作有300多万人口，且农村人口众多，应该通过挖潜创业服务体系创新来促进农民工返乡创业和大学生科技创业，从而扩大城市就业水平。

（2）探新性创新成本高、风险大，有助于提升全要素生产率效应。创新驱动发展和社会和谐发展在资源枯竭型城市的体现就是通过技术创新型创业促进全要素生产率提升。资源枯竭型城市由于资源禀赋、产业结构、技术能力等因素的差异，在利用创业服务体系创新促进技术创造型创业上面临技术公共性研发成本高、风险大等压力。

通常情况下，技术型新创企业拥有更多的产业市场信息、产业技术信息和产业供应链联盟时才会去实施探索性创业行为，可见，资源枯竭型城市创业服务体系创新在机会识别性服务和市场协调性服务方面加大投入力度有助于新创企业实现全要素生产率效应（段玲和张甜溪，2019）。

资源枯竭型城市的转型升级是一个长期、缓慢积累的过程，也是全要素生产率提升的过程。例如，铜陵市的区位在长三角，转型升级的压力大于就业的压力，其创业服务体系的创新更应该注重机会识别性服务和市场协调性服务，以通过产业价值链升级实现城市的转型升级。

（3）挖潜和探新组合创新，实现资源枯竭型城市就业效应、经济效应和全要素生产率效应的系统互动。

资源枯竭型城市创业服务体系对城市就业、经济转型升级和社会和谐发展既具有重要的战略地位，又具有良性的互动功能。就业能带动经济增长，实现资源的优化配置，而经济增长扩大需求，刺激创业和就业，同样能实现资源的优化配置，而技术升级提升竞争力、创造创业机会，进而实现就业和经济增长。

这种良性互动的前提是资源枯竭型城市创业服务体系科学合理，且技术创造型创业和市场需求型创业能够良性互动。尹俣潇等（2019）认为，构建产学研一体化网络，促进创业认知学习、经验学习和实践学习，提升新创企业的资源整合能力和市场协调能力，有助于资源枯竭型城市实现就业、经济增长和社会和谐发展战略目标的协同。

挖潜性创新提升创业服务体系的协同，而探新性创新提升创业服务体系的功效，例如以枣庄和潼关为代表的城市，就应该坚持组合创新，以促进资源枯竭型城市实现就业、经济增长和社会和谐发展的战略目标。

5.5　小结

本章通过研究资源枯竭型城市创业服务体系的创新效应，得出如下结论：

（1）资源枯竭型城市创业服务体系具有就业效应，其作用机理是促进新创企业成长以扩大就业，但创业服务体系对技术创造型创业和市场需求型创业的就业效应具有显著差异，表现在：合法性服务和资源性服务对市场需求型新创企业的就业效应更为显著。

（2）资源枯竭型城市创业服务体系具有经济效应，其作用机理是通过促进新创企业成长增加企业员工的可支配收入，但创业服务体系对技术创造型创业和市场需求型创业的经济效应具有显著的差异，表现在：资源性服务和机会识别性服务对技术创造型新创企业的经济效应更为显著。

（3）资源枯竭型城市创业服务体系具有全要素生产率效应，其作用机理是促进新创企业提升技术效率来实现全要素生产率效应，但创业服务体系对技术创造型创业和市场需求型创业的全要素生产率效应具有显著差异，表现在：机会识别性服务和市场协调性服务对技术创造型新创企业的全要素生产率效应更为显著。

（4）资源枯竭型城市的产业结构、行政区位和资源禀赋存在差异，其扩大就业、促进经济增长和实现社会和谐发展的战略目标也应该有所侧重。本章基于创业服务体系创新效应的差异设计了资源枯竭型城市创业服务体系创新的三个路径，即挖潜性创新、探新性创新和组合创新，并根据各自的特点、适用对象和创新管理重点进行了分析。

6 资源枯竭型城市创业服务体系创新的路径与管理

本章首先提出了资源枯竭型城市创业服务体系创新路径的设计原则，其次分别用纳什模型、Salop 模型、Hotelling 模型和匹配模型理论分析并深化了资源枯竭型城市创业服务体系中合法性服务的创新路径与策略管理、资源性服务的创新路径与策略管理、机会识别性服务的创新路径与策略管理、市场协调性服务的创新路径与策略管理。

6.1 创新路径的设计原则

6.1.1 因地制宜、创新发展的原则

随着市场经济体制改革和对外开放的深化，我国社会经济出现了产业集群、产业价值链经济一体化等趋势，此时，因受资源禀赋、行政区位和国家战略布局的影响，资源枯竭型城市的基础设施、产业结构和人口结构等方面存在一定的差异。

资源枯竭型城市的经济就业、转型升级和社会和谐发展需要其创业服务体系发挥功效。市场需求型创业和技术创造型创业虽然同样能扩大就业，但技术创造

型创业更能促进资源枯竭型城市的转型升级，并通过提升经济质量扩大市场需求型创业，因此，技术创造型创业是资源枯竭型城市扩大就业、产业转型升级和社会和谐发展的一个内在动力。

产学研合作、发展高新技术开发区和孵化基地、财政补贴等措施是资源枯竭型城市创业服务体系创新的宏观路径。具体而言，由于创业服务体系中的合法性服务、资源性服务、机会识别性服务和市场协调性服务对资源枯竭型城市的市场需求型创业和技术创造型创业的作用力度有所差异，资源枯竭型城市应因地制宜、创新发展其创业服务体系，以实现就业、经济转型升级和社会和谐发展的城市战略目标。

6.1.2 科学合理、发挥功效的原则

创业服务体系作为一项政策，它具有一定的时效性和运营成本。机会识别性服务的时效影响着是否创业，资源配置的时效影响着新创企业竞争优势的构建和成长，合法性服务的时效影响着新创企业的竞争策略、竞争优势和竞争地位，同样，市场协调性服务影响着新创企业的竞争策略和成长。创业服务体系的运营成本包括机会识别的搜索成本、资源配置成本、合法性服务成本和市场协调性服务成本。过高的创业服务体系运营成本会降低其时效。

资源枯竭型城市创业服务体系创新的目的是促进创业，进而实现就业、经济转型升级和社会和谐发展，必须发挥创业服务体系和新创企业互动的关系，提升创业服务体系的功效、降低其运营成本，即资源枯竭型城市创业服务体系创新的设计原则是科学管理以降低运营成本和发挥功效。

资源枯竭型城市创业服务体系中合法性服务的时效和成本体现在工作人员的技能效率和成本上、资源性服务的时效和成本体现在资源效率和公平上、机会识别性服务的时效和成本体现在信息解读和资源获取上、市场协调性服务的时效和成本体现在市场利益冲突和共赢的管理上。为此，资源枯竭型城市在财政支出有限的背景下、在城市转型升级和构建城乡一体化和谐社会的背景下，应该科学合理地设计创业服务体系创新路径，既要注重技术创造型创业和市场需求型创业作用机理的差异，又要注重创业服务体系的时效和成本的差异。

6.1.3 行为激励、协同发展的原则

资源枯竭型城市创业服务体系及其内容创新和评价的再构建涉及政府、新创企业、市场等利益相关者，它们的行为结果既有利益的一致性，也有利益的冲突性，例如，政府与新创企业的利益一致性表现为政府促进新创企业成长来实现就业、产业转型升级和社会和谐发展，利益的冲突性表现为政府的财政支出方式影响新创企业的竞争行为；新创企业与上下游企业的利益一致性表现为产业利润提升；利益冲突性表现在产业利润的获取方式等。

资源枯竭型城市创业服务体系及其内容创新和评价的再构建对城市就业、经济转型升级和社会和谐发展具有重要的战略地位，这就要求其创业服务体系的创新路径设计更应该注重利益相关者的行为激励和协同发展，即资源枯竭型城市应通过信息共享、利益公平来激发利益主体的创造性，实现政府、新创企业、市场的行为互动、利益协同，从而实现就业、经济转型升级和社会和谐发展的战略目标。

资源枯竭型城市创业服务体系中合法性服务的利益行为主体是政府和新创企业；资源性服务的利益行为主体是政府和新创企业，以及市场需求型新创企业和技术创造型新创企业；机会识别性服务的利益行为主体是政府和新创企业，以及市场需求型新创企业和技术创造型新创企业；市场协调性服务的利益行为主体是政府和新创企业，以及新创企业和上下游企业。为此，资源枯竭型城市创业服务体系创新的路径设计原则应该是激励政府、新创企业、市场之间的信息共享、行为创造和利益协同，降低利益相关者之间的寻租行为和利益冲突成本。

6.1.4 动态调整、持续有效的原则

创业服务体系发挥功效、促进新创企业创建和成长是一个动态的过程，这个过程要求创业服务体系具有创新性、动态性、持久性和互动性。这是因为新创企业的成长既需要资源的支持来构建持续竞争优势，更需要市场的协调和相关利益者的合法性支持以保持竞争优势，一旦创业服务体系不能满足资源支持或者阻碍新创企业利益相关者的市场协同发展，则新创企业就有可能夭折。

事实上，我国新创企业不能持续成长的原因大多是创业服务体系不到位。资源枯竭型城市创业服务体系既要"产学研一体化""人工智能、大数据、云计算和互联网平台""创客空间孵化器"等新技术提升服务效率，还要动态地调整、持续有效地提升服务效率。其具体逻辑是：第一，利用人工智能、大数据、云计算和互联网平台更新信息数据，培育技术创造型创业机会的识别；第二，构建产学研一体化网络，促进创业认知学习、经验学习和实践学习，提升新创企业的资源整合能力和市场协调能力，进而深化技术创造型创业。

资源枯竭型城市创业服务体系中合法性服务的动态、持续创新可以获取和提升技术创造型新创企业相关利益主体合法性的功效；资源性服务的动态、持续创新可以公平、高效地提升技术创造型新创企业资源获取和配置效率，并构建先动优势；机会识别性服务的动态、持续创新可以深化技术创造型新创企业的差异化和多元化，技术质量、市场协调性服务的动态、持续创新可以帮助资源枯竭型城市产业价值链的控制权提升和利益创造。为此，资源枯竭型城市创业服务体系创新的路径设计原则应该是动态调整、持续有效，以实现就业、经济转型升级和社会和谐发展的目标。

6.2 合法性创业服务体系的创新与管理

6.2.1 理论基础

资源枯竭型城市创业服务体系中的合法性创新涉及政府（或非营利性组织）和新创企业。政府的合法性服务可以提升新创企业的行动效率和先动优势，它们之间具有利益的协同和冲突。本节用博弈的方法来分析资源枯竭型城市合法性创业服务创新的理论基础。

假设政府合法性服务的行动空间为｛提升合法性服务效率、不提升合法性服务效率｝；新创企业的行动空间为｛执行先动优势、不执行先动优势｝；且假设资源枯竭型城市合法性服务效率提升的概率为 p，新创企业发挥先动优势的概率为 q，政府—新创企业合法性服务效率如表6-1所示。

表6-1　政府—新创企业合法性服务效率博弈

新创企业 ＼ 政府	提升合法性服务效率		不提升合法性服务效率	
执行先动优势	$K_A(1-a)$	$K_A a$	$K_B(1-a)$	$K_B a$
不执行先动优势	$K_C(1-a)$	$K_C a$	$K_D(1-a)$	$K_D a$

其中，K_B、K_D、K_C、K_A 代表政府和新创企业在合法性服务下整体收益，其中 a 代表政府收益的占比。那么：

资源枯竭型城市创业服务体系合法性服务效率的期望收益为：

$$E(合法性服务效率) = (1-p) \times [q \times K_C a + (1-q) \times K_D a] + p \times [q \times K_A a + (1-q) \times K_B a]$$

新创企业先动行为的期望收益为：

$$E(新创企业) = (1-q) \times [p \times K_B(1-a) + (1-p) \times K_D(1-a)] + q \times [p \times K_A(1-a) + (1-p) \times K_C(1-a)]$$

如果 E(合法性服务效率) 和 E(新创企业) 的收益为最大，则：

$$Ep(合法性服务效率) = (q-1) \times K_D a + q \times K_A a + (1-q) \times K_B a - q \times K_C a = 0$$

$$Eq(新创企业) = p \times K_A(1-a) + (1-p) \times K_C(1-a) - p \times K_B(1-a) - (1-p) \times K_D(1-a) = 0$$

所以：

$$q \times K_D + q \times K_A + (1-q) \times K_B - q \times K_C = 0$$

$$p \times K_A + (1-p) \times K_C - p \times K_B - (1-p) \times K_D = 0$$

所以得出：

$$p = (K_C - K_D) \div (K_C + K_B - K_D - K_A)$$

$$q = (K_B - K_D) \div (K_C + K_B - K_D - K_A)$$

所以：

K_D 越小，p、q 越大；K_A 越大，p、q 越大。

即资源枯竭型城市创业服务体系中合法性服务通过创新提升效率可以促进新创企业的先动优势，进而促进新创企业的创建和成长。尤其是技术创造型新创企业，发展潜力大、市场关联度强，K_A 也大，更需要通过政府合法性服务效率提升来实现 p、q 值的变大。

6.2.2 创新策略

基于政府收益提升的理论基础和政府合法性创新的原则，这里的创新策略主要包括：合法性服务网络的结构创新以提升服务效率，使新创企业获得先动优势；合法性服务网络的运行体制创新以动态提升或获取有潜在价值的新创企业，整体性提升新创企业的成长功效；合法性服务网络的保障体制创新，以保障合法性服务网络的针对性、科学性、激励性和动态性。

6.2.2.1 合法性服务网络的结构创新

互联网、管理信息技术、云计算等技术的应用促进了网络化平台服务并提升了创业服务体系的合法性效率。这种合法性服务网络体现的是供给效率，并没有注重新创企业，尤其是技术创造型新创企业与外部环境的协同效率，为此，这里资源枯竭型城市创业服务体系中合法性服务创新的重要策略就是服务网络的结构创新，以实现政府与新创企业创建和健康成长的协同效率。如图6-1所示。

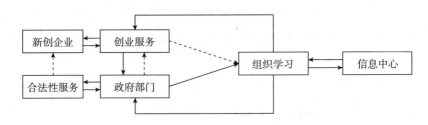

图6-1 资源枯竭型城市创业服务体系中合法性服务网络的结构创新

资料来源：笔者整理得到。

资源枯竭型城市创业服务体系中合法性服务网络的结构创新策略主要有以下几种：

第一，利用信息中心和学习中心提升政府部门的合法性服务效率以及创业服务水平。政府部门合法性服务效率的提升不仅有助于降低企业注册成本、减少不必要的政府干预、缩短企业各项环节审批的时间等，还有助于稳定新创企业的市场预期和激发创业行为（赖敏等，2018），尤其是资源枯竭型城市政府部门的创业服务体系中的合法性服务更应注重与新创企业的协同效率，从而提升自身的服务效率。

第二，在利用政府部门的组织学习提升合法性服务效率的同时，还要提升技术创造型新创企业的创业服务效率。它主要体现在技术创造型新创企业的技术供给合法性、融资供给合法性、财政补贴合法性以及市场协调合法性等的服务效率上。资源枯竭型城市在实施创新驱动战略，从资源依赖型经济增长向创新驱动型经济增长的转变中，要立足于技术创造型创业（张秀娥和赵敏慧，2017），此时，政府创业服务体系中的合法性服务要注重新创企业创新思维的开发、完善商务环境、加速创新创业政策的落实以及技术成果的转化，并注重培育企业家精神（陈文府，2007）。

第三，培养政府创业服务体系中的合法性服务人员，提升自身服务效率和与新创企业互动的协同效率。当前，我国各创业孵化基地（包括资源枯竭型城市创业孵化基地）注重服务质量和服务效率的提升，并构建了服务质量与效率考评指标（张晓冬和张卉娟，2011），为提高科技企业孵化器的运行质量，提升其管理和服务水平提供了方法和依据。甚至利用财政支出改进了合法性服务中的平台效率（董秀莹，2017；王阳，2019）。事实上，资源枯竭型城市创业服务体系中合法性服务效率的提升，还应该注重合法性服务的制度建设以及培育高素质的服务人员队伍，进而提升合法性服务与新创企业互动中的协同效率（如提升技术合法性供给，促进技术创造型企业的先动优势）。

6.2.2.2 合法性服务网络的运行体制创新

创业服务体系中合法性服务网络的结构创新要想达到服务效率和协同效率提升的效果，需要有运行体制创新的支持，主要体现在流程体制、激励体制、挖潜体制和协调体制四个方面。具体如图6-2所示。

（1）流程体制。流程体制是创业服务体系中合法性服务网络效率提升的基础。这里不仅要用信息化管理技术提升政府合法性服务的效率，还要提升资源枯

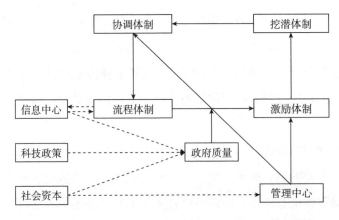

图 6-2 创业服务体系中合法性服务网络的运行体制创新

竭型城市创业服务评价体系对新创企业的作用流程，例如，信息传递—机会识别的解读—创业办理和资源支持—市场成长的协调—信息化管理。这样的流程体制创新可以合法地保护新创企业的投资者、降低企业注册成本、减少不必要的政府干预、缩短企业各项环节的审批时间等（赖敏等，2018），从而提升新创企业的先动优势，进而促进新创企业的创建和成长。

（2）激励体制。激励体制是激励政府和新创企业管理者社会资本的融合和价值创造，进而实现从要素驱动经济增长到创新驱动经济增长的转变（张秀娥和赵敏慧，2017）。具体而言，就是政府更多的社会资本（如技术、产业信息和科技政策等）用于新创企业管理者创新创业思维的开发，从而提高民众创新创业的实践能力、加速创新创业政策的落实和研究与开发成果的转化。这种激励体制有助于改进政府—新创企业间的寻租行为、促进技术创造型新创企业研发投入的增加和资源配置效率的提高，以实现资源枯竭型城市新创企业的创新驱动发展。

（3）挖潜体制。企业家精神是企业家自身资本和外部环境的匹配与价值创造，它是新创企业创建和持续成长的关键。资源枯竭型城市创业服务评价体系中的政府合法性服务不仅应体现在提高社会服务效率上，还应体现在科技政策和社会资本合法性应用中企业家精神的涌现上（陈文府，2007）。这种企业家精神的挖潜体制创新有助于资源枯竭型城市政府利用社会资本和科技政策的融合培育企业家精神，进而实现新创企业的技术型价值创造和资源枯竭型城市的经济转型升级。

（4）协调体制。资源枯竭型城市创业服务评价体系的合法性服务对市场需求型新创企业和技术创造型新创企业有不同的作用机理，前者的合法性强调创业环境的安全和宽松（董秀莹，2017），后者的合法性强调产品质量和技术水平的标准（张晓冬和张卉娟，2011）。这里的协调机制是指资源枯竭型城市政府不仅协调技术创造型创业和市场产业的技术合法性，还要协调市场需求型创业和社会公共服务的合法性，它有助于资源枯竭型城市政府通过行政指导促进新创企业的创建和成长，进而实现自身的战略目标。

6.2.2.3 合法性服务网络的保障体制创新

资源枯竭型城市创业服务体系中合法性创新中服务网络结构创新、服务网络运营体制创新都是需要一定的人员支撑的，这就存在政府服务人员的利益行为冲突和责任激励，它需要资源枯竭型城市合法性服务网络的保障体制创新，以提升创业服务体系的实用性和服务功效。

针对资源枯竭型城市创业服务体系的合法性服务创新，采用如表6-2所示措施。

表6-2 创业服务体系中合法性服务网络的保障体制创新

保障内容	保障措施	保障机理
结构创新	信息中心	利用信息数据管理创业系统
	组织学习	利用知识共享促进知识创造
运行体制创新	挖潜体制	企业家自身知识对外部环境的解读
	市场协调	利益主体的冲突和共赢
员工激励	能力激励	激励员工学习知识、提升创新能力
	行为激励	激发员工的公共企业家精神
政企互动	合法性互动	信息交流、创业指导和支持
	创业性互动	通过资源支持、技术指导促进创业

（1）结构创新。以创业服务中心为载体，成立专门的信息中心和组织学习中心，以信息数据管理创业系统，降低企业注册成本、减少不必要的政府干预、缩短企业各项环节的审批时间，并组织新创企业、政府公共服务人员、技术人员和市场（产业）人员学习创业创新、产业等相关知识。

（2）运营体制创新。资源枯竭型城市创业服务体系的运营不仅是注册办公、创业扶持基金审批、技术指导备案等，它还要通过信息中心和组织学习中心实现挖潜功能和市场协同功能。这是资源枯竭型城市创业服务体系的合法性服务中的潜在功能，该功能是提升资源枯竭型城市创业服务体系功效的基础和制度保障。

（3）员工激励。资源枯竭型城市创业服务体系的执行者是公共服务人员，他们具有一定的知识和社会资本，这些是资源枯竭型城市创业服务体系中合法性服务效率提升和创造的关键。自身知识技能强、服务效率相对快、社会资本广，公共企业家精神就易涌现。为此，资源枯竭型城市创业服务体系的公共人员要提升自身的学习能力，发挥公共企业家精神，进而提升资源枯竭型城市创业服务体系的创造性和功效。

（4）政企互动。政企互动是指新创企业在创业服务评价体系中合法性服务的互动，例如，创业培训和技术合作等，它有助于新创企业获得先动优势或者成立技术战略联盟，并通过利益共享降低政府、新创企业、市场三个利益主体的寻租行为，为此，资源枯竭型城市创业服务体系合法性服务促进新创企业成长的关键不仅是行政服务效率的提升和减少寻租行为，还包括政企互动给新创企业带来的先动优势和技术战略联盟下的可持续成长。

6.2.3 管理方法

6.2.3.1 具体方法

基于对资源枯竭型城市创业服务体系的合法性服务创新中的结构创新、运营体制创新和保障体制创新的分析，其具体管理方法如表6-3所示。

表6-3中的内容与措施是为了促进资源枯竭型城市创业服务体系中合法性服务的创新实现创造性和提升效率。这与一些学者的实证研究是一致的。例如，赖敏等（2018）提出，创建信息中心和管理中心能提升政府效能、促进新创企业的创新创业活动；董秀莹（2017）提出，管理中心有助于提供相对安全、宽松的创业环境，促进农民工创业；张秀娥和徐雪娇（2019）、陈文府（2007）认为，挖潜机制和市场协调机制有助于培育企业家精神；王阳（2019）认为，资源枯竭型城市政府的公共财政应培育高素质的公共服务人员，提升其专业能力和激发其创业创新公共服务行为；张晓冬和张卉娟（2011）认为，提高企业孵化器运行质量

的关键是政府、新创企业、市场的合法性互动和创业性互动。

表6-3 具体管理方法

内容	指标	措施
信息中心	创业信息相对增加量	成立信息中心、考评
组织学习	每年学习内容、参与人数	成立管理中心、考评
挖潜体制	新创企业的技术改进	考评产学研一体化及科技政策效果
市场协调	新创企业与市场之间互动关系	考评组织间学习、采购、技术联盟等
能力激励	公共服务人员能力	考评创业创新知识、产业知识及国家宏观政策
行为激励	公共服务人员的服务效率	考评出勤率、满意度和创造性
合法性互动	政府与新创企业之间、上下游市场与新创企业之间	考评创业培训效率和技术合作效率
创业性互动	新创企业创建的整个过程	考评政府参与及新创企业成长的过程和服务效率

6.2.3.2 真实数据

资源枯竭型城市在创业服务体系中的合法性服务创新中注重信息中心建设、注重服务人员的培养和团队建设、注重对潜在新创企业的服务以及注重对新创企业的市场协调等。例如，焦作每年以教育支出的5.76%用于创业教育培训和创业服务体系的信息化、数字化平台构建①。

当前，抓好高校毕业生、农民工、退役军人等重点群体创业已是资源枯竭型城市的重要任务。持续推进创业孵化体系建设和重点培训创业服务体系的政府工作人员是提升资源枯竭型城市创业服务评价体系中合法性服务的重要途径。例如，阜新、白银、铜陵等资源枯竭型城市每年定期举办服务人员培训（主要涉及社会服务、产业发展、智能园区等知识），这在一定程度上提升了资源枯竭型城市创业服务评价体系的功效。

资源枯竭型城市创业服务体系的合法性创新注重互联网、大数据和管理系统的应用，注重政府工作人员的培训、考评和一站式网络平台的协作，整体提升了合法性服务效率。例如，白银、焦作、铜陵等12个样本城市合法性服务的均值为7.4，上下波动幅度在0.5左右（李贵芳等，2017）。这表明资源枯竭型城市

---

① Https：//www.huiwenwang.cn/p-1317029.html.

已采取措施改进创业服务体系中的合法性服务。

6.2.3.3 评价

资源枯竭型城市创业服务评价体系的合法性服务创新忽略了政府利用信息垄断、要素资源垄断等与新创企业的寻租行为，此时，新创企业因融资困难、技术能力弱、没有声誉而资源错配、降低其研发投入等，进而抑制其竞争优势构建和可持续成长，这也是资源枯竭型城市创业服务评价体系功效悖论的一个根源。为此，资源枯竭型城市创业服务体系中的合法性服务在以下三个方面还有待改进：

第一，通过信息中心、组织学习、政府公共服务人员的培养管理和创业主体（政府—新创企业）间的互动降低它们的寻租行为并促进新创企业的资源配置效率，事实上，12个资源枯竭型城市创业服务评价体系中的合法性服务创新均应做这样的改进。

第二，过多的市场需求型创业需要信息中心和管理中心提供创业服务评价体系的合法性服务，在效率提升的同时避免因竞争压力而造成的新创企业的资源错配，如焦作。

第三，技术创造型创业需要客户的质量接受和应用技术承诺等，此时，政府创业服务评价体系的合法性服务需要培育和挖潜公共企业家精神，并通过信息传递、技术资源支持和市场协调来实现技术创造型企业的先动优势和可持续成长，如铜陵。

6.3 资源性创业服务体系的创新与管理

6.3.1 理论基础

资源是新创企业构建竞争优势、实现可持续成长的基础与关键。资源枯竭型城市由于区位或资源禀赋的差异，其一些战略性资源是稀缺的。此时，提升资源枯竭型城市创业服务体系中的资源性服务效率和公平，对于新创企业（尤其是对于技术创造型新创企业）而言，更是至关重要的。

这里假设：资源枯竭型城市新创企业的战略性资源需求为：

P＝a-Q

政府对战略性资源的供给为：

P＝b-S

其中，边际成本为 c。如果资源枯竭型城市创业服务体系进行资源性服务创新，有概率 p 降低边际成本 1/2，有概率 1-p 提升边际成本 1/2。那么，政府—新创企业的战略性资源服务均衡价格为：

$P^* = (cp+2a-2b)/4$

可见，资源枯竭型城市创业服务体系中的资源服务性创新要科学、公平和效率。科学性体现在明晰新创企业的潜在价值，即科学认知新创企业提升 p 的能力；公平性体现在服务资源发挥功效而不存在大量的寻租行为；功效性体现在资源枯竭型城市要充分发挥服务资源的边际效用而不仅仅是追求公平。概括起来，就是科学地发挥服务资源的功效，并通过激励措施实现公平。

6.3.2 创新策略

资源既是新创企业获取竞争优势、实现可持续成长的基础和关键，也是战略企业家考察创业环境的关键要素。资源枯竭型城市的创业资源是有限的，尤其是缺乏技术创造型创业的金融和技术支持。为此，资源枯竭型城市结合上述创业服务体系创新的原则和理论分析，在资源性服务方面的创新策略为：①利用现有信息网络和管理技术提升资源支持的效率，从而改变新创企业尤其是技术创造型企业的成长环境；②利用政府质量和市场协调降低新创企业的资源获取成本和利益冲突，从而保证资源服务效率的公平；③利用激励措施减少资源服务的寻租行为，从而提升资源服务效率以促进新创企业健康成长。

6.3.2.1 提升资源性服务效率

资源枯竭型城市创业服务评价体系中的资源性服务效率重点体现在资源配置公平效率、资源配置科学效率和资源配置功效上。资源枯竭型城市创业服务评价体系中资源性服务效率提升的创新策略如图 6-3 所示。

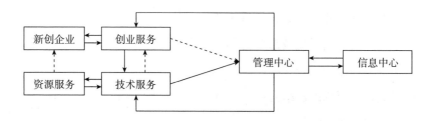

图 6-3　资源性服务效率提升的创新策略

由图 6-3 可知：

（1）资源配置的公平效率提升。新创企业由于技术能力弱、规模小、没有声誉等原因，其资源获取成本相对较高。资源枯竭型城市创业服务评价体系的资源性服务是其新创企业创建和成长的基础（鲁喜凤和郭海，2018）。通常情况下，资源枯竭型城市的新创企业会因政府创业资源性服务的获取而进行资源错配或在新创企业、政府之间进行寻租。为此，提升资源配置的公平效率是资源枯竭型城市创业服务评价体系中的资源性服务创新的重要原则。资源枯竭型创业服务评价体系中的资源性服务创新应该坚持新创企业的创业辅导和技术指导，然后利用信息网络和管理中心的战略目标对新创企业进行公平考核和资源配置。

（2）资源配置的科学效率提升。技术创造型创业有助于资源枯竭型城市的产业转型升级和社会和谐发展，但它需要更多的技术支持、市场协调和基本的创建资源，而市场需求型创业有助于扩大资源枯竭型城市的就业，但它需要更多的政府创业资金支持且容易因为低进入壁垒和价格战而发生资源错配（尹俣潇等，2019）。为此，资源枯竭型城市创业服务评价体系中的资源性服务创新应该坚持技术创造型创业和市场需求型创业的资源科学配置，以实现技术创造型创业和市场需求型创业对资源枯竭型城市的协同功效。

（3）资源配置的整体功效提升。资源枯竭型城市通常表现为市场化程度低、技术能力弱、资源要素扭曲和经济增长中的路径依赖。为此，资源枯竭型城市创业服务评价体系中的资源性服务创新应该坚持大学生科技创业中的人才技术支持和公共技术设施建设（王舒扬等，2018；尹俣潇等，2019）以及农民工返乡创业中的资金支持、技术指导和风险管理（王肖芳，2017），以提升资源枯竭型城市创业服务评价体系资源配置的整体功效。

6.3.2.2 降低新创企业的融资成本和企业间的利益冲突

政府、新创企业、市场三个利益主体影响着资源枯竭型城市的创业服务评价体系的功效。政府质量、市场协调可以通过深化三个利益主体的互动关系来降低新创企业的融资成本和企业间的利益冲突，是资源枯竭型城市创业服务体系创新的两个重要机制，如图 6-4 所示。

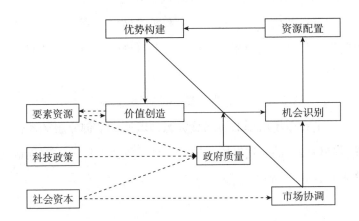

图 6-4 资源枯竭型城市创业服务体评价系中资源性服务创新机制

政府质量可以降低新创企业对科技政策、社会资本和要素资源获取的成本。良好的政府质量可以通过科技政策和社会资本促进技术创造型创业成长，并通过信息传递和财政补贴促进技术创造型创业对风险投资资本的青睐；良好的政府质量可以通过科技政策和创业扶持基金促进市场需求型创业成长，并提升它们的创业意愿、降低它们的资源错配。可见，政府质量可以通过不同创业类型与资源的匹配降低新创企业的融资成本（鲁喜凤和郭海，2018）。

市场协调可以降低技术创造型新创企业与市场的利益冲突。技术创造型企业因研发投入和技术外部性造成技术风险大、新创企业和市场（产业）间利益冲突大，尤其是科技人员的流动更会加大这种利益冲突。良好的资源枯竭型城市创业服务评价体系中的资源性服务注重技术创造型新创企业与市场的关系，通过科技政策和社会资本突出二者的利益共赢。可见，资源枯竭型城市创业服务评价体系中的社会资本和科技政策的配置要强化技术创造型新创企业与市场的利益协同（王明益和石丽静，2018），通过市场协调提升整体产业价值链的竞争力和利润。

政府质量和市场协调协同作用于政府与新创企业之间的利益冲突、改进其寻租行为。无论是市场需求型新创企业还是技术创造型新创企业，政府和新创企业间均存在寻租行为。良好的政府质量和市场协调通过弱化资源开发对技术创新的挤出效应和切断"资源诅咒"的传导途径来实现政府与新创企业的利益共赢（万建香和汪寿阳，2016；董利红等，2015），并通过创业认知学习、经验学习和实践学习实现政府、新创企业、市场三个利益主体的共赢。可见，政府质量和市场协调的协同作用是资源枯竭型城市创业服务评价体系中资源性服务效率创造和提升的重要手段。

6.3.2.3 资源性服务效率创造和提升的行为激励

基于政府质量和市场协调的协同是资源枯竭型城市创业服务评价体系中资源性服务效率创造和提升的作用激励，这里设计了资源性服务效率创造和提升的行为激励，具体如表6-4所示。

表6-4　资源性服务效率提升的行为激励

内容	指标	策略
资源服务效率	资源公平性	信息化管理、大数据评估
	资源科学性	结合创业政策评估
资源创造效率	产学研一体化	一体化效率
	科技政策	技术资本应用
政府质量	金融资源配置效率	资源获取相对成本
	技术资源配置效率	全要素生产率或经济增长质量
市场协调	上下游市场采购协调	区域内采购率
	技术合作协调	合作研发和公共技术应用率

资料来源：笔者整理。

由表6-4可知，资源枯竭型城市创业服务评价体系中的资源性服务效率包括资源服务效率和资源创造效率。一些创业扶持基金、公共基础设施等资源可以通过信息化服务平台、政府质量（主要是指政府资源分配的办事效率）来提升。

一些技术资本、社会资本等隐性资源存在创造性价值，有助于通过政府质量和市场协调促进技术创造型新创企业的成长，是资源枯竭型城市资源服务评价体系中资源性服务创新的关键，应该通过政府、新创企业、市场三个利益主体的互动学习来提升其创造性。

6.3.3 管理方法

6.3.3.1 具体方法

基于资源枯竭型城市资源服务评价体系中资源性服务创新的关键是通过政府质量和市场协调来提升其技术资本和社会资本的创造性价值，其创业服务体系中资源性服务创新管理如表6-5所示。

表 6-5 资源枯竭型城市创业服务体系中资源性服务创新管理

内容	指标	措施
信息发布	产学研一体化活动	举办技术创业活动、产业活动
技术支持	专家、学者、科研院所的参与	定期邀请专家举办产业技术讲座
资源支持	风投参与	邀请战略投资者参与
相关服务	鼓励新创企业与产业结合	财政、税收激励

资料来源：笔者整理。

表6-5给出了资源枯竭型城市创业服务评价体系中技术资本和社会资本通过政府质量和市场协调发挥创造性价值的管理措施。国内一些学者通过实证研究也提出了一些相关措施。例如，鲁喜凤和郭海（2018）发现，新创企业的资源优化受其创新程度影响；尹俣潇等（2019）指出，产业间的认知学习、经验学习和实践学习可以促进新创企业的资源配置和成长；王明益和石丽静（2018）指出，政府补贴和资本价格扭曲会提高技术密集型新创企业的市场存活概率；万建香和汪寿阳（2016）、董利红等（2015）表明，社会资本与技术创新会打破"资源诅咒"的门槛，促进资源枯竭型城市的经济转型升级和社会和谐发展。

6.3.3.2 真实数据

新创企业因规模小、技术能力弱、没有声誉等，融资相对困难，尤其是技术创造型新创企业，其风险大、研发投入高，融资更为困难。资源枯竭型城市创业服务评价体系中的资源性服务创新就是为了解决新创企业的融资困难。

当前，12 个资源枯竭型城市无论是高校毕业生创业，还是农民工返乡创业，都有创业扶持基金支持和创业担保贷款政策扶持。持续推进创业孵化体系建设、完善创业担保贷款政策，进一步放宽创业担保贷款借款人条件、扶持期限以及开通创业担保贷款网上办理模式、实现市县两级创业担保贷款办理平台并网、数据上传共享、申贷人员能够随时在线申请和查询受理进度等成了资源枯竭型城市创业服务评价体系中资源性服务创新的途径。

6.3.3.3　评价

资源枯竭型城市创业服务体系的资源性服务创新分值介于 6.2～6.9，无显著的差距。它们忽略了资源枯竭型城市创业服务体系中社会资本和技术资本的创造性服务，这才是真正有助于技术创造型企业创建和成长的关键资源。为此，通过政府质量和市场协调科学管理政府、新创企业、市场三个利益主体在技术资本和社会资本创造中的行为博弈均衡，激励技术创造型新创企业通过资源优化配置和研发投入获取竞争优势和可持续成长是资源枯竭型城市创业服务评价体系中资源性服务创新的重要途径。白银、阜新和鹤岗等 12 个资源枯竭型城市均需要改进政府质量和市场协调，以通过资源枯竭型城市技术资本和社会资本的创造性实现技术创造型新创企业的研发投入增加、要素资源优化配置和上下游企业结成技术战略联盟，进而在实现自身可持续成长的同时提升产业价值链竞争力和利润，最终实现资源枯竭型城市经济转型升级和社会和谐发展。

6.4　机会识别性创业服务体系的创新与管理

6.4.1　理论基础

新创企业创建的前提就是机会识别。通常情况下，新创企业的创始人通过外部网络来获取市场信息并根据自身资源、能力等来解读信息，进而识别新创企业的机会。资源枯竭型城市政府可以通过自身的产业结构信息、产业发展战略信息以及社会网络信息等帮助新创企业的创始人提升机会识别能力，进而促进新创企业的创建和成长。

这里借用 Hotelling 模型进行资源枯竭型城市创业服务体系的机会识别性服务创新。假如：资源枯竭型城市的资源价格为 P，是外生给定的，信息成本为 T，新创企业的收益为 P_1，且市场在某一区域均匀分布及信息成本为线性的。

则有，新创企业机会识别的无差异曲线为：

$$P + X = P_1 + (1-X) \times T$$

所以，机会识别的供给曲线为：

$$X = (P_1 - P + T) / (1 + T)$$

$$\pi = P_1 \times X = P_1 \times (P_1 - P + T) / (1 + T)$$

所以，机会识别性服务创新的最优定价为：

$$P_1 = (P + T) / 2 \times (1 + T)$$

这表明资源枯竭型城市的政府可以利用自身的社会资本、关系网络和信息优势降低信息成本进而促进新创企业的机会识别，尤其是技术创造型创业。

6.4.2 创新策略

资源枯竭型城市创业服务体系构建和创新的战略目标既有扩大就业，也有实现经济增长方式的转变和社会和谐发展，为此，资源枯竭型城市创业服务体系中机会识别性的创新策略要坚持上述指导原则和理论依据，具体表现为：①利用就业、产业经济和国家宏观政策传递需求信息，形成创业网络信息的生态构建，以帮助新创企业获取并解读创业机会信息，从而促进新创企业的创建和成长；②利用政府自身的社会资本、关系网络和信息优势促进新创企业的机会识别，传递技术创造型创业机会信息，从而提升技术创造型新创企业的机会识别和把握能力，进而帮助资源枯竭型城市实现经济转型升级；③利用网络间的学习和创业激励机制提升新创企业的机会识别和把握能力，激发技术创造型创业，从而促进技术创造型新创企业的创建和成长。

6.4.2.1　创业网络信息的生态构建

可以构建如图 6-5 所示的资源枯竭型城市创业服务体系与新创企业互动关系。

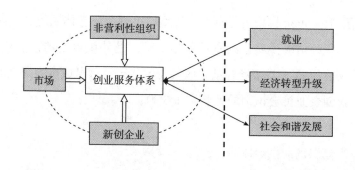

图 6-5　资源枯竭型城市创业服务体系与新创企业互动关系

资源枯竭型城市创业服务评价体系涉及政府、新创企业、市场三个利益主体以及城市的资源禀赋、工业产业比重、人口结构、行政区位和城市转型升级、社会和谐发展的战略目标，它们形成了创业网络信息的生态系统。该生态系统对资源枯竭型城市创业服务评价体系的机会识别性有以下三个创新途径：

第一，通过资源枯竭型城市的就业需求、产业经济转型升级和国家宏观社会经济政策传递创业信息。它是最基本的创业信息。例如，王宏起和李婧媛（2017）针对阜新和鹤岗的特点，将区域"双创"政策分为供给推动型政策、环境影响型政策和需求牵引型政策，并对企业、高校和科研院所科技创新创业活动提出了机会识别的信息传递过程。

第二，通过公共品供给传递机会识别性创业信息。这里的公共品供给是指非生产性公共品供给，主要包括创业基金扶持、创业技术支持、创业培训等。它是机会识别性创业信息的重要内容，有助于优化创业环境、激发经济活力和创造力（张青和张瑶，2017）。

第三，通过政府质量和产业技术、信息传递技术、创造型机会识别创业信息。资源枯竭型城市通过技术创造型新创企业的技术研发投入、技术联盟来提升产业价值链，进而实现经济增长质量提升和社会和谐发展的关键信息，也是资源枯竭型城市打破"资源诅咒"的重要战略途径（万建香和汪寿阳，2016；董利红等，2015）。

6.4.2.2　信息解读

资源枯竭型城市创业服务评价体系的机会识别性创新不仅在于信息传递，还应该注重信息解读，以培育企业家的市场需求型创业和技术创造型创业的风险承担意识和资源配置能力。资源枯竭型城市创业服务评价体系中的机会识别性服务解读流程如图 6-6 所示。

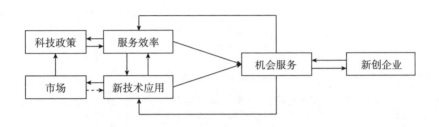

图 6-6　机会识别性服务解读流程

由图 6-6 可知，资源枯竭型城市创业服务评价体系中的机会识别性服务解读流程为市场—新技术应用—服务效率—科技政策下的市场需求型创业（主要是针对农民工返乡创业）或者新技术应用—市场—科技政策—服务效率下的技术创造型创业（主要是针对大学生或科技人员的科技创业）。

提升资源枯竭型城市创业服务评价体系中机会识别性服务解读流程的途径为：

第一，创建政府、潜在企业家、市场之间的关系网络，并利用关系网络培育潜在企业家的创业思维，这有助于推动创业机会识别。

第二，促进科技人员、潜在企业家、市场之间的创业学习，激励技术创造型新创企业的商业模式创新（张秀娥和赵敏慧，2017），这有助于技术创造型新创企业与市场的战略联盟和研发投入。

第三，培育政府人员的前沿技术和科技政策服务能力，搭建公共企业家（政府公共服务人员的创业能力和思维）平台，这有助于公共企业家的社会资本（陈敏灵和周彬，2019）和科技资本（王宏起和李婧媛，2017）的融合，进而提升技术创造型新创企业的成长和产业价值链的升级。

6.4.2.3　机会识别保障机制

资源枯竭型城市创业服务评价体系中的机会识别性服务因注重机会解读，其内容的创新自然要有保障机制，以避免政府、新创企业、市场三个利益主体的寻租行为、研发中的逆向选择行为以及信息地位不对称下的垄断行为。具体的机会识别保障机制如图 6-7 所示。

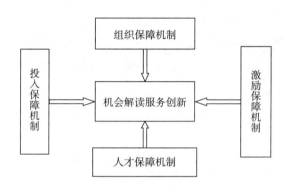

图 6-7　资源枯竭型城市创业服务评价体系中机会识别保障机制

由图 6-7 可知：①人才保障是指政府工作人员对机会解读的服务保障。政府工作人员具有技术创造型新创企业的公共企业家精神和能力，才能有效沟通前沿技术、科技政策和创业服务。否则，技术创造型新创企业会因政府公共服务人员的不作为或不能作为而损害潜在的成长。②组织保障，是指政府、新创企业、市场的信息传递、技术指导和公共服务要有专门的组织机构和制度保障。否则，技术创造型新创企业会因政府公共服务人员低效率或者市场的无效性而破坏成长潜力。③投入保障是指政府、新创企业、市场的技术学习和政府公共服务人员的企业家精神培育都要有资金投入的保障。否则，人才保障和组织保障也是空谈，自然不能发挥资源枯竭型城市创业服务评价体系中的机会解读功效，进而会降低技术创造型新创企业创建和成长的潜力。④激励保障是指促进政府、新创企业、市场的技术创造型创业的机会解读、降低三者在解读过程中机会主义的制度安排，它也是资源枯竭型城市创业服务评价体系中机会解读功效发挥的根本保证。

6.4.3 管理方法

6.4.3.1 具体办法

资源枯竭型城市创业服务评价体系中机会识别性服务创新的关键途径为机会解读，为避免政府、新创企业、市场三个利益主体在机会解读服务中可能出现的信息误读、利益主体寻租行为、研发中的逆向选择行为和信息地位不对称下的垄断行为，制定的机会解读管理办法，如表6-6所示。

表6-6　资源枯竭型城市创业服务评价体系中机会解读管理办法

内容	指标	办法
组织	信息收集、信息传递	信息中心和管理中心执行
人才	公共服务人员的创业创新能力	培训和考评公共服务人员的企业家精神
投入	公共服务人员的培训和学习	加大公共服务人员的培训和学习力度
激励	奖励公共服务人员	定期考评奖励公共服务人员

表6-6给出了资源枯竭型城市创业服务评价体系中机会识别性服务的机会解读服务管理内容和策略。它有助于科技政策和市场机会结合下的技术创造型新创企业的成长，更有助于资源枯竭型城市扩大就业、经济转型升级、经济增长质量提升和社会和谐发展。

国内一些学者对机会解读的优点进行了实证研究，例如，项国鹏等（2018）实证表明，创业机会识别在网络关系对创业决策关系路径中起完全中介作用，有利于推动技术创造型企业的创建和成长；张秀娥和徐雪娇（2019）指出，创业机会识别对创业学习与商业模式创新之间的关系起正向调节作用；王宏起和李婧媛（2017）指出，创业机会识别有助于科技政策促进企业、高校和科研院所科技的创新创业活动；陈敏灵和周彬（2019）发现，企业家的政治关系资本、银行关系资本、风险投资机构关系资本在技术创造型创业中更能发挥功效。

6.4.3.2 真实数据

资源枯竭型城市创业服务评价体系的机会识别性服务多数注重的是信息收集和信息传递，较少注重信息解读。12 个资源枯竭型城市创业服务评价体系中的机会识别性服务的分值介于 6.2~6.9，整体性偏低，且无显著差异。这可能是因为政府不能推进产业价值链的延伸、现有技术能力的应用以及现有市场需求信息的整合。

6.4.3.3 评价

由于我国资源枯竭型城市技术能力相对落后、产学研一体化信息相对闭塞、市场化程度低、要素价格扭曲，导致技术创造型机会识别相对困难，制度不健全加大了新创企业的创新风险，进而抑制新创企业的研发投入和资源优化配置，导致资源枯竭型城市的产业转型升级、经济增长质量提升和社会和谐发展不能实现。

事实上，机会解读服务是技术创造型新创企业创建和成长的前提条件。资源枯竭型城市应该通过人才机制、组织机制、投入机制和激励机制促进创业服务评价体系中机会识别性服务的机会解读服务创新，通过培育和激励企业家精神涌现来实现在根源上打破资源枯竭型城市创业服务评价体系的功效悖论。

6.5 市场协调性创业服务体系的创新与管理

6.5.1 理论基础

资源枯竭型城市中新创企业主体间以及新创企业与市场之间均存在利益的共享和冲突，这不仅需要市场自身来协调，更需要创业服务体系创新的主体之一资源枯竭型城市来协调。政府协调有助于弥补市场失灵、提升公共品供给以及技术创造型企业成长。

这里假设：$F(s_1, s_2, \cdots, s_n)$ 为新创企业的效用，$T(d_1, d_2, \cdots, d_n)$ 为相

关企业的效用，则有：

$$F(s_1, s_2, \cdots, s_n) = m_1, m_2, \cdots, m_n$$

$$T(d_1, d_2, \cdots, d_n) = k_1, k_2, \cdots, k_n$$

当 $m_1 = m_2 = m_3 = \cdots = m_n$，$k_1 = k_2 = k_3 = \cdots = k_n$ 时，市场自动协调或者政府协调可以实现，F+T 效用最大。

当 $m_1 = m_2 = m_3 = \cdots < m_t \cdots = m_n$，$k_1 = k_2 = k_3 = \cdots < k_t \cdots = k_n$ 时，市场自动协调出现搜集成本，而政府协调也会产生成本，F+T 效用变小。

当 $m_1 < m_2 < m_3 < \cdots < m_n$，$k_1 < k_2 < k_3 < \cdots < k_n$ 时，市场自动协调时间周期长，中间寻租多，政府协调的 F+T 效用最优。

这表明：资源枯竭型城市利用自身网络信息优势，借用信息管理和制度文化协调市场需求—供给以及技术利益的分配具有一定的可行性，且有助于新创企业的创建和成长。

6.5.2 创新策略

市场关系既影响着新创企业与市场（产业）间资源的配置效率，也影响着它们的战略联盟行为和研发投入，是政府注重管理的一项经济政策。基于创业服务评价体系在资源枯竭型城市中的战略地位，结合资源枯竭型城市创业服务评价体系创新的指导原则和理论分析，资源枯竭型城市创业服务体系中市场协调性服务的创新策略主要包括：①利用大数据、云计算、互联网等技术实现信息化管理市场，为新创企业的市场协调提供基础数据；②利用政府行为和市场行为相互促进市场协调机制的功效，为新创企业的创建和健康成长奠定基础；③利用创业环境和文化实现政府、新创企业、市场的行为协同。

6.5.2.1 信息化管理提升市场协调的数据基础

资源枯竭型城市创业服务评价体系的市场协调的基础是信息化管理，是大数据和云计算对新创企业机会识别性服务、合法性服务和资源性服务的指导，这有助于市场协调新创企业与市场（产业）的资源配置和技术研发的投入。资源枯竭型城市创业服务评价体系的信息化管理提升市场协调的流程有以下几个方面：

（1）新创企业信息和市场（产业）信息是信息化管理的基础。新创企业和市场（产业）的信息协调有助于它们的资源配置（刘伟江等，2019；郑健壮等，2018）。这是因为信息类资源的获取可以避免恶性竞争引起的资源错配和技术利益外部性的研发合作。

（2）产学研一体化信息有助于资源枯竭型城市的公共技术支持。它是资源枯竭型城市技术创造型新创企业和市场（产业）协调的一种手段，通过公共技术支持，实现技术创造型新创企业和市场（产业）的技术指导并促进它们进行战略性研发合作。

（3）销售物流的信息化管理是资源枯竭型城市整个产业转型升级的基础。它可以通过机会识别性服务、资源性服务和合法性服务鼓励创业，进而利用规模效率和关联效率提升整个产业的价值链和竞争力。

6.5.2.2 采用政府协调和市场协调相互促进的行为

信息化管理促进的信息共享不只是降低了信息的获取成本，也会带来政治垄断、经济地位垄断下的寻租行为。资源枯竭型城市市场化程度低、技术能力弱、产业转型升级压力大、要素资源扭曲，这会加剧政府、新创企业、市场三个利益主体在创业服务评价体系中行为博弈的寻租均衡。为此，资源枯竭型城市创业服务评价体系创新中的市场协调不仅要注重信息化管理，还要注重政府和市场协调的激励机制。资源枯竭型城市创业服务评价体系的市场协调创新中政府、新创企业、市场的信息共享如图6-8所示。

由图6-8可知：①信息化管理可能会促进政府、新创企业、市场的寻租行为，抑制资源枯竭型城市创业服务评价体系的创新功效，即加剧功效悖论。政府与市场的关系、市场中介组织发育及法治环境对新创企业绩效的影响均呈倒"U"形（陈景信和代明，2018）。②政府、新创企业、市场三个利益主体在创业服务评价体系的行为博弈中存在利益冲突和利益共赢，尤其是在技术方面。技术的研发风险大、外部性强和收益不对称。③信息共享下的政府行为激励和市场关系激励可以实现政府、新创企业、市场三个利益主体的共赢。政府的公共技术支持可以降低研发的公共性投入，新创企业—市场的主动战略联盟可以深化价值链的研发投入，政府行为与市场行为的协同可以激励进而提升产业竞争力。

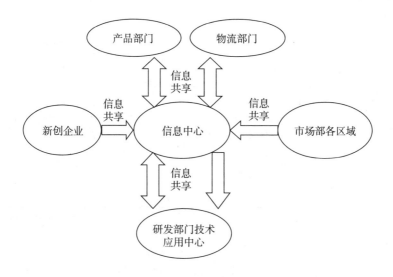

图6-8 政府、新创企业、市场信息共享

6.5.2.3 提升创业文化，强化市场协调功效

政府行为激励和市场行为激励下的协同功效受创业环境和创业文化影响（陈聪等，2018）。资源基础理论仅强调了企业的竞争优势来源和利益的实现，同样认为文化是企业的核心资源；制度理论强调企业与市场之间的交易关系，同样认为文化是企业行为制度合法化的体现；基于市场和制度是资源配置的两种形式，创业文化同样能深化政府行为与市场行为的协同激励。具体创业文化与市场协调激励（主要是政府和市场的协同激励）如图6-9所示。

由图6-9可知：①政府和市场是资源枯竭型城市实现战略目标的两个动力机制，市场追求利益，而政府追求社会和谐发展，政府和市场的协同才能实现资源枯竭型城市的可持续发展和社会和谐发展。②创业文化的发展性应体现在技术创造价值和社会资源优化配置。李新春等（2016）提出，新创企业所在地区关系文化的制度性束缚会驱使新创企业趋向关系战略，而制度场域中的矛盾则会激发新创企业采取背离战略的制度创业行动。③资源枯竭型城市创业服务评价体系中市场协调性服务的创新发展需要通过创业文化的发展来实现政府行为和市场行为的激励协同，否则，政府行为和市场行为的冲突会加剧资源枯竭型城市创业服务评价体系的功效悖论。

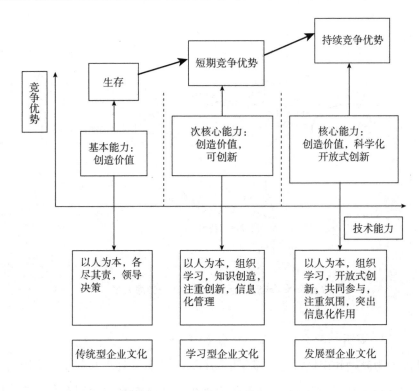

图 6-9　创业文化与市场协调激励

6.5.3　管理方法

基于上述资源枯竭型城市创业服务评价体系中市场协调创新的策略，其具体管理办法为：

6.5.3.1　具体措施

具体措施主要包括利用政府行为协调、市场行为协调以及创业文化协调来激励政府行为和市场行为的协同，如表 6-7 所示。

由表 6-7 可知，资源枯竭型城市创业服务评价体系中市场协调创新的具体措施为：第一，信息化协调，即利用信息化数字化平台促进政府、新创企业、市场的信息交流和应用，这有助于产学研一体化和技术创造型新创企业的成长。郑健壮等（2018）实证分析发现，信息类资源的获取有助于技术创造型新创企业的机

表 6-7 资源枯竭型城市创业服务评价体系中市场协调创新的具体措施

内容	指标	措施
信息化协调	市场与新创企业间供需信息、技术创新信息	1. 加强信息化平台建设和应用管理；2. 促进产学研一体化
政府行为协调	促进技术和市场信息传递	加强产业信息交流和人才科技
	促进市场与新创企业技术合作	促进公共技术研发和指导
市场行为协调	交易协调	激励上下游企业本地采购
	研发协调	激励合作研发和专利申请
创业文化协调	创业培训	产业发展和升级培训
	公共利益培训	培训宏观经济政策和企业战略
	技术培训	培训前沿技术和企业转型发展

资料来源：笔者整理。

会识别，而政治网络支持下的产学研一体化资源有助于技术创业的成长。第二，政府行为协调，即政府通过产业信息、人才科技信息和公共技术信息协调新创企业与市场（产业）的战略共赢，进而促进技术创造型新创企业的成长和产业价值链的提升。刘伟江等（2019）指出，资源枯竭型城市各区域创新创业科技政策应根据不同区域的资源配置效率、新创企业与市场之间的协调关系制定协同创新发展的政策建议。第三，市场行为协调，即政府利用行政指导的手段激励新创企业—市场之间进行供需采购和技术合作研发，这有助于技术创造型新创企业把握机会实现成长和产业转型升级。陈景信和代明（2018）实证指出，政府与市场的关系、市场中介组织的发育及法治环境对技术创造型新创企业的创建和成长有显著促进作用。第四，创业文化协调，即政府通过制度与市场协调的创新改进创业环境，进而促进技术创造型新创企业的创建和成长。李新春等（2016）提出，新创企业所在地区关系文化的制度性束缚会驱使新创企业趋向关系战略，进而抑制技术创造型新创企业的创建和成长；陈聪等（2018）实证指出，资源枯竭型城市创业文化的发展有助于技术创造型新创企业的创建。

6.5.3.2 真实数据

资源枯竭型城市创业服务评价体系的创新注重市场协调带来的内部交易成本降低、信息不对称缓解以及外部性增长，例如，12 个资源枯竭型城市均注重创业平台并网、数据上传共享、社会服务在线申请和查询受理进度、产学研创新基地建设以及工业产业发展数据共享。

萍乡、焦作、白银、铜陵的市场协调服务评价分值高，它们注重利用政府行为（如财政补贴或税收优惠）来支持市场信息协调和人才科技的协调；阜新和鹤岗注重产业集聚下（尤其是产学研一体化）的新创企业与市场的战略协同；黄石和泸州注重政府资源要素的配置协调，规避了恶性竞争。

6.5.3.3 评价

资源枯竭型城市创业服务评价体系中的市场协调可以直接影响新创企业的技术创造型机会识别、资源配置和研发投入，是城市经济增长质量提升和社会和谐发展的重要战略手段。12 个资源枯竭型城市创业服务评价体系中的市场协调还有待进行以下改进：第一，政府利用公共技术支持创业与当地工业的转型升级结合，以促进产业集聚，例如，萍乡、焦作、白银、铜陵；第二，政府在产业集聚下的技术创造型创业与产业价值链协同，以实现前沿技术下的价值链升级，例如，阜新和鹤岗；第三，政府的创业环境改进应注重自身资源要素配置的科学、合理与技术创造型创业协同，以实现提升当地区域的经济增长质量和社会和谐发展，例如，黄石和泸州。

6.6　小结

基于资源枯竭型城市创业服务体系创新的原则，结合资源枯竭型城市的现状、资源禀赋、产业结构以及社会经济发展目标，本章用纳什模型、Salop 模型、Hotelling 模型和匹配模型分析并设计了创业服务体系中合法性服务创新的路径是大数据、互联网和云计算平台提供服务效率的提升；资源性服务创新的路径是信息传递和资源激励技术创造型新创企业以及需求型新创企业；机会识别性服务创新的路径是培育企业家精神；市场协调性服务创新的路径是构建资本、市场、大数据的创业平台。

7　研究结论、管理启示与展望

基于第 2 章到第 6 章对资源枯竭型城市创业服务体系创新的研究，这里归纳总结本书的一些研究结论、管理启示与展望。

7.1　研究结论

资源枯竭型城市创业服务体系创新的内在逻辑是：明晰创业服务体系的内在机理和利益主体的行为动态，完善创业服务体系的内容指标和权重，并根据社会经济发展目标动态调整和管理创业服务体系。研究结论如下：

7.1.1　资源枯竭型城市创业服务体系创新的内在机理是提升政府质量和市场协调机制

市场与制度是资源配置的两种形态（Acemoglu & Johnson，2005）。基于新创企业的脆弱性（易锐和夏清华，2018）、低社会资本和低市场竞争地位，新创企业融资成本高、竞争力相对弱，只有创业服务体系的扶持，才有可能健康地成长，实现社会经济价值。尤其是资源枯竭型城市，创业服务体系的作用会更加显著（文正再和王幸子，2018）。

我国资源枯竭型城市注重创业服务体系的建设与管理从人才培养、机制建设、环境营造和政策支持等方面构建创业服务体系（邵佩佩，2019），在农民工返乡创业、科技创业方面孕育出了一批中小企业，为当地经济发展、就业和构建和谐社会做出了一定的贡献。

我国资源枯竭型城市的创业服务体系既有内容的相同性，也有作用功效的差异性。池仁勇和张宓之（2012）实证分析发现，我国的创业环境及其服务体系更多的是培育出了以需求为导向的中小企业，其结果是拉动了生产要素成本上升，但难以促进资源枯竭型城市实现经济转型升级和社会和谐发展。

本书基于创业流程把创业服务体系细化为新创企业合法性服务、资源性服务、机会识别性服务和市场协调性服务，并根据它们对市场需求型新创企业和技术创造型新创企业作用机理的差异，引入了政府质量和市场协调机制两个变量进行理论推导和实证分析。实证分析发现，政府质量提升下的机会识别性服务和市场协调性服务更有助于技术创造型新创企业成长，而资源性服务有助于市场需求型新创企业成长，但也会造成资源错配。这表明资源枯竭型城市创业服务体系对异质的新创企业互动机理和功效是有差异的，同时也为资源枯竭型城市创业服务体系的内容创新提供了方向和准则。

7.1.2 资源枯竭型城市创业服务体系的功效依赖政府、创业者、市场三方利益主体的博弈均衡

创业服务体系的执行主体是人，是政府或事业单位的办事人员，是新创企业的企业家，也是市场消费者或者市场利益相关者。他们的行为影响着创业服务体系的功效。例如，李晓萍等（2015）发现，在市场化程度低、要素市场扭曲的区域，政府质量对该地区新创企业的资源配置行为和效率的影响更显著。

资源枯竭型城市普遍通过设立专项法规、健全财税政策、建立社会化服务体系和扶持技术创新等方式为中小企业创业构建支持体系（刘静和熊一坚，2011）。可政府的信息传递行为和企业家机会识别行为影响个体的市场需求型创业和技术创造型创业（张玉利等，2008），而企业的市场竞争行为也影响着新创业企业的研发投入反应（林亚清和赵曙明，2013），刘志彪（2011）甚至提出政府与市场是推进新创企业创新与成长的两个重要力量。

事实上，鲜有学者通过创业服务体系主体的博弈来研究创业服务体系的功效，更少有从该视角来研究创业服务体系创新的学者。本书基于政府、新创企业和市场这三个创业服务体系主体的利益冲突，利用博弈论和信息经济学研究了其行为均衡，并进一步深化了政府质量和市场协调机制对它们行为均衡的影响。研究发现，资源枯竭型城市创业服务体系的创新是政府、新创企业、市场以现有的市场需求和资源技术为基础、以社会经济协同发展为目标的体系结构再构建。这表明资源枯竭型城市创业服务体系的创新应该是以内容和权重为维度的创新，且只有通过这二者的创新才能真正发挥其服务体系的功效。

7.1.3 资源枯竭型城市创业服务体系创新的方法是创业服务体系内容及其权重更科学、更合理的改进

任何政策体制的执行都依赖于人，其功效都需要考评与激励管理。同样，创业服务评价体系不仅是创业服务体系内容与权重的外在体现，还是创业服务体系功效管理的外在参考依据和准则。为此，资源枯竭型城市创业服务体系创新的关键是创业服务评价体系更加科学与合理。

一些学者从孵化器、产学研等视角进行研究并提出了创业服务评价体系创新的方法，例如，邵佩佩（2019）提出，利用大数据、云计算等新互联网技术创建创业服务评价体系平台；罗萧（2018）提出，利用系统数字化运营平台来管理、评价孵化器运营效率等。但这些创业服务评价体系的创新并没有涉及资源枯竭型城市区位的差异以及由于历史原因、资源禀赋和行政因素等造成的资源枯竭型城市居民生活、产业结构、劳动力结构和市场体制的差异。事实上，这些差异通过新创企业的存活率等影响着资源枯竭型城市创业服务评价体系的功效（李贲和吴利华，2018）。

本书通过比较这些差异和新创企业的关系，不仅明晰了创业服务体系再构建的详细指标和权重，也明晰了资源枯竭型城市资源禀赋、产业结构、基础设施、市场化程度等差异对其创业服务评价体系和异质性新创企业绩效的调节差异。这表明创业服务评价体系及管理标准的不同会给资源枯竭型城市带来社会经济协同发展和转型升级的差异，它同时也表明资源枯竭型城市应动态调整和管理其创业服务评价体系，使其创业服务体系的创新更科学、更合理。

7.1.4 资源枯竭型城市创业服务体系的创新效应是促进就业、发展经济和提升全要素生产率

创业服务体系的创新不仅是为了促进新创企业的成长，它还有助于解决当地就业、经济转型升级以及社会和谐发展等问题。尤其是资源枯竭型城市，在经济转型升级的压力下发展动力不足、就业率低、社会矛盾突出，更需要通过创业服务体系的创新来解决这些问题。

资源枯竭型城市的创业服务体系可以支持农民工返乡创业，进而解决就业和经济增长问题；也可以支持大学生科技型创业，进而促进经济的转型升级；还可以通过产业园区的孵化器实现产业结构的升级换代，进而实现经济增长方式的转变。例如杜威漩（2019）研究发现，农民工返乡创业可以实现减贫效应；李宏英（2019）认为，农民工返乡创业可以实现农村的新文化耦合；许君如（2019）认为，高科技产业孵化器可以实现资源枯竭型城市的转型升级等。

上述研究只是表明了创业服务体系支持下创业的就业效应、全要素生产率效应和经济效应，并没有深化分析创业服务体系的异质性对资源枯竭型城市效应的影响，更不用说资源枯竭型城市追求上述效应的创业服务体系创新的机理了。

本书实证分析了创业服务体系差异下的上述三个效应，并通过比较它们的回归系数发现：创业服务体系的合法性服务对三个效应均有显著关系，但作用力度有限；资源性服务对就业效应有显著关系，但对全要素生产率效应和经济效应的关系不显著；机会识别性服务对三个效应均有显著关系，但对技术创造型新创企业发挥功效需要一定的外部调节因素；市场协调性服务对三个效应也均有显著关系，但同样需要一定的外部调节因素。这表明资源枯竭型城市创业服务体系的创新路径是有差异的，同时也启示我们：资源枯竭型城市创业服务体系的创新应该因地制宜、动态调整和科学管理。

7.1.5 资源枯竭型城市创业服务体系创新路径的指导原则是因地制宜、动态调整和科学管理

资源枯竭型城市创业服务体系创新的目的是促进新创企业健康成长，进而帮

助实现当地就业率的提升、经济转型升级和社会和谐发展。为此，资源枯竭型城市创业服务体系的创新包括体系指标和权重的创新（这里指内容）以及评价体系的创新（这里指执行中的目标选择和激励）。这也表明资源枯竭型城市创业服务体系的创新是一个动态的过程，其创新路径的指导原则应是因地制宜、动态调整和科学管理。

无论是杨凯瑞等（2019）对创业政策的数据分析，还是颜振军和侯寒（2019）对孵化器科技效率的评价分析，抑或黄聿舟等（2019）对创业政策的效果评价，都没有涉及创业服务体系的因地制宜、动态调整和科学管理。

基于资源枯竭型城市创业服务体系创新的原则，结合资源枯竭型城市的现状、资源禀赋、产业结构以及社会经济发展目标，本书用纳什模型、Salop 模型、Hotelling 模型和匹配模型分析并设计了创业服务体系中合法性服务创新的路径是大数据、互联网和云计算平台提供服务效率的提升；资源性服务创新的路径是信息传递和资源激励技术创造型新创企业以及行政服务市场需求型新创企业；机会识别性服务创新的路径是培育企业家精神；市场协调性服务创新的路径是构建资本—市场—大数据的创业平台。这为资源枯竭型城市科学、合理地通过创业服务体系创新实现当地就业率提升、经济转型升级和社会和谐发展提供了理论指导和现实参考依据。

7.2 管理启示

资源枯竭型城市创业服务体系构建的目的是鼓励创业以及促进新创企业科学成长，进而实现城市的就业、经济转型升级和社会和谐发展。为此，管理创业服务体系也是资源枯竭型城市实现上述目的的一种重要手段。本书对资源枯竭型城市创业服务体系创新的研究，不仅完善了创业服务体系的内容（指指标和权重），还对创业服务体系的执行与管理有以下启示：

7.2.1 差异管理

无论是创业氛围、创业机制、创业文化的研究，还是创业服务体系的构建，都只是提出了创业服务体系的共性。事实上，创业服务体系是有差异的，不仅体现在内容和权重的差异上，还体现在创业服务评价体系外部环境的差异上。尤其是资源枯竭型城市，其技术创造型创业和市场需求型创业的机会识别、资源需求和市场协调是有显著差异的。这就启示我们：资源枯竭型城市创业服务体系的执行与管理要注重差异管理。

刘伟江等（2019）实证分析提出，应根据各区域创新创业水平制定科技政策、应根据不同区域的资源配置程度调整创新创业对区域生产率的协同带动作用的政策建议。这里，资源枯竭型城市创业服务体系的差异管理在内容上要根据技术创造型创业和市场需求型创业的差异制定目标和权重的差异管理，在创业服务评价体系的执行和管理上要依据自身基础设施、产业结构、资源禀赋等现实条件制定科学、合理的差异化管理方法与措施。

7.2.2 机理管理

创业服务体系的合法性服务、资源性服务、机会识别性服务和市场协调性服务对技术创造型创业和市场需求型创业的作用机理是有差异的。这种差异不仅启示我们资源枯竭型城市的创业服务体系要差异管理，还要机理管理，这主要是因为技术创新型创业有助于城市经济的转型升级，而市场需求型创业有助于就业。二者的共性在于转型升级可以通过经济增长扩大市场需求，或者市场需求可以通过技术竞争促进转型升级，最终实现经济发展和社会和谐。

资源枯竭型城市由于资源禀赋、基础设施、产业结构等因素的差异，在利用创业服务体系发展技术创造型创业和市场需求型创业上作用机理是有显著差异的。例如，Cyert 和 March 认为，拥有更多的可支配资源赋予了管理者更多的资源运作权，管理者便会拥有更多余地去实施探索性创业行为；Adner 发现，市场需求不仅影响着新技术的引进，也影响着竞争者的行为，企业必须寻求新的资源以在破坏性技术创造的新市场中进行竞争。这对科技资源匮乏的资源枯竭型城市创业服务体系的管理启示就是：注重创业服务体系对技术创造型创业和市场需求型创业的作用机理管理。

7.2.3 逆环境和顺环境管理

外部环境通过影响机会识别进而影响创业服务体系的功效（段玲和张甜溪，2019）。在顺环境时期，经济发展扩大市场需求，进而会催生市场需求型创业；在逆环境时期，经济发展缓慢，就业率低，会促使政府注重技术创造型创业。资源枯竭型城市的转型升级是一个长期的、缓慢积累的过程，其创业服务体系的管理更应该注重逆环境和顺环境。

事实上，在财政分权、职位晋升竞争等制度背景下，我国资源枯竭型城市的行政官员更有动机推动经济的转型升级（周黎安，2007）。尤其是在顺环境下，政府行政官员会促进市场需求型创业。其结果是资源枯竭型城市获得了短期的经济增长，可也会由于忽视技术创造型创业而抑制了长期的经济转型升级。创业服务体系对技术创造型创业和市场需求型创业的作用机理差异启示我们：资源枯竭型城市创业服务体系的管理要注重逆环境和顺环境管理，即通过产学研合作（王伟光等，2015）、成立高新技术开发区和孵化基地（冯金余，2017）、财政补贴等措施创新创业服务体系，并注重创业服务体系的逆环境和顺环境管理，坚持以技术创造型创业为主，以市场需求型创业为辅，共同促进创业服务体系的动态调整。

7.2.4 激励管理

创业服务评价体系不仅是创业服务体系的量化，还是创业服务体系功效的考评标准，其执行管理的主体是人，是政府、新创企业、市场的利益相关者。各地区创业服务体系的管理已经开始注重了对人的激励管理，例如，文亮和李海珍（2010）提出，完善和提高创业企业激励体系和支持体系是影响中小企业创业绩效的关键因素。

资源枯竭型城市创业服务体系对城市就业、经济转型升级和社会和谐发展具有重要的战略地位，其促进市场需求型创业和技术创造型创业的作用机理是有差异的，这就要求其创业服务体系的管理更应该注重激励管理，其原因是：①提升创业服务体系的功效，以实现城市的发展目标；②动态调整并执行管理创业服务体系，以实现城市转型升级这一长期的战略任务；③发挥利益主体的创造性，个体在先前的工作经验中积累的顾客问题、市场知识，市场服务知识造就了创业者的"知识走廊"，会通过机会解读实现技术创造型创业。

7.2.5　注重持续性管理

创业服务体系的创新是一个动态的持续积累的过程（林龙飞和陈传波，2019），先后经历了放开个体经济、支持私营经济、鼓励非公有制经济、以创业带动就业等多个阶段。现今学者又从"产学研一体化"、"人工智能、大数据、云计算和互联网平台"以及"创客空间孵化器"等视角提出了创业服务体系的持续性创新管理。

资源枯竭型城市的创业服务体系同样是一个动态的持续积累的过程，它的管理更应该注重持续性。这里的持续性管理体现在：①利用人工智能、大数据、云计算和互联网平台更新信息数据，培育技术创造型创业机会的识别；②构建产学研一体化网络，促进创业认知学习、经验学习和实践学习，提升新创企业的资源整合能力和市场协调能力（尹俣潇等，2019）；③提升创业服务体系系统内的知识整合与创造能力。这种资源枯竭型城市创业服务体系的持续性动态激励管理才能更有效地发挥功效，实现城市转型升级和社会和谐发展。

7.3　研究展望

创业服务体系是通过政府或事业单位人员与创业者以及市场企业进行信息、资源和知识技能的交换、互动与整合来发挥功效的，而信息、资源和知识技能的交换和组合是价值创造的基础。这在一定程度上表明：创业服务体系在执行过程中可以通过深化信息交流、知识创造和市场协调为下一次创新奠定基础。为此，本书认为，资源枯竭型城市创业服务体系的创新还可以在以下四个方面进行拓展研究。

7.3.1 大数据、人工智能、互联网和云计算等新技术平台和创业服务体系的创新

大数据、人工智能、互联网和云计算等新技术已应用到创业服务体系上，提升了创业服务体系的效率。例如，互联网技术提升了创业服务体系的合法性服务效率，大数据提升了创业服务体系的机会识别效率（邵佩佩，2019）、人工智能和云计算提升了创业服务体系的资源配置效率。罗萧（2018）甚至提出了通过系统数字化运营平台来提升产业孵化器的效率。

大数据、人工智能、互联网和云计算等新技术平台还可以促进创业服务体系的创新。但鲜有学者从事这方面的研究。资源枯竭型城市可以利用大数据和云计算预测并识别技术创造型创业机会，然后通过互联网和人工智能管理这种机会，这就在一定程度上促进了资源枯竭型城市创业服务体系的创新，并能提升其创新绩效。为此，大数据、人工智能、互联网和云计算等新技术平台和创业服务体系创新的关系有待进一步深化研究，以期待其结论和建议有助于促进资源枯竭型城市的转型升级和社会和谐发展。

7.3.2 产业政策与创业服务体系之间的关系

产业政策是一个国家或地区根据自身的资源禀赋、产业发展规律制定的适合自身经济社会发展的政策，它具有普遍性。创业服务体系同样是一个国家或地区制定的鼓励创业的政策体系，二者通过企业而具有一定程度的关联性。

但鲜有学者直接研究产业政策与创业服务体系之间的关系，只是片面地从产业结构来研究创业服务体系的功效（芮正云和罗瑾琏，2019）。事实上，产业政策可以通过机会识别、资源整合、市场协调和合法性效率等影响创业服务体系的功效。为此，产业政策与创业服务体系之间的关系有待进一步深化研究，以期为资源枯竭型城市在通过产业政策和创业服务体系的整合实现转型升级和社会和谐发展方面提供更多的理论指导和现实参考依据。

7.3.3　市场协调与创业服务体系的创新

基于市场协调可以通过资源优化配置、降低交易成本和战略联盟实现新创企业的创建和成长，本书把市场协调作为资源枯竭型城市创业服务体系的一个维度进行研究。

事实上，市场协调还可以促进新创企业的机会识别和动态能力构建（易锐和夏清华，2018）。深化市场协调与技术创造型创业不仅可以拓展企业技术创业的外部影响因素，还可以丰富资源枯竭型城市产业转型升级的政策制定依据。无论是科技政策研究者，还是创业服务体系的执行者与管理者，都应该通过理论研究与案例分析进一步深化市场协调与创业服务体系之间的关系，洞察内在机理，为资源枯竭型城市的转型升级和社会和谐发展提供一定程度的理论指导。

7.3.4　产业集聚与创业服务体系的互动

产业集聚可以通过经济技术的外部性实现内生增长和产业转型升级，它现今已成为各地政府的一项重要政策，其理论依据是产业集聚可以实现规模经济、提升产业竞争力、降低交易成本和知识共享（Krugman，1991；Williamson，1995；波特，2012；马歇尔，1997）。我国资源枯竭型城市的经济转型和升级同样注重产业集聚。但鲜有理论研究产业集聚和创业服务体系互动。产业集聚结合大数据、人工智能、云计算和互联网可以实现创业机会的识别、市场协调以及资源整合（孙骞和欧光军，2018；阳银娟，2017；余维臻和余克艰，2018；侯光文和薛惠锋，2017；蒋天颖等，2009）。一旦深化研究产业集聚和创业服务体系的互动，并得出一些有价值的理论创新，那么，将更有助于资源枯竭型城市创业服务体系的创新，进而推进城市的就业、经济转型升级和社会和谐发展。

附 录

附录 1 《企业知识整合能力对创业
服务的作用机理》调查问卷

一、企业基本情况

1. 贵公司成立的时间_____

2. 贵公司所在地区_____省_____市

3. 贵公司主营业务所属行业_____

4. 贵公司目前员工数：（　　）

A. 100 人及以下　B. 101～300 人　C. 301～1000 人　D. 1001～3000 人

E. 3000 人以上

5. 贵公司的所有制性质　A. 国有　B. 民营　C. 外资

6. 贵公司的资产规模：（　　）

A. 100 万元及以下　B. 101 万元至 300 万元　C. 301 万元至 1000 万元

D. 1001 万元至 3000 万元　E. 3000 万元至 1 亿元　F. 1 亿元以上

7. 您在目前企业工作年限_____

二、企业知识整合能力

根据企业的实际符合程度打分，请在数字上打"√"。

名称	极不符合	较不符合	一般	比较符合	完全符合
1. 贵公司能迅速收集并分析与本行业产品、服务等相关的数据、信息和知识	1	2	3	4	5
2. 贵公司鼓励员工敞开心扉地交谈，不断吸收新知识	1	2	3	4	5
3. 贵公司重视从外部获取商业数据、行业信息和调查资料，不断吸收新知识	1	2	3	4	5
4. 贵公司重视外部知识联盟的建立，同银行、咨询公司建立联系，听取它们的观点，每次开会讨论时都请外部人员参加，广泛吸取意见	1	2	3	4	5
5. 贵公司重视学习其他组织的最佳方法以期改进本公司的产品及/或流程	1	2	3	4	5
6. 贵公司有措施选取重要知识	1	2	3	4	5
7. 贵公司有相应的程序和渠道将知识传播至各个部门和个人	1	2	3	4	5
8. 贵公司总是鼓励员工发展自己的工作能力	1	2	3	4	5
9. 贵公司有措施促进创新的知识在员工间和部门间的共享	1	2	3	4	5
10. 贵公司采用多种形式，加强公司员工之间的联系，共享信息、思想，交换心智模式	1	2	3	4	5
11. 贵公司总是鼓励形成自己的技术诀窍	1	2	3	4	5

三、企业战略能力

根据企业的实际符合程度打分，请在数字上打"√"

名称	极不符合	较不符合	一般	比较符合	完全符合
1. 贵公司鉴别、分析和预测动态的环境机会和环境威胁的能力	1	2	3	4	5
2. 贵公司鉴别、分析和预测动态的企业优势和企业劣势的能力	1	2	3	4	5
3. 贵公司洞察和判断竞争规则变化的能力	1	2	3	4	5
4. 贵公司参与战略决策主体的知识容量、知识结构、知识转换的能力	1	2	3	4	5

续表

名称	极不符合	较不符合	一般	比较符合	完全符合
5. 贵公司参与战略决策主体分析的能力	1	2	3	4	5
6. 贵公司战略形成方式和企业成长各阶段的技术、结构、文化、资源及外部环境的协调性	1	2	3	4	5
7. 贵公司战略执行绩效的阶段性评价能力	1	2	3	4	5
8. 贵公司信息沟通和反馈渠道的通畅度	1	2	3	4	5
9. 贵公司战略制定和战略执行的衔接能力	1	2	3	4	5
10. 贵公司产生及吸纳紧急性战略的能力	1	2	3	4	5
11. 贵公司可用的信息处理的基础设施	1	2	3	4	5
12. 贵公司所获取信息的多样性、可靠性、及时性	1	2	3	4	5
13. 贵公司信息分析的能力	1	2	3	4	5
14. 贵公司保证信息进入战略决策的制度保障能力	1	2	3	4	5
15. 贵公司确定一个长期的可持续发展战略的能力	1	2	3	4	5
16. 贵公司催发企业成员产生创新行为的机制	1	2	3	4	5
17. 贵公司核心价值观及个人价值观实现战略首创性的相关度	1	2	3	4	5
18. 贵公司对创新行为的评价和奖励机制	1	2	3	4	5
19. 贵公司评价战略创意的战略重要性的能力	1	2	3	4	5
20. 贵公司评价战略创意和企业已有的能力体系的相关性的能力	1	2	3	4	5
21. 贵公司整合管理研发、原型生产、制造、营销、人力资源、财务等职能部门的能力	1	2	3	4	5
22. 贵公司支撑战略创意的资源配置能力	1	2	3	4	5

四、动态环境程度

根据企业的实际符合程度打分，请在数字上打"√"

项目	极不符合	较不符合	一般	比较符合	完全符合
1. 本行业的产品或服务更新很快	1	2	3	4	5
2. 竞争者行为很难预测	1	2	3	4	5
3. 本行业的技术进步很快	1	2	3	4	5

续表

项目	极不符合	较不符合	一般	比较符合	完全符合
4. 顾客需求的变化情况很难预测	1	2	3	4	5
5. 竞争强度越来越激烈	1	2	3	4	5
6. 顾客要求越来越高	1	2	3	4	5
7. 我们所需的资源越来越难获取	1	2	3	4	5
8. 供应商力量越来越强大	1	2	3	4	5
9. 竞争者行为越来越多样化	1	2	3	4	5

五、创新绩效

名称	数值
1. 新产品或服务的市场占有率	（请填数值）
2. 新产品或服务的利润率	（请填数值）
3. 新产品或服务的更新频率	1　2　3　4　5
4. 工艺的改进频率	1　2　3　4　5
5. 公司商业模式的效率	1　2　3　4　5
6. 组织的运营效率	1　2　3　4　5

六、关键变量控制因素

根据企业的实际符合程度打分，请在数字上打"√"

名称	极不符合	较不符合	一般	比较符合	完全符合
1. 高管团队的教育背景很丰富	1	2	3	4	5
2. 高管团队有相关行业的工作经验	1	2	3	4	5
3. 高管团队成员有很好的互补性	1	2	3	4	5
4. 高管团队成员默契配合、互相信任	1	2	3	4	5
5. 高管团队讲诚信、声誉好	1	2	3	4	5
6. 高管团队有共同的战略愿景	1	2	3	4	5
7. 员工可以根据情况变化适时修改工作程序	1	2	3	4	5
8. 员工能对与其工作有关的决策发表意见或具有影响力	1	2	3	4	5

续表

名称	极不符合	较不符合	一般	比较符合	完全符合
9. 员工参与决策的程度很高	1	2	3	4	5
10. 公司看重分散决策	1	2	3	4	5
11. 组织结构能迅速改变形式与功能	1	2	3	4	5
12. 企业有较充分的生产能力以抓住可能的机会	1	2	3	4	5
13. 企业在经营上受资金限制较少	1	2	3	4	5
14. 企业有较多的熟练员工	1	2	3	4	5
15. 企业有较多的后备干部	1	2	3	4	5
16. 公司成员很乐意与他人分享自己的观点	1	2	3	4	5
17. 公司对过去经验的依赖恰好合适	1	2	3	4	5
18. 公司能够接受并支持来自组织低层的创意	1	2	3	4	5
19. 公司支持探索性工作	1	2	3	4	5
20. 各层级的员工都具有团队精神	1	2	3	4	5
21. 公司将每位员工视为信息源	1	2	3	4	5
22. 公司经常听取外部专家建议	1	2	3	4	5
23. 公司采取了明确而恰当的获取和共享组织知识的行动	1	2	3	4	5
24. 公司鼓励员工经常交流	1	2	3	4	5

问卷结束，请再检查有否遗漏，衷心感谢！祝您万事如意、工作顺利！祝贵公司基业长青！

附录2　资源枯竭型城市创业服务体系满意度调查问卷

尊敬的先生/女士：

首先感谢您的参与和支持，此问卷是想了解资源枯竭型城市创业服务体系的满意度，通过满意度情况获取资源枯竭型城市创业服务体系的现状、问题及改进方向。本调查完全采用不记名形式，所得资料仅供研究所用。谢谢合作！

第一部分　基本资料

1. 性别：（　　）　　A. 男　B. 女

2. 年龄：（　　）

A. 25 岁及以下　B. 26~30 岁　C. 31~35 岁　D. 36~40 岁　E. 40 岁以上

3. 学历：（　　）

A. 初中及以下　B. 高中　C. 专科　D. 本科　E. 硕士及以上

4. 您的身份是：（　　）

A. 大学生　B. 返乡农民工　C. 科研技术人员　D. 城镇登记失业人员　E. 其他

5. 您创业的年限：（　　）

A. 正准备创业　B. 1 年以内　C. 1~2 年　D. 2~3 年　E. 3 年以上

6. 您创业的行业：（　　）

A. 种植、养殖、渔业　B. 产品制造与加工　C. 家政、培训、物流等第三产业
D. 互联网、电子商务等新技术行业　E. 其他行业

第二部分　资源枯竭型城市创业服务体系满意度

说明：本部分的各个题项是对您在创业或者想要创业过程中，接触到的各种创业服务。请根据您所在城市和自己的实际情况，对这些题项的说法做出选择，在右边最符合您情况的等级数字上打"√"。很不满意：表示自己根本没有此类服务；不满意：表示虽然享受到此类服务，但基本上没有取得效果；满意：表示享受到此类服务，并从中获得一定实效，但与预期效果或其他人相比有一定差距；比较满意：表示享受到此类服务，能达到预期效果；非常满意：表示享受到此类政策，并享受到比别人更多的好处。

根据实际情况，请在数字上打"√"

名称	很不满意	不满意	基本满意	比较满意	非常满意
1. 培训师资包括高校教育专家、教授	0	1	2	3	4

名称	很不满意	不满意	基本满意	比较满意	非常满意
2. 网络系统平台稳定，视频课程播放流畅	0	1	2	3	4
3. 课程设置既注重理论学习，也注重教学实践	0	1	2	3	4
4. 课程培训以观看和评析创业案例的形式进行	0	1	2	3	4
5. 培训过程管理规范，信息传递及时顺畅	0	1	2	3	4
6. 培训师资包括经验丰富的一线创业导师	0	1	2	3	4
7. 创业培训内容包括当前最新的创业理念与模式	0	1	2	3	4
8. 创业培训内容有针对性，应用性和可操作性强	0	1	2	3	4
9. 创业培训时间设置很人性化	0	1	2	3	4
10. 创业培训内容通俗易懂，比较容易接受	0	1	2	3	4
11. 有常设的创业培训机构	0	1	2	3	4
12. 和高校、科技园有比较良好的培训合作模式	0	1	2	3	4
13. 提供融资担保	0	1	2	3	4
14. 有风险融资机制	0	1	2	3	4
15. 提供专利质押服务	0	1	2	3	4
16. 提供授信贷款服务	0	1	2	3	4
17. 为企业招商引资提供洽谈会	0	1	2	3	4
18. 有小微企业融资政策	0	1	2	3	4
19. 有鼓励大学生、农民工、女性等群体创业的金融政策	0	1	2	3	4
20. 为创业者融资提供咨询和信息服务	0	1	2	3	4
21. 有减免创业者的税费政策	0	1	2	3	4
22. 对优秀的创业者提供金融支持	0	1	2	3	4
23. 为再次创业者提供融资服务	0	1	2	3	4
24. 能积极落实国家的各类创业融资政策	0	1	2	3	4
25. 有扶持创业的孵化器或者基地	0	1	2	3	4
26. 出台了促进创业孵化的政策	0	1	2	3	4
27. 有不同类型的创业产业园地	0	1	2	3	4
28. 建立了产学研合作体系	0	1	2	3	4
29. 为不同类型的创业者提供工商、税务、消防、安全等服务	0	1	2	3	4
30. 提供法律服务	0	1	2	3	4
31. 积极推动"互联网+"创业、众创服务	0	1	2	3	4
32. 创业者进入孵化基地的基本服务	0	1	2	3	4

续表

名称	很不满意	不满意	基本满意	比较满意	非常满意
33. 营造创业文化和推动创业宣传	0	1	2	3	4
34. 政府部门创业服务态度和效果良好	0	1	2	3	4
35. 政府部门有后续的跟踪和扶持创业服务	0	1	2	3	4
36. 针对创业进行调查访问与研究	0	1	2	3	4
37. 提供科技创新平台	0	1	2	3	4
38. 提供产品质量检测服务	0	1	2	3	4
39. 提供商品包装服务	0	1	2	3	4
40. 提供商品物流服务	0	1	2	3	4
41. 提供商品营销服务	0	1	2	3	4
42. 有各类电子商务平台	0	1	2	3	4
43. 大数据、物联网方面的基础设施建设	0	1	2	3	4
44. 提供先进的融资技术与模式	0	1	2	3	4
45. 为新创企业提供技术研发基金	0	1	2	3	4
46. 为新创企业提供创牌奖励	0	1	2	3	4
47. 为新创企业引入技术专家指导	0	1	2	3	4
48. 为新创企业技术人员提供发展平台	0	1	2	3	4
49. 为新创企业提供众创模式融资服务	0	1	2	3	4
50. 为新创企业提供信息咨询服务	0	1	2	3	4
51. 为新创企业提供外包服务	0	1	2	3	4
52. 为新创企业提供报关、报检服务	0	1	2	3	4
53. 为新创企业提供财务代理服务	0	1	2	3	4
54. 为新创企业提供项目申报服务	0	1	2	3	4
55. 为新创企业提供知识产权保护服务	0	1	2	3	4
56. 为新创企业提供广告宣传服务	0	1	2	3	4
57. 为新创企业提供注册登记领办服务	0	1	2	3	4
58. 为新创企业提供会展服务	0	1	2	3	4
59. 为新创企业提供技术转移服务					
60. 为新创企业提供人力资源服务（培训、招聘、绩效考核等）					

其中，创业服务体系的各大指标包含的题项如下：

创业融资服务体系：第 13~24 项

创业培训服务体系：第 1~12 项

创业技术服务体系：第 37~48 项

创业政务服务体系：第 25~36 项

创业中介服务体系：第 49~60 项

附录 3　中国资源枯竭型城市创业服务创新评价体系指标设计

一级指标	二级指标 （权重%）	三级指标 （权重%）	四级指标	
			指标	权重（%）
中国资源枯竭型城市创业服务创新评价体系	信息获取 （20）	信息资源体系的完整性 （50）	共享型创业项目库数目	10
			创业数字图书馆数目	10
			综合信息服务平台数目	10
			企业信息服务种类数	10
		信息咨询服务的多元化 （50）	创业政策咨询导师数	10
			创业社区活动频率	10
			创业经验交流群数	10
			创业社区活动参与度	10
	服务感知 （20）	帮助意愿 （60）	创业服务人员主动帮助用户事件数	10
			创业服务人员了解用户需求的程度	10
			创业服务人员指导用户的信心程度	10
			创业服务人员服务态度评分	10
			创业服务人员职业操守评分	10
		帮助能力 （40）	可靠解决用户提出的问题数	20
			创业服务人员解决问题的能力评分	20

续表

一级指标	二级指标 （权重%）	三级指标 （权重%）	四级指标	
			指标	权重（%）
中国资源枯竭型 城市创业服务 创新评价体系	创业环境 （20）	创业硬环境 （30）	创业场地面积	10
			硬件设施覆盖率	10
			创业服务人员平均工资	10
		创业软环境 （70）	制度建设完善程度	10
			管理团队专业化程度	10
			软件配套完善程度	10
			金融、资金扶持体系完善程度	10
			风险补偿机制完善程度	10
	个人控制 （40）	用户便捷性 （70）	用户使用园区提供的配套设施的方便程度评分	15
			用户获得创业信息资源的方便程度评分	15
			用户参与各类创业活动的方便程度评分	20

说明：基于中国资源枯竭型城市创业服务创新内涵，在中国资源枯竭型城市创业服务创新评价中，不仅要考虑中国资源枯竭型城市经济社会发展实际，还要平衡宏观、中观和微观三者之间的关系。为此，本书在充分借鉴1998年美国巴布森学院和英国伦敦商学院共同推出的旨在跟踪和研究世界各地创业环境和创业活力的国际性研究项目"全球创业观察"（Global Entrepreneurship Monitor，GEM）研究思路的基础上，遵循代表性、系统性、可操作性原则，从信息获取、服务感知、创业环境和个人控制四个方面，构建了中国资源枯竭型城市创业服务创新评价体系。

附录4　2007～2018年我国资源枯竭型城市
创业服务创新评价

城市	2007年	2008年	2009年	2010年	2011年	2012年	2013年	2014年	2015年	2016年	2017年	2018年	平均值
韶关	0.743	0.786	0.808	0.812	0.776	0.783	0.809	0.847	0.863	0.836	0.847	0.856	0.813
泸州	0.678	0.694	0.693	0.714	0.780	0.776	0.793	0.790	0.776	0.768	0.788	0.789	0.753

城市	2007年	2008年	2009年	2010年	2011年	2012年	2013年	2014年	2015年	2016年	2017年	2018年	平均值
焦作	0.675	0.649	0.698	0.677	0.697	0.701	0.723	0.734	0.745	0.761	0.781	0.788	0.719
枣庄	0.681	0.674	0.642	0.604	0.625	0.616	0.599	0.629	0.642	0.643	0.653	0.661	0.639
黄石	0.669	0.638	0.603	0.566	0.606	0.558	0.553	0.568	0.564	0.496	0.534	0.513	0.572
淮北	0.607	0.591	0.552	0.522	0.530	0.548	0.560	0.576	0.582	0.563	0.567	0.570	0.564
盘锦	0.494	0.477	0.452	0.449	0.497	0.488	0.494	0.506	0.510	0.445	0.463	0.473	0.479
濮阳	0.477	0.458	0.451	0.419	0.446	0.431	0.443	0.465	0.470	0.486	0.476	0.465	0.468
萍乡	0.479	0.466	0.493	0.461	0.456	0.437	0.427	0.441	0.455	0.450	0.457	0.464	0.457
新余	0.413	0.418	0.421	0.407	0.425	0.442	0.456	0.448	0.478	0.448	0.453	0.468	0.440
石嘴山	0.358	0.382	0.392	0.383	0.400	0.429	0.434	0.423	0.440	0.436	0.443	0.432	0.413
抚顺	0.410	0.378	0.384	0.365	0.395	0.389	0.406	0.403	0.456	0.418	0.432	0.428	0.403
阜新	0.459	0.436	0.400	0.394	0.390	0.396	0.401	0.413	0.419	0.367	0.381	0.402	0.401
景德镇	0.397	0.406	0.384	0.397	0.417	0.398	0.386	0.391	0.401	0.397	0.407	0.403	0.389
白银	0.380	0.369	0.381	0.360	0.371	0.379	0.372	0.413	0.420	0.412	0.409	0.421	0.379
铜陵	0.337	0.350	0.341	0.344	0.342	0.364	0.378	0.383	0.365	0.390	0.377	0.389	0.371
铜川	0.353	0.349	0.329	0.335	0.329	0.318	0.320	0.313	0.314	0.348	0.353	0.346	0.332
乌海	0.315	0.300	0.305	0.306	0.333	0.342	0.343	0.349	0.340	0.336	0.343	0.338	0.326
白山	0.348	0.327	0.332	0.322	0.324	0.331	0.278	0.327	0.317	0.314	0.324	0.320	0.320
辽源	0.358	0.316	0.319	0.323	0.336	0.301	0.268	0.317	0.315	0.298	0.312	0.307	0.312
伊春	0.282	0.288	0.295	0.277	0.303	0.269	0.267	0.267	0.264	0.252	0.263	0.259	0.261
双鸭山	0.288	0.275	0.273	0.274	0.270	0.261	0.253	0.256	0.252	0.239	0.241	0.254	0.258
七台河	0.263	0.262	0.267	0.240	0.255	0.247	0.230	0.231	0.219	0.200	0.207	0.215	0.234
鹤岗	0.225	0.227	0.223	0.222	0.243	0.238	0.235	0.246	0.239	0.226	0.233	0.241	0.232

　　说明：本次评价采用国家发展和改革委员会确定的三批中国资源枯竭型城市中24个地级市2007~2018年相关面板数据，数据来源为历年《中国统计年鉴》《中国金融统计年鉴》《中国能源统计年鉴》《中国环境统计年鉴》《中国劳动统计年鉴》《中国城市统计年鉴》《中国城市建设统计年鉴》《中国高技术产业统计年鉴》，以及上述各城市的统计公报等。评价数据采用以下方法进行标准化处理。正向指标，标准化值＝实际值÷目标参考值，当实际值大于目标参考值时，令标准化值＝1。逆向指标，标准化值＝目标参考值÷实际值，当实际值小于目标参考

值时，令标准化值=1。对于适中型指标，采用阶段阈值法。其中，目标参考值的选择方法：正向指标取样本最大值，逆向指标取样本最小值，适中指标根据国际经验和国家相关规定选择标准值。样本最值的选择先考察该指标的前10位整体分布情况，如果分布相对集中，则直接取最值；如果分布比较分散，则视具体情况进行调整。部分缺失数据采用插值法处理。

通过中国资源枯竭型城市创业服务创新评价结果，可以发现，我国24个资源枯竭型城市创业服务发展情况不尽相同，其中韶关市、泸州市、枣庄市、焦作市一直保持稳定的发展势头；鹤岗市、七台河市和双鸭山市增长乏力，城市创业服务水平一直比较低迷。总的来说，资源枯竭型城市创业服务发展水平同城市的经济社会发展基础，国家的政策扶持，以及地理环境、自然资源关系很大，例如受东北经济持续低迷的影响，阜新市、乌海市、白山市、辽源市、伊春市、鹤岗市和七台河市一直处在创业服务发展水平的末端，其创业服务水平一直未能发展起来，无法形成有效的新经济增长点，严重阻碍了上述这些城市的经济转型发展，这也是形成"东北困境"的一个根本原因。

附录5　我国有关创业政策文件

国务院办公厅关于进一步做好
高校毕业生等青年就业创业工作的通知

国办发〔2022〕13号

各省、自治区、直辖市人民政府，国务院各部委、各直属机构：

高校毕业生等青年就业关系民生福祉、经济发展和国家未来。为贯彻落实党中央、国务院决策部署，做好当前和今后一段时期高校毕业生等青年就业创业工作，经国务院同意，现就有关事项通知如下。

一、多渠道开发就业岗位

（一）扩大企业就业规模。坚持在推动高质量发展中强化就业优先导向，加快建设现代化经济体系，推进制造业转型升级，壮大战略性新兴产业，大力发展现代服务业，提供更多适合高校毕业生的就业岗位。支持中小微企业更多吸纳高校毕业生就业，按规定给予社会保险补贴、创业担保贷款及贴息、税费减免等扶持政策，对吸纳高校毕业生就业达到一定数量且符合相关条件的中小微企业，在安排纾困资金、提供技术改造贷款贴息时予以倾斜；对招用毕业年度高校毕业生并签订1年以上劳动合同的中小微企业，给予一次性吸纳就业补贴，政策实施期限截至2022年12月31日；建立中小微企业专业技术人员职称评定绿色通道和申报兜底机制，健全职业技能等级（岗位）设置，完善职业技能等级认定机制，落实科研项目经费申请、科研成果等申报与国有企事业单位同类人员同等待遇。设置好"红灯"、"绿灯"，促进平台经济健康发展，带动更多就业。稳定扩大国有企业招聘规模，指导企业规范发布招聘信息，推进公开招聘。（国家发展改革委、科技部、工业和信息化部、财政部、人力资源社会保障部、商务部、人民银行、国务院国资委、税务总局、市场监管总局等按职责分工负责）

（二）拓宽基层就业空间。结合实施区域协调发展、乡村振兴等战略，适应基层治理能力现代化建设需要，统筹用好各方资源，挖掘基层就业社保、医疗卫生、养老服务、社会工作、司法辅助等就业机会。社区专职工作岗位出现空缺要优先招用或拿出一定数量专门招用高校毕业生。继续实施"三支一扶"计划、农村特岗教师计划、大学生志愿服务西部计划等基层服务项目，合理确定招募规模。对到中西部地区、艰苦边远地区、老工业基地县以下基层单位就业的高校毕业生，按规定给予学费补偿和国家助学贷款代偿、高定工资等政策，对其中招聘为事业单位正式工作人员的，可按规定提前转正定级。（中央组织部、最高人民法院、最高人民检察院、教育部、民政部、财政部、人力资源社会保障部、农业农村部、国家卫生健康委、共青团中央等按职责分工负责）

（三）支持自主创业和灵活就业。落实大众创业、万众创新相关政策，深化高校创新创业教育改革，健全教育体系和培养机制，汇集优质创新创业培训资源，对高校毕业生开展针对性培训，按规定给予职业培训补贴。支持高校毕业生自主创业，按规定给予一次性创业补贴、创业担保贷款及贴息、税费减免等政策，政府投资开发的创业载体要安排30%左右的场地免费向高校毕业生创业者提供。支持高校毕业生发挥专业所长从事灵活就业，对毕业年度和离校2年内未就业高校毕业生实现灵活就业的，按规定给予社会保险补贴。（国家发展改革委、教育部、科技部、财政部、人力资源社会保障部、人民银行、税务总局、市场监管总局等按职责分工负责）

（四）稳定公共部门岗位规模。今明两年要继续稳定机关事业单位招录（聘）高校毕业生的规模。深化落实基层法官检察官助理规范便捷招录机制，畅通政法专业高校毕业生进入基层司法机关就业渠道。支持承担国家科技计划（专项、基金等）的高校、科研院所和企业扩大科研助理岗位规模。充分考虑新冠肺炎疫情影响和高校毕业生就业需要，合理安排公共部门招录（聘）和相关职业资格考试时间。受疫情影响严重地区，在2022年12月31日前可实施中小学、幼儿园、中等职业学校教师资格"先上岗、再考证"阶段性措施。（中央组织部、最高人民法院、最高人民检察院、教育部、科技部、人力资源社会保障部等按职责分工负责）

二、强化不断线就业服务

（五）精准开展困难帮扶。要把有劳动能力和就业意愿的脱贫家庭、低保家庭、零就业家庭高校毕业生，以及残疾高校毕业生和长期失业高校毕业生作为就业援助的重点对象，提供"一人一档"、"一人一策"精准服务，为每人至少提供3~5个针对性岗位信息，优先组织参加职业培训和就业见习，及时兑现一次性求职创业补贴，千方百计促进其就业创业。对通过市场渠道确实难以就业的困难高校毕业生，可通过公益性岗位兜底安置。实施"中央专项彩票公益金宏志助航计划"；面向困难高校毕业生开展就业能力培训。实施共青团促进大学生就业行动，面向低收入家庭高校毕业生开展就业结对帮扶。及时将符合条件的高校毕业生纳入临时救助等社会救助范围。实施国家助学贷款延期还款、减免利息等支持举措，延期期间不计复利、不收罚息、不作为逾期记录报送。（教育部、民政部、财政部、人力资源社会保障部、人民银行、共青团中央、中国残联、开发银行等按职责分工负责）

（六）优化招聘服务。推进公共就业服务进校园，逐步实现公共就业招聘平台和高校校园网招聘信息共享。建立高校毕业生就业岗位归集机制，广泛收集机关事业单位、各类企业、重大项目等高校毕业生就业岗位需求计划，集中向社会发布并动态更新。构建权威公信的高校毕业生就业服务平台，密集组织线上线下专项招聘服务，扩大国家24365大学生就业服务平台、百日千万网络招聘、"千校万岗"、中小企业网上百日招聘等招聘平台和活动影响力。积极组织服务机构、用人单位进校园招聘。（教育部、工业和信息化部、人力资源社会保障部、国务院国资委、共青团中央、全国工商联等按职责分工负责）

（七）加强就业指导。健全高校学生生涯规划与就业指导体系，开展就业育人主题教育活动，引导高校毕业生树立正确的职业观、就业观和择业观。注重理论与实践相结合，开展多种形式的模拟实训、职业体验等实践教学，组织高校毕业生走进人力资源市场，参加职业能力测评，接受现场指导。高校要按一定比例配齐配强就业指导教师，就业指导教师可参加相关职称评审。打造一批大学生就业指导名师、优秀职业指导师、优秀就业指导课程和教材。举办全国大学生职业规划大赛，增强大学生生涯规划意识，指导其及早做好就业准备。（教育部、人力资源社会保障部、共青团中央等按职责分工负责）

（八）落实实名服务。深入实施离校未就业高校毕业生就业创业促进计划，强化教育、人力资源社会保障部门离校前后信息衔接，持续跟进落实实名服务。运用线上失业登记、求职登记小程序、基层摸排等各类渠道，与有就业意愿的离校未就业高校毕业生普遍联系，为每人免费提供1次职业指导、3次岗位推荐、1次职业培训或就业见习机会。（人力资源社会保障部牵头，教育部等按职责分工负责）

（九）维护就业权益。开展平等就业相关法律法规和政策宣传，坚决防止和纠正性别、年龄、学历等就业歧视，依法打击"黑职介"、虚假招聘、售卖简历等违法犯罪活动，坚决治理付费实习、滥用试用期、拖欠试用期工资等违规行为。督促用人单位与高校毕业生签订劳动（聘用）合同或就业协议书，明确双方的权利义务、违约责任及处理方式，维护高校毕业生合法就业权益。对存在就业歧视、欺诈等问题的用人单位，及时向高校毕业生发布警示提醒。（教育部、公安部、人力资源社会保障部、市场监管总局、全国妇联等按职责分工负责）

三、简化优化求职就业手续

（十）稳妥有序推动取消就业报到证。从 2023 年起，不再发放《全国普通高等学校本专科毕业生就业报到证》和《全国毕业研究生就业报到证》（以下统称就业报到证），取消就业报到证补办、改派手续，不再将就业报到证作为办理高校毕业生招聘录用、落户、档案接收转递等手续的必需材料。（中央组织部、教育部、公安部、人力资源社会保障部等按职责分工负责）

（十一）提供求职就业便利。取消高校毕业生离校前公共就业人才服务机构在就业协议书上签章环节，取消高校毕业生离校后到公共就业人才服务机构办理报到手续。应届高校毕业生可凭普通高等教育学历证书、与用人单位签订的劳动（聘用）合同或就业协议书，在就业地办理落户手续（超大城市按现有规定执行）；可凭普通高等教育学历证书，在原户籍地办理落户手续。教育部门要健全高校毕业生网上签约系统，方便用人单位与高校毕业生网上签约，鼓励受疫情影响地区用人单位与高校毕业生实行网上签约。对延迟离校的应届高校毕业生，相应延长报到入职、档案转递、落户办理时限。（教育部、公安部、人力资源社会保障部等按职责分工负责）

（十二）积极稳妥转递档案。高校要及时将毕业生登记表、成绩单等重要材料归入学生档案，按照有关规定有序转递。到机关、国有企事业单位就业或定向招生就业的，转递至就业单位或定向单位；到非公单位就业的，转递至就业地或户籍地公共就业人才服务机构；暂未就业的，转递至户籍地公共就业人才服务机构。档案涉密的应通过机要通信或派专人转递。公共就业人才服务机构要主动加强与高校的沟通衔接，动态更新机构服务信息，积极推进档案政策宣传服务进校园，及时接收符合转递规定的学生档案。档案管理部门要及时向社会公布服务机构名录和联系方式。（中央组织部、教育部、人力资源社会保障部、国家邮政局等按职责分工负责）

（十三）完善毕业去向登记。从 2023 年起，教育部门建立高校毕业生毕业去向登记制度，作为高校为毕业生办理离校手续的必要环节。高校要指导毕业生（含结业生）及时完成毕业去向登记，核实信息后及时报省级教育部门备案。实行定向招生就业办法的高校毕业生，省级教育部门和高校要指导其严格按照定向协议就业并登记去向信息。高校毕业生到户籍和档案接收管理部门办理相关手续时，教育部门应根据有关部门需要和毕业生本人授权，提供毕业生离校时相应去向登记信息查询核验服务。（教育部、人力资源社会保障部等按职责分工负责）

（十四）推进体检结果互认。指导用人单位根据工作岗位实际，合理确定入职体检项目，不得违法违规开展乙肝、孕检等检测。对外科、内科、胸透 X 线片等基本健康体检项目，高校毕业生近 6 个月内已在合规医疗机构进行体检的，用人单位应当认可其结果，原则上不得要求其重复体检，法律法规另有规定的从其规定。用人单位或高校毕业生对体检结果有疑问的，经协商可提出复检、补检要求。高校可不再组织毕业体检。（教育部、人力资源社会保障部、国家卫生健康委等按职责分工负责）

四、着力加强青年就业帮扶

（十五）健全青年就业服务机制。强化户籍地、常住地就业失业管理服务责任，允许到本地就业创业的往届高校毕业生、留学回国毕业生及失业青年进行求职登记、失业登记，提供均等化基本公共就业服务，按规定落实就业创业扶持政策。实施青年就业启航计划，对有就业意愿的失业青年，开展职业素质测评，制定求职就业计划，提供针对性岗位信息，组织志愿服务、创业实践等活动。对长期失业青年，开展实践引导、分类指导、跟踪帮扶，提供就业援助，引导他们自强自立、及早就业创业。（人力资源社会保障部、共青团中央等按职责分工负责）

（十六）提升职业技能水平。适应产业转型升级和市场需求，高质量推动产训结合和职业技能培训资源共建共享，扩大青年职业技能培训规模，拓展学徒培训、技能研修、新职业培训等多种模式，举办各类职业技能竞赛活动。鼓励高校毕业生等青年在获得学历证书的同时获得相关职业资格证书或职业技能等级证书，对需要学历学位证书作为报考条件的，允许先参加考试评定，通过考试评定的，待取得相关学历学位证书后再发放职业资格证书或职业技能等级证书。（国家发展改革委、教育部、财政部、人力资源社会保障部等按职责分工负责）

（十七）扩大就业见习规模。实施百万就业见习岗位募集计划，支持企事业单位、社会组织、政府投资项目、科研项目等设立见习岗位，按规定给予就业见习补贴。鼓励有条件的地方或用人单位为见习人员购买商业医疗保险，提高见习保障水平。离校未就业高校毕业生到基层实习见习基地参加见习或者到企事业单位参加项目研究的，视同基层工作经历，自报到之日起算。实施大学生实习"扬帆计划"，广泛开展各级政务实习、企业实习和职业体验活动。（人力资源社会保障部牵头，中央组织部、教育部、科技部、工业和信息化部、民政部、财政部、商务部、国务院国资委、共青团中央、全国工商联等按职责分工负责）

五、压紧压实工作责任

（十八）加强组织领导。各地区各部门各高校要以习近平新时代中国特色社会主义思想为指导，认真贯彻落实党中央、国务院决策部署，把高校毕业生等青年就业作为就业工作重中之重，作为政府绩效考核和高校绩效考核内容，将帮扶困难高校毕业生就业作为重点，明确目标任务，细化具体举措，强化督促检查。各有关部门要立足职责，密切配合，同向发力，积极拓宽就业渠道，加快政策落实。（各有关部门和单位、各省级人民政府按职责分工负责）

（十九）强化工作保障。要根据本地区高校毕业生等青年就业形势和实际需要，统筹安排资金，加强人员保障，确保工作任务和政策服务落实。健全公共就业服务体系，实施提升就业服务质量工程，增强对高校毕业生等青年就业指导服务的针对性有效性。运用政府购买服务机制，支持经营性人力资源服务机构、社会组织等市场力量参与就业服务、职业指导、职业培训等工作。（各有关部门和单位、各省级人民政府按职责分工负责）

（二十）做好宣传引导。开展就业政策服务专项宣传，及时提供通俗易懂的政策解读。开展"最美基层高校毕业生"、"基层就业出征仪式"等典型宣传活动，引导高校毕业生等青年将职业选择融入国家发展，在奋斗中实现人生价值。做好舆论引导，及时回应社会关切，稳定就业预期。（各有关部门和单位、各省级人民政府按职责分工负责）

国务院办公厅

2022 年 5 月 5 日

国务院办公厅关于进一步
支持大学生创新创业的指导意见

国办发〔2021〕35 号

各省、自治区、直辖市人民政府，国务院各部委、各直属机构：

纵深推进大众创业万众创新是深入实施创新驱动发展战略的重要支撑，大学生是大众创业万众创新的生力军，支持大学生创新创业具有重要意义。近年来，越来越多的大学生投身创新创业实践，但也面临融资难、经验少、服务不到位等问题。为提升大学生创新创业能力、增强创新活力，进一步支持大学生创新创业，经国务院同意，现提出以下意见。

一、总体要求

以习近平新时代中国特色社会主义思想为指导，深入贯彻落实党的十九大和十九届二中、三中、四中、五中全会精神，全面贯彻党的教育方针，落实立德树人根本任务，立足新发展阶段、贯彻新发展理念、构建新发展格局，坚持创新引领创业、创业带动就业，支持在校大学生提升创新创业能力，支持高校毕业生创业就业，提升人力资源素质，促进大学生全面发展，实现大学生更加充分更高质量就业。

二、提升大学生创新创业能力

（一）将创新创业教育贯穿人才培养全过程。深化高校创新创业教育改革，健全课堂教学、自主学习、结合实践、指导帮扶、文化引领融为一体的高校创新创业教育体系，增强大学生的创新精神、创业意识和创新创业能力。建立以创新创业为导向的新型人才培养模式，健全校校、校企、校地、校所协同的创新创业人才培养机制，打造一批创新创业教育特色示范课程。（教育部牵头，人力资源社会保障部等按职责分工负责）

（二）提升教师创新创业教育教学能力。强化高校教师创新创业教育教学能力和素养培训，改革教学方法和考核方式，推动教师把国际前沿学术发展、最新研究成果和实践经验融入课堂教学。完善高校双创指导教师到行业企业挂职锻炼的保障激励政策。实施高校双创校外导师专项人才计划，探索实施驻校企业家制度，吸引更多各行各业优秀人才担任双创导师。支持建设一批双创导师培训基地，定期开展培训。（教育部牵头，人力资源社会保障部等按职责分工负责）

（三）加强大学生创新创业培训。打造一批高校创新创业培训活动品牌，创新培训模式，面向大学生开展高质量、有针对性的创新创业培训，提升大学生创新创业能力。组织双创导师深入校园举办创业大讲堂，进行创业政策解读、经验分享、实践指导等。支持各类创新创业大赛对大学生创业者给予倾斜。（人力资源社会保障部、教育部等按职责分工负责）

三、优化大学生创新创业环境

（四）降低大学生创新创业门槛。持续提升企业开办服务能力，为大学生创业提供高效便捷的登记服务。推动众创空间、孵化器、加速器、产业园全链条发展，鼓励各类孵化器面向大学生创新创业团队开放一定比例的免费孵化空间，并将开放情况纳入国家级科技企业孵化器考核评价，降低大学生创新创业团队入驻条件。政府投资开发的孵化器等创业载体应安排30%左右的场地，免费提供给高校毕业生。有条件的地方可对高校毕业生到孵化器创业给予租金补贴。（科技部、教育部、市场监管总局等和地方各级人民政府按职责分工负责）

（五）便利化服务大学生创新创业。完善科技创新资源开放共享平台，强化对大学生的技术创新服务。各地区、各高校和科研院所的实验室以及科研仪器、设施等科技创新资源可以面向大学生开放共享，提供低价、优质的专业服务，支持大学生创新创业。支持行业企业面向大学生发布企业需求清单，引导大学生精准创新创业。鼓励国有大中型企业面向高校和大学生发布技术创新需求，开展"揭榜挂帅"。（科技部、发展改革委、教育部、国资委等按职责分工负责）

（六）落实大学生创新创业保障政策。落实大学生创业帮扶政策，加大对创业失败大学生的扶持力度，按规定提供就业服务、就业援助和社会救助。加强政府支持引导，发挥市场主渠道作用，鼓励有条件的地方探索建立大学生创业风险救助机制，可采取创业风险补贴、商业险保费补助等方式予以支持，积极研究更加精准、有效的帮扶措施，及时总结经验、适时推广。毕业后创业的大学生可按规定缴纳"五险一金"，减少大学生创业的后顾之忧。（人力资源社会保障部、教育部、财政部、民政部、医保局等和地方各级人民政府按职责分工负责）

四、加强大学生创新创业服务平台建设

（七）建强高校创新创业实践平台。充分发挥大学科技园、大学生创业园、大学生创客空间等校内创新创业实践平台作用，面向在校大学生免费开放，开展专业化孵化服务。结合学校学科专业特色优势，联合有关行业企业建设一批校外大学生双创实践教学基地，深入实施大学生创新创业训练计划。（教育部、科技部、人力资源社会保障部等按职责分工负责）

（八）提升大众创业万众创新示范基地带动作用。加强双创示范基地建设，深入实施创业就业"校企行"专项行动，推动企业示范基地和高校示范基地结对共建、建立稳定合作关系。指导高校示范基地所在城市主动规划和布局高校周边产业，积极承接大学生创新成果和人才等要素，打造"城校共生"的创新创业生态。推动中央企业、科研院所和相关公共服务机构利用自身技术、人才、场地、资本等优势，为大学生建设集研发、孵化、投资等于一体的创业创新培育中心、互联网双创平台、孵化器和科技产业园区。（发展改革委、教育部、科技部、国资委等按职责分工负责）

五、推动落实大学生创新创业财税扶持政策

（九）继续加大对高校创新创业教育的支持力度。在现有基础上，加大教育部中央彩票公益金大学生创新创业教育发展资金支持力度。加大中央高校教育教学改革专项资金支持力度，将创新创业教育和大学生创新创业情况作为资金分配重要因素。（财政部、教育部等按职责分工负责）

（十）落实落细减税降费政策。高校毕业生在毕业年度内从事个体经营，符合规定条件的，在3年内按一定限额依次扣减其当年实际应缴纳的增值税、城市维护建设税、教育费附加、地方教育附加和个人所得税；对月销售额15万元以下的小规模纳税人免征增值税，对小微企业和个体工商户按规定减免所得税。对创业投资企业、天使投资人投资于未上市的中小高新技术企业以及种子期、初创期科技型企业的投资额，按规定抵扣所得税应纳税所得额。对国家级、省级科技企业孵化器和大学科技园以及国家备案众创空间按规定免征增值税、房产税、城镇土地使用税。做好纳税服务，建立对接机制，强化精准支持。（财政部、税务总局等按职责分工负责）

六、加强对大学生创新创业的金融政策支持

（十一）落实普惠金融政策。鼓励金融机构按照市场化、商业可持续原则对大学生创业项目提供金融服务，解决大学生创业融资难题。落实创业担保贷款政策及贴息政策，将高校毕业生个人最高贷款额度提高至 20 万元，对 10 万元以下贷款、获得设区的市级以上荣誉的高校毕业生创业者免除反担保要求；对高校毕业生设立的符合条件的小微企业，最高贷款额度提高至 300 万元；降低贷款利率，简化贷款申报审核流程，提高贷款便利性，支持符合条件的高校毕业生创业就业。鼓励和引导金融机构加快产品和服务创新，为符合条件的大学生创业项目提供金融服务。（财政部、人力资源社会保障部、人民银行、银保监会等按职责分工负责）

（十二）引导社会资本支持大学生创新创业。充分发挥社会资本作用，以市场化机制促进社会资源与大学生创新创业需求更好对接，引导创新创业平台投资基金和社会资本参与大学生创业项目早期投资与投智，助力大学生创新创业项目健康成长。加快发展天使投资，培育一批天使投资人和创业投资机构。发挥财政政策作用，落实税收政策，支持天使投资、创业投资发展，推动大学生创新创业。（发展改革委、财政部、税务总局、证监会等按职责分工负责）

七、促进大学生创新创业成果转化

（十三）完善成果转化机制。研究设立大学生创新创业成果转化服务机构，建立相关成果与行业产业对接长效机制，促进大学生创新创业成果在有关行业企业推广应用。做好大学生创新项目的知识产权确权、保护等工作，强化激励导向，加快落实以增加知识价值为导向的分配政策，落实成果转化奖励和收益分配

办法。加强面向大学生的科技成果转化培训课程建设。（科技部、教育部、知识产权局等按职责分工负责）

（十四）强化成果转化服务。推动地方、企业和大学生创新创业团队加强合作对接，拓宽成果转化渠道，为创新成果转化和创业项目落地提供帮助。鼓励国有大中型企业和产教融合型企业利用孵化器、产业园等平台，支持高校科技成果转化，促进高校科技成果和大学生创新创业项目落地发展。汇集政府、企业、高校及社会资源，加强对中国国际"互联网+"大学生创新创业大赛中涌现的优秀创新创业项目的后续跟踪支持，落实科技成果转化相关税收优惠政策，推动一批大赛优秀项目落地，支持获奖项目成果转化，形成大学生创新创业示范效应。（教育部、科技部、发展改革委、财政部、国资委、税务总局等按职责分工负责）

八、办好中国国际"互联网+"大学生创新创业大赛

（十五）完善大赛可持续发展机制。鼓励省级人民政府积极承办大赛，压实主办职责，进一步加强组织领导和综合协调，落实配套支持政策和条件保障。坚持政府引导、公益支持，支持行业企业深化赛事合作，拓宽办赛资金筹措渠道，适当增加大赛冠名赞助经费额度。充分利用市场化方式，研究推动中央企业、社会资本发起成立中国国际"互联网+"大学生创新创业大赛项目专项发展基金。（教育部、国资委、证监会、建设银行等按职责分工负责）

（十六）打造创新创业大赛品牌。强化大赛创新创业教育实践平台作用，鼓励各学段学生积极参赛。坚持以赛促教、以赛促学、以赛促创，丰富竞赛形式和内容。建立健全中国国际"互联网+"大学生创新创业大赛与各级各类创新创业比赛联动机制，推进大赛国际化进程，搭建全球性创新创业竞赛平台，深化创新创业教育国际交流合作。（教育部等按职责分工负责）

九、加强大学生创新创业信息服务

（十七）建立大学生创新创业信息服务平台。汇集创新创业帮扶政策、产业激励政策和全国创新创业教育优质资源，加强信息资源整合，做好国家和地方的政策发布、解读等工作。及时收集国家、区域、行业需求，为大学生精准推送行

业和市场动向等信息。加强对创新创业大学生和项目的跟踪、服务，畅通供需对接渠道，支持各地积极举办大学生创新创业项目需求与投融资对接会。（教育部、发展改革委、人力资源社会保障部等按职责分工负责）

（十八）加强宣传引导。大力宣传加强高校创新创业教育、促进大学生创新创业的必要性、重要性。及时总结推广各地区、各高校的好经验好做法，选树大学生创新创业成功典型，丰富宣传形式，培育创客文化，营造敢为人先、宽容失败的环境，形成支持大学生创新创业的社会氛围。做好政策宣传宣讲，推动大学生用足用好税费减免、企业登记等支持政策。（教育部、中央宣传部牵头，地方各级人民政府、各有关部门按职责分工负责）

各地区、各有关部门要认真贯彻落实党中央、国务院决策部署，抓好本意见的贯彻落实。教育部要会同有关部门加强协调指导，督促支持大学生创新创业各项政策的落实，加强经验交流和推广。地方各级人民政府要加强组织领导，深入了解情况，优化创新创业环境，积极研究制定和落实支持大学生创新创业的政策措施，及时帮助大学生解决实际问题。

国务院办公厅

2021 年 9 月 22 日

国务院办公厅关于建设第三批
大众创业万众创新示范基地的通知

国办发〔2020〕51号

各省、自治区、直辖市人民政府，国务院各部委、各直属机构：

为贯彻落实《政府工作报告》部署，更好发挥大众创业万众创新示范基地对促改革、稳就业、强动能的带动作用，进一步推动大众创业万众创新向纵深发展，更大程度激发市场活力和社会创造力，以新动能支撑保就业保市场主体，经国务院同意，决定在部分地区、企业、高校和科研院所建设第三批双创示范基地。现将有关事项通知如下：

一、总体要求

双创示范基地建设要以习近平新时代中国特色社会主义思想为指导，深入贯彻党的十九大和十九届二中、三中、四中、五中全会精神，认真落实党中央、国务院决策部署，坚持问题导向、目标导向，围绕做好"六稳"工作、落实"六保"任务，深入实施创新驱动发展战略，支持创新创业主体积极应对疫情影响，强化功能定位，更好发挥示范带动作用，助力经济高质量发展。

二、推动双创示范基地特色化、功能化、专业化发展

第三批双创示范基地要按照创业就业、融通创新、精益创业、全球化创业等差异化功能定位，强化区域覆盖、功能布局、协同发展，增强示范功能和带动效应。

一是聚焦稳就业和激发市场主体活力，着力打造创业就业的重要载体。深化"放管服"改革，推动在社会服务领域运用"互联网平台+创业单元"新模式促进创新，有效支撑科研人员、大学生、返乡农民工、退役军人、下岗失业人员以及其他各类社会群体开展创新创业，促进创业带动就业、多渠道灵活就业，每年带动形成一定规模的创业就业。

二是聚焦保障产业链供应链安全，着力打造融通创新的引领标杆。加快推进科技与经济深度融合、创新链与产业链协同布局、科技成果转化与应用体系建设紧密

结合，推动产业链上下游、大中小企业融通创新，形成体系化融通创新格局。

三是聚焦支持创新型中小微企业成长为创新重要发源地，着力打造精益创业的集聚平台。大力弘扬科学家精神、劳动精神和工匠精神，倡导敬业、精益、专注、宽容失败的创新创业文化，构建专业化、全链条的创新创业服务体系，增强持续创新创业能力，加快培育成长型初创企业、"隐形冠军"企业和"专精特新"中小企业。

四是聚焦深化开放创新合作，着力打造全球化创业的重要节点。探索搭建创新创业国际化平台，深度参与全球创新创业合作，创新国际合作模式，培育创新创业国际化品牌，不断拓展创新创业国际合作空间。

三、加强组织领导

各有关部门要加强对双创示范基地的协调指导和日常管理，充分发挥推进大众创业万众创新部际联席会议制度统筹作用，加大对双创示范基地建设的支持力度。双创示范基地所在地人民政府要加强领导，把双创示范基地建设作为做好"六稳"工作、落实"六保"任务的重要抓手和载体，及时出台有针对性的支持政策，及时跟踪协调解决问题困难，切实抓实抓好、抓出成效。第三批双创示范基地要围绕建设重点制定具体方案，健全组织管理机构、统筹协调机制、运行监测体系，加强专职人员队伍建设，在创新创业体制机制等方面大胆探索，营造良好的创新创业生态。

四、开展监测评估

国家发展改革委要会同有关方面进一步健全双创示范基地长效管理运行机制，加强对双创示范基地的运行监测和绩效评估，根据功能定位分类适时开展第三方评估，形成一批可复制推广的改革经验并推动在更大范围实施。要建立健全双创示范基地动态调整机制，对示范成效明显、带动能力强的给予适当表彰激励，对工作推动效果差、示范作用不明显的及时调整退出。

附件：第三批双创示范基地名单（92 个）

国务院办公厅

2020 年 12 月 9 日

附件

第三批双创示范基地名单（92个）

一、创业就业方向（25个）

山西省晋城经济技术开发区

吉林省辽源经济开发区

黑龙江省牡丹江经济技术开发区

同济大学国家大学科技园

江苏省南京市江北新区

安徽省马鞍山慈湖高新技术产业开发区

江西省景德镇市珠山区（陶溪川）

山东省莱西市

河南省郑州市金水区

湖北省武汉市硚口区

湖南省株洲高新技术产业开发区

广西壮族自治区南宁市横县

重庆市大渡口区

四川省自贡高新技术产业开发区

云南省大理白族自治州宾川县

西藏自治区昌都市昌都经济开发区

西北工业大学国家大学科技园

甘肃省张掖市甘州区

新疆维吾尔自治区喀什经济开发区

新疆生产建设兵团石河子经济技术开发区

西安交通大学

重庆大学

厦门大学

北京航空航天大学

北京理工大学

二、融通创新方向（27 个）

北京市中关村国家自主创新示范区丰台园

天津市天津港保税区

辽宁省大连经济技术开发区

吉林省长春汽车经济技术开发区

黑龙江省大庆高新技术产业开发区

江苏省盐城高新技术产业开发区

浙江省湖州莫干山高新技术产业开发区

浙江省宁波市北仑区

安徽省合肥经济技术开发区

福建省泉州市晋江市

福建省海峡两岸青年就业创业基地

河南省郑州高新技术产业开发区

湖北省宜昌高新技术产业开发区

湖南省衡阳高新技术产业开发区

广东省惠州仲恺高新技术产业开发区

广西壮族自治区柳州高新技术产业开发区

重庆市重庆经济技术开发区

四川省宜宾临港经济技术开发区

陕西省宝鸡高新技术产业开发区

宁夏回族自治区石嘴山市大武口区

新疆维吾尔自治区昌吉国家农业科技园区

广东省农垦集团公司

重庆市涪陵榨菜集团股份有限公司

山东四君子集团有限公司

中国华润有限公司

中国石油天然气集团有限公司

中国一重集团有限公司

三、精益创业方向（32个）

北京经济技术开发区

天津市东丽区

河北省石家庄高新技术产业开发区

内蒙古自治区呼和浩特市新城区

辽宁省抚顺高新技术产业开发区

辽宁省大连市甘井子区

吉林省吉林高新技术产业开发区

黑龙江省哈尔滨市南岗区

上海市长宁区虹桥智谷

浙江省杭州高新技术产业开发区

浙江省宁波高新技术产业开发区

安徽省蚌埠高新技术产业开发区

福建省福州软件园

福建省厦门生物医药港

山东省济南高新技术产业开发区

山东省青岛蓝谷高新技术产业开发区

河南省洛阳高新技术产业开发区

湖北省襄阳高新技术产业开发区

湖南省岳阳市城陵矶新港区

广东省珠海高新技术产业开发区

广东省深圳市龙岗区

广西壮族自治区桂林高新技术产业开发区

重庆市重庆高新技术产业开发区

四川省成都高新技术产业开发区

贵州省贵阳市南明区

陕西省西安高新技术产业开发区

青海省西宁市城北区

新疆维吾尔自治区乌鲁木齐经济技术开发区

工业和信息化部电子第五研究所

中国科学院自动化研究所

中国科学院苏州生物医学工程技术研究所

中国科学院微电子研究所

四、全球化创业方向（8个）

北京市中关村国家自主创新示范区朝阳园

上海市静安国际创新走廊

江苏省苏州工业园区

浙江省嘉兴市嘉善县

福建省东侨经济技术开发区

广东省东莞松山湖高新技术产业开发区

海南自由贸易港博鳌乐城国际医疗旅游先行区

南方科技大学科技园区

国务院办公厅关于
提升大众创业万众创新示范基地带动作用
进一步促改革稳就业强动能的实施意见

国办发〔2020〕26 号

各省、自治区、直辖市人民政府，国务院各部委、各直属机构：

　　大众创业万众创新示范基地启动建设以来，创新资源不断集聚，创业活力持续提升，平台能力显著增强，有力带动了创新创业深入发展。为进一步提升双创示范基地对促改革、稳就业、强动能的带动作用，促进双创更加蓬勃发展，更大程度激发市场活力和社会创造力，经国务院同意，现提出以下意见。

一、总体要求

　　以习近平新时代中国特色社会主义思想为指导，全面贯彻党的十九大和十九届二中、三中、四中全会精神，认真落实党中央、国务院关于统筹推进新冠肺炎疫情防控和经济社会发展工作的决策部署，深入实施创新驱动发展战略，聚焦系统集成协同高效的改革创新，聚焦更充分更高质量就业，聚焦持续增强经济发展新动能，强化政策协同，增强发展后劲，以新动能支撑保就业保市场主体，尤其是支持高校毕业生、返乡农民工等重点群体创业就业，努力把双创示范基地打造成为创业就业的重要载体、融通创新的引领标杆、精益创业的集聚平台、全球化创业的重要节点、全面创新改革的示范样本，推动我国创新创业高质量发展。

二、积极应对疫情影响，巩固壮大创新创业内生活力

　　（一）落实创业企业纾困政策。切实落实阶段性减免企业社会保险费、缓缴住房公积金等减负政策，根据所在统筹地区政策做好阶段性减征职工基本医疗保险费工作，落实好小规模纳税人增值税减免等优惠政策。落实承租国有房屋房租减免政策，确保惠及最终承租人。鼓励双创示范基地通过延长孵化期限、实施房租补贴等方式，降低初创企业经营负担。优先对受疫情影响较大但发展潜力好的创新型企业加大金融支持力度，简化贷款审批流程，提高信用贷款、中长期贷款

比重。（有关部门按职责分工负责）

（二）强化双创复工达产服务。进一步提升双创示范基地服务信息化、便利化水平，充分发挥双创支撑平台、工业互联网平台、电子商务平台等作用，推广"一键申领、网上兑现"、"企业网上跑、政府现场办"等经验，多渠道为企业解决物流、资金、用工等问题，补齐供应链短板，推动全产业链协同。鼓励双创示范基地积极探索应对疫情影响的新业态新模式。政府投资开发的孵化基地等创业载体安排一定比例场地，免费向下岗失业人员、高校毕业生、农民工等群体提供。引导平台企业降低个体经营者相关服务费，支持开展线上创业。（地方各级人民政府负责）

（三）增强协同创新发展合力。充分发挥双创示范基地大企业带动作用，协助中小企业开展应收账款融资，帮助产业链上下游企业和相关创新主体解决生产经营难题。在符合条件的示范基地加快推广全面创新改革试验经验，探索实施政银保联动授信担保、建立风险缓释资金池等改革举措，为中小企业应对疫情影响提供有效金融支持。（地方各级人民政府负责）

三、发挥多元主体带动作用，打造创业就业重要载体

（四）实施社会服务创业带动就业示范行动。顺应消费需求升级和服务便利化要求，重点围绕托育、养老、家政、乡村旅游等领域，组织有条件的企业、区域示范基地与互联网平台企业联合开展创业培训、供需衔接、信息共享和能力建设，打造社会服务创业带动就业标杆项目，及时复制推广经验成果，吸引社会资本发展社会服务新业态新模式，拓展更大就业空间。（国家发展改革委牵头负责）

（五）增强创业带动就业能力。加大创业带动就业支持力度，出台支持灵活就业的具体举措。（人力资源社会保障部牵头负责）盘活闲置厂房、低效利用土地等，加强对创业带动就业重点项目的支持。（地方各级人民政府负责）加强创业培训与创业担保贷款等支持政策的协同联动，提升创业担保贷款贴息等扶持政策的针对性和及时性。支持有条件的区域示范基地建设产教融合实训基地、人力资源服务产业园，加快发展面向重点群体的专业化创业服务载体。（国家发展改革委、人力资源社会保障部、财政部、人民银行按职责分工负责）

（六）加强返乡入乡创业政策保障。优先支持区域示范基地实施返乡创业示范项目。发挥互联网平台企业带动作用，引导社会资本和大学生创客、返乡能人等入乡开展"互联网+乡村旅游"、农村电商等创业项目。（国家发展改革委、文化和旅游部、商务部按职责分工负责）完善支持返乡入乡创业的引人育人留人政策，加大对乡村创业带头人的创业培训力度，培育一批能工巧匠型创业领军人才。对首次创业并正常经营1年以上的返乡入乡创业人员，可给予一次性创业补贴。对符合条件的返乡入乡创业人员按规定给予创业担保贷款贴息和培训补贴。（财政部、人力资源社会保障部、农业农村部、人民银行按职责分工负责）对返乡创业失败后就业和生活遇到困难的人员，及时提供就业服务、就业援助和社会救助。（人力资源社会保障部牵头负责）

（七）提升高校学生创新创业能力。支持高校示范基地打造并在线开放一批创新创业教育优质课程，加强创业实践和动手能力培养，依托高校示范基地开展双创园建设，促进科技成果转化与创新创业实践紧密结合。推动高校示范基地和企业示范基地深度合作，建立创业导师共享机制。支持区域示范基地与高校、企业共建面向特色产业的实训场景，加快培养满足社会需求的实用型技能人才。促进大学生加强数理化和生物等基础理论研究，夯实国家创新能力基础。（教育部牵头负责）实施双创示范基地"校企行"专项行动，充分释放岗位需求，支持将具备持续创新能力和发展潜力的高校毕业生创业团队纳入企业示范基地人才储备和合作计划，通过职业微展示、创业合伙人招募等新方式，拓宽创业带动就业的渠道。（国家发展改革委、国务院国资委、教育部、人力资源社会保障部按职责分工负责）

（八）发挥大企业创业就业带动作用。支持大企业与地方政府、高校共建创业孵化园区，鼓励有条件的双创示范基地开展产教融合型企业建设试点。（国家发展改革委牵头负责）对中央企业示范基地内创业带动就业效果明显的新增企业，探索不纳入压减净增法人数量。（国务院国资委牵头负责）发展"互联网平台+创业单元"、"大企业+创业单元"等模式，依托企业和平台加强创新创业要素保障。（工业和信息化部、国家发展改革委牵头负责）

四、提升协同联动发展水平，树立融通创新引领标杆

（九）构建大中小企业融通创新生态。鼓励企业示范基地结合产业优势建设大中小企业融通发展平台，向中小企业开放资源、开放场景、开放应用、开放创新需求，支持将中小企业首创高科技产品纳入大企业采购体系。（国家发展改革委、工业和信息化部、国务院国资委牵头负责）细化政府采购政策，加大对中小企业的采购支持力度。（财政部牵头负责）鼓励双创示范基地聚焦核心芯片、医疗设备等关键环节和短板领域，建立大中小企业协同技术研发与产业化的合作机制，带动壮大高新技术企业、科技型中小企业规模。（国家发展改革委、科技部、工业和信息化部按职责分工负责）瞄准专业细分领域，培育专精特新"小巨人"企业、制造业单项冠军企业。（工业和信息化部牵头负责）

（十）构筑产学研融通创新创业体系。加强双创示范基地"校+园+企"创新创业合作，建设专业化的科技成果转化服务平台，增强中试服务和产业孵化能力。（地方各级人民政府负责）鼓励企业示范基地牵头构建以市场为导向、产学研深度融合的创新联合体。（国家发展改革委、科技部、工业和信息化部、国务院国资委按职责分工负责）不断优化科技企业孵化器、大学科技园和众创空间及其在孵企业的认定或备案条件，加大对具备条件的创业服务机构的支持力度。（科技部、教育部牵头负责）中央预算内投资安排专项资金支持双创示范基地建设，降低对双创示范基地相关支持项目的固定资产投资比例要求。（国家发展改革委、科技部牵头负责）支持有条件的双创示范基地建设学科交叉和协同创新科研基地。（教育部牵头负责）优先在双创示范基地建设企业技术中心等创新平台。（国家发展改革委牵头负责）

（十一）加强不同类型双创示范基地协同联动。搭建双创示范基地跨区域合作交流平台，推广跨区域孵化"飞地模式"，探索在孵项目跨区域梯次流动衔接的合作机制，在资源共享、产业协同、知识产权保护和运营等方面开展跨区域融通合作。推动建设孵化器、加速器、产业园区相互接续的创业服务体系。（地方各级人民政府负责）中央预算内资金优先支持区域一体化创新创业服务平台建设。（国家发展改革委牵头负责）优化长三角、京津冀和西部示范基地联盟，支

持建立中部、南部示范基地联盟。(国家发展改革委牵头负责)

五、加强创新创业金融支持，着力破解融资难题

(十二)深化金融服务创新创业示范。支持双创示范基地与金融机构建立长期稳定合作关系，共同参与孵化园区、科技企业孵化器、专业化众创空间等创新创业服务载体建设。(科技部、人民银行、银保监会、证监会按职责分工负责)鼓励以双创示范基地为载体开展政银企合作，探索多样化的科技金融服务。鼓励金融机构与双创示范基地合作开展设备融资租赁等金融服务。(人民银行、银保监会、证监会按职责分工负责)支持双创示范基地内符合条件的企业发行双创孵化专项债券、创业投资基金类债券、创新创业公司债券和双创债务融资工具。支持在双创示范基地开展与创业相关的保险业务。(国家发展改革委、人民银行、证监会、银保监会按职责分工负责)支持将双创示范基地企业信息纳入全国知识产权质押信息平台。在有条件的区域示范基地设立知识产权质押融资风险补偿基金，对无可抵押资产、无现金流、无订单的初创企业知识产权质押融资实施风险补偿。(国家发展改革委、人民银行、银保监会、国家知识产权局按职责分工负责)

(十三)完善创新创业创投生态链。鼓励国家出资的创业投资引导基金、产业投资基金等与双创示范基地深度合作，加强新兴领域创业投资服务，提升项目路演、投融资对接、信息交流等市场化专业化服务水平。(国家发展改革委、财政部、工业和信息化部、科技部按职责分工负责)支持金融机构在依法合规、风险可控前提下，与科研院所示范基地和区域示范基地按照市场化原则合作建立创业投资基金、产业投资基金，支持成立公益性天使投资人联盟等平台组织，加大对细分领域初创期、种子期项目的投入。(国家发展改革委、科技部、人民银行、证监会、银保监会按职责分工负责)

六、深化对外开放合作，构筑全球化创业重要节点

(十四)做强开放创业孵化载体。鼓励有条件的双创示范基地建设国际创业孵化器，与知名高校、跨国公司、中介机构等联合打造离岸创新创业基地，提升海外创业项目转化效率。支持设立海外创业投资基金,为优质创新创业项目提供资金支持。(科技部、证监会、中国科协按职责分工负责)

(十五)搭建多双边创业合作平台。优先将双创示范基地纳入多双边创新创业合作机制,支持承办大型国际创新创业大赛和论坛活动。支持双创示范基地建立国际合作产业园、海外创新中心。加强与国际重点城市的创新创业政策沟通、资源融通和链接。支持双创示范基地依托双创周"海外活动周"等举办创新创业重点活动,对接国际创新资源。加强与海外孵化器、国际创业组织和服务机构合作,为本土中小企业"走出去"拓展合作提供支撑。(国家发展改革委、科技部、中国科协按职责分工负责)

七、推进全面创新改革试点,激发创新创业创造动力

(十六)探索完善包容创新监管机制。支持双创示范基地深化商事制度改革,营造良好营商环境。(市场监管总局牵头负责)在省级政府事权范围内,支持区域示范基地在完善创业带动就业保障体系、建立新业态发展"监管沙盒"、推动各类主体融通创新、健全对创业失败者容错机制等方面开展试点,加快构建创新引领、协同发展的创新创业创造生态。(有关省级人民政府统筹组织遴选方案)

(十七)深化双创体制改革创新试点。支持企业示范基地重点在建立大企业牵头的创新联合体、完善中央企业衍生混合所有制初创企业配套支持政策等方面开展试点,加快形成企业主体、市场导向的融通创新体系。支持企业示范基地率先试点改革国有投资监管考评制度,建立可操作的创新创业容错机制。支持在具有较高风险和不确定性的业务领域实施员工跟投机制,探索"事业合伙人"方式,形成骨干员工和企业的利益共同体。(国务院国资委牵头统筹组织遴选方案)

(十八)创新促进科技成果转化机制。支持高校和科研院所示范基地在建设现代科研院所、推动高校创新创业与科技成果转化相结合、推进职务科技成果所有权或长期使用权改革、优化科技成果转化决策流程、完善产学研深度融合的新机制、建立专业化技术转移机构等方面开展试点,为加快科技成果转移转化提供制度保障。(科技部、教育部、中科院等按职责分工统筹组织遴选方案)

　　各地区、各部门要认真贯彻落实党中央、国务院决策部署，抓好本意见的贯彻落实。发展改革委要会同有关部门加强协调指导，完善双创示范基地运行监测和第三方评估，健全长效管理运行机制，遴选一批体制改革有突破、持续创业氛围浓、融通创新带动强的区域、企业、高校和科研院所，新建一批示范基地。对示范成效明显、带动能力强的双创示范基地要给予适当表彰激励，对示范成效差的要及时调整退出。

国务院办公厅

2020 年 7 月 23 日

国务院关于推动创新创业高质量发展
打造"双创"升级版的意见

国发〔2018〕32 号

各省、自治区、直辖市人民政府，国务院各部委、各直属机构：

创新是引领发展的第一动力，是建设现代化经济体系的战略支撑。近年来，大众创业万众创新持续向更大范围、更高层次和更深程度推进，创新创业与经济社会发展深度融合，对推动新旧动能转换和经济结构升级、扩大就业和改善民生、实现机会公平和社会纵向流动发挥了重要作用，为促进经济增长提供了有力支撑。当前，我国经济已由高速增长阶段转向高质量发展阶段，对推动大众创业万众创新提出了新的更高要求。为深入实施创新驱动发展战略，进一步激发市场活力和社会创造力，现就推动创新创业高质量发展、打造"双创"升级版提出以下意见。

一、总体要求

推进大众创业万众创新是深入实施创新驱动发展战略的重要支撑、深入推进供给侧结构性改革的重要途径。随着大众创业万众创新蓬勃发展，创新创业环境持续改善，创新创业主体日益多元，各类支撑平台不断丰富，创新创业社会氛围更加浓厚，创新创业理念日益深入人心，取得显著成效。但同时，还存在创新创业生态不够完善、科技成果转化机制尚不健全、大中小企业融通发展还不充分、创新创业国际合作不够深入以及部分政策落实不到位等问题。打造"双创"升级版，推动创新创业高质量发展，有利于进一步增强创业带动就业能力，有利于提升科技创新和产业发展活力，有利于创造优质供给和扩大有效需求，对增强经济发展内生动力具有重要意义。

（一）指导思想。

以习近平新时代中国特色社会主义思想为指导，全面贯彻党的十九大和十九届二中、三中全会精神，坚持新发展理念，坚持以供给侧结构性改革为主线，按照高质量发展要求，深入实施创新驱动发展战略，通过打造"双创"升级版，进一步优化创新创业环境，大幅降低创新创业成本，提升创业带动就业能力，增强科技创新引领作用，提升支撑平台服务能力，推动形成线上线下结合、产学研用协同、大中小企业融合的创新创业格局，为加快培育发展新动能、实现更充分就业和经济高质量发展提供坚实保障。

（二）主要目标。

——创新创业服务全面升级。创新创业资源共享平台更加完善，市场化、专业化众创空间功能不断拓展，创新创业服务平台能力显著提升，创业投资持续增长并更加关注早中期科技型企业，新兴创新创业服务业态日趋成熟。

——创业带动就业能力明显提升。培育更多充满活力、持续稳定经营的市场主体，直接创造更多就业岗位，带动关联产业就业岗位增加，促进就业机会公平和社会纵向流动，实现创新、创业、就业的良性循环。

——科技成果转化应用能力显著增强。科技型创业加快发展，产学研用更加协同，科技创新与传统产业转型升级结合更加紧密，形成多层次科技创新和产业发展主体，支撑战略性新兴产业加快发展。

——高质量创新创业集聚区不断涌现。"双创"示范基地建设扎实推进，一批可复制的制度性成果加快推广。有效发挥国家级新区、国家自主创新示范区等各类功能区优势，打造一批创新创业新高地。

——大中小企业创新创业价值链有机融合。一批高端科技人才、优秀企业家、专业投资人成为创新创业主力军，大企业、科研院所、中小企业之间创新资源要素自由畅通流动，内部外部、线上线下、大中小企业融通发展水平不断提升。

——国际国内创新创业资源深度融汇。拓展创新创业国际交流合作，深度融入全球创新创业浪潮，推动形成一批国际化创新创业集聚地，将"双创"打造成为我国与包括"一带一路"相关国家在内的世界各国合作的亮丽名片。

二、着力促进创新创业环境升级

（三）简政放权释放创新创业活力。进一步提升企业开办便利度，全面推进企业简易注销登记改革。积极推广"区域评估"，由政府组织力量对一定区域内地质灾害、水土保持等进行统一评估。推进审查事项、办事流程、数据交换等标准化建设，稳步推动公共数据资源开放，加快推进政务数据资源、社会数据资源、互联网数据资源建设。清理废除妨碍统一市场和公平竞争的规定和做法，加快发布全国统一的市场准入负面清单，建立清单动态调整机制。（市场监管总局、自然资源部、水利部、发展改革委等按职责分工负责）

（四）放管结合营造公平市场环境。加强社会信用体系建设，构建信用承诺、信息公示、信用分级分类、信用联合奖惩等全流程信用监管机制。修订生物制造、新材料等领域审查参考标准，激发高技术领域创新活力。引导和规范共享经济良性健康发展，推动共享经济平台企业切实履行主体责任。建立完善对"互联网+教育"、"互联网+医疗"等新业态新模式的高效监管机制，严守安全质量和社会稳定底线。（发展改革委、市场监管总局、工业和信息化部、教育部、卫生健康委等按职责分工负责）

（五）优化服务便利创新创业。加快建立全国一体化政务服务平台，建立完善国家数据共享交换平台体系，推行数据共享责任清单制度，推动数据共享应用典型案例经验复制推广。在市县一级建立农村创新创业信息服务窗口。完善适应新就业形态的用工和社会保险制度，加快建设"网上社保"。积极落实产业用地政策，深入推进城镇低效用地再开发，健全建设用地"增存挂钩"机制，优化用地结构，盘活存量、闲置土地用于创新创业。（国务院办公厅、发展改革委、市场监管总局、农业农村部、人力资源社会保障部、自然资源部等按职责分工负责）

三、加快推动创新创业发展动力升级

（六）加大财税政策支持力度。聚焦减税降费，研究适当降低社保费率，确保总体上不增加企业负担，激发市场活力。将企业研发费用加计扣除比例提高到75%的政策由科技型中小企业扩大至所有企业。对个人在二级市场买卖新三板股票比照上市公司股票，对差价收入免征个人所得税。将国家级科技企业孵化器和大学科技园享受的免征房产税、增值税等优惠政策范围扩大至省级，符合条件的众创空间也可享受。（财政部、税务总局等按职责分工负责）

（七）完善创新创业产品和服务政府采购等政策措施。完善支持创新和中小企业的政府采购政策。发挥采购政策功能，加大对重大创新产品和服务、核心关键技术的采购力度，扩大首购、订购等非招标方式的应用。（发展改革委、财政部、工业和信息化部、科技部等和各地方人民政府按职责分工负责）

（八）加快推进首台（套）重大技术装备示范应用。充分发挥市场机制作用，推动重大技术装备研发创新、检测评定、示范应用体系建设。编制重大技术装备创新目录、众创研发指引，制定首台（套）评定办法。依托大型科技企业集团、重点研发机构，设立重大技术装备创新研究院。建立首台（套）示范应用基地和示范应用联盟。加快军民两用技术产品发展和推广应用。发挥众创、众筹、众包和虚拟创新创业社区等多种创新创业模式的作用，引导中小企业等创新主体参与重大技术装备研发，加强众创成果与市场有效对接。（发展改革委、科技部、工业和信息化部、财政部、国资委、卫生健康委、市场监管总局、能源局等按职责分工负责）

（九）建立完善知识产权管理服务体系。建立完善知识产权评估和风险控制体系，鼓励金融机构探索开展知识产权质押融资。完善知识产权运营公共服务平台，逐步建立全国统一的知识产权交易市场。鼓励和支持创新主体加强关键前沿技术知识产权创造，形成一批战略性高价值专利组合。聚焦重点领域和关键环节开展知识产权"雷霆"专项行动，进行集中检查、集中整治，全面加强知识产权执法维权工作力度。积极运用在线识别、实时监测、源头追溯等"互联网+"技术强化知识产权保护。（知识产权局、财政部、银保监会、人民银行等按职责分工负责）

四、持续推进创业带动就业能力升级

（十）鼓励和支持科研人员积极投身科技创业。对科教类事业单位实施差异化分类指导，出台鼓励和支持科研人员离岗创业实施细则，完善创新型岗位管理实施细则。健全科研人员评价机制，将科研人员在科技成果转化过程中取得的成绩和参与创业项目的情况作为职称评审、岗位竞聘、绩效考核、收入分配、续签合同等的重要依据。建立完善科研人员校企、院企共建双聘机制。（科技部、教

育部、人力资源社会保障部等按职责分工负责）

（十一）强化大学生创新创业教育培训。在全国高校推广创业导师制，把创新创业教育和实践课程纳入高校必修课体系，允许大学生用创业成果申请学位论文答辩。支持高校、职业院校（含技工院校）深化产教融合，引入企业开展生产性实习实训。（教育部、人力资源社会保障部、共青团中央等按职责分工负责）

（十二）健全农民工返乡创业服务体系。深入推进农民工返乡创业试点工作，推出一批农民工返乡创业示范县和农村创新创业典型县。进一步发挥创业担保贷款政策的作用，鼓励金融机构按照市场化、商业可持续原则对农村"双创"园区（基地）和公共服务平台等提供金融服务。安排一定比例年度土地利用计划，专项支持农村新产业新业态和产业融合发展。（人力资源社会保障部、农业农村部、发展改革委、人民银行、银保监会、财政部、自然资源部、共青团中央等按职责分工负责）

（十三）完善退役军人自主创业支持政策和服务体系。加大退役军人培训力度，依托院校、职业培训机构、创业培训中心等机构，开展创业意识教育、创业素质培养、创业项目指导、开业指导、企业经营管理等培训。大力扶持退役军人就业创业，落实好现有税收优惠政策，根据个体特点引导退役军人向科技服务业等新业态转移。推动退役军人创业平台不断完善，支持退役军人参加创新创业大会和比赛。（退役军人部、教育部、人力资源社会保障部、税务总局、财政部等按职责分工负责）

（十四）提升归国和外籍人才创新创业便利化水平。深入实施留学人员回国创新创业启动支持计划，遴选资助一批高层次人才回国创新创业项目。健全留学回国人才和外籍高层次人才服务机制，在签证、出入境、社会保险、知识产权保护、落户、永久居留、子女入学等方面进一步加大支持力度。（人力资源社会保障部、外交部、公安部、移民局、知识产权局等和各地方人民政府按职责分工负责）

（十五）推动更多群体投身创新创业。深入推进创新创业巾帼行动，鼓励支持更多女性投身创新创业实践。制定完善香港、澳门居民在内地发展便利性政策措施，鼓励支持港澳青年在内地创新创业。扩大两岸经济文化交流合作，为台湾同胞在大陆创新创业提供便利。积极引导侨资侨智参与创新创业，支持建设华侨华人创新创业基地和华侨大数据中心。探索国际柔性引才机制，持续推进海外人才离岸创新创业基地建设。启动少数民族地区创新创业专项行动，支持西藏、新疆等地区创新创业加快发展。推行终身职业技能培训制度，将有创业意愿和培训需求的劳动者全部纳入培训范围。（全国妇联、港澳办、台办、侨办、人力资源社会保障部、中国科协、发展改革委、国家民委等按职责分工负责）

五、深入推动科技创新支撑能力升级

（十六）增强创新型企业引领带动作用。在重点领域和关键环节加快建设一批国家产业创新中心、国家技术创新中心等创新平台，充分发挥创新平台资源集聚优势。建设由大中型科技企业牵头，中小企业、科技社团、高校院所等共同参与的科技联合体。加大对"专精特新"中小企业的支持力度，鼓励中小企业参与产业关键共性技术研究开发，持续提升企业创新能力，培育一批具有创新能力的制造业单项冠军企业，壮大制造业创新集群。健全企业家参与涉企创新创业政策制定机制。（发展改革委、科技部、中国科协、工业和信息化部等按职责分工负责）

（十七）推动高校科研院所创新创业深度融合。健全科技资源开放共享机制，鼓励科研人员面向企业开展技术开发、技术咨询、技术服务、技术培训等，促进科技创新与创业深度融合。推动高校、科研院所与企业共同建立概念验证、孵化育成等面向基础研究成果转化的服务平台。（科技部、教育部等按职责分工负责）

（十八）健全科技成果转化的体制机制。纵深推进全面创新改革试验，深化以科技创新为核心的全面创新。完善国家财政资金资助的科技成果信息共享机制，畅通科技成果与市场对接渠道。试点开展赋予科研人员职务科技成果所有权或长期使用权。加速高校科技成果转化和技术转移，促进科技、产业、投资融合对接。加强国家技术转移体系建设，鼓励高校、科研院所建设专业化技术转移机构。鼓励有条件的地方按技术合同实际成交额的一定比例对技术转移服务机构、技术合同登记机构和技术经纪人（技术经理人）给予奖补。（发展改革委、科技部、教育部、财政部等按职责分工负责）

六、大力促进创新创业平台服务升级

（十九）提升孵化机构和众创空间服务水平。建立众创空间质量管理、优胜劣汰的健康发展机制，引导众创空间向专业化、精细化方向升级，鼓励具备一定科研基础的市场主体建立专业化众创空间。推动中央企业、科研院所、高校和相关公共服务机构建设具有独立法人资格的孵化机构，为初创期、早中期企业提供公共技术、检验检测、财税会计、法律政策、教育培训、管理咨询等服务。继续推进全国创业孵化示范基地建设。鼓励生产制造类企业建立工匠工作室，通过技术攻关、破解生产难题、固化创新成果等塑造工匠品牌。加快发展孵化机构联盟，加强与国外孵化机构对接合作，吸引海外人才到国内创新创业。研究支持符合条件的孵化机构享受高新技术企业相关人才激励政策，落实孵化机构税收优惠政策。（科技部、国资委、教育部、人力资源社会保障部、工业和信息化部、财政部、税务总局等按职责分工负责）

（二十）搭建大中小企业融通发展平台。实施大中小企业融通发展专项行动计划，加快培育一批基于互联网的大企业创新创业平台、国家中小企业公共服务示范平台。推进国家小型微型企业创业创新示范基地建设，支持建设一批制造业"双创"技术转移中心和制造业"双创"服务平台。推进供应链创新与应用，加快形成大中小企业专业化分工协作的产业供应链体系。鼓励大中型企业开展内部创业，鼓励有条件的企业依法合规发起或参与设立公益性创业基金，鼓励企业参股、投资内部创业项目。鼓励国有企业探索以子公司等形式设立创新创业平台，促进混合所有制改革与创新创业深度融合。（工业和信息化部、商务部、财政部、国资委等按职责分工负责）

（二十一）深入推进工业互联网创新发展。更好发挥市场力量，加快发展工业互联网，与智能制造、电子商务等有机结合、互促共进。实施工业互联网三年行动计划，强化财税政策导向作用，持续利用工业转型升级资金支持工业互联网发展。推进工业互联网平台建设，形成多层次、系统性工业互联网平台体系，引导企业上云上平台，加快发展工业软件，培育工业互联网应用创新生态。推动产学研用合作建设工业互联网创新中心，建立工业互联网产业示范基地，开展工业

互联网创新应用示范。加强专业人才支撑，公布一批工业互联网相关二级学科，鼓励搭建工业互联网学科引智平台。（工业和信息化部、发展改革委、教育部、科技部、财政部、人力资源社会保障部等按职责分工负责）

（二十二）完善"互联网+"创新创业服务体系。推进"国家创新创业政策信息服务网"建设，及时发布创新创业先进经验和典型做法，进一步降低各类创新创业主体的政策信息获取门槛和时间成本。鼓励建设"互联网+"创新创业平台，积极利用互联网等信息技术支持创新创业活动，进一步降低创新创业主体与资本、技术对接的门槛。推动"互联网+公共服务"，使更多优质资源惠及群众。（发展改革委、科技部、工业和信息化部等按职责分工负责）

（二十三）打造创新创业重点展示品牌。继续扎实开展各类创新创业赛事活动，办好全国大众创业万众创新活动周，拓展"创响中国"系列活动范围，充分发挥"互联网+"大学生创新创业大赛、中国创新创业大赛、"创客中国"创新创业大赛、"中国创翼"创业创新大赛、全国农村创业创新项目创意大赛、中央企业熠星创新创意大赛、"创青春"中国青年创新创业大赛、中国妇女创新创业大赛等品牌赛事活动作用。对各类赛事活动中涌现的优秀创新创业项目加强后续跟踪支持。（发展改革委、中国科协、教育部、科技部、工业和信息化部、人力资源社会保障部、农业农村部、国资委、共青团中央、全国妇联等按职责分工负责）

七、进一步完善创新创业金融服务

（二十四）引导金融机构有效服务创新创业融资需求。加快城市商业银行转型，回归服务小微企业等实体的本源，提高风险识别和定价能力，运用科技化等手段，为本地创新创业提供有针对性的金融产品和差异化服务。加快推进村镇银行本地化、民营化和专业化发展，支持民间资本参与农村中小金融机构充实资本、完善治理的改革，重点服务发展农村电商等新业态新模式。推进落实大中型商业银行设立普惠金融事业部，支持有条件的银行设立科技信贷专营事业部，提高服务创新创业企业的专业化水平。支持银行业金融机构积极稳妥开展并购贷款业务，提高对创业企业兼并重组的金融服务水平。（银保监会、人民银行等按职责分工负责）

（二十五）充分发挥创业投资支持创新创业作用。进一步健全适应创业投资行业特点的差异化监管体制，按照不溯及既往、确保总体税负不增的原则，抓紧完善进一步支持创业投资基金发展的税收政策，营造透明、可预期的政策环境。规范发展市场化运作、专业化管理的创业投资母基金。充分发挥国家新兴产业创业投资引导基金、国家中小企业发展基金等引导基金的作用，支持初创期、早中期创新型企业发展。加快发展天使投资，鼓励有条件的地方出台促进天使投资发展的政策措施，培育和壮大天使投资人群体。完善政府出资产业投资基金信用信息登记，开展政府出资产业投资基金绩效评价和公共信用综合评价。（发展改革委、证监会、税务总局、财政部、工业和信息化部、科技部、人民银行、银保监会等按职责分工负责）

（二十六）拓宽创新创业直接融资渠道。支持发展潜力好但尚未盈利的创新型企业上市或在新三板、区域性股权市场挂牌。推动科技型中小企业和创业投资企业发债融资，稳步扩大创新创业债试点规模，支持符合条件的企业发行"双创"专项债务融资工具。规范发展互联网股权融资，拓宽小微企业和创新创业者的融资渠道。推动完善公司法等法律法规和资本市场相关规则，允许科技企业实行"同股不同权"治理结构。（证监会、发展改革委、科技部、人民银行、财政部、司法部等按职责分工负责）

（二十七）完善创新创业差异化金融支持政策。依托国家融资担保基金，采取股权投资、再担保等方式推进地方有序开展融资担保业务，构建全国统一的担保行业体系。支持保险公司为科技型中小企业知识产权融资提供保证保险服务。完善定向降准、信贷政策支持再贷款等结构性货币政策工具，引导资金更多投向创新型企业和小微企业。研究开展科技成果转化贷款风险补偿试点。实施战略性新兴产业重点项目信息合作机制，为战略性新兴产业提供更具针对性和适应性的金融产品和服务。（财政部、银保监会、科技部、知识产权局、人民银行、工业和信息化部、发展改革委、证监会等按职责分工负责）

八、加快构筑创新创业发展高地

（二十八）打造具有全球影响力的科技创新策源地。进一步夯实北京、上海科技创新中心的创新基础，加快建设一批重大科技基础设施集群、世界一流学科集群。加快推进粤港澳大湾区国际科技创新中心建设，探索建立健全国际化的创新创业合作新机制。（有关地方人民政府牵头负责）

（二十九）培育创新创业集聚区。支持符合条件的经济技术开发区打造大中小企业融通型、科技资源支撑型等不同类型的创新创业特色载体。鼓励国家级新区探索通用航空、体育休闲、养老服务、安全等产业与城市融合发展的新机制和新模式。推进雄安新区创新发展，打造体制机制新高地和京津冀协同创新重要平台。推动承接产业转移示范区、高新技术开发区聚焦战略性新兴产业构建园区配套及服务体系，充分发挥创新创业集群效应。支持有条件的省市建设综合性国家产业创新中心，提升关键核心技术创新能力。依托中心城市和都市圈，探索打造跨区域协同创新平台。（财政部、工业和信息化部、科技部、发展改革委等和各地方人民政府按职责分工负责）

（三十）发挥"双创"示范基地引导示范作用。将全面创新改革试验的相关改革举措在"双创"示范基地推广，为示范基地内的项目或企业开通总体规划环评等绿色通道。充分发挥长三角示范基地联盟作用，推动建立京津冀、西部等区域示范基地联盟，促进各类基地融通发展。开展"双创"示范基地十强百佳工程，鼓励示范基地在科技成果转化、财政金融、人才培养等方面积极探索。（发展改革委、生态环境部、银保监会、科技部、财政部、工业和信息化部、人力资源社会保障部等和有关地方人民政府及大众创业万众创新示范基地按职责分工负责）

（三十一）推进创新创业国际合作。发挥中国—东盟信息港、中阿网上丝绸之路等国际化平台作用，支持与"一带一路"相关国家开展创新创业合作。推动建立政府间创新创业多双边合作机制。充分利用各类国际合作论坛等重要载体，推动创新创业领域民间务实合作。鼓励有条件的地方建立创新创业国际合作基金，促进务实国际合作项目有效落地。（发展改革委、科技部、工业和信息化部等和有关地方人民政府按职责分工负责）

九、切实打通政策落实"最后一公里"

（三十二）强化创新创业政策统筹。完善创新创业信息通报制度，加强沟通联动。发挥推进大众创业万众创新部际联席会议统筹作用，建立部门之间、部门与地方之间的高效协同机制。鼓励各地方先行先试、大胆探索并建立容错免责机制。促进科技、金融、财税、人才等支持创新创业政策措施有效衔接。建立健全"双创"发展统计指标体系，做好创新创业统计监测工作。（发展改革委、统计局等和各地方人民政府按职责分工负责）

（三十三）细化关键政策落实措施。开展"双创"示范基地年度评估，根据评估结果进行动态调整。定期梳理制约创新创业的痛点堵点问题，开展创新创业痛点堵点疏解行动，督促相关部门和地方限期解决。对知识产权保护、税收优惠、成果转移转化、科技金融、军民融合、人才引进等支持创新创业政策措施落实情况定期开展专项督查和评估。（发展改革委、中国科协等和各地方人民政府按职责分工负责）

（三十四）做好创新创业经验推广。建立定期发布创新创业政策信息的制度，做好政策宣讲和落实工作。支持各地积极举办经验交流会和现场观摩会等，加强先进经验和典型做法的推广应用。加强创新创业政策和经验宣传，营造良好舆论氛围。（各部门、各地方人民政府按职责分工负责）

各地区、各部门要充分认识推动创新创业高质量发展、打造"双创"升级版对于深入实施创新驱动发展战略的重要意义，把思想、认识和行动统一到党中央、国务院决策部署上来，认真落实本意见各项要求，细化政策措施，加强督查，及时总结，确保各项政策措施落到实处，进一步增强创业带动就业能力和科技创新能力，加快培育发展新动能，充分激发市场活力和社会创造力，推动我国经济高质量发展。

国务院

2018 年 9 月 18 日

国务院关于强化实施创新驱动发展战略
进一步推进大众创业万众创新深入发展的意见

国发〔2017〕37 号

各省、自治区、直辖市人民政府，国务院各部委、各直属机构：

创新是社会进步的灵魂，创业是推进经济社会发展、改善民生的重要途径，创新和创业相连一体、共生共存。近年来，大众创业、万众创新蓬勃兴起，催生了数量众多的市场新生力量，促进了观念更新、制度创新和生产经营管理方式的深刻变革，有效提高了创新效率、缩短了创新路径，已成为稳定和扩大就业的重要支撑、推动新旧动能转换和结构转型升级的重要力量，正在成为中国经济行稳致远的活力之源。为进一步系统性优化创新创业生态环境，强化政策供给，突破发展瓶颈，充分释放全社会创新创业潜能，在更大范围、更高层次、更深程度上推进大众创业、万众创新，现提出如下意见。

一、大众创业、万众创新深入发展是实施创新驱动发展战略的重要载体

深入推进供给侧结构性改革，全面实施创新驱动发展战略，加快新旧动能接续转换，着力振兴实体经济，必须坚持"融合、协同、共享"，推进大众创业、万众创新深入发展。要进一步优化创新创业的生态环境，着力推动"放管服"改革，构建包容创新的审慎监管机制，有效促进政府职能转变；进一步拓展创新创业的覆盖广度，着力推动创新创业群体更加多元，发挥大企业、科研院所和高等院校的领军作用，有效促进各类市场主体融通发展；进一步提升创新创业的科技内涵，着力激发专业技术人才、高技能人才等的创造潜能，强化基础研究和应用技术研究的有机衔接，加速科技成果向现实生产力转化，有效促进创新型创业蓬勃发展；进一步增强创新创业的发展实效，着力推进创新创业与实体经济发展深度融合，结合"互联网+"、"中国制造2025"和军民融合发展等重大举措，有效促进新技术、新业态、新模式加快发展和产业结构优化升级。

——创新为本、高端引领。以科技创新为基础支撑，实现创新带动创业、创业促进创新的良性循环。坚持质量效率并重，引导创新创业多元化、特色化、专

业化发展，推动产业迈向中高端。坚持创新创业与实体经济相结合，实现一二三产业相互渗透，推动军民融合深入发展，创造新供给、释放新需求，增强产业活力和核心竞争力。

——改革先行、精准施策。以深化改革为核心动力，主动适应、把握、引领经济发展新常态，面向新趋势、新特征、新需求，主动作为，针对重点领域、典型区域、关键群体的特点精准发力，出实招、下实功、见实效。着力破除制约创新创业发展的体制机制障碍，促进生产、管理、分配和创新模式的深刻变革，继续深入推进"放管服"改革，积极探索包容审慎监管，为新动能的成长打开更大空间。

——人才优先、主体联动。以人才支撑为第一要素，改革人才引进、激励、发展和评价机制，激发人才创造潜能，鼓励科技人员、中高等院校毕业生、留学回国人才、农民工、退役士兵等有梦想、有意愿、有能力的群体更多投身创新创业。加强科研机构、高校、企业、创客等主体协同，促进大中小微企业优势互补，推动城镇与农村创新创业同步发展，形成创新创业多元主体合力汇聚、活力迸发的良性格局。

——市场主导、资源聚合。充分发挥市场配置资源的决定性作用，整合政府、企业、社会等多方资源，建设众创、众包、众扶、众筹支撑平台，健全创新创业服务体系，推动政策、技术、资本等各类要素向创新创业集聚，充分发挥社会资本作用，以市场化机制促进多元化供给与多样化需求更好对接，实现优化配置。

——价值创造、共享发展。以价值创造为本质内涵，大力弘扬创新文化，厚植创业沃土，营造敢为人先、宽容失败的良好氛围，推动创新创业成为生活方式和人生追求。践行共享发展理念，实现人人参与、人人尽力、人人享有，使创新创业成果更多更公平地惠及全体人民，促进社会公平正义。

二、加快科技成果转化

重点突破科技成果转移转化的制度障碍，保护知识产权，活跃技术交易，提升创业服务能力，优化激励机制，共享创新资源，加速科技成果向现实生产力转化。

（一）建立完善知识产权运用和快速协同保护体系，扩大知识产权快速授权、确权、维权覆盖面，加快推进快速保护由单一产业领域向多领域扩展。搭建集专利快速审查、快速确权、快速维权等于一体，审查确权、行政执法、维权援助、仲裁调解、司法衔接相联动的知识产权保护中心。探索建立海外知识产权维权援助机制。发挥国家知识产权运营公共服务平台枢纽作用，加快建设国家知识产权运营服务体系。（国家知识产权局牵头负责）

（二）推动科技成果、专利等无形资产价值市场化，促进知识产权、基金、证券、保险等新型服务模式创新发展，依法发挥资产评估的功能作用，简化资产评估备案程序，实现协议定价和挂牌、拍卖定价。促进科技成果、专利在企业的推广应用。（国家知识产权局、财政部、科技部、中国科协等单位按职责分工负责）

（三）探索在战略性新兴产业相关领域率先建立利用财政资金形成的科技成果限时转化制度。财政资金支持形成的科技成果，除涉及国防、国家安全、国家利益、重大社会公共利益外，在合理期限内未能转化的，可由国家依法强制许可实施转化。（科技部、财政部、国家发展改革委等部门按职责分工负责）

（四）引导众创空间向专业化、精细化方向升级，支持龙头骨干企业、高校、科研院所围绕优势细分领域建设平台型众创空间。探索将创投孵化器等新型孵化器纳入科技企业孵化器管理服务体系，并享受相应扶持政策。（科技部牵头负责）

（五）推动科研院所落实国家科技成果转化法律法规和政策，强化激励导向，提高科研院所成果转化效率。坚持试点先行，进一步扩大科研院所自主权，激发科研院所和科技人员创新创业积极性。（科技部、人力资源社会保障部等部门按职责分工负责）

（六）促进仪器设备开放共享，探索仪器设备所有权和经营权分离机制，对于财政资金购置的仪器设备，探索引入专业服务机构进行社会化服务等多种方式。（科技部牵头负责）

（七）实施科研院所创新创业共享行动，鼓励科研院所发挥自身优势，进一步提高科技成果转化能力和创新创业能力，进一步开放现有科研设施和资源，推

动科技成果在全社会范围实现共享和转化。（国家发展改革委、中科院、科技部等单位按职责分工负责）

三、拓展企业融资渠道

不断完善金融财税政策，创新金融产品，扩大信贷支持，发展创业投资，优化投入方式，推动破解创新创业企业融资难题。

（八）在有效防控风险的前提下，合理赋予大型银行县支行信贷业务权限。支持地方性法人银行在符合条件的情况下在基层区域增设小微支行、社区支行，提供普惠金融服务。支持商业银行改造小微企业信贷流程和信用评价模型，提高审批效率。（银监会牵头负责）

（九）完善债权、股权等融资服务机制，为科技型中小企业提供覆盖全生命周期的投融资服务。稳妥推进投贷联动试点工作。推广专利权质押等知识产权融资模式，鼓励保险公司为科技型中小企业知识产权融资提供保证保险服务，对符合条件的由地方各级人民政府提供风险补偿或保费补贴。持续优化科技型中小企业直接融资机制，稳步扩大创新创业公司债券试点规模。支持政府性融资担保机构为科技型中小企业发债提供担保。鼓励地方各级人民政府建立政银担、政银保等不同类型的风险补偿机制。（银监会、人民银行、保监会、财政部、科技部、国家知识产权局、证监会等部门按职责分工负责）

（十）改革财政资金、国有资本参与创业投资的投入、管理与退出标准和规则，建立完善与其特点相适应的绩效评价体系。依法依规豁免国有创业投资机构和国有创业投资引导基金国有股转持义务。（财政部、国务院国资委等部门按职责分工负责）

（十一）适时推广创业投资企业和天使投资个人有关税收试点政策，引导社会资本参与创业投资。推动创业投资企业、创业投资管理企业及其从业人员在第三方征信机构完善信用记录，实现创业投资领域信用记录全覆盖。（财政部、税务总局、国家发展改革委等部门按职责分工负责）

（十二）推动国家新兴产业创业投资引导基金、国家中小企业发展基金、国家科技成果转化引导基金设立一批创业投资子基金。引导和规范地方各级人民政府设立创业投资引导基金，建立完善对引导基金的运行监管机制、财政资金的绩效考核机制和基金管理机构的信用信息评价机制。（国家发展改革委、财政部、工业和信息化部等部门按职责分工负责）

（十三）健全完善创新券、创业券的管理制度和运行机制，在全面创新改革试验区域探索建立创新券、创业券跨区域互通互认机制。（科技部、国家发展改革委等部门按职责分工负责）

四、促进实体经济转型升级

深入实施"互联网+"、"中国制造2025"、军民融合发展、新一代人工智能等重大举措，着力加强创新创业平台建设，培育新兴业态，发展分享经济，以新技术、新业态、新模式改造传统产业，增强核心竞争力，实现新兴产业与传统产业协同发展。

（十四）加强基础研究，提升原始创新能力。改革和创新科研管理、投入和经费使用方式。高校和科研院所要鼓励科研人员与创业者开展合作和互动交流，建立集群思、汇众智、解难题的众创空间。面向企业和社会创新的难点，凝练和解决科学问题，举办各种形式的创新挑战赛，通过众包共议方式，提高创新效率和水平。（科技部、财政部等部门按职责分工负责）

（十五）在战略性领域布局建设若干产业创新中心，整合利用现有创新资源形成充满活力的创新网络。依托企业、联合高校和科研院所，建设符合发展需求的制造业创新中心，开展关键共性重大技术研究和产业化应用示范。推动建立一批军民结合、产学研一体的科技协同创新平台。（国家发展改革委、工业和信息化部、科技部、教育部等部门按职责分工负责）

（十六）实施企业创新创业协同行动。支持大型企业开放供应链资源和市场渠道，推动开展内部创新创业，带动产业链上下游发展，促进大中小微企业融通发展。（国家发展改革委、工业和信息化部、国务院国资委、全国工商联等单位按职责分工负责）

（十七）鼓励大型企业全面推进"双创"工作，建设"双创"服务平台与网络，开展各类"双创"活动，推广各类大型企业"双创"典型经验，促进跨界

融合和成果转化。(国家发展改革委、工业和信息化部、国务院国资委、全国工商联等单位按职责分工负责)

(十八)促进分享经济发展,合理引导预期,创新监管模式,推动构建适应分享经济发展的包容审慎监管机制和社会多方协同治理机制,完善新就业形态、消费者权益、社会保障、信用体系建设、风险控制等方面的政策法规,研究完善适应分享经济特点的税收征管措施,研究建立平台企业履职尽责与依法获得责任豁免的联动机制。(国家发展改革委、人力资源社会保障部、人民银行、工商总局、税务总局、中央网信办等单位按职责分工负责)

(十九)发布促进数字经济发展战略纲要,强化系统性设计,打破制约数字生产力发展的制度障碍,推进市场化的生产资料分享,提升市场配置资源效率,加速数字化转型,引领和适应数字经济发展。发起"一带一路"数字经济国际合作倡议,促进"一带一路"沿线国家数字经济交流与合作。(国家发展改革委、中央网信办等单位按职责分工负责)

(二十)进一步完善新产业新业态新模式统计分类,充分利用大数据等现代信息技术手段,研究制定"双创"发展统计指标体系,科学、准确、及时反映经济结构优化升级的新进展。(国家统计局牵头负责)

(二十一)加快研究制定工业互联网安全技术标准,建设工业互联网网络安全监测平台和中小企业网络安全公共服务平台,强化工业互联网安全保障支撑能力。(工业和信息化部牵头负责)

(二十二)积极落实支持大众创业、万众创新的用地政策,加大新供用地保障力度,鼓励盘活利用现有用地,引导新产业集聚发展,完善新产业用地监管制度。(国土资源部牵头负责)

(二十三)研究制定促进首台(套)重大技术装备示范应用的意见,建立健全首台(套)重大技术装备研发、检测评定、示范应用体系,完善财政、金融、保险等支持政策,明确相关招标采购要求,建立示范应用激励和保障机制,营造良好的政策和市场环境。(国家发展改革委牵头负责)

(二十四)充分利用产业投资基金支持先进制造业发展。实施新一轮技术改造升级重大工程,支持关键领域和瓶颈环节技术改造。(国家发展改革委、工业

和信息化部、财政部等部门按职责分工负责）

五、完善人才流动激励机制

充分激发人才创新创业活力，改革分配机制，引进国际高层次人才，促进人才合理流动，健全保障体系，加快形成规模宏大、结构合理、素质优良的创新创业人才队伍。

（二十五）制定人才签证实施细则，明确外国人申请和取得人才签证的标准条件和办理程序；全面实施外国人来华工作许可制度，简化外国高层次人才办理工作许可证和居留证件的程序。开展外国高层次人才服务"一卡通"试点，建立安居保障、子女入学和医疗保健服务通道。进一步完善外国人才由工作居留向永久居留转换机制，实现工作许可、签证和居留有机衔接。（国家外专局、公安部、外交部、人力资源社会保障部等部门按职责分工负责）

（二十六）允许外国留学生凭高校毕业证书、创业计划申请加注"创业"的私人事务类居留许可。外国人依法申请注册成为企业的，可凭创办企业注册证明等材料向有关部门申请工作许可和工作类居留许可。（公安部、人力资源社会保障部、国家外专局等部门按职责分工负责）

（二十七）实施留学人员回国创新创业启动支持计划，吸引更多高素质留学人才回国创新创业。继续推进两岸青年创新创业基地建设，推动内地与港澳地区开展创新创业交流合作。深入开展"万侨创新行动"，支持建设华侨华人创新创业基地，探索建立华侨华人创新创业综合服务体系，为华侨华人高层次专业人才和企业家出入境、停居留以及申办外国人永久居留身份证件提供便利。推动来内地创业的港澳同胞、回国（来华）创业的华侨华人享受当地城镇居民同等待遇的社会公共服务。继续推进海外人才离岸创新创业基地建设。（人力资源社会保障部、外交部、公安部、国务院港澳办、国务院台办、国务院侨办、中国科协等单位按职责分工负责）

（二十八）完善高校和科研院所绩效考核办法，在核定的绩效工资总量内高校和科研院所可自主分配。事业单位引进高层次人员和招聘急需紧缺人才，可简化招录程序，没有岗位空缺的可申请设置特设岗位，并按相关规定办理人事关

系，确定岗位薪资。（人力资源社会保障部、教育部、科技部等部门按职责分工负责）

（二十九）实施社团创新创业融合行动，搭建创新创业资源对接平台，推介一批创新创业典型人物和案例，推动创新精神、企业家精神和工匠精神融合，进一步引导和推动各类科技人员投身创新创业大潮。（国家发展改革委、中国科协等单位按职责分工负责）

（三十）加快将现有支持"双创"相关财政政策措施向返乡下乡人员创新创业拓展，将符合条件的返乡下乡人员创新创业项目纳入强农惠农富农政策范围。探索实施农村承包土地经营权以及农业设施、农机具抵押贷款试点。允许返乡下乡人员依法使用集体建设用地开展创新创业。返乡农民工可在创业地参加各项社会保险。鼓励有条件的地方将返乡农民工纳入住房公积金缴存范围，按规定将其子女纳入城镇（城乡）居民基本医疗保险参保范围。地方人民政府要建立协调推动机制，有条件的县级人民政府应设立"绿色通道"，为返乡下乡人员创新创业提供便利服务。（农业部、人力资源社会保障部、国土资源部等部门和有关地方人民政府按职责分工负责）

（三十一）各地区可根据实际需要制定灵活的引才引智政策，采取不改变人才的户籍、人事关系等方式，以用为本，发挥实效，解决关键领域高素质人才稀缺等问题。（各地方人民政府负责）

六、创新政府管理方式

持续深化"放管服"改革，加大普惠性政策支持力度，改善营商环境，放宽市场准入，推进试点示范，加强文化建设，推动形成政府、企业、社会良性互动的创新创业生态。

（三十二）出台公平竞争审查实施细则，进一步健全审查机制，明确审查程序，强化审查责任，推动全面实施公平竞争审查制度，为创新创业营造统一开放、竞争有序的市场环境。（国家发展改革委、财政部、商务部、工商总局等部门按职责分工负责）

（三十三）推进"多证合一"登记制度改革，将涉企登记、备案等有关事项和各类证照进一步整合到营业执照上。对内外资企业，在支持政策上一视同仁，推动实施一个窗口登记注册和限时办结。推动取消企业名称预先核准，推广自主申报。全面实施企业简易注销登记改革，实现市场主体退出便利化。建设全国统一的电子营业执照管理系统，推进无介质电子营业执照建设和应用。（工商总局牵头负责）

（三十四）加大事中事后监管力度，实现"双随机、一公开"监管全覆盖，开展跨部门"双随机"联合检查，提高监管效能。健全跨部门、跨地区执法协作机制，推进市场监管领域综合执法改革。（工商总局、中央编办、国务院法制办等单位按职责分工负责）

（三十五）在有条件的基层政府设立专业化的行政审批机构，实行审批职责、审批事项、审批环节"三个全集中"。（各地方人民政府、有关部门按职责分工负责）

（三十六）适时适当放宽教育等行业互联网准入条件，降低创新创业门槛，加强新兴业态领域事中事后监管。（教育部牵头负责）

（三十七）推进跨省经营企业部分涉税事项全国通办。推进银行卡受理终端、网上银行、手机银行等多元化缴税方式。加强国税、地税联合办税。建立健全市、县两级银税合作工作机制，加大基层银税合作力度，逐步扩大税务、银行信用信息共享内容。探索通过建立电子平台或在银税双方系统中互设接口等方式，实现银税信息"线上"互动。（税务总局牵头负责）

（三十八）积极有序推进试点示范，加快建设全国双创示范基地，推进小微企业创业创新基地城市示范，整合创建一批农村创新创业示范基地。推广全面创新改革试验经验。研究新设一批国家自主创新示范区、高新区，深化国家自主创新示范区政策试点。（国家发展改革委、科技部、财政部、工业和信息化部、农业部等部门按职责分工负责）

（三十九）办好全国"双创"活动周，营造创新创业良好氛围。组织实施好"创响中国"系列活动，开展创业投资企业、院士专家、新闻媒体地方行。高质量办好创新创业赛事，推动创新创业理念更加深入人心。（国家发展改革委、中国科协等单位按职责分工负责）

各地区、各部门要认真落实本意见的各项要求，进一步细化政策措施，切实履职尽责，密切配合，勇于探索，主动作为，及时总结经验，加强监督检查，确保各项政策落到实处，推进大众创业、万众创新深入发展，为全面实施创新驱动发展战略、培育壮大新动能、改造提升传统动能和促进我国经济保持中高速增长、迈向中高端水平提供强劲支撑。

国务院

2017 年 7 月 21 日

国务院办公厅关于建设第二批
大众创业万众创新示范基地的实施意见

国办发〔2017〕54 号

各省、自治区、直辖市人民政府，国务院各部委、各直属机构：

《国务院办公厅关于建设大众创业万众创新示范基地的实施意见》（国办发〔2016〕35 号）印发以来，首批双创示范基地结合实际，不断探索实践，持续完善创新创业生态，建设创新创业平台，厚植创新创业文化，取得了显著成效，形成了一批创新创业高地，打造了一批创新创业品牌，探索了一批创新创业制度模式。双创示范基地已经成为促进转型升级和创新发展的重要抓手。

根据 2017 年《政府工作报告》部署要求，为在更大范围、更高层次、更深程度上推进大众创业万众创新，持续打造发展新引擎，突破阻碍创新创业发展的政策障碍，形成可复制可推广的创新创业模式和典型经验，经国务院同意，决定在部分地区、高校和科研院所、企业建设第二批双创示范基地，并提出如下实施意见。

一、总体目标

坚持以推进供给侧结构性改革为主线，深入实施创新驱动发展战略，纵深推进大众创业万众创新，在创新创业基础较好、特色明显、具备示范带动能力的区域、高校和科研院所、企业等，再支持建设一批双创示范基地，进一步强化支撑能力，放大标杆效应，提升社会影响，形成新的创新创业经验并在全社会复制推广，推动大中小企业融通发展，拓展就业空间，为培育壮大发展新动能、促进新旧动能接续转换提供重要支撑。

二、政策举措

认真贯彻国务院决策部署，扎实推进落实既定改革举措和建设任务，推动创新创业资源向双创示范基地集聚，确保各项"双创"支持政策真正落地。同时，针对创新创业重点领域、主要环节、关键群体，继续探索创新、先行先试，再推出一批有效的改革举措，逐步建立完善多元化、特色化、专业化的创新创业制度体系。

（一）深化"放管服"改革。进一步减少行政审批事项，简化优化办事流程，规范改进审批行为。编制统一、规范的政务服务事项目录。鼓励双创示范基地设立专业化的行政审批机构，实行审批职责、审批事项、审批环节"三个全集中"。实施市场准入负面清单制度，出台互联网市场准入负面清单。放宽民间资本市场准入，扩大服务领域开放，推进非基本公共服务市场化、产业化和基本公共服务供给模式多元化。探索实行信用评价与税收便利服务挂钩制度，将优惠政策由备案管理和事前审批，逐渐向加强事中事后监管转变，提高中小企业优惠政策获得感。

（二）优化营商环境。深化商事制度改革，全面实施企业"五证合一、一照一码"、个体工商户"两证整合"，深入推进"多证合一"。推动整合涉企证照登记和审批备案信息，建设电子营业执照管理系统，推进无介质电子营业执照应用，实现电子营业执照发照、亮照、验照、公示、变更、注销等功能。鼓励推行商标网上申请，将网上申请由仅对商标代理机构开放扩大至对所有申请人开放。扩大商标网上申请业务范围，将网上申请由仅接受商标注册申请逐步扩大至接受续展、转让、注销、变更等商标业务申请。鼓励双创示范基地结合实际整合市场监管职能和执法力量，推进市场监管领域综合行政执法改革，着力解决重复检查、多头执法等问题。

（三）支持新兴业态发展。加快发布分享经济发展指南，推动构建适应分享经济发展的监管机制，建立健全创新创业平台型企业运营规则，明确权责边界。以新一代信息和网络技术为支撑，加强技术集成和商业模式创新，推动平台经济、众包经济、分享经济等创新发展。将鼓励创新创业发展的优惠政策面向新兴业态企业开放，符合条件的新兴业态企业均可享受相关财政、信贷等优惠政策。积极发展农产品加工、休闲农业、乡村旅游和农村电子商务等农村新产业、新业态。通过发展新兴业态，实现劳动者多元化就业。建立政府、平台、行业组织、劳动者、消费者共同参与的规则协商、利益分配和权益保障新机制。调动第三方、同业、公众、媒体等监督力量，形成社会力量共同参与的分享经济治理格局。健全适应新兴经济领域融合发展的生产核算等制度。在部分新兴经济领域探索实施新型股权管理制度。

（四）加强知识产权保护。在有条件的双创示范基地加快建设知识产权保护中心，扩大知识产权快速维权覆盖面，试点将知识产权保护中心服务业务扩展至发明、实用新型、外观设计专利申请以及专利复审、无效等，大幅缩短知识产权保护中心处理案件的审查周期。搭建集专利申请、维权援助、调解执法等于一体的一站式综合服务平台，探索建立海外知识产权维权援助机制。

（五）加快科技成果转化应用。进一步打通科研和产业之间的通道，加速双创示范基地科技成果转移转化。落实好提高科技型中小企业研发费用加计扣除比例的政策。建立有利于提升创新创业效率的科研管理、资产管理和破产清算等制度体系。出台激励国有企业加大研发投入力度、参与国家重大科技项目的措施办法。通过股权期权激励等措施，让创新人才在科技成果转化过程中得到合理回报，激发各类人才的创新创业活力。加强国家与地方科技创新政策衔接，加大普惠性科技创新政策落实力度，落实高新技术企业所得税优惠等创新政策。

（六）完善人才激励政策。鼓励双创示范基地研究制定"柔性引才"政策，吸引关键领域高素质人才。完善各类灵活就业人员参加社会保险的管理措施，制定相应的个人申报登记、个人缴费和资格审查办法。对首次创办小微企业或从事个体经营并正常经营1年以上的高校毕业生、就业困难人员，鼓励双创示范基地开展一次性创业补贴试点工作。探索适应灵活就业人员的失业、工伤保险保障方式，符合条件的可享受灵活就业、自主创业扶持政策。

（七）支持建设"双创"支撑平台。采取政府资金与社会资本相结合的方式支持双创示范基地建设，引导各类社会资源向创新创业支撑平台集聚，加快建设进度，提高服务水平。支持示范区域内的龙头骨干企业、高校和科研院所建设专业化、平台型众创空间。对条件成熟的专业化众创空间进行备案，给予精准扶持。依托科技园区、高等学校、科研院所等，加快发展"互联网+"创业网络体系，建设一批低成本、便利化、全要素、开放式的众创空间，降低创业门槛。试点推动老旧商业设施、仓储设施、闲置楼宇、过剩商业地产转为创业孵化基地。双创示范基地可根据创业孵化基地入驻实体数量和孵化效果，给予一定奖补。

（八）加快发展创业投融资。充分发挥国家新兴产业创业投资引导基金、中小企业发展基金作用，支持设立一批扶持早中期、初创期创新型企业的创业投资基金。引导和规范政府设立创业投资引导基金，建立完善引导基金运行监管机制、财政资金绩效考核机制和信用信息评价机制。加快创业投资领域信用体系建设，实现创业投资领域信用记录全覆盖。根据国务院统一部署，支持双创示范基地按照相关规定和程序开展投贷联动、专利质押融资贷款等金融改革试点。落实好创业担保贷款政策，鼓励金融机构和担保机构依托信用信息，科学评估创业者还款能力，改进风险防控，降低反担保要求，健全代偿机制，推行信贷尽职免责制度。研究建立有利于国有企业、国有资本从事创业投资的容错机制。

（九）支持农民工返乡创业。鼓励和引导返乡农民工按照法律法规和政策规定，通过承包、租赁、入股、合作等多种形式，创办领办家庭农场林场、农民合作社、农业企业、农业社会化服务组织等新型农业经营主体。通过发展农村电商平台，利用互联网思维和技术，实施"互联网+"现代农业行动，开展网上创业。返乡下乡人员可在创业地按相关规定参加各项社会保险，有条件的地方要将其纳入住房公积金缴存范围，按规定将其子女纳入城镇（城乡）居民基本医疗保险参保范围。鼓励双创示范基地设立"绿色通道"，为返乡下乡人员创新创业提供便利服务，对进入创业园区的，提供有针对性的创业辅导、政策咨询、集中办理证照等服务。

（十）支持海外人才回国（来华）创业。探索建立华侨华人回国（来华）创业综合服务体系，逐步推广已在部分地区试行的海外人才优惠便利政策。促进留学回国人员就业创业，鼓励留学人员以知识产权等无形资产入股方式创办企业。简化留学人员学历认证等手续，降低服务门槛，依法为全国重点引才计划引进人才及由政府主管部门认定的海外高层次留学人才申请永久居留提供便利。实施有效的人才引进和扶持政策，吸引更多人才回流，投身创新创业。

（十一）推动融合协同共享发展。支持双创示范基地之间建立协同机制，开展合作交流，共同完善政策环境，共享创新创业资源，共建创新创业支撑平台。支持双创示范基地"走出去"，与相关国家、地区开展合作交流。实施院所创新创业共享行动，支持科研院所创新创业，开放科研设施和资源，推动科技成果实现共享和转化，促进创业与科技创新深度融合。实施企业创新创业协同行动，鼓励行业领军企业、大型互联网企业向各类主体开放技术、开发、营销、推广等资源，推动开展内部创新创业，打造与中小微企业协同发展的格局。

（十二）营造创新创业浓厚氛围。办好全国"双创"活动周，展现各行业、各区域开展创新创业活动的丰硕成果。办好"创响中国"系列活动，开展双创示范基地政策行、导师行、科技行、投资行、宣传行等活动。实施社团创新创业融合行动，推介一批创新创业典型人物和案例，进一步引导和推动各类科技人员投身创新创业大潮。继续举办各类创新创业大赛，推动创新创业理念更加深入人心。面向双创示范基地企业等创新主体加强政策培训解读，建立双创示范基地科技创新政策落实督查机制，帮助企业更好享受优惠政策。

同时，不断增加创新创业政策供给。结合双创示范基地建设实践探索和成功经验，加快研究制定进一步推进大众创业万众创新纵深发展的政策文件，在改革政府管理方式、转化创新成果、拓展企业融资渠道、促进实体经济转型升级、完善人才流动激励机制等方面出台更加有力的政策措施，并与现有政策统筹协调、各有侧重，形成更大的政策合力。

三、步骤安排

2017年7月底前，第二批双创示范基地结合自身特点，研究制定工作方案，明确建设目标和重点。有关部门和地方论证、完善工作方案。工作方案要向社会公布，接受社会监督。

2017年年底前，第二批双创示范基地按照工作方案，落实和完善相关政策举措，加快推进双创示范基地建设，并取得阶段性成果。

2018年上半年，国家发展改革委会同相关部门组织对首批和第二批双创示范基地建设工作开展督促检查和第三方评估。

各地区、各部门要按照有关要求，认真抓好第二批双创示范基地建设工作。双创示范基地所在地人民政府要高度重视，加强领导，完善组织体系，把双创示范基地建设作为重要抓手和载体，认真抓好落实；要出台有针对性的政策措施，保证政策真正落地生根，进一步释放全社会创新创业活力。国家发展改革委要会同相关部门加强指导，建立地方政府、部门政策协调联动机制，为高校、科研院所、各类企业等提供政策支持、科技支撑、人才引进、公共服务等保障条件，形成强大合力，推动形成大众创业万众创新纵深发展的新局面。

附件：第二批双创示范基地名单（92个）

国务院办公厅

2017 年 6 月 15 日

附件

第二批双创示范基地名单（92 个）

一、区域示范基地（45 个）

北京市顺义区

天津滨海高新技术产业开发区

河北省保定国家高新技术产业开发区

山西转型综合改革示范区学府产业园区

内蒙古自治区包头稀土高新技术产业开发区

辽宁省大连高新技术产业园区

辽宁省鞍山高新技术产业开发区

吉林长春新区

黑龙江哈尔滨新区

上海市徐汇区

江苏省南京市雨花台区

浙江省杭州经济技术开发区

浙江省宁波市鄞州区

浙江省嘉兴南湖高新技术产业园区

安徽省芜湖高新技术产业开发区

福建省厦门火炬高技术产业开发区

福建省泉州市丰泽区

江西赣江新区

山东省青岛高新技术产业开发区

山东省淄博市张店区

山东省威海火炬高技术产业开发区

河南省许昌市城乡一体化示范区

河南省鹿邑县

湖北省武汉市江岸区

湖北省荆门高新技术产业开发区

湖北省黄冈市罗田县

湖南省湘潭高新技术产业开发区

广东省深圳市福田区

广东省汕头华侨经济文化合作试验区

广东省中山火炬高技术产业开发区

广西壮族自治区南宁高新技术产业开发区

海南省海口国家高新技术产业开发区

重庆市永川区

四川天府新区

四川省巴中市平昌县

贵州省贵阳高新技术产业开发区

贵州省遵义市汇川区

云南省昆明经济技术开发区

西藏自治区拉萨市柳梧新区

陕西省杨凌农业高新技术产业示范区

甘肃省兰州市城关区

青海省青海国家高新技术产业开发区

宁夏回族自治区银川经济技术开发区

新疆维吾尔自治区乌鲁木齐高新技术产业开发区

新疆生产建设兵团石河子高新技术产业开发区

二、高校和科研院所示范基地（26个）

北京大学

河北农业大学

吉林大学

哈尔滨工业大学

复旦大学

上海科技大学

南京理工大学

南京工业职业技术学院

浙江大学

山东大学

武汉大学

华中科技大学

中南大学

华南理工大学

西安电子科技大学

中国信息通信研究院

国家工业信息安全发展研究中心

中国科学院计算技术研究所

中国科学院大连化学物理研究所

中国科学院长春光学精密机械与物理研究所

中国科学院上海微系统与信息技术研究所

中国科学院苏州纳米技术与纳米仿生研究所

中国科学院宁波材料技术与工程研究所

中国科学院合肥物质科学研究院

中国科学院深圳先进技术研究院

中国科学院西安光学精密机械研究所

三、企业示范基地（21 个）

中国航空工业集团公司

中国船舶重工集团公司

中国电子科技集团公司

国家电网公司

中国移动通信集团公司

中国电子信息产业集团有限公司

中国宝武钢铁集团有限公司

中国钢研科技集团有限公司

北京有色金属研究总院

中国普天信息产业集团公司

三一重工股份有限公司

北京百度网讯科技有限公司

长春国信现代农业科技发展股份有限公司

万向集团公司

合肥荣事达电子电器集团有限公司

浪潮集团有限公司

迪尚集团有限公司

深圳市腾讯计算机系统有限公司

重庆猪八戒网络有限公司

四川长虹电子控股集团有限公司

新希望集团有限公司

国务院关于做好当前和今后一段时期
就业创业工作的意见

国发〔2017〕28 号

各省、自治区、直辖市人民政府，国务院各部委、各直属机构：

就业是 13 亿多人口最大的民生，也是经济发展最基本的支撑。党中央、国务院坚持把就业放在经济社会发展的优先位置，强力推进简政放权、放管结合、优化服务改革，营造鼓励大众创业、万众创新的良好环境，加快培育发展新动能，就业局势保持总体稳定。但也要看到，当前经济社会发展中还存在不少困难和问题，部分地区、行业、群体失业风险有所上升，招工难与就业难并存的结构性矛盾加剧，新就业形态迅速发展对完善就业政策提出了新要求。面对就业形势的新变化和新挑战，必须把就业作为重中之重，坚持实施就业优先战略和更加积极的就业政策，坚决打好稳定和扩大就业的硬仗，稳住就业基本盘，在经济转型中实现就业转型，以就业转型支撑经济转型。现就进一步做好就业创业工作提出以下意见。

一、坚持实施就业优先战略

（一）促进经济增长与扩大就业联动。稳增长的主要目的是保就业，要创新宏观调控方式，把稳定和扩大就业作为区间调控的下限，保持宏观政策连续性稳定性，促进经济中高速增长，增强对就业拉动能力。若城镇新增就业大幅下滑、失业率大幅攀升，要加大财政政策和货币政策调整实施力度，促进经济企稳向好，确保就业稳定。加强经济政策与就业政策衔接，在制定财税、金融、产业、贸易、投资等重大政策时，要综合评价对就业岗位、就业环境、失业风险等带来的影响，促进经济增长与扩大就业联动、结构优化与就业转型协同。（国家发展改革委、财政部、工业和信息化部、商务部、人民银行、税务总局等负责。列第一位者为牵头单位，下同）

（二）促进产业结构、区域发展与就业协同。优化发展环境，推进实施政府和社会资本合作，大力发展研究设计、电子商务、文化创意、全域旅游、养老服务、健康服务、人力资源服务、服务外包等现代服务业。完善多元化产业体系，既注重发展资本、技术和知识密集的先进制造业、战略性新兴产业，又要支持劳动密集型产业发展，降低实体经济成本，推进传统产业绿色改造，创造更多就业机会。结合区域发展战略实施，引导东部地区产业向中西部和东北地区有序转移，落实完善中西部地区外商投资优势产业目录，支持中西部地区利用外资，引导劳动者到重点地区、重大工程、重大项目、重要领域就业。（国家发展改革委、科技部、工业和信息化部、民政部、财政部、人力资源社会保障部、商务部、文化部、国家卫生计生委、国家旅游局等负责）

（三）发挥小微企业就业主渠道作用。落实小微企业降税减负等一系列扶持政策和清理规范涉企收费有关政策。着力推进小微企业创新发展，推动小微企业创业创新示范基地建设，搭建公共服务示范平台。加大科研基础设施、大型科研仪器向小微企业开放力度，为小微企业产品研发、试制提供支持。鼓励高校、科研院所及企业向小微企业转移科技成果，有条件的地区可推动开放共享一批基础性专利或购买一批技术资源，支持小微企业协同创新。（工业和信息化部、国家发展改革委、教育部、科技部、财政部、税务总局、国家知识产权局等负责）

（四）缓解重点困难地区就业压力。促进资源型城市转型发展，实施替代产业培育行动计划，扶持劳动密集型产业、服务业和小微企业发展。补齐基础设施短板，加大对商贸流通、交通物流、信息网络等建设和改造项目的倾斜力度，完善公共服务设施，实施西部和东北地区人力资源市场建设援助计划。强化人才支撑，加大招才引智力度，引导科研院所、博士后工作站、高校在具备条件的资源型城市布局，对急需紧缺人才可提供研究场地、科研经费、安家补助等政策支持。对地处偏远、资源枯竭、不适宜居住的独立工矿区，有组织地开展跨地区劳务对接。对去产能任务重、待岗职工多、失业风险大的困难地区，实施就业援助行动。（国家发展改革委、教育部、科技部、工业和信息化部、财政部、人力资源社会保障部、交通运输部、商务部、全国总工会、共青团中央、全国妇联等负责）

二、支持新就业形态发展

（五）支持新兴业态发展。以新一代信息和网络技术为支撑，加强技术集成和商业模式创新，推动平台经济、众包经济、分享经济等创新发展。改进新兴业态准入管理，加强事中事后监管。将鼓励创业创新发展的优惠政策面向新兴业态企业开放，符合条件的新兴业态企业均可享受相关财政、信贷等优惠政策。推动政府部门带头购买新兴业态企业产品和服务。（国家发展改革委、工业和信息化部、财政部、商务部、人民银行、工商总局等负责）

（六）完善适应新就业形态特点的用工和社保等制度。支持劳动者通过新兴业态实现多元化就业，从业者与新兴业态企业签订劳动合同的，企业要依法为其参加职工社会保险，符合条件的企业可按规定享受企业吸纳就业扶持政策。其他从业者可按灵活就业人员身份参加养老、医疗保险和缴纳住房公积金，探索适应灵活就业人员的失业、工伤保险保障方式，符合条件的可享受灵活就业、自主创业扶持政策。加快建设"网上社保"，为新就业形态从业者参保及转移接续提供便利。建立全国住房公积金异地转移接续平台，为跨地区就业的缴存职工提供异地转移接续服务。（人力资源社会保障部、财政部、住房城乡建设部等负责）

三、促进以创业带动就业

（七）优化创业环境。持续推进"双创"，全面落实创业扶持政策，深入推进简政放权、放管结合、优化服务改革。深化商事制度改革，全面实施企业"五证合一、一照一码"、个体工商户"两证整合"，部署推动"多证合一"。进一步减少审批事项，规范改进审批行为。指导地方结合实际整合市场监管职能和执法力量，推进市场监管领域综合行政执法改革，着力解决重复检查、多头执法等问题。（国家发展改革委、中央编办、工商总局等按职责分工负责）

（八）发展创业载体。加快创业孵化基地、众创空间等建设，试点推动老旧商业设施、仓储设施、闲置楼宇、过剩商业地产转为创业孵化基地。整合部门资源，发挥孵化基地资源集聚和辐射引领作用，为创业者提供指导服务和政策扶持，对确有需要的创业企业，可适当延长孵化周期。各地可根据创业孵化基地入驻实体数量和孵化效果，给予一定奖补。（人力资源社会保障部、国家发展改革委、科技部、财政部、住房城乡建设部等负责）

（九）加大政策支持。继续实施支持和促进重点群体创业就业的税收政策。

对首次创办小微企业或从事个体经营并正常经营1年以上的高校毕业生、就业困难人员，鼓励地方开展一次性创业补贴试点工作。对在高附加值产业创业的劳动者，创业扶持政策要给予倾斜。（财政部、人力资源社会保障部、税务总局等负责）

（十）拓宽融资渠道。落实好创业担保贷款政策，鼓励金融机构和担保机构依托信用信息，科学评估创业者还款能力，改进风险防控，降低反担保要求，健全代偿机制，推行信贷尽职免责制度。促进天使投资、创业投资、互联网金融等规范发展，灵活高效满足创业融资需求。有条件的地区可通过财政出资引导社会资本投入，设立高校毕业生就业创业基金，为高校毕业生创业提供股权投资、融资担保等服务。（人民银行、国家发展改革委、财政部、人力资源社会保障部、银监会、证监会等负责）

四、抓好重点群体就业创业

（十一）鼓励高校毕业生多渠道就业。实施高校毕业生就业创业促进计划，健全涵盖校内外各阶段、就业创业全过程的服务体系，促进供需对接和精准帮扶。教育引导高校毕业生树立正确的就业观念，促进他们更好参与到就业创业活动中，敢于通过创业实现就业。实施高校毕业生基层成长计划，引导鼓励高校毕业生到城乡基层、中小微企业就业，落实学费补偿、助学贷款代偿、资金补贴等政策，建立高校毕业生"下得去、留得住、干得好、流得动"的长效机制。鼓励高校毕业生到社会组织就业，对于吸纳高校毕业生就业的社会组织，符合条件的可同等享受企业吸纳就业扶持政策。鼓励科研项目单位吸纳高校毕业生参与研究，按规定将社会保险补助纳入劳务费列支，劳务费不设比例限制。鼓励大学生应征入伍，落实好学费资助、助学贷款代偿、优抚安置等政策。合理安排机关事业单位招录（招聘）和高校毕业生基层服务项目招募时间，优化录用（聘用）流程，为高校毕业生求职就业提供便利。支持高校毕业生到国际组织实习任职。加大就业见习力度，允许就业见习补贴用于见习单位为见习人员办理人身意外伤害保险以及对见习人员的指导管理费用，艰苦边远地区、老工业基地、国家级贫困县可将见习对象范围扩大到离校未就业中职毕业生。加大对困难高校毕业生的帮扶力度，将求职创业补贴补助范围扩展到贫困残疾人家庭、建档立卡贫困家庭高校毕业生和特困人员中的高校毕业生。促进留学回国人员就业创业，实施留学人员回国创新创业启动支持计划，鼓励留学人员以知识产权等无形资产入股方式创办企业。简化留学人员学历认证等手续，降低服务门槛，依法为全国重点引才计划引进人才及由政府主管部门认定的海外高层次留学人才申请永久居留提供便利。实施有效的人才引进和扶持政策，吸引更多人才回流，投身创业创新。（人力资源社会保障部、教育部、工业和信息化部、公安部、财政部、民政部、人民银行、工商总局、国家知识产权局、全国总工会、共青团中央、中国残联等负责）

（十二）稳妥安置化解钢铁煤炭煤电行业过剩产能企业职工。鼓励去产能企业多渠道分流安置职工，支持企业尽最大努力挖掘内部安置潜力，对不裁员或少裁员的，降低稳岗补贴门槛，提高稳岗补贴标准。促进分流职工转岗就业创业，对单位新增岗位吸纳去产能分流人员的，按规定给予企业吸纳就业扶持政策；对自主创业的分流人员，要优先安排入驻各类创业孵化基地，落实创业扶持政策；对确实难以安置的就业困难人员，新增及腾退的公益性岗位要优先安置。要将符合条件的去产能企业下岗职工纳入现行就业创业政策扶持范围。积极稳妥、依法依规处理劳动关系，对本轮化解钢铁煤炭煤电行业过剩企业产能职工因解除劳动合同依法取得的一次性补偿收入，符合相关税收法律法规规定条件的，可享受相关个人所得税政策。稳妥做好国有企业瘦身健体、提质增效、剥离企业办社会职能过程中的职工安置工作。（人力资源社会保障部、国家发展改革委、工业和信息化部、财政部、国务院国资委、税务总局、全国总工会等负责）

（十三）健全城乡劳动者平等就业制度。农村转移劳动者在城镇常住并处于无业状态的，可在城镇常住地进行失业登记。公共就业服务机构要为其提供均等化公共就业服务和普惠性就业政策，并逐步使外来劳动者与当地户籍人口享有同等的就业扶持政策。对在农村常住并处于无地无业状态的劳动者，有条件的地区可探索为其在农村常住地进行失业登记，并提供相应的就业服务和政策扶持。加大对发展潜力大、吸纳农业转移人口多的县城和重点镇用地计划指标倾斜，大力发展特色县域经济、魅力小镇、乡村旅游和农村服务业，为农村劳动者就地就近转移就业创造空间。促进农民工返乡创业，大力发展农民合作社、种养大户、家庭农场、建筑业小微作业企业、"扶贫车间"等生产经营主体，其中依法办理工商登记注册的可按规定享受小微企业扶持政策，对吸纳贫困家庭劳动力就业并稳定就业 1 年以上的，地方可酌情给予一定奖补。鼓励金融机构按照商业化可持续发展原则，运用扶贫再贷款优先支持带动建档立卡贫困户就业发展的企业及家庭农场、专业大户、农民合作社等经济主体。适应新生代农民工就业创业特点，推进职业培训对新生代农民工全覆盖，创新培训内容和方式，多渠道、广领域拓宽就业创业渠道，引导新生代农民工到以"互联网+"为代表的新产业、新业态就业创业。推动农村劳动力有序外出就业，对人力资源服务机构、劳务经纪人等市场主体开展有组织劳务输出的，给予就业创业服务补贴。加大对贫困人口特别是易地扶贫搬迁贫困人口转移就业的支持力度，确保他们搬得出、稳得住、能致富。（人力资源社会保障部、国家发展改革委、财政部、国土资源部、农业部、人民银行、国家旅游局、国务院扶贫办等按职责分工负责）

（十四）完善就业援助长效机制。全面落实各项扶持政策，促进结构调整、转型升级中的失业人员再就业。合理确定就业困难人员范围，强化分类帮扶和实名制动态管理，确保零就业家庭、有劳动能力的成员均处于失业状态的低保家庭至少有一人稳定就业。加强社会保障与就业联动，对实现就业的低保对象，在核算其家庭收入时可扣减必要的就业成本，增强其就业意愿和就业稳定性。（人力资源社会保障部、民政部、财政部、中国残联负责）

（十五）促进退役军人就业创业。认真做好军队转业干部安置工作，大力扶持自主择业军队转业干部就业创业，积极开展就业服务、职业培训、创业孵化等服务活动，按规定落实相关扶持政策。加大退役士兵安置工作力度，对符合政府安排工作条件的，要采取刚性措施，确保岗位落实、妥善安置。对自主就业的，要强化教育培训，落实优惠政策，提高就业创业成功率。（人力资源社会保障部、民政部等按职责分工负责）

五、强化教育培训和就业创业服务

（十六）提高教育培训质量。坚持面向市场、服务发展、促进就业的人力资源开发导向，着力化解就业结构性矛盾。深入推进高校创新创业教育改革，加快高校学科专业结构调整优化，健全专业预警和动态调整机制，深化课程体系、教学内容和教学方式改革。更好发挥职业教育和职业培训作用，推进职业教育和职业培训精准对接产业发展需求、精准契合受教育者需求，加快发展现代职业教育，着力提高学生的就业能力和创造能力。实施现代职业教育质量提升计划、产教融合发展工程、高技能人才振兴计划和大国工匠培训支持计划，统筹普通高中和中等职业教育协调发展，提高中等职业教育招生比例，大力发展技工教育，大规模开展职业培训，广泛开展岗位练兵、技术比武、技能竞赛、师徒帮教等活动，加快培育大批具有专业技能和工匠精神的高素质劳动者和技术技能人才，确保企业职工教育经费足额提取并合理使用。健全技能人才多元化评价机制，完善技能人才职业技能等级认定政策并做好与职业资格制度的衔接，建立职业资格、职业技能等级与相应职称比照认定制度，用人单位聘用的高级工、技师、高级技师可比照相应层级工程技术人员享受同等待遇。（教育部、国家发展改革委、财政部、人力资源社会保障部、全国总工会、共青团中央等按职责分工负责）

（十七）完善职业培训补贴方式。根据产业发展和市场需求，定期发布重点产业职业培训需求、职业资格和职业技能等级评定指导目录，对指导目录内的职业培训和技能鉴定，完善补贴标准，简化审核流程。创新培训模式，探索职业培训包模式，充分运用职业培训补贴，支持优质培训机构开发数字培训课程，支持平台开展网上创业培训，支持培训机构引进国外优质资源或开展联合办学。在现行职业培训补贴直接补贴个人方式基础上，可根据去产能企业失业人员、建档立卡贫困人口的特点，创新培训组织形式，采取整建制购买培训项目、直接补贴培训机构等方式开展集中培训。依法参加失业保险 3 年以上、当年取得职业资格证书或职业技能等级证书的企业职工，可申请参保职工技能提升补贴，所需资金按规定从失业保险基金中列支。（人力资源社会保障部、财政部等负责）

（十八）强化公共就业创业服务。着力推进公共就业创业服务专业化，合理布局服务网点，完善服务功能，细化服务标准和流程，增强主动服务、精细服务意识。创新服务理念和模式，根据不同群体、企业的特点，提供个性化、专业化的职业指导、就业服务和用工指导。加强公共就业创业服务从业人员职业化建设，建立定期培训、持证上岗制度。落实政府购买基本公共就业创业服务制度，充分运用就业创业服务补贴政策，支持公共就业创业服务机构和高校开展招聘活动和创业服务，支持购买社会服务，为劳动者提供职业指导、创业指导、信息咨询等专业化服务。加强公共就业创业服务信息化建设，在充分利用现有平台基础上，建立"互联网+"公共就业创业服务平台，推动服务向移动端、自助终端等延伸，扩大服务对象自助服务范围，推广网上受理、网上办理、网上反馈，实现就业创业服务和管理全程信息化。（人力资源社会保障部、财政部等负责）

（十九）推进人力资源市场建设。加强人力资源市场法治化建设，逐步形成完善的市场管理法规体系。深化人力资源市场整合改革，统筹建设统一规范、竞争有序的人力资源市场体系，打破城乡、地区、行业分割和身份、性别、残疾、院校等歧视。规范招人用人制度和职业中介服务，密切关注女性平等就业情况，促进妇女、残疾人等公平就业。建立与经济社会发展需求相适应的人力资源供求预测和信息发布制度。开展人力资源市场诚信体系建设，加快出台人力资源市场各类标准，创新事中事后监管方式，营造规范有序的市场环境。推进流动人员人事档案管理服务信息化建设。大力发展人力资源服务业，实施人力资源服务业发展推进计划。简化劳动者求职手续，有条件的地区可建立入职定点体检和体检结果互认机制，尽力避免手续过于繁琐、重复体检。（人力资源社会保障部、国家发展改革委、国家卫生计生委、工商总局、全国妇联、中国残联等负责）

六、切实加强组织实施

（二十）强化政府责任。各地要切实履行政府促进就业责任，政府主要负责同志为本地区就业工作第一责任人。完善就业工作目标责任制，纳入党政领导班子工作实绩考核。按照中央与地方财政事权和支出责任划分的原则，合理安排就业资金支出，加强资金使用管理和监督，提高资金使用效益。（人力资源社会保障部、国家发展改革委、财政部等负责）

（二十一）狠抓政策落实。加强政策宣传，强化督查问责和政策落实情况评估。健全激励机制和容错纠错机制，对抓落实有力有效的，加大政策和资金倾斜力度，适时予以表彰；对大胆探索、担当尽责、不谋私利，但在依法依规履行职责过程中由于难以预见因素出现失误或错误的，可容错免责；对不履行或者不正确履行职责的，依纪依法严肃问责。（人力资源社会保障部、监察部、财政部等

负责)

（二十二）加强统计监测和形势研判。完善统计监测制度，探索建立新就业形态、劳动者创业等统计监测指标。扩大就业数据信息来源，加强就业数据与宏观经济数据的比对分析，充分利用大数据技术开展就业监测，为加强形势研判、落实完善政策、实施精准服务提供有力支撑。（国家统计局、教育部、人力资源社会保障部、国家发展改革委、工业和信息化部、农业部、商务部、工商总局等负责)

（二十三）防范化解失业风险。增强风险意识和底线思维，根据就业失业重点指标、人力资源市场供求、宏观经济运行等变化，及早发现异常情况和潜在风险，按照分级预警、分层响应、分类施策的原则，制定应对规模性失业风险预案。对出现严重规模性失业风险的地区，省级人民政府可通过提高稳岗补贴标准、开展以工代赈、组织跨地区劳务对接、合理降低企业人工成本、阶段性延长领取失业保险金期限、开展生活帮扶等措施，化解失业风险。（人力资源社会保障部、国家发展改革委、财政部、民政部、商务部、人民银行、工商总局等负责)

各地区、各有关部门要结合实际，进一步细化政策措施，抓好贯彻落实，为保持就业局势稳定、加快推进经济转型升级提供有力保障。

国务院

2017 年 4 月 13 日

国务院办公厅关于支持返乡下乡人员创业创新
促进农村一二三产业融合发展的意见

国办发〔2016〕84号

各省、自治区、直辖市人民政府，国务院各部委、各直属机构：

近年来，随着"大众创业、万众创新"的深入推进，越来越多的农民工、中高等院校毕业生、退役士兵和科技人员等返乡下乡人员到农村创业创新，为推进农业供给侧结构性改革、活跃农村经济发挥了重要作用。返乡下乡人员创业创新，有利于将现代科技、生产方式和经营理念引入农业，提高农业质量效益和竞争力；有利于发展新产业新业态新模式，推动农村一二三产业融合发展；有利于激活各类城乡生产资源要素，促进农民就业增收。在《国务院办公厅关于支持农民工等人员返乡创业的意见》（国办发〔2015〕47号）和《国务院办公厅关于推进农村一二三产业融合发展的指导意见》（国办发〔2015〕93号）的基础上，为进一步细化和完善扶持政策措施，鼓励和支持返乡下乡人员创业创新，经国务院同意，现提出如下意见。

一、重点领域和发展方向

（一）突出重点领域。鼓励和引导返乡下乡人员结合自身优势和特长，根据市场需求和当地资源禀赋，利用新理念、新技术和新渠道，开发农业农村资源，发展优势特色产业，繁荣农村经济。重点发展规模种养业、特色农业、设施农业、林下经济、庭院经济等农业生产经营模式，烘干、贮藏、保鲜、净化、分等分级、包装等农产品加工业，农资配送、耕地修复治理、病虫害防治、农机作业服务、农产品流通、农业废弃物处理、农业信息咨询等生产性服务业，休闲农业和乡村旅游、民族风情旅游、传统手工艺、文化创意、养生养老、中央厨房、农村绿化美化、农村物业管理等生活性服务业，以及其他新产业新业态新模式。

（二）丰富创业创新方式。鼓励和引导返乡下乡人员按照法律法规和政策规定，通过承包、租赁、入股、合作等多种形式，创办领办家庭农场林场、农民合作社、农业企业、农业社会化服务组织等新型农业经营主体。通过聘用管理技术人才组建创业团队，与其他经营主体合作组建现代企业、企业集团或产业联盟，共同开辟创业空间。通过发展农村电商平台，利用互联网思维和技术，实施"互联网+"现代农业行动，开展网上创业。通过发展合作制、股份合作制、股份制等形式，培育产权清晰、利益共享、机制灵活的创业创新共同体。

（三）推进农村产业融合。鼓励和引导返乡下乡人员按照全产业链、全价值链的现代产业组织方式开展创业创新，建立合理稳定的利益联结机制，推进农村一二三产业融合发展，让农民分享二三产业增值收益。以农牧（农林、农渔）结合、循环发展为导向，发展优质高效绿色农业。实行产加销一体化运作，延长农业产业链条。推进农业与旅游、教育、文化、健康养老等产业深度融合，提升农业价值链。引导返乡下乡人员创业创新向特色小城镇和产业园区等集中，培育产业集群和产业融合先导区。

二、政策措施

（四）简化市场准入。落实简政放权、放管结合、优化服务一系列措施，深化行政审批制度改革，持续推进商事制度改革，提高便利化水平。落实注册资本认缴登记和"先照后证"改革，在现有"三证合一"登记制度改革成效的基础上大力推进"五证合一、一照一码"登记制度改革。推动住所登记制度改革，积极支持各地放宽住所（经营场所）登记条件。县级人民政府要设立"绿色通道"，为返乡下乡人员创业创新提供便利服务，对进入创业园区的，提供有针对性的创业辅导、政策咨询、集中办理证照等服务。对返乡下乡人员创业创新免收登记类、证照类等行政事业性收费。（工商总局等负责）

（五）改善金融服务。采取财政贴息、融资担保、扩大抵押物范围等综合措施，努力解决返乡下乡人员创业创新融资难问题。稳妥有序推进农村承包土地的经营权抵押贷款试点，有效盘活农村资源、资金和资产。鼓励银行业金融机构开发符合返乡下乡人员创业创新需求的信贷产品和服务模式，探索权属清晰的包括农业设施、农机具在内的动产和不动产抵押贷款业务，提升返乡下乡人员金融服务可获得性。推进农村普惠金融发展，加强对纳入信用评价体系返乡下乡人员的金融服务。加大对农业保险产品的开发和推广力度，鼓励有条件的地方探索开展价格指数保险、收入保险、信贷保证保险、农产品质量安全保证保险、畜禽水产活体保险等创新试点，更好地满足返乡下乡人员的风险保障需求。（人民银行、银监会、保监会、农业部、国家林业局等负责）

（六）加大财政支持力度。加快将现有财政政策措施向返乡下乡人员创业创新拓展，将符合条件的返乡下乡人员创业创新项目纳入强农惠农富农政策范围。新型职业农民培育、农村一二三产业融合发展、农业生产全程社会化服务、农产品加工、农村信息化建设等各类财政支农项目和产业基金，要将符合条件的返乡下乡人员纳入扶持范围，采取以奖代补、先建后补、政府购买服务等方式予以积极支持。大学生、留学回国人员、科技人员、青年、妇女等人员创业的财政支持政策，要向返乡下乡人员创业创新延伸覆盖。把返乡下乡人员开展农业适度规模经营所需贷款纳入全国农业信贷担保体系。切实落实好定向减税和普遍性降费政策。（财政部、国家税务总局、教育部、科技部、工业和信息化部、人力资源社会保障部、农业农村部、自然资源部、共青团中央、全国妇联等负责）

（七）落实用地用电支持措施。在符合土地利用总体规划的前提下，通过调整存量土地资源，缓解返乡下乡人员创业创新用地难问题。支持返乡下乡人员按照相关用地政策，开展设施农业建设和经营。落实大众创业万众创新、现代农业、农产品加工业、休闲农业和乡村旅游等用地政策。鼓励返乡下乡人员依法以入股、合作、租赁等形式使用农村集体土地发展农业产业，依法使用农村集体建设用地开展创业创新。各省（区、市）可以根据本地实际，制定管理办法，支持返乡下乡人员依托自有和闲置农房院落发展农家乐。在符合农村宅基地管理规定和相关规划的前提下，允许返乡下乡人员和当地农民合作改建自住房。县级人民政府可在年度建设用地指标中单列一定比例专门用于返乡下乡人员建设农业配套辅助设施。城乡建设用地增减挂钩政策腾退出的建设用地指标，以及通过农村闲置宅基地整理新增的耕地和建设用地，重点支持返乡下乡人员创业创新。支持返乡下乡人员与农村集体经济组织共建农业物流仓储等设施。鼓励利用"四荒地"（荒山、荒沟、荒丘、荒滩）和厂矿废弃地、砖瓦窑废弃地、道路改线废弃地、闲置校舍、村庄空闲地等用于返乡下乡人员创业创新。农林牧渔业产品初加工项目在确定土地出让底价时可按不低于所在地土地等别相对应全国工业用地出让最低价标准的70%执行。返乡下乡人员发展农业、林木培育和种植、畜牧业、渔业生产、农业排灌用电以及农业服务业中的农产品初加工用电，包括对各种农产品进行脱水、凝固、去籽、净化、分类、晒干、剥皮、初烤、沤软或大批包装以供应初级市场的用电，均执行农业生产电价。（国土资源部、国家发展改革委、住房城乡建设部、农业部、国家林业局、国家旅游局、国家电网公司等负责）

（八）开展创业培训。实施农民工等人员返乡创业培训五年行动计划和新型职业农民培育工程、农村青年创业致富"领头雁"计划、贫困村创业致富带头人培训工程，开展农村妇女创业创新培训，让有创业和培训意愿的返乡下乡人员都能接受培训。建立返乡下乡人员信息库，有针对性地确定培训项目，实施精准培训，提升其创业能力。地方各级人民政府要将返乡下乡人员创业创新培训经费纳入财政预算。鼓励各类培训资源参与返乡下乡人员培训，支持各类园区、星创天地、农民合作社、中高等院校、农业企业等建立创业创新实训基地。采取线上学习与线下培训、自主学习与教师传授相结合的方式，开辟培训新渠道。加强创业创新导师队伍建设，从企业家、投资者、专业人才、科技特派员和返乡下乡创业创新带头人中遴选一批导师。建立各类专家对口联系制度，对返乡下乡人员及时开展技术指导和跟踪服务。（人力资源社会保障部、农业部、教育部、科技部、民政部、国家林业局、国务院扶贫办、共青团中央、全国妇联等负责）

（九）完善社会保障政策。返乡下乡人员可在创业地按相关规定参加各项社会保险，有条件的地方要将其纳入住房公积金缴存范围，按规定将其子女纳入城镇（城乡）居民基本医疗保险参保范围。对返乡下乡创业创新的就业困难人员、离校未就业高校毕业生以灵活就业方式参加社会保险的，可按规定给予一定社会保险补贴。对返乡下乡人员初始创业失败后生活困难的，可按规定享受社会救助。持有居住证的返乡下乡人员的子女可在创业地接受义务教育，依地方相关规定接受普惠性学前教育。（人力资源社会保障部、财政部、民政部、住房城乡建设部、教育部等负责）

（十）强化信息技术支撑。支持返乡下乡人员投资入股参与信息进村入户工程建设和运营，可聘用其作为村级信息员或区域中心管理员。鼓励各类电信运营商、电商等企业面向返乡下乡人员开发信息应用软件，开展农业生产技术培训，提供农资配送、农机作业等农业社会化服务，推介优质农产品，组织开展网络营销。面向返乡下乡人员开展信息技术技能培训。通过财政补贴、政府购买服务、落实税收优惠等政策，支持返乡下乡人员利用大数据、物联网、云计算、移动互联网等新一代信息技术开展创业创新。（农业部、国家发展改革委、工业和信息化部、财政部、商务部、税务总局、国家林业局等负责）

（十一）创建创业园区（基地）。按照政府搭建平台、平台聚集资源、资源服务创业的思路，依托现有开发区、农业产业园等各类园区以及专业市场、农民合作社、农业规模种养基地等，整合创建一批具有区域特色的返乡下乡人员创业创新园区（基地），建立开放式服务窗口，形成合力。现代农业示范区要发挥辐射带动和示范作用，成为返乡下乡人员创业创新的重要载体。支持中高等院校、大型企业采取众创空间、创新工厂等模式，创建一批重点面向初创期"种子培育"的孵化园（基地），有条件的地方可对返乡下乡人员到孵化园（基地）创业给予租金补贴。（农业部、国家发展改革委、科技部、工业和信息化部、财政部、人力资源社会保障部、商务部、文化部、国家林业局等负责）

三、组织领导

（十二）健全组织领导机制。各地区、各有关部门要充分认识返乡下乡人员创业创新的重要意义，作为经济社会发展的重点任务予以统筹安排。农业部要发挥牵头作用，明确推进机构，加强工作指导，建立部门间协调机制，督促返乡下乡人员创业创新政策落实，加强经验交流和推广。地方人民政府要建立协调机制，明确任务分工，落实部门责任，形成工作合力；加强调查研究，结合本地实际，研究制定和落实支持返乡下乡人员创业创新的政策措施。探索建立领导干部定点联系返乡下乡人员创业创新制度，深入了解情况，帮助解决实际问题。（农业部、省级人民政府等负责）

（十三）提升公共服务能力。积极开展面向返乡下乡人员的政策咨询、市场信息等公共服务。推进农村社区综合服务设施和信息平台建设，依托现有的各类公益性农产品市场和园区（基地），为返乡下乡人员创业创新提供高效便捷服务。做好返乡下乡人员创业创新的土地流转、项目选择、科技推广等方面专业服务。利用农村调查系统和农村固定观察点，加强对返乡下乡人员创业创新的动态监测和调查分析。（农业部、国家发展改革委、民政部、人力资源社会保障部、商务部、国家统计局、国家林业局等负责）

（十四）加强宣传引导。采取编制手册、制定明白卡、编发短信微信微博等方式，宣传解读政策措施。大力弘扬创业创新精神，树立返乡下乡人员先进典型，宣传推介优秀带头人，发挥其示范带动作用。充分调动社会各界支持返乡下乡人员创业创新的积极性，广泛开展创业大赛、创业大讲堂等活动，营造良好氛围。（农业部等负责）

国务院办公厅

2016 年 11 月 18 日

国务院关于促进创业投资
持续健康发展的若干意见

国发〔2016〕53 号

各省、自治区、直辖市人民政府，国务院各部委、各直属机构：

创业投资是实现技术、资本、人才、管理等创新要素与创业企业有效结合的投融资方式，是推动大众创业、万众创新的重要资本力量，是促进科技创新成果转化的助推器，是落实新发展理念、实施创新驱动发展战略、推进供给侧结构性改革、培育发展新动能和稳增长、扩就业的重要举措。近年来，我国创业投资快速发展，不仅拓宽了创业企业投融资渠道、促进了经济结构调整和产业转型升级，增强了经济发展新动能，也提高了直接融资比重、拉动了民间投资服务实体经济，激发了创业创新、促进了就业增长。但同时也面临着法律法规和政策环境不完善、监管体制和行业信用体系建设滞后等问题，存在一些投资"泡沫化"现象以及非法集资风险隐患。按照党中央、国务院的决策部署，为进一步促进创业投资持续健康发展，现提出以下意见。

一、总体要求

创业投资是指向处于创建或重建过程中的未上市成长性创业企业进行股权投资，以期所投资创业企业发育成熟或相对成熟后，主要通过股权转让获取资本增值收益的投资方式。天使投资是指除被投资企业职员及其家庭成员和直系亲属以外的个人以其自有资金直接开展的创业投资活动。发展包括天使投资在内的各类创业投资，应坚持以下总体要求：

（一）指导思想。

牢固树立和贯彻落实创新、协调、绿色、开放、共享的发展理念，着力推进供给侧结构性改革，深入实施创新驱动发展战略，大力推进大众创业万众创新，使市场在资源配置中起决定性作用和更好发挥政府作用，进一步深化简政放权、放管结合、优化服务改革，不断完善体制机制，健全政策措施，加强统筹协调和事中事后监管，构建促进创业投资发展的制度环境、市场环境和生态环境，加快形成有利于创业投资发展的良好氛围和"创业、创新＋创投"的协同互动发展格局，进一步扩大创业投资规模，促进创业投资做大做强做优，培育一批具有国际影响力和竞争力的中国创业投资品牌，推动我国创业投资行业跻身世界先进行列。

（二）基本原则。

一是坚持服务实体。创业投资是改善投资结构、增加有效投资的重要手段。要进一步深化简政放权、放管结合、优化服务改革，创新监管方式，既要重视发挥大企业的骨干作用，也要通过创业投资激发广大中小企业的创造力和活力。以支持实体经济发展、助力创业企业发展为本，引导创业投资企业和创业投资管理企业秉承价值投资理念，鼓励长期投资和价值投资，防范和化解投资估值"泡沫化"可能引发的市场风险，积极应对新动能成长过程中对传统产业和行业可能造成的冲击，妥善处理好各种矛盾，加大对实体经济支持的力度，增强可持续性，构建"实体创投"投资环境。

二是坚持专业运作。以市场为导向，充分调动民间投资和市场主体的积极性，发挥市场规则作用，激发民间创新模式，防止同质化竞争。鼓励创业投资企业和创业投资管理企业从自身独特优势出发，强化专业化投资理念和投资策略，深化内部体制机制创新，加强对投资项目的投后管理和增值服务，不断提高创业投资行业专业化运作和管理水平，夯实"专业创投"运行基础。

三是坚持信用为本。以诚信为兴业之本、发展之基，加强创业投资行业信用体系建设，建立和完善守信联合激励和失信联合惩戒制度，促进创业投资企业和创业投资管理企业诚信守法，忠实履行对投资者的诚信义务，创建"信用创投"发展环境。

四是坚持社会责任。围绕推进创新型国家建设、支持大众创业万众创新、促进经济结构调整和产业转型升级的使命和社会责任，推动创业投资行业严格按照国家有关法律法规和相关产业政策开展投资运营活动，按照市场化、法治化原则，促进创业投资良性竞争和绿色发展，共同维护良好市场秩序，树立"责任创投"价值理念。

二、培育多元创业投资主体

（三）加快培育形成各具特色、充满活力的创业投资机构体系。鼓励各类机构投资者和个人依法设立公司型、合伙型创业投资企业。鼓励行业骨干企业、创业孵化器、产业（技术）创新中心、创业服务中心、保险资产管理机构等创业创新资源丰富的相关机构参与创业投资。鼓励具有资本实力和管理经验的个人通过依法设立一人公司从事创业投资活动。鼓励和规范发展市场化运作、专业化管理的创业投资母基金。（国家发展改革委、科技部、工业和信息化部、人力资源社会保障部、商务部、国务院国资委、工商总局、银监会、证监会、保监会按职责分工负责）

（四）积极鼓励包括天使投资人在内的各类个人从事创业投资活动。鼓励成立公益性天使投资人联盟等各类平台组织，培育和壮大天使投资人群体，促进天使投资人与创业企业及创业投资企业的信息交流与合作，营造良好的天使投资氛围，推动天使投资事业发展。规范发展互联网股权融资平台，为各类个人直接投资创业企业提供信息和技术服务。（国家发展改革委、科技部、证监会按职责分工负责）

三、多渠道拓宽创业投资资金来源

（五）大力培育和发展合格投资者。在风险可控、安全流动的前提下，支持中央企业、地方国有企业、保险公司、大学基金等各类机构投资者投资创业投资企业和创业投资母基金。鼓励信托公司遵循价值投资和长期投资理念，充分发挥既能进行创业投资又能发放贷款的优势，积极探索新产品、新模式，为创业企业提供综合化、个性化金融和投融资服务。培育合格个人投资者，支持具有风险识别和风险承受能力的个人参与投资创业投资企业。（国家发展改革委、财政部、国务院国资委、银监会、证监会、保监会按职责分工负责）

（六）建立股权债权等联动机制。按照依法合规、风险可控、商业可持续的原则，建立创业投资企业与各类金融机构长期性、市场化合作机制，进一步降低商业保险资金进入创业投资领域的门槛，推动发展投贷联动、投保联动、投债联动等新模式，不断加大对创业投资企业的投融资支持。加强"防火墙"相关制度建设，有效防范道德风险。支持银行业金融机构积极稳妥开展并购贷款业务，提高对创业企业兼并重组的金融服务水平。完善银行业金融机构投贷联动机制，稳妥有序推进投贷联动业务试点，推动投贷联动金融服务模式创新。支持创业投资企业及其股东依法依规发行企业债券和其他债务融资工具融资，增强投资能力。（国家发展改革委、科技部、人民银行、银监会、证监会、保监会按职责分工负责）

四、加强政府引导和政策扶持

（七）完善创业投资税收政策。按照税收中性、税收公平原则和税制改革方向与要求，统筹研究鼓励创业投资企业和天使投资人投资种子期、初创期等科技型企业的税收支持政策，进一步完善创业投资企业投资抵扣税收优惠政策，研究开展天使投资人个人所得税政策试点工作。（国家发展改革委、科技部、财政部、商务部、税务总局、证监会按职责分工负责）

（八）建立创业投资与政府项目对接机制。在全面创新改革试验区域、双创示范基地、国家高新区、国家自主创新示范区、产业（技术）创新中心、科技企业孵化器、众创空间等，开放项目（企业）资源，充分利用政府项目资源优势，搭建创业投资与企业信息共享平台，打通创业资本和项目之间的通道，引导创业投资企业投资于国家科技计划（专项、基金等）形成科技成果的转化。挖掘农业领域创业投资潜力，依托农村产业融合发展园区、农业产业化示范基地、农民工返乡创业园等，通过发展第二、三产业，改造提升第一产业。有关方面要配合做好项目对接和服务。（国家发展改革委、科技部、工业和信息化部、农业部、商务部按职责分工负责）

（九）研究鼓励长期投资的政策措施。倡导长期投资和价值投资理念，研究对专注于长期投资和价值投资的创业投资企业在企业债券发行、引导基金扶持、政府项目对接、市场化退出等方面给予必要的政策支持。研究建立所投资企业上市解禁期与上市前投资期限长短反向挂钩的制度安排。（国家发展改革委、科技部、财政部、人民银行、证监会按职责分工负责）

（十）发挥政府资金的引导作用。充分发挥政府设立的创业投资引导基金作用，加强规范管理，加大力度培育新的经济增长点，促进就业增长。充分发挥国家新兴产业创业投资引导基金、国家中小企业发展基金、国家科技成果转化引导基金等已设立基金的作用。对于已设立基金未覆盖且需要政府引导支持的领域，鼓励有条件的地方按照"政府引导、市场化运作"原则推动设立创业投资引导基金，发挥财政资金的引导和聚集放大作用，引导民间投资等社会资本投入。进一步提高创业投资引导基金市场化运作效率，促进政策目标实现，维护出资人权益。鼓励创业投资引导基金注资市场化母基金，由专业化创业投资管理机构受托管理引导基金。综合运用参股基金、联合投资、融资担保、政府出资适当让利于社会出资等多种方式，进一步发挥政府资金在引导民间投资、扩大直接融资、弥补市场失灵等方面的作用。建立并完善创业投资引导基金中政府出资的绩效评价制度。（国家发展改革委、科技部、工业和信息化部、财政部按职责分工负责）

五、完善创业投资相关法律法规

（十一）构建符合创业投资行业特点的法制环境。进一步完善促进创业投资发展相关法律法规，研究推动相关立法工作，推动完善公司法和合伙企业法。完善创业投资相关管理制度，推动私募投资基金管理暂行条例尽快出台，对创业投资企业和创业投资管理企业实行差异化监管和行业自律。完善外商投资创业投资企业管理制度。（国家发展改革委、商务部、证监会按职责分工负责）

（十二）落实和完善国有创业投资管理制度。鼓励国有企业集众智，开拓广阔市场空间，增强国有企业竞争力。支持有需求、有条件的国有企业依法依规、按照市场化方式设立或参股创业投资企业和创业投资母基金。强化国有创业投资企业对种子期、初创期等创业企业的支持，鼓励国有创业投资企业追求长期投资收益。健全符合创业投资行业特点和发展规律的国有创业投资管理体制，完善国有创业投资企业的监督考核、激励约束机制和股权转让方式，形成鼓励创业、宽容失败的国有创业投资生态环境。支持具备条件的国有创业投资企业开展混合所有制改革试点，探索国有创业投资企业和创业投资管理企业核心团队持股和跟投。探索地方政府融资平台公司转型升级为创业投资企业。依法依规豁免国有创

业投资企业和国有创业投资引导基金国有股转持义务。（国家发展改革委、财政部、国务院国资委、证监会按职责分工负责）

六、进一步完善创业投资退出机制

（十三）拓宽创业投资市场化退出渠道。充分发挥主板、创业板、全国中小企业股份转让系统以及区域性股权市场功能，畅通创业投资市场化退出渠道。完善全国中小企业股份转让系统交易机制，改善市场流动性。支持机构间私募产品报价与服务系统、证券公司柜台市场开展直接融资业务。鼓励创业投资以并购重组等方式实现市场化退出，规范发展专业化并购基金。（证监会牵头负责）

七、优化创业投资市场环境

（十四）优化监管环境。实施更多的普惠性支持政策措施，营造公平竞争的发展环境，深化简政放权、放管结合、优化服务改革，搞好服务，激发活力。坚持适度监管、差异监管和统一功能监管，创新监管方式，有效防范系统性区域性风险。对创业投资企业在行业管理、备案登记等方面采取与其他私募基金区别对待的差异化监管政策，建立适应创业投资行业特点的宽市场准入、重事中事后监管的适度而有效的监管体制。加强信息披露和风险揭示，引导创业投资企业建立以实体投资、价值投资和长期投资为导向的合理的投资估值机制。对不进行实业投资、从事上市公司股票交易、助推投资泡沫及其他扰乱市场秩序的创业投资企业建立清查清退制度。建立行业规范，强化创业投资企业内控机制、合规管理和风险管理机制。加强投资者保护，特别是要进一步完善产权保护制度，依法保护产权和投资者合法经营、合法权益和合法财产。加强投资者教育，相关投资者应为具有风险识别和风险承受能力的合格投资者。建立并完善募集资金的托管制度，规范创业投资企业募集资金行为，打击违法违规募集资金行为。健全对创业投资企业募集资金、投资运作等与保护投资者权益相关的制度规范，加强日常监管。（国家发展改革委、科技部、国务院国资委、证监会按职责分工负责）

（十五）优化商事环境。各地区、各部门不得自行出台限制创业投资企业和创业投资管理企业市场准入和发展的有关政策。建立创业投资行业发展备案和监管备案互联互通机制，为创业投资企业备案提供便利，放宽创业投资企业的市场准入。持续深化商事制度改革，提高工商登记注册便利化水平。促进创业投资行业加强品牌建设。（国家发展改革委、工商总局、证监会会同各有关部门按职责分工负责）

（十六）优化信用环境。有关部门、行业组织和社会征信机构要进一步建立健全创业投资企业、创业投资管理企业及其从业人员信用记录，实现创业投资领域信用记录全覆盖。推动创业投资领域信用信息纳入全国信用信息共享平台，并与企业信用信息公示系统实现互联互通。依法依规在"信用中国"网站和企业信用信息公示系统公示相关信息。加快建立创业投资领域严重失信黑名单制度，鼓励有关社会组织探索建立守信红名单制度，依托全国信用信息共享平台，按照有关法律法规和政策规定实施守信联合激励和失信联合惩戒。建立健全创业投资行业信用服务机制，推广使用信用产品。（国家发展改革委、商务部、人民银行、工商总局、证监会按职责分工负责）

（十七）严格保护知识产权。完善知识产权保护相关法律法规和制度规定，加强对创业创新早期知识产权保护，在市场竞争中培育更多自主品牌，健全知识产权侵权查处机制，依法惩治侵犯知识产权的违法犯罪行为，将企业行政处罚、黑名单等信息纳入全国信用信息共享平台，对严重侵犯知识产权的责任主体实施联合惩戒，并通过"信用中国"网站、企业信用信息公示系统等进行公示，创造鼓励创业投资的良好知识产权保护环境。（国家发展改革委、人民银行、工商总局、知识产权局、证监会等按职责分工负责）

八、推动创业投资行业双向开放

（十八）有序扩大创业投资对外开放。发展创业投资要坚持走开放式发展道路，通过吸引境外投资，引进国际先进经验、技术和管理模式，提升我国创业投资企业的国际竞争力。按照对内外资一视同仁的原则，放宽外商投资准入，简化管理流程，鼓励外资扩大创业投资规模，加大对种子期、初创期创业企业支持力度。鼓励和支持境内外投资者在跨境创业投资及相关的投资贸易活动中使用人民币。允许外资创业投资企业按照实际投资规模将外汇资本金结汇所得的人民币划

入被投资企业。（国家发展改革委、商务部、人民银行、国家外汇局按职责分工负责）

（十九）鼓励境内有实力的创业投资企业积极稳妥"走出去"。完善境外投资相关管理制度，引导和鼓励创业投资企业加大对境外及港、澳、台地区高端研发项目的投资，积极分享高端技术成果。（国家发展改革委、商务部、人民银行、国家外汇局按职责分工负责）

九、完善创业投资行业自律和服务体系

（二十）加强行业自律。加快推进依法设立全国性创业投资行业协会，鼓励具备条件的地区成立创业投资协会组织，搭建行业协会交流服务平台。充分发挥行业协会在行业自律管理和政府与市场沟通中的积极作用，加强行业协会在政策对接、会员服务、信息咨询、数据统计、行业发展报告、人才培养、国际交流合作等方面的能力建设，支持行业协会推动创业投资行业信用体系建设和社会责任建设，维护有利于行业持续健康发展的良好市场秩序。（国家发展改革委、科技部、民政部、证监会按职责分工负责）

（二十一）健全创业投资服务体系。加强与创业投资相关的会计、征信、信息、托管、法律、咨询、教育培训等各类中介服务体系建设。支持创业投资协会组织通过高等学校、科研院所、群团组织、创业投资企业、创业投资管理企业、天使投资人等多种渠道，以多种方式加强创业投资专业人才培养，加大教育培训力度，吸引更多的优秀人才从事创业投资，提高创业投资的精准度。（国家发展改革委、科技部、证监会按职责分工负责）

十、加强各方统筹协调

（二十二）加强政策顶层设计和统筹协调。国家发展改革委要会同有关部门加强促进创业投资发展的政策协调，建立部门之间、部门与地方之间政策协调联动机制，加强创业投资行业发展政策和监管政策的协同配合，增强政策针对性、连续性、协同性。建立相关政府部门促进创业投资行业发展的信息共享机制。（国家发展改革委、证监会会同有关部门按职责分工负责）

各地区、各部门要把促进创业投资持续健康发展作为深入实施创新驱动发展战略、推动大众创业万众创新、促进经济结构调整和产业转型升级的一项重要举措，按照职责分工抓紧制定相关配套措施，加强沟通协调，形成工作合力，确保各项政策及时落实到位，积极发展新经济、培育新动能、改造提升传统动能，推动中国经济保持中高速增长、迈向中高端水平。

国务院

2016 年 9 月 16 日

国务院办公厅关于建设
大众创业万众创新示范基地的实施意见

国办发〔2016〕35 号

各省、自治区、直辖市人民政府，国务院各部委、各直属机构：

根据 2016 年《政府工作报告》部署和《国务院关于大力推进大众创业万众创新若干政策措施的意见》（国发〔2015〕32 号）等文件精神，为在更大范围、更高层次、更深程度上推进大众创业万众创新，加快发展新经济、培育发展新动能、打造发展新引擎，建设一批双创示范基地、扶持一批双创支撑平台、突破一批阻碍双创发展的政策障碍、形成一批可复制可推广的双创模式和典型经验，重点围绕创业创新重点改革领域开展试点示范，经国务院同意，现提出以下实施意见。

一、总体思路

（一）指导思想。

牢固树立并贯彻落实创新、协调、绿色、开放、共享的新发展理念，加快实施创新驱动发展战略，全面落实推动双创的各项政策措施。加强顶层设计和统筹谋划，通过试点示范完善双创政策环境，推动双创政策落地，扶持双创支撑平台，构建双创发展生态，调动双创主体积极性，发挥双创和"互联网+"集众智汇众力的乘数效应，发展新技术、新产品、新业态、新模式，总结双创成功经验并向全国推广，进一步促进社会就业，推动形成双创蓬勃发展的新局面，实现发展动力转换、结构优化，促进经济提质增效升级。

（二）基本原则。

——坚持政府引导，加强政策协同。通过试点示范加强各类政策统筹，实现地方与部门政策联动，确保已出台扶持政策具体化、可操作、能落地，切实解决政策落实"最后一公里"问题。结合现有工作基础，更加注重政策前瞻性、引领性，不断完善体制机制，营造有利于双创的政策环境。

——坚持市场主导，搞活双创主体。充分发挥市场配置资源的决定性作用，结合科技、教育和国有企业等改革，放开市场、放活主体，通过环境营造、制度设计、平台搭建等方式，聚焦新兴产业和创新型初创企业，扩大社会就业，培育全社会双创的内生动力。

——坚持问题导向，鼓励先行先试。系统梳理不同领域推动双创的特点和难点，从解决制约双创发展的核心问题入手，明确试点方向，充分调动地方、部门和企业的积极性，大胆探索，勇于尝试，突破制度障碍，切实解决创业者面临的资金、信息、政策、技术、服务等瓶颈问题。

——坚持创新模式，完善双创平台。以构建双创良好生态为目标，系统谋划、统筹考虑，结合各类双创支撑平台的特点，支持建立多种类型的双创示范基地。探索创新平台发展模式，不断丰富平台服务功能，引导社会资源支持双创。

（三）主要目标。

力争通过三年时间，围绕打造双创新引擎，统筹产业链、创新链、资金链和政策链，推动双创组织模式和服务模式创新，加强双创文化建设，到2018年底前建设一批高水平的双创示范基地，培育一批具有市场活力的双创支撑平台，突破一批阻碍双创发展的政策障碍，推广一批适应不同区域特点、组织形式和发展阶段的双创模式和典型经验，加快推动创新型企业成长壮大，努力营造鼓励创新、宽容失败的社会氛围，带动高质量的就业，促进新技术、新产品、新业态、新模式发展，为培育发展新动能提供支撑。

二、示范布局

（一）统筹示范类型。

强化顶层设计，注重分类指导，充分考虑各类主体特点和区域发展情况，有机衔接现有工作基础，有序推进双创示范基地建设。

依托双创资源集聚的区域、高校和科研院所、创新型企业等不同载体，支持多种形式的双创示范基地建设。引导双创要素投入，有效集成高校、科研院所、企业和金融、知识产权服务以及社会组织等力量，实施一批双创政策措施，支持建设一批双创支撑平台，探索形成不同类型的示范模式。

（二）统筹区域布局。

充分考虑东、中、西部和东北地区双创发展情况和特点，结合全面创新改革试验区域、国家综合配套改革试验区、国家自主创新示范区等布局，统筹部署双创示范基地建设，依托各自优势和资源，探索形成各具特色的区域双创形态。

（三）统筹现有基础。

有机衔接各地方、各部门已有工作基础，在双创示范基地遴选、政策扶持、平台建设等方面充分发挥现有机制作用，依托众创空间、小微企业创业基地和城市等各类双创平台和示范区域，各有区别，各有侧重，协同完善双创政策体系。

（四）统筹有序推进。

分批次、分阶段推进实施。首批双创示范基地选择在部分创新资源丰富、体制机制基础好、示范带动能力强的区域和单位先期开展示范布局，建立健全工作机制。在此基础上，逐步完善制度设计，有序扩大示范范围，探索统筹各方资源共同支持建设双创示范基地的新模式。

三、改革举措

积极推进结构性改革尤其是供给侧结构性改革，支持示范基地探索创新、先行先试，在双创发展的若干关键环节和重点领域，率先突破一批瓶颈制约，激发体制活力和内生动力，营造良好的创业创新生态和政策环境，促进新旧动能顺畅转换。

（一）拓宽市场主体发展空间。

持续增强简政放权、放管结合、优化服务改革的累积效应，支持示范基地纵深推进审批制度改革和商事制度改革，先行试验一批重大行政审批改革措施。取消和下放一批行政审批事项，深化网上并联审批和纵横协同监管改革，推行政务服务事项的"一号申请、一窗受理、一网通办"。最大限度减少政府对企业创业创新活动的干预，逐步建立符合创新规律的政府管理制度。

（二）强化知识产权保护。

在示范基地内探索落实商业模式等新形态创新成果的知识产权保护办法，推行知识产权管理规范的国家标准。开展知识产权综合执法，建立知识产权维权援助网点和快速维权通道，加强关键环节、重点领域的知识产权保护。将侵犯知识产权行为情况纳入信用记录，归集到全国信用信息共享平台，构建失信联合惩戒机制。

（三）加速科技成果转化。

全面落实《中华人民共和国促进科技成果转化法》，落实完善科研项目资金管理等改革措施，赋予高校和科研院所更大自主权，并督促指导高校和科研院所切实用好。支持示范基地完善新兴产业和现代服务业发展政策，打通科技和经济结合的通道。落实新修订的高新技术企业认定管理办法，充分考虑互联网企业特点，支持互联网企业申请高新技术企业认定并享受相关政策。

（四）加大财税支持力度。

加大中央预算内投资、专项建设基金对示范基地支持力度。在示范基地内探索鼓励创业创新的税收支持政策。抓紧制定科技型中小企业认定办法，对高新技术企业和科技型中小企业转化科技成果给予个人的股权奖励，递延至取得股权分红或转让股权时纳税。有限合伙制创业投资企业采取股权投资方式投资于未上市中小高新技术企业满2年的，该有限合伙制创业投资企业的法人合伙人可享受企业所得税优惠。居民企业转让5年以上非独占许可使用权取得的技术转让所得，可享受企业所得税优惠。

（五）促进创业创新人才流动。

鼓励示范基地实行更具竞争力的人才吸引制度。加快社会保障制度改革，完善社保关系转移接续办法，建立健全科研人员双向流动机制，落实事业单位专业技术人员离岗创业有关政策，促进科研人员在事业单位和企业间合理流动。开展外国人才永久居留及出入境便利服务试点，建设海外人才离岸创业基地。

（六）加强协同创新和开放共享。

加大示范基地内的科研基础设施、大型科研仪器向社会开放力度。鼓励大型互联网企业、行业领军企业通过网络平台向各类创业创新主体开放技术、开发、营销、推广等资源，加强创业创新资源共享与合作，构建开放式创业创新体系。

四、建设任务

以促进创新型初创企业发展为抓手，以构建双创支撑平台为载体，明确示范基地建设目标和建设重点，积极探索改革，推进政策落地，形成一批可复制可推广的双创模式和典型经验。

（一）区域示范基地。

建设目标：

结合全面创新改革试验区域、国家综合配套改革试验区、国家自主创新示范区等，以创业创新资源集聚区域为重点和抓手，集聚资本、人才、技术、政策等优势资源，探索形成区域性的创业创新扶持制度体系和经验。

建设重点：

1. 推进服务型政府建设。进一步转变政府职能，简政放权、放管结合、优化服务，在完善市场环境、深化审批制度改革和商事制度改革等方面采取切实有效措施，降低创业创新成本。加强创业创新信息资源整合，面向创业者和小微企业需求，建立创业政策集中发布平台，完善专业化、网络化服务体系，增强创业创新信息透明度。

2. 完善双创政策措施。加强政府部门的协调联动，多管齐下抓好已出台政策落实，打通政策落地的"最后一公里"。结合区域发展特点，面向经济社会发展需求，加大财税支持力度，强化知识产权保护，在科技成果转化、促进人才流动、加强协同创新和开放共享等方面，探索突破一批制约创业创新的制度瓶颈。

3. 扩大创业投资来源。落实鼓励创业投资发展的税收优惠政策，营造创业投资、天使投资发展的良好环境。规范设立和发展政府引导基金，支持创业投资、创新型中小企业发展。丰富双创投资和资本平台，进一步拓宽投融资渠道。

4. 构建创业创新生态。加强创业培训、技术服务、信息和中介服务、知识产权交易、国际合作等支撑平台建设，深入实施"互联网+"行动，加快发展物联网、大数据、云计算等平台，促进各类孵化器等创业培育孵化机构转型升级，打通政产学研用协同创新通道。

5. 加强双创文化建设。加大双创宣传力度，培育创业创新精神，强化创业创新素质教育，树立创业创新榜样，通过公益讲坛、创业论坛、创业培训等形式多样的活动，努力营造鼓励创新、宽容失败的社会氛围。

（二）高校和科研院所示范基地。

建设目标：

以高校和科研院所为载体，深化教育、科技体制改革，完善知识产权和技术创新激励制度，充分挖掘人力和技术资源，把人才优势和科技优势转化为产业优势和经济优势，促进科技成果转化，探索形成中国特色高校和科研院所双创制度体系和经验。

建设重点：

1. 完善创业人才培养和流动机制。深化创业创新教育改革，建立创业理论研究平台，完善相关课程设置，实现创业创新教育和培训制度化、体系化。落实高校、科研院所等专业技术人员离岗创业政策，建立健全科研人员双向流动机制。加大吸引海外高水平创业创新人才力度。

2. 加速科技成果转化。全面落实改进科研项目资金管理，下放科技成果使用、处置和收益权等改革措施，提高科研人员成果转化收益比例，加大股权激励力度，鼓励科研人员创业创新。开放各类创业创新资源和基础设施，构建开放式创业创新体系。

3. 构建大学生创业支持体系。实施大学生创业引领计划，落实大学生创业指导服务机构、人员、场地、经费等。建立健全弹性学制管理办法，允许学生保留学籍休学创业。构建创业创新教育和实训体系。加强创业导师队伍建设，完善兼职创业导师制度。

4. 建立健全双创支撑服务体系。引导和推动创业投资、创业孵化与高校、科研院所等技术成果转移相结合。完善知识产权运营、技术交流、通用技术合作研发等平台。

（三）企业示范基地。

建设目标：

充分发挥创新能力突出、创业氛围浓厚、资源整合能力强的领军企业核心作用，引导企业转型发展与双创相结合，大力推动科技创新和体制机制创新，探索形成大中小型企业联合实施双创的制度体系和经验。

建设重点：

1. 构建适合创业创新的企业管理体系。健全激励机制和容错纠错机制，激发和保护企业家精神。结合国有企业改革，强化组织管理制度创新，鼓励企业按照有关规定，通过股权、期权、分红等激励方式，支持员工自主创业、企业内部再创业，增强企业创新发展能力。

2. 激发企业员工创造力。加快技术和服务等双创支撑平台建设，开放创业创新资源，为员工创业创新提供支持。积极培育创客文化，激发员工创造力，提升企业市场适应能力。

3. 拓展创业创新投融资渠道。建立面向员工创业和小微企业发展的创业创新投资平台，整合企业内外部资金资源，完善投融资服务体系，为创业项目和团队提供全方位的投融资支持。

4. 开放企业创业创新资源。依托物联网、大数据、云计算等技术和服务平台，探索服务于产业和区域发展的新模式，利用互联网手段，向社会开放供应链，提供财务、市场、融资、技术、管理等服务，促进大中型企业和小微企业协同创新、共同发展。

五、步骤安排

2016 年上半年，首批双创示范基地结合自身特点，研究制定具体工作方案，明确各自建设目标、建设重点、时间表和路线图。国家发展改革委会同教育部、科技部、工业和信息化部、财政部、人力资源社会保障部、国务院国资委、中国科协等部门和单位论证、完善工作方案，建立执行评估体系和通报制度。示范基地工作方案应向社会公布，接受社会监督。

2016 年下半年，首批双创示范基地按照工作方案，完善制度体系，加快推进示范基地建设。

2017 年上半年，国家发展改革委会同相关部门组织对示范基地建设开展督促检查和第三方评估。对于成熟的可复制可推广的双创模式和典型经验，在全国范围内推广。

2017 年下半年，总结首批双创示范基地建设经验，完善制度设计，丰富示范基地内涵，逐步扩大示范基地范围，组织后续示范基地建设。

双创示范基地所在地人民政府要高度重视，加强领导，完善组织体系，把双创示范基地建设作为重要抓手和载体，认真抓好落实；要出台有针对性的政策措施，保证政策真正落地生根，进一步释放全社会创新活力。各相关部门要加强指导，建立地方政府、部门政策协调联动机制，为高校、科研院所、各类企业等提供政策支持、科技支撑、人才引进、公共服务等保障条件，形成强大政策合力；要细化评估考核机制，建立良性竞争机制，实现对示范基地的动态调整，推动形成大众创业万众创新的新局面。

　　附件：首批双创示范基地名单（28 个）

国务院办公厅

2016 年 5 月 8 日

附件

首批双创示范基地名单（28个）

一、区域示范基地（17个）

北京市海淀区、天津市滨海新区中心商务区、辽宁省沈阳市浑南区、上海市杨浦区、江苏省常州市武进区、浙江省杭州市余杭区浙江杭州未来科技城、安徽省合肥高新技术产业开发区、福建福州新区、河南省郑州航空港经济综合实验区、湖北省武汉东湖新技术开发区、湖南湘江新区、广东省广州高新技术产业开发区科学城园区、广东省深圳市南山区、重庆两江新区、四川省成都市郫县、贵州贵安新区、陕西西咸新区。

二、高校和科研院所示范基地（4个）

清华大学、上海交通大学、南京大学、四川大学。

三、企业示范基地（7个）

中国电信集团公司、中国航天科工集团公司、招商局集团有限公司、海尔集团公司、中信重工机械股份有限公司、共享装备股份有限公司、阿里巴巴集团。

国务院办公厅关于简化优化公共服务流程
方便基层群众办事创业的通知

国办发〔2015〕86号

各省、自治区、直辖市人民政府，国务院各部委、各直属机构：

为群众提供优质高效便捷的公共服务，是加快转变政府职能，推进简政放权、放管结合、优化服务改革的重要内容。近年来，各地区、各部门认真贯彻党中央、国务院决策部署，在创新和改进公共服务方面积极探索，取得了明显成效。但一些地方和领域，困扰基层群众的"办证多、办事难"现象仍然大量存在，不利于保障和改善民生，严重影响了创业创新。为切实解决这些问题，进一步提高公共服务质量和效率，为基层群众提供公平、可及的服务，更好地推动大众创业、万众创新，激发市场活力和社会创造力，经国务院同意，现就简化优化公共服务流程、方便基层群众办事创业有关事项通知如下：

一、总体要求

全面贯彻落实党的十八大和十八届二中、三中、四中、五中全会精神，按照国务院关于简政放权、放管结合、优化服务协同推进的部署，坚持问题导向，创新工作思路，综合施策、标本兼治、立行立改，务求在简环节、优流程、转作风、提效能、强服务方面取得突破性进展，不断提升公共服务水平和群众满意度。

——服务便民利民。简化办事环节和手续，优化公共服务流程，明确标准和时限，强化服务意识，丰富服务内容，拓展服务渠道，创新服务方式，提高服务质量，让群众办事更方便、创业更顺畅。

——办事依法依规。严格遵循法律法规，善于运用法治思维法治方式，规范公共服务事项办理程序，限制自由裁量权，维护群众合法权益，推进公共服务制度化、规范化。

——信息公开透明。全面公开公共服务事项，实现办事全过程公开透明、可追溯、可核查，切实保障群众的知情权、参与权和监督权。

——数据开放共享。加快推进"互联网+公共服务",运用大数据等现代信息技术,强化部门协同联动,打破信息孤岛,推动信息互联互通、开放共享,提升公共服务整体效能。

二、主要任务

(一)全面梳理和公开公共服务事项目录。各地区、各部门要根据法律法规规定,结合编制权力清单、责任清单、负面清单以及规范行政审批行为等相关工作,对本地区、本部门以及相关国有企事业单位、中介服务机构的公共服务事项进行全面梳理,列出目录并实行动态调整。要以创业创新需求为导向,明确有关政策支持、法律和信息咨询、知识产权保护、就业技能培训等综合服务事项;以公共服务公平、可及为目标,明确公共教育、劳动就业、社会保障、医疗卫生、住房保障、文化体育、扶贫脱贫等与群众日常生产生活密切相关的公共服务事项。要对所有公共服务事项逐项编制办事指南,列明办理依据、受理单位、基本流程、申请材料、示范文本及常见错误示例、收费依据及标准、办理时限、咨询方式等内容,并细化到每个环节。公共服务事项目录和办事指南等须通过政府网站、宣传手册等形式向社会公开。

(二)坚决砍掉各类无谓的证明和繁琐的手续。凡没有法律法规依据的证明和盖章环节,原则上一律取消。确需申请人提供的证明,要严格论证,广泛听取各方面意见,并作出明确规定,必要时履行公开听证程序。办事部门可通过与其他部门信息共享获取相关信息的,不得要求申请人提供证明材料。各地区、各部门可结合实际,探索由申请人书面承诺符合相关条件并进行公示,办事部门先予以办理,再相应加强事后核查与监管,进一步减少由申请人提供的证明材料,提高办事效率。

(三)大力推进办事流程简化优化和服务方式创新。最大限度精简办事程序,减少办事环节,缩短办理时限,改进服务质量。加快政务大厅功能升级,推动公共服务事项全部进驻,探索将部门分设的办事窗口整合为综合窗口,变"多头受理"为"一口受理",为群众提供项目齐全、标准统一、便捷高效的公共服务。建立健全首问负责、一次性告知、并联办理、限时办结等制度,积极推行一站式办理、上门办理、预约办理、自助办理、同城通办、委托代办等服务，消除"中梗阻"，打通群众办事"最后一公里"。

（四）加快推进部门间信息共享和业务协同。加强协调配合，推进公共服务信息平台建设，加快推动跨部门、跨区域、跨行业涉及公共服务事项的信息互通共享、校验核对。依托"互联网＋"，促进办事部门公共服务相互衔接，变"群众奔波"为"信息跑腿"，变"群众来回跑"为"部门协同办"，从源头上避免各类"奇葩证明"、"循环证明"等现象，为群众提供更加人性化的服务。

（五）扎实推进网上办理和网上咨询。推动实体政务大厅向网上办事大厅延伸，凡具备网上办理条件的事项，都要推广实行网上受理、网上办理、网上反馈，实现办理进度和办理结果网上实时查询；暂不具备网上办理条件的事项，要通过多种方式提供全程在线咨询服务，及时解答申请人疑问。逐步构建实体政务大厅、网上办事大厅、移动客户端、自助终端等多种形式相结合、相统一的公共服务平台，为群众提供方便快捷的多样化服务。

（六）加强服务能力建设和作风建设。各地区、各部门要践行"三严三实"要求，从群众利益出发，设身处地为群众着想，建立健全服务规则，提升运用新技术新方法为民服务的能力。定期开展督导检查，加大问责追责力度，对存在问题的地方和单位及时督促整改，大力整治群众反映强烈的庸懒散拖、推诿扯皮、敷衍塞责以及服务态度生硬等问题，坚决克服服务过程中不作为、乱作为现象。加大效能评估和监督考核力度，探索运用网上监督系统，确保服务过程可考核、有追踪、受监督，办事群众可以现场或在线评价。发挥群众监督和舆论监督作用，畅通群众投诉举报渠道，完善举报受理、处理和反馈制度，及时解决群众反映的问题。

三、工作措施

（一）尽快推出新举措。各地区、各部门要重点针对群众期盼解决的热点难点问题，认真查找现行公共服务流程存在的不足，找准症结，尽快整改，拿出具体解决方案，成熟一个、推出一个、实施一个，同步向社会公开，以改革的实际成效取信于民。各地区、各部门要按照本通知精神，制定简化优化公共服务流程、方便基层群众办事创业的工作方案，于 2016 年 1 月底前报国务院推进职能转变协调小组。

（二）回应关切促服务。各地区、各部门要将群众反映的公共服务"堵点"、"痛点"、"难点"作为改进工作、优化服务的着力点和突破口，探索建立"群众点菜、政府端菜"机制，及时了解群众需求，在改进公共服务中汲取群众智慧，主动回应社会关切，接受社会监督。

（三）协同推动抓落实。各地区、各部门要把简化优化公共服务流程、方便基层群众办事创业摆到突出位置，主动作为、相互协同，持续下功夫，力求新成效。面向群众提供公共服务的国有企事业单位及中介服务机构，也要按照本通知要求，切实改进工作，不断优化服务，相关行业主管部门要加强指导和监督。

国务院办公厅

2015 年 11 月 27 日

国务院关于加快构建大众创业万众创新
支撑平台的指导意见

国发〔2015〕53 号

各省、自治区、直辖市人民政府，国务院各部委、各直属机构：

当前，全球分享经济快速增长，基于互联网等方式的创业创新蓬勃兴起，众创、众包、众扶、众筹（以下统称四众）等大众创业万众创新支撑平台快速发展，新模式、新业态不断涌现，线上线下加快融合，对生产方式、生活方式、治理方式产生广泛而深刻的影响，动力强劲，潜力巨大。同时，在四众发展过程中也面临行业准入、信用环境、监管机制等方面的问题。为落实党中央、国务院关于大力推进大众创业万众创新和推动实施"互联网+"行动的有关部署，现就加快构建大众创业万众创新支撑平台、推进四众持续健康发展提出以下意见。

一、把握发展机遇，汇聚经济社会发展新动能

四众有效拓展了创业创新与市场资源、社会需求的对接通道，搭建了多方参与的高效协同机制，丰富了创业创新组织形态，优化了劳动、信息、知识、技术、管理、资本等资源的配置方式，为社会大众广泛平等参与创业创新、共同分享改革红利和发展成果提供了更多元的途径和更广阔的空间。

众创，汇众智搞创新，通过创业创新服务平台聚集全社会各类创新资源，大幅降低创业创新成本，使每一个具有科学思维和创新能力的人都可参与创新，形成大众创造、释放众智的新局面。

众包，汇众力增就业，借助互联网等手段，将传统由特定企业和机构完成的任务向自愿参与的所有企业和个人进行分工，最大限度利用大众力量，以更高的效率、更低的成本满足生产及生活服务需求，促进生产方式变革，开拓集智创新、便捷创业、灵活就业的新途径。

众扶，汇众能助创业，通过政府和公益机构支持、企业帮扶援助、个人互助互扶等多种方式，共助小微企业和创业者成长，构建创业创新发展的良好生态。

众筹，汇众资促发展，通过互联网平台向社会募集资金，更灵活高效满足产品开发、企业成长和个人创业的融资需求，有效增加传统金融体系服务小微企业和创业者的新功能，拓展创业创新投融资新渠道。

当前我国正处于发展动力转换的关键时期，加快发展四众具有极为重要的现实意义和战略意义，有利于激发蕴藏在人民群众之中的无穷智慧和创造力，将我国的人力资源优势迅速转化为人力资本优势，促进科技创新，拓展就业空间，汇聚发展新动能；有利于加快网络经济和实体经济融合，充分利用国内国际创新资源，提高生产效率，助推"中国制造2025"，加快转型升级，壮大分享经济，培育新的经济增长点；有利于促进政府加快完善与新经济形态相适应的体制机制，创新管理方式，提升服务能力，释放改革红利；有利于实现机会公平、权利公平、人人参与又人人受益的包容性增长，探索一条中国特色的众人创富、劳动致富之路。

二、创新发展理念，着力打造创业创新新格局

全面贯彻党的十八大和十八届二中、三中、四中全会精神，按照党中央、国务院决策部署，加快实施创新驱动发展战略，不断深化改革，顺应"互联网+"时代大融合、大变革趋势，充分发挥我国互联网应用创新的综合优势，充分激发广大人民群众和市场主体的创业创新活力，推动线上与线下相结合、传统与新兴相结合、引导与规范相结合，按照"坚持市场主导、包容创业创新、公平有序发展、优化治理方式、深化开放合作"的基本原则，营造四众发展的良好环境，推动各类要素资源集聚、开放、共享，提高资源配置效率，加快四众广泛应用，在更大范围、更高层次、更深程度上推进大众创业、万众创新，打造新引擎，壮大新经济。

——坚持市场主导。充分发挥市场在资源配置中的决定性作用，强化企业和劳动者的主体地位，尊重市场选择，积极发展有利于提高资源利用效率、激发大众智慧、满足人民群众需求、创造经济增长新动力的新模式、新业态。

——包容创业创新。以更包容的态度、更积极的政策营造四众发展的宽松环境，激发人民群众的创业创新热情，鼓励各类主体充分利用互联网带来的新机遇，积极探索四众的新平台、新形式、新应用，开拓创业创新发展新空间。

——公平有序发展。坚持公平进入、公平竞争、公平监管，破除限制新模式新业态发展的不合理约束和制度瓶颈，营造传统与新兴、线上与线下主体之间公平发展的良好环境，维护各类主体合法权益，引导各方规范有序发展。

——优化治理方式。转变政府职能，进一步简政放权，强化事中事后监管，优化提升公共服务，加强协同，创新手段，发挥四众平台企业内部治理和第三方治理作用，健全政府、行业、企业、社会共同参与的治理机制，推动四众持续健康发展。

——深化开放合作。"引进来"与"走出去"相结合，充分利用四众平台，优化配置国际创新资源，借鉴国际管理经验，积极融入全球创新网络。鼓励采用四众模式搭建对外开放新平台，面向国际市场拓展服务领域，深化创业创新国际合作。

三、全面推进众创，释放创业创新能量

（一）大力发展专业空间众创。鼓励各类科技园、孵化器、创业基地、农民工返乡创业园等加快与互联网融合创新，打造线上线下相结合的大众创业万众创新载体。鼓励各类线上虚拟众创空间发展，为创业创新者提供跨行业、跨学科、跨地域的线上交流和资源链接服务。鼓励创客空间、创业咖啡、创新工场等新型众创空间发展，推动基于"互联网+"的创业创新活动加速发展。

（二）鼓励推进网络平台众创。鼓励大型互联网企业、行业领军企业通过网络平台向各类创业创新主体开放技术、开发、营销、推广等资源，鼓励各类电子商务平台为小微企业和创业者提供支撑，降低创业门槛，加强创业创新资源共享与合作，促进创新成果及时转化，构建开放式创业创新体系。

（三）培育壮大企业内部众创。通过企业内部资源平台化，积极培育内部创客文化，激发员工创造力；鼓励大中型企业通过投资员工创业开拓新的业务领域、开发创新产品，提升市场适应能力和创新能力；鼓励企业建立健全股权激励机制，突破成长中的管理瓶颈，形成持续的创新动力。

四、积极推广众包，激发创业创新活力

（四）广泛应用研发创意众包。鼓励企业与研发机构等通过网络平台将部分设计、研发任务分发和交付，促进成本降低和提质增效，推动产品技术的跨学科融合创新。鼓励企业通过网络社区等形式广泛征集用户创意，促进产品规划与市场需求无缝对接，实现万众创新与企业发展相互促动。鼓励中国服务外包示范城市、技术先进型服务企业和服务外包重点联系企业积极应用众包模式。

（五）大力实施制造运维众包。支持有能力的大中型制造企业通过互联网众包平台聚集跨区域标准化产能，满足大规模标准化产品订单的制造需求。结合深化国有企业改革，鼓励采用众包模式促进生产方式变革。鼓励中小制造企业通过众包模式构筑产品服务运维体系，提升用户体验，降低运维成本。

（六）加快推广知识内容众包。支持百科、视频等开放式平台积极通过众包实现知识内容的创造、更新和汇集，引导有能力、有条件的个人和企业积极参与，形成大众智慧集聚共享新模式。

（七）鼓励发展生活服务众包。推动交通出行、无车承运物流、快件投递、旅游、医疗、教育等领域生活服务众包，利用互联网技术高效对接供需信息，优化传统生活服务行业的组织运营模式。推动整合利用分散闲置社会资源的分享经济新型服务模式，打造人民群众广泛参与、互助互利的服务生态圈。发展以社区生活服务业为核心的电子商务服务平台，拓展服务性网络消费领域。

五、立体实施众扶，集聚创业创新合力

（八）积极推动社会公共众扶。加快公共科技资源和信息资源开放共享，提高各类公益事业机构、创新平台和基地的服务能力，推动高校和科研院所向小微企业和创业者开放科研设施，降低大众创业、万众创新的成本。鼓励行业协会、产业联盟等行业组织和第三方服务机构加强对小微企业和创业者的支持。

（九）鼓励倡导企业分享众扶。鼓励大中型企业通过生产协作、开放平台、共享资源、开放标准等方式，带动上下游小微企业和创业者发展。鼓励有条件的企业依法合规发起或参与设立公益性创业基金，开展创业培训和指导，履行企业社会责任。鼓励技术领先企业向标准化组织、产业联盟等贡献基础性专利或技术资源，推动产业链协同创新。

（十）大力支持公众互助众扶。支持开源社区、开发者社群、资源共享平台、捐赠平台、创业沙龙等各类互助平台发展。鼓励成功企业家以天使投资、慈善、指导帮扶等方式支持创业者创业。鼓励通过网络平台、线下社区、公益组织等途径扶助大众创业就业，促进互助互扶，营造深入人心、氛围浓厚的众扶文化。

六、稳健发展众筹，拓展创业创新融资

（十一）积极开展实物众筹。鼓励消费电子、智能家居、健康设备、特色农产品等创新产品开展实物众筹，支持艺术、出版、影视等创意项目在加强内容管理的同时，依法开展实物众筹。积极发挥实物众筹的资金筹集、创意展示、价值发现、市场接受度检验等功能，帮助将创新创意付诸实践，提供快速、便捷、普惠化服务。

（十二）稳步推进股权众筹。充分发挥股权众筹作为传统股权融资方式有益补充的作用，增强金融服务小微企业和创业创新者的能力。稳步推进股权众筹融资试点，鼓励小微企业和创业者通过股权众筹融资方式募集早期股本。对投资者实行分类管理，切实保护投资者合法权益，防范金融风险。

（十三）规范发展网络借贷。鼓励互联网企业依法合规设立网络借贷平台，为投融资双方提供借贷信息交互、撮合、资信评估等服务。积极运用互联网技术优势构建风险控制体系，缓解信息不对称，防范风险。

七、推进放管结合，营造宽松发展空间

（十四）完善市场准入制度。积极探索交通出行、无车承运物流、快递、金融、医疗、教育等领域的准入制度创新，通过分类管理、试点示范等方式，依法为众包、众筹等新模式新业态的发展营造政策环境。针对众包资产轻、平台化、受众广、跨地域等特点，放宽市场准入条件，降低行业准入门槛。（交通运输部、邮政局、人民银行、证监会、银监会、卫生计生委、教育部等负责）

（十五）建立健全监管制度。适应新业态发展要求，建立健全行业标准规范和规章制度，明确四众平台企业在质量管理、信息内容管理、知识产权、申报纳税、社会保障、网络安全等方面的责任、权利和义务。（质检总局、新闻出版广

电总局、知识产权局、税务总局、人力资源社会保障部、网信办、工业和信息化部等负责）因业施策，加快研究制定重点领域促进四众发展的相关意见。（交通运输部、邮政局、人民银行、证监会、银监会、卫生计生委、教育部等负责）

（十六）创新行业监管方式。建立以信用为核心的新型市场监管机制，加强跨部门、跨地区协同监管。建立健全事中事后监管体系，充分发挥全国统一的信用信息共享交换平台、企业信用信息公示系统等的作用，利用大数据、随机抽查、信用评价等手段加强监督检查和对违法违规行为的处置。（发展改革委、工业和信息化部、工商总局、相关行业主管部门负责）

（十七）优化提升公共服务。加快商事制度改革，支持各地结合实际放宽新注册企业场所登记条件限制，推动"一址多照"、集群注册等住所登记改革，为创业创新提供便利的工商登记服务。简化和完善注销流程，开展个体工商户、未开业企业、无债权债务企业简易注销登记试点。推进全程电子化登记和电子营业执照应用，简化行政审批程序，为企业发展提供便利。加强行业监管、企业登记等相关部门与四众平台企业的信息互联共享，推进公共数据资源开放，加快推行电子签名、电子认证，推动电子签名国际互认，为四众发展提供支撑。进一步清理和取消职业资格许可认定，研究建立国家职业资格目录清单管理制度，加强对新设职业资格的管理。（工商总局、发展改革委、科技部、工业和信息化部、人力资源社会保障部、相关行业主管部门负责）

（十八）促进开放合作发展。有序引导外资参与四众发展，培育一批国际化四众平台企业。鼓励四众平台企业利用全球创新资源，面向国际市场拓展服务。加强国际合作，鼓励小微企业和创业者承接国际业务。（商务部、发展改革委牵头负责）

八、完善市场环境，夯实健康发展基础

（十九）加快信用体系建设。引导四众平台企业建立实名认证制度和信用评价机制，健全相关主体信用记录，鼓励发展第三方信用评价服务。建立四众平台企业的信用评价机制，公开评价结果，保障用户的知情权。建立完善信用标准化体系，制定四众发展信用环境相关的关键信用标准，规范信用信息采集、处理、评价、应用、交换、共享和服务。依法合理利用网络交易行为等在互联网上积累的信用数据，对现有征信体系和评测体系进行补充和完善。推进全国统一的信用信息共享交换平台、企业信用信息公示系统等与四众平台企业信用体系互联互通，实现资源共享。（发展改革委、人民银行、工商总局、质检总局牵头负责）

（二十）深化信用信息应用。鼓励发展信用咨询、信用评估、信用担保和信用保险等信用服务业。建立健全守信激励机制和失信联合惩戒机制，加大对守信行为的表彰和宣传力度，在市场监管和公共服务过程中，对诚实守信者实行优先办理、简化程序等"绿色通道"支持激励政策，对违法失信者依法予以限制或禁入。（发展改革委、人民银行牵头负责）

（二十一）完善知识产权环境。加大网络知识产权执法力度，促进在线创意、研发成果申请知识产权保护，研究制定四众领域的知识产权保护政策。运用技术手段加强在线创意、研发成果的知识产权执法，切实维护创业创新者权益。加强知识产权相关法律法规、典型案例的宣传和培训，增强中小微企业知识产权意识和管理能力。（知识产权局牵头负责）

九、强化内部治理，塑造自律发展机制

（二十二）提升平台治理能力。鼓励四众平台企业结合自身商业模式，积极利用信息化手段加强内部制度建设和管理规范，提高风险防控能力、信息内容管理能力和网络安全水平。引导四众平台企业履行管理责任，建立用户权益保障机制。（网信办、工业和信息化部、工商总局等负责）

（二十三）加强行业自律规范。强化行业自律，规范四众从业机构市场行为，保护行业合法权益。推动行业组织制定各类产品和服务标准，促进企业之间的业务交流和信息共享。完善行业纠纷协调和解决机制，鼓励第三方以及用户参与平台治理。构建在线争议解决、现场接待受理、监管部门受理投诉、第三方调解以及仲裁、诉讼等多元化纠纷解决机制。（相关行业主管部门、行政执法部门负责）

（二十四）保障网络信息安全。四众平台企业应当切实提升技术安全水平，及时发现和有效应对各类网络安全事件，确保网络平台安全稳定运行。妥善保管各类用户资料和交易信息，不得买卖、泄露用户信息，保障信息安全。强化守法、诚信、自律意识，营造诚信规范发展的良好氛围。（网信办、工业和信息化部牵头负责）

十、优化政策扶持，构建持续发展环境

（二十五）落实财政支持政策。创新财政科技专项资金支持方式，支持符合条件的企业通过众创、众包等方式开展相关科技活动。充分发挥国家新兴产业创业投资引导基金、国家中小企业发展基金等政策性基金作用，引导社会资源支持四众加快发展。降低对实体营业场所、固定资产投入等硬性指标要求，将对线下实体众创空间的财政扶持政策惠及网络众创空间。加大中小企业专项资金对小微企业创业基地建设的支持力度。大力推进小微企业公共服务平台和创业基地建设，加大政府购买服务力度，为采用四众模式的小微企业免费提供管理指导、技能培训、市场开拓、标准咨询、检验检测认证等服务。（财政部、发展改革委、工业和信息化部、科技部、商务部、质检总局等负责）

（二十六）实行适用税收政策。加快推广使用电子发票，支持四众平台企业和采用众包模式的中小微企业及个体经营者按规定开具电子发票，并允许将电子发票作为报销凭证。对于业务规模较小、处于初创期的从业机构符合现行小微企业税收优惠政策条件的，可按规定享受税收优惠政策。（财政部、税务总局牵头负责）

（二十七）创新金融服务模式。引导天使投资、创业投资基金等支持四众平台企业发展，支持符合条件的企业在创业板、新三板等上市挂牌。鼓励金融机构在风险可控和商业可持续的前提下，基于四众特点开展金融产品和服务创新，积极发展知识产权质押融资。大力发展政府支持的融资担保机构，加强政府引导和银担合作，综合运用资本投入、代偿补偿等方式，加大财政支持力度，引导和促进融资担保机构和银行业金融机构为符合条件的四众平台企业提供快捷、低成本的融资服务。（人民银行、证监会、银监会、保监会、发展改革委、工业和信息化部、财政部、科技部、商务部、人力资源社会保障部、知识产权局、质检总局等负责）

（二十八）深化科技体制改革。全面落实下放科技成果使用、处置和收益权，鼓励科研人员双向流动等改革部署，激励更多科研人员投身创业创新。加大科研基础设施、大型科研仪器向社会开放的力度，为更多小微企业和创业者提供支撑。（科技部牵头负责）

（二十九）繁荣创业创新文化。设立"全国大众创业万众创新活动周"，加强政策宣传，展示创业成果，促进投资对接和互动交流，为创业创新提供展示平台。继续办好中国创新创业大赛、中国农业科技创新创业大赛等赛事活动。引导各类媒体加大对四众的宣传力度，普及四众知识，发掘典型案例，推广成功经验，培育尊重知识、崇尚创造、追求卓越的创新文化。（发展改革委、科技部、工业和信息化部、中央宣传部、中国科协等负责）

（三十）鼓励地方探索先行。充分尊重和发挥基层首创精神，因地制宜，突出特色。支持各地探索适应新模式新业态发展特点的管理模式，及时总结形成可复制、可推广的经验。支持全面创新改革试验区、自由贸易试验区、国家自主创新示范区、战略性新兴产业集聚区、国家级经济技术开发区、跨境电子商务综合试验区等加大改革力度，强化对创业创新公共服务平台的扶持，充分发挥四众发展的示范带动作用。（发展改革委、科技部、商务部、相关地方省级人民政府等负责）

各地区、各部门应加大对众创、众包、众扶、众筹等创业创新活动的引导和支持力度，加强统筹协调，探索制度创新，完善政府服务，科学组织实施，鼓励先行先试，不断开创大众创业、万众创新的新局面。

国务院

2015 年 9 月 23 日

国务院办公厅关于同意建立推进大众创业
万众创新部际联席会议制度的函

国办函〔2015〕90号

发展改革委：

你委《关于建立推进大众创业万众创新部际联席会议制度的请示》（发改高技〔2015〕1676号）收悉。经国务院同意，现函复如下：

国务院同意建立由发展改革委牵头的推进大众创业万众创新部际联席会议制度。联席会议不刻制印章，不正式行文，请按照国务院有关文件精神，认真组织开展工作。

附件：推进大众创业万众创新部际联席会议制度

国务院办公厅

2015年8月14日

附件

推进大众创业万众创新部际联席会议制度

为贯彻落实《国务院关于大力推进大众创业万众创新若干政策措施的意见》（国发〔2015〕32 号，以下简称《意见》）有关精神，进一步加强统筹协调，形成工作合力，共同推进大众创业万众创新蓬勃发展，经国务院同意，建立推进大众创业万众创新部际联席会议（以下简称联席会议）制度。

一、工作职责

（一）在国务院领导下，统筹协调推进大众创业万众创新相关工作，研究和协调《意见》实施过程中遇到的重大问题，加强对《意见》实施工作的指导、监督和评估。

（二）加强有关地方、部门和企业之间在推进大众创业万众创新方面的信息沟通和相互协作，及时向国务院报告有关工作进展情况，研究提出政策措施建议。

（三）完成国务院交办的其他事项。

二、成员单位

联席会议由发展改革委、科技部、人力资源社会保障部、财政部、工业和信息化部、教育部、公安部、国土资源部、住房城乡建设部、农业部、商务部、人民银行、国资委、税务总局、工商总局、统计局、知识产权局、法制办、银监会、证监会、保监会、外专局、外汇局、中国科协等部门和单位组成。

联席会议由发展改革委主要负责同志担任召集人，发展改革委、科技部、人力资源社会保障部、财政部、工业和信息化部分管负责同志担任副召集人，其他成员单位有关负责同志为联席会议成员。联席会议成员因工作变动需要调整的，由所在单位提出，联席会议确定。

联席会议办公室设在发展改革委，承担联席会议日常工作。联席会议设联络员，由各成员单位有关司局负责同志担任。

三、工作规则

联席会议原则上每年召开一至两次全体会议，由召集人或副召集人主持。可根据工作需要，临时召开会议。成员单位根据工作需要可以提出召开会议的建议。研究具体工作事项时，可视情况召集部分成员单位参加会议，也可邀请其他部门参加会议。联席会议以会议纪要形式明确议定事项，经与会单位同意后印发有关方面。重大事项要及时向国务院报告。

四、工作要求

发展改革委要会同科技部、人力资源社会保障部、财政部、工业和信息化部等部门切实做好联席会议各项工作，各成员单位要按照职责分工，认真落实《意见》确定的各项任务和联席会议议定事项，主动研究推进大众创业万众创新发展相关工作，及时制定政策措施或提出政策措施建议；要互通信息，密切配合，相互支持，形成合力，充分发挥联席会议作用，形成高效运行的长效工作机制。联席会议办公室要及时向各成员单位通报情况。

推进大众创业万众创新部际联席会议成员名单

召 集 人：徐绍史　发展改革委主任
副召集人：林念修　发展改革委副主任
　　　　　曹健林　科技部副部长
　　　　　信长星　人力资源社会保障部副部长
　　　　　刘　昆　财政部副部长
　　　　　辛国斌　工业和信息化部副部长
成　　员：林蕙青　教育部副部长
　　　　　孟宏伟　公安部副部长
　　　　　王世元　国土资源部副部长
　　　　　倪　虹　住房城乡建设部副部长

陈晓华　农业部副部长

钱克明　商务部副部长

杨子强　人民银行行长助理

黄丹华　国资委副主任

张志勇　税务总局副局长

刘玉亭　工商总局副局长

鲜祖德　统计局总统计师

贺　化　知识产权局副局长

袁曙宏　法制办副主任

周慕冰　银监会副主席

赵争平　证监会主席助理

梁　涛　保监会副主席

孙照华　外专局副局长

李　超　外汇局副局长

王春法　中国科协书记处书记

国务院办公厅关于印发进一步做好新形势下就业创业工作重点任务分工方案的通知

国办函〔2015〕47号

各省、自治区、直辖市人民政府，国务院有关部门：

《进一步做好新形势下就业创业工作重点任务分工方案》（以下简称《分工方案》）已经国务院同意，现印发给你们，请认真落实。

有关部门要认真贯彻实施《国务院关于进一步做好新形势下就业创业工作的意见》（国发〔2015〕23号），按照《分工方案》的要求，进一步分解细化涉及本部门的工作，抓紧制定具体措施，逐项推进落实。同一项工作涉及多个部门的，牵头部门要加强协调，有关部门要密切协作。

各省、自治区、直辖市人民政府要加强组织领导，落实责任，加快推进各项工作，确保政策落地生效。

人力资源社会保障部要做好跟踪分析、统筹协调、督促检查等工作，重大问题及时向国务院报告。

国务院办公厅

2015年6月18日

进一步做好新形势下就业创业工作重点任务分工方案

序号	工作任务	负责单位	时间进度
1	把稳定和扩大就业作为经济运行合理区间的下限，将城镇新增就业、调查失业率作为宏观调控重要指标，纳入国民经济和社会发展规划及年度计划	发展改革委、人力资源社会保障部、统计局（列第一位者为牵头单位，下同）	持续实施
2	加强财税、金融、产业、贸易等经济政策与就业政策的配套衔接，建立宏观经济政策对就业影响评价机制	发展改革委、工业和信息化部、财政部、人力资源社会保障部、商务部、人民银行、税务总局	持续实施
3	建立公共投资和重大项目建设带动就业评估机制	发展改革委、人力资源社会保障部	持续实施
4	开展小微企业创业创新基地城市示范，中央财政给予综合奖励；创新政府采购支持方式，消除中小企业享受相关优惠政策面临的条件认定、企业资质等不合理限制门槛	财政部、工业和信息化部	持续实施
5	将失业保险基金支持企业稳岗政策实施范围由兼并重组企业、化解产能过剩企业、淘汰落后产能企业等三类企业扩大到所有符合条件的企业	省级人民政府	2015 年 7 月底前出台具体措施
6	淘汰落后产能奖励资金、依据兼并重组政策规定支付给企业的土地补偿费要优先用于职工安置	工业和信息化部、国土资源部、省级人民政府	持续实施
7	完善失业监测预警机制，建立应对失业风险的就业应急预案	人力资源社会保障部、发展改革委、财政部、统计局	持续实施
8	年内出台推进"三证合一"登记制度改革意见和统一社会信用代码方案，实现"一照一码"	工商总局、发展改革委、税务总局、质检总局、中央编办、法制办	2015 年 12 月底前出台具体措施
9	放松经营范围登记管制，支持各地结合实际放宽新注册企业场所登记条件限制，推动"一址多照"、集群注册等住所登记改革	工商总局、省级人民政府	2015 年 12 月底前出台具体措施
10	全面完成清理非行政许可审批事项，再取消下放一批制约经济发展、束缚企业活力等含金量高的行政许可事项	国务院审改办	持续实施
11	加快发展市场化、专业化、集成化、网络化的众创空间；对符合条件的众创空间等新型孵化机构适用科技企业孵化器税收优惠政策；有条件的地方可对众创空间的房租、宽带网络、公共软件等给予适当补贴，或通过盘活商业用房、闲置厂房等资源提供成本较低的场所	科技部、教育部、工业和信息化部、财政部、人力资源社会保障部、税务总局、共青团中央、省级人民政府	持续实施

序号	工作任务	负责单位	时间进度
12	运用财税政策，支持风险投资、创业投资、天使投资等发展	财政部、税务总局、发展改革委	持续实施
13	加快设立国家中小企业发展基金和国家新兴产业创业投资引导基金；鼓励地方设立创业投资引导等基金	财政部、发展改革委、工业和信息化部、人力资源社会保障部、农业部	2015 年 12 月底前出台具体措施
14	加快创业板等资本市场改革，强化全国中小企业股份转让系统融资、交易等功能，规范发展服务小微企业的区域性股权市场；开展股权众筹融资试点，积极探索和规范发展互联网金融，发展新型金融机构和融资服务机构	人民银行、证监会、银监会、保监会	持续实施
15	将小额担保贷款调整为创业担保贷款，明确支持对象、标准和条件，贷款最高额度统一调整为 10 万元；健全贷款发放考核办法和财政贴息资金规范管理约束机制，完善担保基金呆坏账核销办法	人民银行、财政部、人力资源社会保障部	2015 年 9 月底前出台具体措施
16	实施更加积极的促进就业创业税收优惠政策，将企业吸纳就业税收优惠的人员范围由失业一年以上人员调整为失业半年以上人员	财政部、税务总局、人力资源社会保障部	2015 年 7 月底前出台具体措施
17	抓紧推广中关村国家自主创新示范区税收试点政策	财政部、税务总局	2015 年 12 月底前出台具体措施
18	全面清理涉企行政事业性收费、政府性基金、具有强制垄断性的经营服务性收费、行业协会商会涉企收费，落实涉企收费清单管理制度和创业负担举报反馈机制	财政部、发展改革委、工业和信息化部	持续实施
19	探索高校、科研院所等事业单位专业技术人员在职创业、离岗创业有关政策	人力资源社会保障部、教育部、科技部	持续实施
20	加快推进中央级事业单位科技成果使用、处置和收益管理改革试点政策推广	财政部、科技部、知识产权局	持续实施
21	完善科技人员创业股权激励政策，放宽股权奖励、股权出售的企业设立年限和盈利水平限制	财政部、科技部	2015 年 12 月底前出台具体措施
22	支持农民工返乡创业，发展新型农业经营主体，落实定向减税和普遍性降费政策；依托存量资源整合创建一批农民工返乡创业园；依托基层就业和社会保障服务设施等公共平台，提供创业指导和服务；支持农民网上创业	人力资源社会保障部、农业部、发展改革委、财政部、住房城乡建设部、商务部、人民银行、税务总局、共青团中央、全国妇联，省级人民政府	2015 年 6 月底前出台具体措施
23	支持举办创业训练营、创业创新大赛、创新成果和创业项目展示推介等活动，搭建创业者交流平台，培育创业文化	人力资源社会保障部、科技部、教育部、工业和信息化部、财政部、全国总工会、共青团中央，省级人民政府	持续实施

续表

序号	工作任务	负责单位	时间进度
24	对劳动者创办社会组织、从事网络创业符合条件的，给予相应创业扶持政策	省级人民政府	持续实施
25	推进创业型城市创建，对政策落实好、创业环境优、工作成效显著的，按规定予以表彰	人力资源社会保障部	持续实施
26	落实完善见习补贴政策，对见习期满留用率达到50%以上的见习单位，适当提高见习补贴标准	省级人民政府	2015年7月底前出台具体措施
27	将求职补贴调整为求职创业补贴，对象范围扩展到已获得国家助学贷款的毕业年度高校毕业生	省级人民政府	2015年7月底前出台具体措施
28	技师学院高级工班、预备技师班和特殊教育院校职业教育类毕业生可参照高校毕业生享受相关就业补贴政策	人力资源社会保障部、中国残联、财政部	2015年7月底前出台具体措施
29	规范公益性岗位开发和管理	人力资源社会保障部、财政部	持续实施
30	加快完善残疾人集中就业单位扶持政策	财政部、税务总局、民政部、人力资源社会保障部、中国残联	2015年12月底前出台具体措施
31	完善职业培训、就业服务、劳动维权"三位一体"的工作机制，加强农民工输出输入地劳务对接，加强对转移就业农民工的跟踪服务	人力资源社会保障部、农业部、全国总工会、全国妇联	持续实施
32	扶持自主择业军转干部、自主就业退役士兵就业创业；调整完善促进军转干部及随军家属就业税收政策	人力资源社会保障部、民政部、财政部、税务总局	持续实施
33	健全覆盖城乡的公共就业创业服务体系，提高服务均等化、标准化和专业化水平；完善公共就业服务体系的创业服务功能；将职业介绍补贴和扶持公共就业服务补助合并调整为就业创业服务补贴	人力资源社会保障部、财政部、发展改革委	2015年9月底前出台具体措施
34	逐步建成以省级为基础、全国一体化的就业信息化格局；实现就业管理和就业服务工作全程信息化	人力资源社会保障部	持续实施
35	加快建立统一规范灵活的人力资源市场，消除城乡、行业、身份、性别、残疾等影响平等就业的制度障碍和就业歧视；推进人力资源市场诚信体系建设和标准化建设；加强对企业招聘行为、职业中介活动的规范	人力资源社会保障部、工商总局、全国妇联	持续实施

序号	工作任务	负责单位	时间进度
36	优化高校学科专业结构，加快发展现代职业教育，大规模开展职业培训，加大创业培训力度；把创新创业课程纳入国民教育体系；重点实施农民工职业技能提升和失业人员转业转岗培训；支持企业开展新型学徒制培训	人力资源社会保障部、教育部、发展改革委、财政部、全国总工会	持续实施
37	对实现就业或自主创业的最低生活保障对象，在核算家庭收入时，可以扣减必要的就业成本	民政部、财政部	持续实施
38	将就业创业工作纳入政绩考核，细化目标任务、政策落实、就业创业服务、资金投入、群众满意度等指标，提高权重，并层层分解，督促落实	中央组织部、人力资源社会保障部，省级人民政府	持续实施
39	各级人民政府要在财政预算中合理安排就业相关资金；进一步规范就业专项资金管理	财政部、人力资源社会保障部，省级人民政府	持续实施
40	建立健全就业创业统计监测体系	人力资源社会保障部、发展改革委、统计局、工商总局、教育部、全国妇联	持续实施

国务院办公厅关于支持
农民工等人员返乡创业的意见

国办发〔2015〕47号

各省、自治区、直辖市人民政府,国务院各部委、各直属机构:

支持农民工、大学生和退役士兵等人员返乡创业,通过大众创业、万众创新使广袤乡镇百业兴旺,可以促就业、增收入,打开新型工业化和农业现代化、城镇化和新农村建设协同发展新局面。根据《中共中央 国务院关于加大改革创新力度加快农业现代化建设的若干意见》和《国务院关于进一步做好新形势下就业创业工作的意见》(国发〔2015〕23号)要求,为进一步做好农民工等人员返乡创业工作,经国务院同意,现提出如下意见:

一、总体要求

(一)指导思想。全面贯彻落实党的十八大和十八届二中、三中、四中全会精神,按照党中央、国务院决策部署,加强统筹谋划,健全体制机制,整合创业资源,完善扶持政策,优化创业环境,以人力资本、社会资本的提升、扩散、共享为纽带,加快建立多层次多样化的返乡创业格局,全面激发农民工等人员返乡创业热情,创造更多就地就近就业机会,加快输出地新型工业化、城镇化进程,全面汇入大众创业、万众创新热潮,加快培育经济社会发展新动力,催生民生改善、经济结构调整和社会和谐稳定新动能。

(二)基本原则。

——坚持普惠性与扶持性政策相结合。既要保证返乡创业人员平等享受普惠性政策,又要根据其抗风险能力弱等特点,落实完善差别化的扶持性政策,努力促进他们成功创业。

——坚持盘活存量与创造增量并举。要用好用活已有园区、项目、资金等存量资源全面支持返乡创业,同时积极探索公共创业服务新方法、新路径,开发增量资源,加大对返乡创业的支持力度。

——坚持政府引导与市场主导协同。要加强政府引导,按照绿色、集约、实用的原则，创造良好的创业环境，更要充分发挥市场的决定性作用，支持返乡创业企业与龙头企业、市场中介服务机构等共同打造充满活力的创业生态系统。

——坚持输入地与输出地发展联动。要推进创新创业资源跨地区整合，促进输入地与输出地在政策、服务、市场等方面的联动对接，扩大返乡创业市场空间，延长返乡创业产业链条。

二、主要任务

（三）促进产业转移带动返乡创业。鼓励输入地在产业升级过程中对口帮扶输出地建设承接产业园区，引导劳动密集型产业转移，大力发展相关配套产业，带动农民工等人员返乡创业。鼓励已经成功创业的农民工等人员，顺应产业转移的趋势和潮流，充分挖掘和利用输出地资源和要素方面的比较优势，把适合的产业转移到家乡再创业、再发展。

（四）推动输出地产业升级带动返乡创业。鼓励积累了一定资金、技术和管理经验的农民工等人员，学习借鉴发达地区的产业组织形式、经营管理方式，顺应输出地消费结构、产业结构升级的市场需求，抓住机遇创业兴业，把小门面、小作坊升级为特色店、连锁店、品牌店。

（五）鼓励输出地资源嫁接输入地市场带动返乡创业。鼓励农民工等人员发挥既熟悉输入地市场又熟悉输出地资源的优势，借力"互联网+"信息技术发展现代商业，通过对少数民族传统手工艺品、绿色农产品等输出地特色产品的挖掘、升级、品牌化，实现输出地产品与输入地市场的嫁接。

（六）引导一二三产业融合发展带动返乡创业。统筹发展县域经济，引导返乡农民工等人员融入区域专业市场、示范带和块状经济，打造具有区域特色的优势产业集群。鼓励创业基础好、创业能力强的返乡人员，充分开发乡村、乡土、乡韵潜在价值，发展休闲农业、林下经济和乡村旅游，促进农村一二三产业融合发展，拓展创业空间。以少数民族特色村镇为平台和载体，大力发展民族风情旅游业，带动民族地区创业。

（七）支持新型农业经营主体发展带动返乡创业。鼓励返乡人员共创农民合作社、家庭农场、农业产业化龙头企业、林场等新型农业经营主体，围绕规模种养、农产品加工、农村服务业以及农技推广、林下经济、贸易营销、农资配送、信息咨询等合作建立营销渠道，合作打造特色品牌，合作分散市场风险。

三、健全基础设施和创业服务体系

（八）加强基层服务平台和互联网创业线上线下基础设施建设。切实加大人力财力投入，进一步推进县乡基层就业和社会保障服务平台、中小企业公共服务平台、农村基层综合公共服务平台、农村社区公共服务综合信息平台的建设，使其成为加强和优化农村基层公共服务的重要基础设施。支持电信企业加大互联网和移动互联网建设投入，改善县乡互联网服务，加快提速降费，建设高速畅通、覆盖城乡、质优价廉、服务便捷的宽带网络基础设施和服务体系。继续深化和扩大电子商务进农村综合示范县工作，推动信息入户，引导和鼓励电子商务交易平台渠道下沉，带动返乡人员依托其平台和经营网络创业。加大交通物流等基础设施投入，支持乡镇政府、农村集体经济组织与社会资本合作共建智能电商物流仓储基地，健全县、乡、村三级农村物流基础设施网络，鼓励物流企业完善物流下乡体系，提升冷链物流配送能力，畅通农产品进城与工业品下乡的双向流通渠道。

（九）依托存量资源整合发展农民工返乡创业园。各地要在调查分析农民工等人员返乡创业总体状况和基本需求基础上，结合推进新型工业化、信息化、城镇化、农业现代化和绿色化同步发展的实际需要，对农民工返乡创业园布局作出安排。依托现有各类合规开发园区、农业产业园，盘活闲置厂房等存量资源，支持和引导地方整合发展一批重点面向初创期"种子培育"的返乡创业孵化基地、引导早中期创业企业集群发展的返乡创业园区，聚集创业要素，降低创业成本。挖掘现有物业设施利用潜力，整合利用零散空地等存量资源，并注意与城乡基础设施建设、发展电子商务和完善物流基础设施等统筹结合。属于非农业态的农民工返乡创业园，应按照城乡规划要求，结合老城或镇村改造、农村集体经营性建设用地或农村宅基地盘整进行开发建设。属于农林牧渔业态的农民工返乡创业园，在不改变农地、集体林地、草场、水面权属和用途前提下，允许建设方通过与权属方签订合约的方式整合资源开发建设。

（十）强化返乡农民工等人员创业培训工作。紧密结合返乡农民工等人员创业特点、需求和地域经济特色，编制实施专项培训计划，整合现有培训资源，开发有针对性的培训项目，加强创业师资队伍建设，采取培训机构面授、远程网络互动等方式有效开展创业培训，扩大培训覆盖范围，提高培训的可获得性，并按规定给予创业培训补贴。建立健全创业辅导制度，加强创业导师队伍建设，从有经验和行业资源的成功企业家、职业经理人、电商辅导员、天使投资人、返乡创业带头人当中选拔一批创业导师，为返乡创业农民工等人员提供创业辅导。支持返乡创业培训实习基地建设，动员知名乡镇企业、农产品加工企业、休闲农业企业和专业市场等为返乡创业人员提供创业见习、实习和实训服务，加强输出地与东部地区对口协作，组织返乡创业农民工等人员定期到东部企业实习，为其学习和增强管理经验提供支持。发挥好驻贫困村"第一书记"和驻村工作队作用，帮助开展返乡农民工教育培训，做好贫困乡村创业致富带头人培训。

（十一）完善农民工等人员返乡创业公共服务。各地应本着"政府提供平台、平台集聚资源、资源服务创业"的思路，依托基层公共平台集聚政府公共资源和社会其他各方资源，组织开展专项活动，为农民工等人员返乡创业提供服务。统筹考虑社保、住房、教育、医疗等公共服务制度改革，及时将返乡创业农民工等人员纳入公共服务范围。依托基层就业和社会保障服务平台，做好返乡人员创业服务、社保关系转移接续等工作，确保其各项社保关系顺畅转移接入。及时将电子商务等新兴业态创业人员纳入社保覆盖范围。探索完善返乡创业人员社会兜底保障机制，降低创业风险。深化农村社区建设试点，提升农村社区支持返乡创业和吸纳就业的能力，逐步建立城乡社区农民工服务衔接机制。

（十二）改善返乡创业市场中介服务。运用政府向社会力量购买服务的机制，调动教育培训机构、创业服务企业、电子商务平台、行业协会、群团组织等社会各方参与积极性，帮助返乡创业农民工等人员解决企业开办、经营、发展过程中遇到的能力不足、经验不足、资源不足等难题。培育和壮大专业化市场中介服务机构，提供市场分析、管理辅导等深度服务，帮助返乡创业人员改善管理、开拓市场。鼓励大型市场中介服务机构跨区域拓展，推动输出地形成专业化、社会化、网络化的市场中介服务体系。

（十三）引导返乡创业与万众创新对接。引导和支持龙头企业建立市场化的创新创业促进机制，加速资金、技术和服务扩散，带动和支持返乡创业人员依托其相关产业链创业发展。鼓励大型科研院所建立开放式创新创业服务平台，吸引返乡创业农民工等各类创业者围绕其创新成果创业，加速科技成果资本化、产业化步伐。鼓励社会资本特别是龙头企业加大投入，结合其自身发展壮大需要，建设发展市场化、专业化的众创空间，促进创新创意与企业发展、市场需求和社会资本有效对接。鼓励发达地区众创空间加速向输出地扩展、复制，不断输出新的创业理念，集聚创业活力，帮助返乡农民工等人员解决创业难题。推行科技特派员制度，建设一批"星创天地"，为农民工等人员返乡创业提供科技服务，实现返乡创业与万众创新有序对接、联动发展。

四、政策措施

（十四）降低返乡创业门槛。深化商事制度改革，落实注册资本登记制度改革，优化返乡创业登记方式，简化创业住所（经营场所）登记手续，推动"一址多照"、集群注册等住所登记制度改革。放宽经营范围，鼓励返乡农民工等人员投资农村基础设施和在农村兴办各类事业。对政府主导、财政支持的农村公益性工程和项目，可采取购买服务、政府与社会资本合作等方式，引导农民工等人员创设的企业和社会组织参与建设、管护和运营。对能够商业化运营的农村服务业，向社会资本全面开放。制定鼓励社会资本参与农村建设目录，探索建立乡镇政府职能转移目录，鼓励返乡创业人员参与建设或承担公共服务项目，支持返乡人员创设的企业参加政府采购。将农民工等人员返乡创业纳入社会信用体系，建立健全返乡创业市场交易规则和服务监管机制，促进公共管理水平提升和交易成本下降。取消和下放涉及返乡创业的行政许可审批事项，全面清理并切实取消非行政许可审批事项，减少返乡创业投资项目前置审批。

（十五）落实定向减税和普遍性降费政策。农民工等人员返乡创业，符合政策规定条件的，可适用财政部、国家税务总局《关于小型微利企业所得税优惠政策的通知》（财税〔2015〕34 号）、《关于进一步支持小微企业增值税和营业税政策的通知》（财税〔2014〕71 号）、《关于对小微企业免征有关政府性基金的通知》（财税〔2014〕122 号）和《人力资源社会保障部　财政部关于调整失业保险费率有关问题的通知》（人社部发〔2015〕24 号）的政策规定，享受减征企业所得税、免征增值税、营业税、教育费附加、地方教育附加、水利建设基金、文化事业建设费、残疾人就业保障金等税费减免和降低失业保险费率政策。各级财政、税务、人力资源社会保障部门要密切配合，严格按照上述政策规定和《国务院关于税收等优惠政策相关事项的通知》（国发〔2015〕25 号）要求，切实抓好工作落实，确保优惠政策落地并落实到位。

（十六）加大财政支持力度。充分发挥财政资金的杠杆引导作用，加大对返乡创业的财政支持力度。对返乡农民工等人员创办的新型农业经营主体，符合农业补贴政策支持条件的，可按规定同等享受相应的政策支持。对农民工等人员返乡创办的企业，招用就业困难人员、毕业年度高校毕业生的，按规定给予社会保险补贴。对符合就业困难人员条件，从事灵活就业的，给予一定的社会保险补贴。对具备各项支农惠农资金、小微企业发展资金等其他扶持政策规定条件的，要及时纳入扶持范围，便捷申请程序，简化审批流程，建立健全政策受益人信息联网查验机制。经工商登记注册的网络商户从业人员，同等享受各项就业创业扶持政策；未经工商登记注册的网络商户从业人员，可认定为灵活就业人员，同等享受灵活就业人员扶持政策。

（十七）强化返乡创业金融服务。加强政府引导，运用创业投资类基金，吸引社会资本加大对农民工等人员返乡创业初创期、早中期的支持力度。在返乡创业较为集中、产业特色突出的地区，探索发行专项中小微企业集合债券、公司债券，开展股权众筹融资试点，扩大直接融资规模。进一步提高返乡创业的金融可获得性，加快发展村镇银行、农村信用社等中小金融机构和小额贷款公司等机构，完善返乡创业信用评价机制，扩大抵押物范围，鼓励银行业金融机构开发符合农民工等人员返乡创业需求特点的金融产品和金融服务，加大对返乡创业的信贷支持和服务力度。大力发展农村普惠金融，引导加大涉农资金投放，运用金融服务"三农"发展的相关政策措施，支持农民工等人员返乡创业。落实创业担保贷款政策，优化贷款审批流程，对符合条件的返乡创业人员，可按规定给予创业担保贷款，财政部门按规定安排贷款贴息所需资金。

（十八）完善返乡创业园支持政策。农民工返乡创业园的建设资金由建设方自筹；以土地租赁方式进行农民工返乡创业园建设的，形成的固定资产归建设方所有；物业经营收益按相关各方合约分配。对整合发展农民工返乡创业园，地方政府可在不增加财政预算支出总规模、不改变专项资金用途前提下，合理调整支出结构，安排相应的财政引导资金，以投资补助、贷款贴息等恰当方式给予政策支持。鼓励银行业金融机构在有效防范风险的基础上，积极创新金融产品和服务方式，加大对农民工返乡创业园区基础设施建设和产业集群发展等方面的金融支持。有关方面可安排相应项目给予对口支持，帮助返乡创业园完善水、电、交通、物流、通信、宽带网络等基础设施。适当放宽返乡创业园用电用水用地标准，吸引更多返乡人员入园创业。

五、组织实施

（十九）加强组织协调。各地区、各部门要高度重视农民工等人员返乡创业工作，健全工作机制，明确任务分工，细化配套措施，跟踪工作进展，及时总结推广经验，研究解决工作中出现的问题。支持农民工等人员返乡创业，关键在地方。各地特别是中西部地区，要结合产业转移和推进新型城镇化的实际需要，制定更加优惠的政策措施，加大对农民工等人员返乡创业的支持力度。有关部门要密切配合，抓好《鼓励农民工等人员返乡创业三年行动计划纲要（2015—2017年）》（见附件）的落实，明确时间进度，制定实施细则，确保工作实效。

（二十）强化示范带动。结合国家新型城镇化综合试点城市和中小城市综合改革试点城市组织开展试点工作，探索优化鼓励创业创新的体制机制环境，打造良好创业生态系统。打造一批民族传统产业创业示范基地、一批县级互联网创业示范基地，发挥示范带动作用。

（二十一）抓好宣传引导。坚持正确导向，以返乡创业人员喜闻乐见的形式加强宣传解读，充分利用微信等移动互联社交平台搭建返乡创业交流平台，使之发挥凝聚返乡创业人员和交流创业信息、分享创业经验、展示创业项目、传播创业商机的作用。大力宣传优秀返乡创业典型事迹，充分调动社会各方面支持、促进农民工等人员返乡创业的积极性、主动性，大力营造创业、兴业、乐业的良好环境。

附件：鼓励农民工等人员返乡创业三年行动计划纲要（2015—2017年）

国务院办公厅

2015年6月17日

附件

鼓励农民工等人员返乡创业三年行动计划纲要

（2015—2017 年）

序号	行动计划名称	工作任务	实现路径	责任单位
1	提升基层创业服务能力行动计划	加强基层就业和社会保障服务设施建设，提升专业化创业服务能力	加快建设县、乡基层就业和社会保障服务设施，2017 年基本实现主要输出地县级服务设施全覆盖。鼓励地方政府依托基层就业和社会保障服务平台，整合各职能部门涉及返乡创业的服务职能，建立融资、融智、融商一体化创业服务中心。	发展改革委、人力资源社会保障部会同有关部门
2	整合发展农民工返乡创业园行动计划	依托存量资源整合发展一批农民工返乡创业园	以输出地市、县为主，依托现有开发区和农业产业园等各类园区、闲置土地、厂房、校舍、批发市场、楼宇、商业街和科研培训设施，整合发展一批农民工返乡创业园。	发展改革委、人力资源社会保障部、住房城乡建设部、国土资源部、农业部、人民银行
3	开发农业农村资源支持返乡创业行动计划	培育一批新型农业经营主体，开发特色产业，保护与发展少数民族传统手工艺，促进创业	将返乡创业与发展县域经济结合起来，培育新型农业经营主体，充分开发一批农林产品加工、休闲农业、乡村旅游、农村服务业等产业项目，促进农村一二三产业融合；面向少数民族农牧民群众开展少数民族传统工艺品保护与发展培训。	农业部、林业局、国家民委、发展改革委、民政部、扶贫办
4	完善基础设施支持返乡创业行动计划	改善信息、交通、物流等基础设施条件	加大对农村地区的信息、交通、物流等基础设施的投入，提升网速、降低网费；支持地方政府依据规划，与社会资本共建物流仓储基地，不断提升冷链物流等基础配送能力；鼓励物流企业完善物流下乡体系。	发展改革委、工业和信息化部、交通运输部、财政部、国土资源部、住房城乡建设部
5	电子商务进农村综合示范行动计划	培育一批电子商务进农村综合示范县	全国创建 200 个电子商务进农村综合示范县，支持建立完善的县、乡、村三级物流配送体系；建设改造县域电子商务公共服务中心和村级电子商务服务站点；支持农林产品品牌培育和质量保障体系建设，以及农林产品标准化、分级包装、初加工配送等设施建设。	商务部、交通运输部、农业部、财政部、林业局

序号	行动计划名称	工作任务	实现路径	责任单位
6	创业培训专项行动计划	推进优质创业培训资源下县乡	编制实施专项培训计划，开发有针对性的培训项目，加强创业培训师资队伍建设，采取培训机构面授、远程网络互动等方式，对有培训需求的返乡创业人员开展创业培训，并按规定给予培训补贴；充分发挥群团组织的组织发动作用，支持其利用各自资源对农村妇女、青年开展创业培训。	人力资源社会保障部、农业部会同有关部门及共青团中央、全国妇联等群团组织
7	返乡创业与万众创新有序对接行动计划	引导和推动建设一批市场化、专业化的众创空间	推行科技特派员制度，组织实施一批"星创天地"，为返乡创业人员提供科技服务。充分利用国家自主创新示范区、国家高新区、科技企业孵化器、大学科技园和高校、科研院所的有利条件，发挥行业领军企业、创业投资机构、社会组织等作用，构建一批众创空间。鼓励发达地区众创空间加速向输出地扩展，帮助返乡人员解决创业难题。	科技部、教育部

国务院关于大力推进大众创业万众创新
若干政策措施的意见

国发〔2015〕32 号

各省、自治区、直辖市人民政府，国务院各部委、各直属机构：

推进大众创业、万众创新，是发展的动力之源，也是富民之道、公平之计、强国之策，对于推动经济结构调整、打造发展新引擎、增强发展新动力、走创新驱动发展道路具有重要意义，是稳增长、扩就业、激发亿万群众智慧和创造力，促进社会纵向流动、公平正义的重大举措。根据 2015 年《政府工作报告》部署，为改革完善相关体制机制，构建普惠性政策扶持体系，推动资金链引导创业创新链、创业创新链支持产业链、产业链带动就业链，现提出以下意见。

一、充分认识推进大众创业、万众创新的重要意义

——推进大众创业、万众创新，是培育和催生经济社会发展新动力的必然选择。随着我国资源环境约束日益强化，要素的规模驱动力逐步减弱，传统的高投入、高消耗、粗放式发展方式难以为继，经济发展进入新常态，需要从要素驱动、投资驱动转向创新驱动。推进大众创业、万众创新，就是要通过结构性改革、体制机制创新，消除不利于创业创新发展的各种制度束缚和桎梏，支持各类市场主体不断开办新企业、开发新产品、开拓新市场，培育新兴产业，形成小企业"铺天盖地"、大企业"顶天立地"的发展格局，实现创新驱动发展，打造新引擎、形成新动力。

——推进大众创业、万众创新，是扩大就业、实现富民之道的根本举措。我国有 13 亿多人口、9 亿多劳动力，每年高校毕业生、农村转移劳动力、城镇困难人员、退役军人数量较大，人力资源转化为人力资本的潜力巨大，但就业总量压力较大，结构性矛盾凸显。推进大众创业、万众创新，就是要通过转变政府职能、建设服务型政府，营造公平竞争的创业环境，使有梦想、有意愿、有能力的科技人员、高校毕业生、农民工、退役军人、失业人员等各类市场创业主体"如鱼得水"，通过创业增加收入，让更多的人富起来，促进收入分配结构调整，实

现创新支持创业、创业带动就业的良性互动发展。

——推进大众创业、万众创新，是激发全社会创新潜能和创业活力的有效途径。目前，我国创业创新理念还没有深入人心，创业教育培训体系还不健全，善于创造、勇于创业的能力不足，鼓励创新、宽容失败的良好环境尚未形成。推进大众创业、万众创新，就是要通过加强全社会以创新为核心的创业教育，弘扬"敢为人先、追求创新、百折不挠"的创业精神，厚植创新文化，不断增强创业创新意识，使创业创新成为全社会共同的价值追求和行为习惯。

二、总体思路

按照"四个全面"战略布局，坚持改革推动，加快实施创新驱动发展战略，充分发挥市场在资源配置中的决定性作用和更好发挥政府作用，加大简政放权力度，放宽政策、放开市场、放活主体，形成有利于创业创新的良好氛围，让千千万万创业者活跃起来，汇聚成经济社会发展的巨大动能。不断完善体制机制、健全普惠性政策措施，加强统筹协调，构建有利于大众创业、万众创新蓬勃发展的政策环境、制度环境和公共服务体系，以创业带动就业、创新促进发展。

——坚持深化改革，营造创业环境。通过结构性改革和创新，进一步简政放权、放管结合、优化服务，增强创业创新制度供给，完善相关法律法规、扶持政策和激励措施，营造均等普惠环境，推动社会纵向流动。

——坚持需求导向，释放创业活力。尊重创业创新规律，坚持以人为本，切实解决创业者面临的资金需求、市场信息、政策扶持、技术支撑、公共服务等瓶颈问题，最大限度释放各类市场主体创业创新活力，开辟就业新空间，拓展发展新天地，解放和发展生产力。

——坚持政策协同，实现落地生根。加强创业、创新、就业等各类政策统筹，部门与地方政策联动，确保创业扶持政策可操作、能落地。鼓励有条件的地区先行先试，探索形成可复制、可推广的创业创新经验。

——坚持开放共享，推动模式创新。加强创业创新公共服务资源开放共享，整合利用全球创业创新资源，实现人才等创业创新要素跨地区、跨行业自由流动。依托"互联网+"、大数据等，推动各行业创新商业模式，建立和完善线上与线下、境内与境外、政府与市场开放合作等创业创新机制。

三、创新体制机制，实现创业便利化

（一）完善公平竞争市场环境。进一步转变政府职能，增加公共产品和服务供给，为创业者提供更多机会。逐步清理并废除妨碍创业发展的制度和规定，打破地方保护主义。加快出台公平竞争审查制度，建立统一透明、有序规范的市场环境。依法反垄断和反不正当竞争，消除不利于创业创新发展的垄断协议和滥用市场支配地位以及其他不正当竞争行为。清理规范涉企收费项目，完善收费目录管理制度，制定事中事后监管办法。建立和规范企业信用信息发布制度，制定严重违法企业名单管理办法，把创业主体信用与市场准入、享受优惠政策挂钩，完善以信用管理为基础的创业创新监管模式。

（二）深化商事制度改革。加快实施工商营业执照、组织机构代码证、税务登记证"三证合一"、"一照一码"，落实"先照后证"改革，推进全程电子化登记和电子营业执照应用。支持各地结合实际放宽新注册企业场所登记条件限制，推动"一址多照"、集群注册等住所登记改革，为创业创新提供便利的工商登记服务。建立市场准入等负面清单，破除不合理的行业准入限制。开展企业简易注销试点，建立便捷的市场退出机制。依托企业信用信息公示系统建立小微企业名录，增强创业企业信息透明度。

（三）加强创业知识产权保护。研究商业模式等新形态创新成果的知识产权保护办法。积极推进知识产权交易，加快建立全国知识产权运营公共服务平台。完善知识产权快速维权与维权援助机制，缩短确权审查、侵权处理周期。集中查处一批侵犯知识产权的大案要案，加大对反复侵权、恶意侵权等行为的处罚力度，探索实施惩罚性赔偿制度。完善权利人维权机制，合理划分权利人举证责任，完善行政调解等非诉讼纠纷解决途径。

（四）健全创业人才培养与流动机制。把创业精神培育和创业素质教育纳入国民教育体系，实现全社会创业教育和培训制度化、体系化。加快完善创业课程设置，加强创业实训体系建设。加强创业创新知识普及教育，使大众创业、万众创新深入人心。加强创业导师队伍建设，提高创业服务水平。加快推进社会保障

制度改革，破除人才自由流动制度障碍，实现党政机关、企事业单位、社会各方面人才顺畅流动。加快建立创业创新绩效评价机制，让一批富有创业精神、勇于承担风险的人才脱颖而出。

四、优化财税政策，强化创业扶持

（五）加大财政资金支持和统筹力度。各级财政要根据创业创新需要，统筹安排各类支持小微企业和创业创新的资金，加大对创业创新支持力度，强化资金预算执行和监管，加强资金使用绩效评价。支持有条件的地方政府设立创业基金，扶持创业创新发展。在确保公平竞争前提下，鼓励对众创空间等孵化机构的办公用房、用水、用能、网络等软硬件设施给予适当优惠，减轻创业者负担。

（六）完善普惠性税收措施。落实扶持小微企业发展的各项税收优惠政策。落实科技企业孵化器、大学科技园、研发费用加计扣除、固定资产加速折旧等税收优惠政策。对符合条件的众创空间等新型孵化机构适用科技企业孵化器税收优惠政策。按照税制改革方向和要求，对包括天使投资在内的投向种子期、初创期等创新活动的投资，统筹研究相关税收支持政策。修订完善高新技术企业认定办法，完善创业投资企业享受70%应纳税所得额税收抵免政策。抓紧推广中关村国家自主创新示范区税收试点政策，将企业转增股本分期缴纳个人所得税试点政策、股权奖励分期缴纳个人所得税试点政策推广至全国范围。落实促进高校毕业生、残疾人、退役军人、登记失业人员等创业就业税收政策。

（七）发挥政府采购支持作用。完善促进中小企业发展的政府采购政策，加强对采购单位的政策指导和监督检查，督促采购单位改进采购计划编制和项目预留管理，增强政策对小微企业发展的支持效果。加大创新产品和服务的采购力度，把政府采购与支持创业发展紧密结合起来。

五、搞活金融市场，实现便捷融资

（八）优化资本市场。支持符合条件的创业企业上市或发行票据融资，并鼓励创业企业通过债券市场筹集资金。积极研究尚未盈利的互联网和高新技术企业到创业板发行上市制度，推动在上海证券交易所建立战略新兴产业板。加快推进全国中小企业股份转让系统向创业板转板试点。研究解决特殊股权结构类创业企业在境内上市的制度性障碍，完善资本市场规则。规范发展服务于中小微企业的区域性股权市场，推动建立工商登记部门与区域性股权市场的股权登记对接机制，支持股权质押融资。支持符合条件的发行主体发行小微企业增信集合债等企业债券创新品种。

（九）创新银行支持方式。鼓励银行提高针对创业创新企业的金融服务专业化水平，不断创新组织架构、管理方式和金融产品。推动银行与其他金融机构加强合作，对创业创新活动给予有针对性的股权和债权融资支持。鼓励银行业金融机构向创业企业提供结算、融资、理财、咨询等一站式系统化的金融服务。

（十）丰富创业融资新模式。支持互联网金融发展，引导和鼓励众筹融资平台规范发展，开展公开、小额股权众筹融资试点，加强风险控制和规范管理。丰富完善创业担保贷款政策。支持保险资金参与创业创新，发展相互保险等新业务。完善知识产权估值、质押和流转体系，依法合规推动知识产权质押融资、专利许可费收益权证券化、专利保险等服务常态化、规模化发展，支持知识产权金融发展。

六、扩大创业投资，支持创业起步成长

（十一）建立和完善创业投资引导机制。不断扩大社会资本参与新兴产业创投计划参股基金规模，做大直接融资平台，引导创业投资更多向创业企业起步成长的前端延伸。不断完善新兴产业创业投资政策体系、制度体系、融资体系、监管和预警体系，加快建立考核评价体系。加快设立国家新兴产业创业投资引导基金和国家中小企业发展基金，逐步建立支持创业创新和新兴产业发展的市场化长效运行机制。发展联合投资等新模式，探索建立风险补偿机制。鼓励各地方政府建立和完善创业投资引导基金。加强创业投资立法，完善促进天使投资的政策法规。促进国家新兴产业创业投资引导基金、科技型中小企业创业投资引导基金、国家科技成果转化引导基金、国家中小企业发展基金等协同联动。推进创业投资行业协会建设，加强行业自律。

（十二）拓宽创业投资资金供给渠道。加快实施新兴产业"双创"三年行动

计划，建立一批新兴产业"双创"示范基地，引导社会资金支持大众创业。推动商业银行在依法合规、风险隔离的前提下，与创业投资机构建立市场化长期性合作。进一步降低商业保险资金进入创业投资的门槛。推动发展投贷联动、投保联动、投债联动等新模式，不断加大对创业创新企业的融资支持。

（十三）发展国有资本创业投资。研究制定鼓励国有资本参与创业投资的系统性政策措施，完善国有创业投资机构激励约束机制、监督管理机制。引导和鼓励中央企业和其他国有企业参与新兴产业创业投资基金、设立国有资本创业投资基金等，充分发挥国有资本在创业创新中的作用。研究完善国有创业投资机构国有股转持豁免政策。

（十四）推动创业投资"引进来"与"走出去"。抓紧修订外商投资创业投资企业相关管理规定，按照内外资一致的管理原则，放宽外商投资准入，完善外资创业投资机构管理制度，简化管理流程，鼓励外资开展创业投资业务。放宽对外资创业投资基金投资限制，鼓励中外合资创业投资机构发展。引导和鼓励创业投资机构加大对境外高端研发项目的投资，积极分享境外高端技术成果。按投资领域、用途、募集资金规模，完善创业投资境外投资管理。

七、发展创业服务，构建创业生态

（十五）加快发展创业孵化服务。大力发展创新工场、车库咖啡等新型孵化器，做大做强众创空间，完善创业孵化服务。引导和鼓励各类创业孵化器与天使投资、创业投资相结合，完善投融资模式。引导和推动创业孵化与高校、科研院所等技术成果转移相结合，完善技术支撑服务。引导和鼓励国内资本与境外合作设立新型创业孵化平台，引进境外先进创业孵化模式，提升孵化能力。

（十六）大力发展第三方专业服务。加快发展企业管理、财务咨询、市场营销、人力资源、法律顾问、知识产权、检验检测、现代物流等第三方专业化服务，不断丰富和完善创业服务。

（十七）发展"互联网+"创业服务。加快发展"互联网+"创业网络体系，建设一批小微企业创业创新基地，促进创业与创新、创业与就业、线上与线下相结合，降低全社会创业门槛和成本。加强政府数据开放共享，推动大型互联网企业和基础电信企业向创业者开放计算、存储和数据资源。积极推广众包、用户参与设计、云设计等新型研发组织模式和创业创新模式。

（十八）研究探索创业券、创新券等公共服务新模式。有条件的地方继续探索通过创业券、创新券等方式对创业者和创新企业提供社会培训、管理咨询、检验检测、软件开发、研发设计等服务，建立和规范相关管理制度和运行机制，逐步形成可复制、可推广的经验。

八、建设创业创新平台，增强支撑作用

（十九）打造创业创新公共平台。加强创业创新信息资源整合，建立创业政策集中发布平台，完善专业化、网络化服务体系，增强创业创新信息透明度。鼓励开展各类公益讲坛、创业论坛、创业培训等活动，丰富创业平台形式和内容。支持各类创业创新大赛，定期办好中国创新创业大赛、中国农业科技创新创业大赛和创新挑战大赛等赛事。加强和完善中小企业公共服务平台网络建设。充分发挥企业的创新主体作用，鼓励和支持有条件的大型企业发展创业平台、投资并购小微企业等，支持企业内外部创业者创业，增强企业创业创新活力。为创业失败者再创业建立必要的指导和援助机制，不断增强创业信心和创业能力。加快建立创业企业、天使投资、创业投资统计指标体系，规范统计口径和调查方法，加强监测和分析。

（二十）用好创业创新技术平台。建立科技基础设施、大型科研仪器和专利信息资源向全社会开放的长效机制。完善国家重点实验室等国家级科研平台（基地）向社会开放机制，为大众创业、万众创新提供有力支撑。鼓励企业建立一批专业化、市场化的技术转移平台。鼓励依托三维（3D）打印、网络制造等先进技术和发展模式，开展面向创业者的社会化服务。引导和支持有条件的领军企业创建特色服务平台，面向企业内部和外部创业者提供资金、技术和服务支撑。加快建立军民两用技术项目实施、信息交互和标准化协调机制，促进军民创新资源融合。

（二十一）发展创业创新区域平台。支持开展全面创新改革试验的省（区、市）、国家综合配套改革试验区等，依托改革试验平台在创业创新体制机制改革

方面积极探索，发挥示范和带动作用，为创业创新制度体系建设提供可复制、可推广的经验。依托自由贸易试验区、国家自主创新示范区、战略性新兴产业集聚区等创业创新资源密集区域，打造若干具有全球影响力的创业创新中心。引导和鼓励创业创新型城市完善环境，推动区域集聚发展。推动实施小微企业创业基地城市示范。鼓励有条件的地方出台各具特色的支持政策，积极盘活闲置的商业用房、工业厂房、企业库房、物流设施和家庭住所、租赁房等资源，为创业者提供低成本办公场所和居住条件。

九、激发创造活力，发展创新型创业

（二十二）支持科研人员创业。加快落实高校、科研院所等专业技术人员离岗创业政策，对经同意离岗的可在 3 年内保留人事关系，建立健全科研人员双向流动机制。进一步完善创新型中小企业上市股权激励和员工持股计划制度规则。鼓励符合条件的企业按照有关规定，通过股权、期权、分红等激励方式，调动科研人员创业积极性。支持鼓励学会、协会、研究会等科技社团为科技人员和创业企业提供咨询服务。

（二十三）支持大学生创业。深入实施大学生创业引领计划，整合发展高校毕业生就业创业基金。引导和鼓励高校统筹资源，抓紧落实大学生创业指导服务机构、人员、场地、经费等。引导和鼓励成功创业者、知名企业家、天使和创业投资人、专家学者等担任兼职创业导师，提供包括创业方案、创业渠道等创业辅导。建立健全弹性学制管理办法，支持大学生保留学籍休学创业。

（二十四）支持境外人才来华创业。发挥留学回国人才特别是领军人才、高端人才的创业引领带动作用。继续推进人力资源市场对外开放，建立和完善境外高端创业创新人才引进机制。进一步放宽外籍高端人才来华创业办理签证、永久居留证等条件，简化开办企业审批流程，探索由事前审批调整为事后备案。引导和鼓励地方对回国创业高端人才和境外高端人才来华创办高科技企业给予一次性创业启动资金，在配偶就业、子女入学、医疗、住房、社会保障等方面完善相关措施。加强海外科技人才离岸创业基地建设，把更多的国外创业创新资源引入国内。

十、拓展城乡创业渠道，实现创业带动就业

（二十五）支持电子商务向基层延伸。引导和鼓励集办公服务、投融资支持、创业辅导、渠道开拓于一体的市场化网商创业平台发展。鼓励龙头企业结合乡村特点建立电子商务交易服务平台、商品集散平台和物流中心，推动农村依托互联网创业。鼓励电子商务第三方交易平台渠道下沉，带动城乡基层创业人员依托其平台和经营网络开展创业。完善有利于中小网商发展的相关措施，在风险可控、商业可持续的前提下支持发展面向中小网商的融资贷款业务。

（二十六）支持返乡创业集聚发展。结合城乡区域特点，建立有市场竞争力的协作创业模式，形成各具特色的返乡人员创业联盟。引导返乡创业人员融入特色专业市场，打造具有区域特点的创业集群和优势产业集群。深入实施农村青年创业富民行动，支持返乡创业人员因地制宜围绕休闲农业、农产品深加工、乡村旅游、农村服务业等开展创业，完善家庭农场等新型农业经营主体发展环境。

（二十七）完善基层创业支撑服务。加强城乡基层创业人员社保、住房、教育、医疗等公共服务体系建设，完善跨区域创业转移接续制度。健全职业技能培训体系，加强远程公益创业培训，提升基层创业人员创业能力。引导和鼓励中小金融机构开展面向基层创业创新的金融产品创新，发挥社区地理和软环境优势，支持社区创业者创业。引导和鼓励行业龙头企业、大型物流企业发挥优势，拓展乡村信息资源、物流仓储等技术和服务网络，为基层创业提供支撑。

十一、加强统筹协调，完善协同机制

（二十八）加强组织领导。建立由发展改革委牵头的推进大众创业万众创新部际联席会议制度，加强顶层设计和统筹协调。各地区、各部门要立足改革创新，坚持需求导向，从根本上解决创业创新中面临的各种体制机制问题，共同推进大众创业、万众创新蓬勃发展。重大事项要及时向国务院报告。

（二十九）加强政策协调联动。建立部门之间、部门与地方之间政策协调联动机制，形成强大合力。各地区、各部门要系统梳理已发布的有关支持创业创新发展的各项政策措施，抓紧推进"立、改、废"工作，将对初创企业的扶持方

式从选拔式、分配式向普惠式、引领式转变。建立健全创业创新政策协调审查制度，增强政策普惠性、连贯性和协同性。

（三十）加强政策落实情况督查。加快建立推进大众创业、万众创新有关普惠性政策措施落实情况督查督导机制，建立和完善政策执行评估体系和通报制度，全力打通决策部署的"最先一公里"和政策落实的"最后一公里"，确保各项政策措施落地生根。

各地区、各部门要进一步统一思想认识，高度重视、认真落实本意见的各项要求，结合本地区、本部门实际明确任务分工、落实工作责任，主动作为、敢于担当，积极研究解决新问题，及时总结推广经验做法，加大宣传力度，加强舆论引导，推动本意见确定的各项政策措施落实到位，不断拓展大众创业、万众创新的空间，汇聚经济社会发展新动能，促进我国经济保持中高速增长、迈向中高端水平。

国务院

2015 年 6 月 11 日

国务院办公厅关于深化高等学校
创新创业教育改革的实施意见

国办发〔2015〕36号

各省、自治区、直辖市人民政府，国务院各部委、各直属机构：

深化高等学校创新创业教育改革，是国家实施创新驱动发展战略、促进经济提质增效升级的迫切需要，是推进高等教育综合改革、促进高校毕业生更高质量创业就业的重要举措。党的十八大对创新创业人才培养作出重要部署，国务院对加强创新创业教育提出明确要求。近年来，高校创新创业教育不断加强，取得了积极进展，对提高高等教育质量、促进学生全面发展、推动毕业生创业就业、服务国家现代化建设发挥了重要作用。但也存在一些不容忽视的突出问题，主要是一些地方和高校重视不够，创新创业教育理念滞后，与专业教育结合不紧，与实践脱节；教师开展创新创业教育的意识和能力欠缺，教学方式方法单一，针对性实效性不强；实践平台短缺，指导帮扶不到位，创新创业教育体系亟待健全。为了进一步推动大众创业、万众创新，经国务院同意，现就深化高校创新创业教育改革提出如下实施意见。

一、总体要求

（一）指导思想。

全面贯彻党的教育方针，落实立德树人根本任务，坚持创新引领创业、创业带动就业，主动适应经济发展新常态，以推进素质教育为主题，以提高人才培养质量为核心，以创新人才培养机制为重点，以完善条件和政策保障为支撑，促进高等教育与科技、经济、社会紧密结合，加快培养规模宏大、富有创新精神、勇于投身实践的创新创业人才队伍，不断提高高等教育对稳增长促改革调结构惠民生的贡献度，为建设创新型国家、实现"两个一百年"奋斗目标和中华民族伟大复兴的中国梦提供强大的人才智力支撑。

（二）基本原则。

坚持育人为本，提高培养质量。把深化高校创新创业教育改革作为推进高等教育综合改革的突破口，树立先进的创新创业教育理念，面向全体、分类施教、结合专业、强化实践，促进学生全面发展，提升人力资本素质，努力造就大众创业、万众创新的生力军。

坚持问题导向，补齐培养短板。把解决高校创新创业教育存在的突出问题作为深化高校创新创业教育改革的着力点，融入人才培养体系，丰富课程、创新教法、强化师资、改进帮扶，推进教学、科研、实践紧密结合，突破人才培养薄弱环节，增强学生的创新精神、创业意识和创新创业能力。

坚持协同推进，汇聚培养合力。把完善高校创新创业教育体制机制作为深化高校创新创业教育改革的支撑点，集聚创新创业教育要素与资源，统一领导、齐抓共管、开放合作、全员参与，形成全社会关心支持创新创业教育和学生创新创业的良好生态环境。

（三）总体目标。

2015 年起全面深化高校创新创业教育改革。2017 年取得重要进展，形成科学先进、广泛认同、具有中国特色的创新创业教育理念，形成一批可复制可推广的制度成果，普及创新创业教育，实现新一轮大学生创业引领计划预期目标。到2020 年建立健全课堂教学、自主学习、结合实践、指导帮扶、文化引领融为一体的高校创新创业教育体系，人才培养质量显著提升，学生的创新精神、创业意识和创新创业能力明显增强，投身创业实践的学生显著增加。

二、主要任务和措施

（一）完善人才培养质量标准。

制订实施本科专业类教学质量国家标准，修订实施高职高专专业教学标准和博士、硕士学位基本要求，明确本科、高职高专、研究生创新创业教育目标要求，使创新精神、创业意识和创新创业能力成为评价人才培养质量的重要指标。相关部门、科研院所、行业企业要制修订专业人才评价标准，细化创新创业素质能力要求。不同层次、类型、区域高校要结合办学定位、服务面向和创新创业教育目标要求，制订专业教学质量标准，修订人才培养方案。

（二）创新人才培养机制。

实施高校毕业生就业和重点产业人才供需年度报告制度，完善学科专业预警、退出管理办法，探索建立需求导向的学科专业结构和创业就业导向的人才培养类型结构调整新机制，促进人才培养与经济社会发展、创业就业需求紧密对接。深入实施系列"卓越计划"、科教结合协同育人行动计划等，多形式举办创新创业教育实验班，探索建立校校、校企、校地、校所以及国际合作的协同育人新机制，积极吸引社会资源和国外优质教育资源投入创新创业人才培养。高校要打通一级学科或专业类下相近学科专业的基础课程，开设跨学科专业的交叉课程，探索建立跨院系、跨学科、跨专业交叉培养创新创业人才的新机制，促进人才培养由学科专业单一型向多学科融合型转变。

（三）健全创新创业教育课程体系。

各高校要根据人才培养定位和创新创业教育目标要求，促进专业教育与创新创业教育有机融合，调整专业课程设置，挖掘和充实各类专业课程的创新创业教育资源，在传授专业知识过程中加强创新创业教育。面向全体学生开发开设研究方法、学科前沿、创业基础、就业创业指导等方面的必修课和选修课，纳入学分管理，建设依次递进、有机衔接、科学合理的创新创业教育专门课程群。各地区、各高校要加快创新创业教育优质课程信息化建设，推出一批资源共享的慕课、视频公开课等在线开放课程。建立在线开放课程学习认证和学分认定制度。组织学科带头人、行业企业优秀人才，联合编写具有科学性、先进性、适用性的创新创业教育重点教材。

（四）改革教学方法和考核方式。

各高校要广泛开展启发式、讨论式、参与式教学，扩大小班化教学覆盖面，推动教师把国际前沿学术发展、最新研究成果和实践经验融入课堂教学，注重培养学生的批判性和创造性思维，激发创新创业灵感。运用大数据技术，掌握不同学生学习需求和规律，为学生自主学习提供更加丰富多样的教育资源。改革考试考核内容和方式，注重考查学生运用知识分析、解决问题的能力，探索非标准答案考试，破除"高分低能"积弊。

（五）强化创新创业实践。

各高校要加强专业实验室、虚拟仿真实验室、创业实验室和训练中心建设，促进实验教学平台共享。各地区、各高校科技创新资源原则上向全体在校学生开放，开放情况纳入各类研究基地、重点实验室、科技园评估标准。鼓励各地区、各高校充分利用各种资源建设大学科技园、大学生创业园、创业孵化基地和小微企业创业基地，作为创业教育实践平台，建好一批大学生校外实践教育基地、创业示范基地、科技创业实习基地和职业院校实训基地。完善国家、地方、高校三级创新创业实训教学体系，深入实施大学生创新创业训练计划，扩大覆盖面，促进项目落地转化。举办全国大学生创新创业大赛，办好全国职业院校技能大赛，支持举办各类科技创新、创意设计、创业计划等专题竞赛。支持高校学生成立创新创业协会、创业俱乐部等社团，举办创新创业讲座论坛，开展创新创业实践。

（六）改革教学和学籍管理制度。

各高校要设置合理的创新创业学分，建立创新创业学分积累与转换制度，探索将学生开展创新实验、发表论文、获得专利和自主创业等情况折算为学分，将学生参与课题研究、项目实验等活动认定为课堂学习。为有意愿有潜质的学生制定创新创业能力培养计划，建立创新创业档案和成绩单，客观记录并量化评价学生开展创新创业活动情况。优先支持参与创新创业的学生转入相关专业学习。实施弹性学制，放宽学生修业年限，允许调整学业进程、保留学籍休学创新创业。设立创新创业奖学金，并在现有相关评优评先项目中拿出一定比例用于表彰优秀创新创业的学生。

（七）加强教师创新创业教育教学能力建设。

各地区、各高校要明确全体教师创新创业教育责任，完善专业技术职务评聘和绩效考核标准，加强创新创业教育的考核评价。配齐配强创新创业教育与创业就业指导专职教师队伍，并建立定期考核、淘汰制度。聘请知名科学家、创业成功者、企业家、风险投资人等各行各业优秀人才，担任专业课、创新创业课授课或指导教师，并制定兼职教师管理规范，形成全国万名优秀创新创业导师人才库。将提高高校教师创新创业教育的意识和能力作为岗前培训、课程轮训、骨干研修的重要内容，建立相关专业教师、创新创业教育专职教师到行业企业挂职锻炼制度。加快完善高校科技成果处置和收益分配机制，支持教师以对外转让、合作转化、作价入股、自主创业等形式将科技成果产业化，并鼓励带领学生创新创业。

（八）改进学生创业指导服务。

各地区、各高校要建立健全学生创业指导服务专门机构，做到"机构、人员、场地、经费"四到位，对自主创业学生实行持续帮扶、全程指导、一站式服务。健全持续化信息服务制度，完善全国大学生创业服务网功能，建立地方、高校两级信息服务平台，为学生实时提供国家政策、市场动向等信息，并做好创业项目对接、知识产权交易等服务。各地区、各有关部门要积极落实高校学生创业培训政策，研发适合学生特点的创业培训课程，建设网络培训平台。鼓励高校自主编制专项培训计划，或与有条件的教育培训机构、行业协会、群团组织、企业联合开发创业培训项目。各地区和具备条件的行业协会要针对区域需求、行业发展，发布创业项目指南，引导高校学生识别创业机会、捕捉创业商机。

（九）完善创新创业资金支持和政策保障体系。

各地区、各有关部门要整合发展财政和社会资金，支持高校学生创新创业活动。各高校要优化经费支出结构，多渠道统筹安排资金，支持创新创业教育教学，资助学生创新创业项目。部委属高校应按规定使用中央高校基本科研业务费，积极支持品学兼优且具有较强科研潜质的在校学生开展创新科研工作。中国教育发展基金会设立大学生创新创业教育奖励基金，用于奖励对创新创业教育作出贡献的单位。鼓励社会组织、公益团体、企事业单位和个人设立大学生创业风险基金，以多种形式向自主创业大学生提供资金支持，提高扶持资金使用效益。深入实施新一轮大学生创业引领计划，落实各项扶持政策和服务措施，重点支持大学生到新兴产业创业。有关部门要加快制定有利于互联网创业的扶持政策。

三、加强组织领导

（一）健全体制机制。

各地区、各高校要把深化高校创新创业教育改革作为"培养什么人，怎样培养人"的重要任务摆在突出位置，加强指导管理与监督评价，统筹推进本地本校创新创业教育工作。各地区要成立创新创业教育专家指导委员会，开展高校创新创业教育的研究、咨询、指导和服务。各高校要落实创新创业教育主体责任，把创新创业教育纳入改革发展重要议事日程，成立由校长任组长、分管校领导任副组长、有关部门负责人参加的创新创业教育工作领导小组，建立教务部门牵头，学生工作、团委等部门齐抓共管的创新创业教育工作机制。

（二）细化实施方案。

各地区、各高校要结合实际制定深化本地本校创新创业教育改革的实施方案，明确责任分工。教育部属高校需将实施方案报教育部备案，其他高校需报学校所在地省级教育部门和主管部门备案，备案后向社会公布。

（三）强化督导落实。

教育部门要把创新创业教育质量作为衡量办学水平、考核领导班子的重要指标，纳入高校教育教学评估指标体系和学科评估指标体系，引入第三方评估。把创新创业教育相关情况列入本科、高职高专、研究生教学质量年度报告和毕业生就业质量年度报告重点内容，接受社会监督。

（四）加强宣传引导。

各地区、各有关部门以及各高校要大力宣传加强高校创新创业教育的必要性、紧迫性、重要性，使创新创业成为管理者办学、教师教学、学生求学的理性认知与行动自觉。及时总结推广各地各高校的好经验好做法，选树学生创新创业成功典型，丰富宣传形式，培育创客文化，努力营造敢为人先、敢冒风险、宽容失败的氛围环境。

国务院办公厅

2015 年 5 月 4 日

国务院关于进一步做好新形势下
就业创业工作的意见

国发〔2015〕23 号

各省、自治区、直辖市人民政府，国务院各部委、各直属机构：

就业事关经济发展和民生改善大局。党中央、国务院高度重视，坚持把稳定和扩大就业作为宏观调控的重要目标，大力实施就业优先战略，积极深化行政审批制度和商事制度改革，推动大众创业、万众创新，创业带动就业倍增效应进一步释放，就业局势总体稳定。但也要看到，随着我国经济发展进入新常态，就业总量压力依然存在，结构性矛盾更加凸显。大众创业、万众创新是富民之道、强国之举，有利于产业、企业、分配等多方面结构优化。面对就业压力加大形势，必须着力培育大众创业、万众创新的新引擎，实施更加积极的就业政策，把创业和就业结合起来，以创业创新带动就业，催生经济社会发展新动力，为促进民生改善、经济结构调整和社会和谐稳定提供新动能。现就进一步做好就业创业工作提出以下意见：

一、深入实施就业优先战略

（一）坚持扩大就业发展战略。把稳定和扩大就业作为经济运行合理区间的下限，将城镇新增就业、调查失业率作为宏观调控重要指标，纳入国民经济和社会发展规划及年度计划。合理确定经济增长速度和发展模式，科学把握宏观调控的方向和力度，以稳增长促就业，以鼓励创业就业带动经济增长。加强财税、金融、产业、贸易等经济政策与就业政策的配套衔接，建立宏观经济政策对就业影响评价机制。建立公共投资和重大项目建设带动就业评估机制，同等条件下对创造就业岗位多、岗位质量好的项目优先安排。

（二）发展吸纳就业能力强的产业。创新服务业发展模式和业态，支持发展商业特许经营、连锁经营，大力发展金融租赁、节能环保、电子商务、现代物流等生产性服务业和旅游休闲、健康养老、家庭服务、社会工作、文化体育等生活性服务业，打造新的经济增长点，提高服务业就业比重。加快创新驱动发展，推进产业转型升级，培育战略性新兴产业和先进制造业，提高劳动密集型产业附加值；结合实施区域发展总体战略，引导具有成本优势的资源加工型、劳动密集型产业和具有市场需求的资本密集型、技术密集型产业向中西部地区转移，挖掘第二产业就业潜力。推进农业现代化，加快转变农业发展方式，培养新型职业农民，鼓励有文化、有技术、有市场经济观念的各类城乡劳动者根据市场需求到农村就业创业。

（三）发挥小微企业就业主渠道作用。引导银行业金融机构针对小微企业经营特点和融资需求特征，创新产品和服务。发展政府支持的融资性担保机构和再担保机构，完善风险分担机制，为小微企业提供融资支持。落实支持小微企业发展的税收政策，加强市场监管执法和知识产权保护，对小微企业亟需获得授权的核心专利申请优先审查。发挥新型载体聚集发展的优势，引入竞争机制，开展小微企业创业创新基地城市示范，中央财政给予综合奖励。创新政府采购支持方式，消除中小企业享受相关优惠政策面临的条件认定、企业资质等不合理限制门槛。指导企业改善用工管理，对小微企业新招用劳动者，符合相关条件的，按规定给予就业创业支持，不断提高小微企业带动就业能力。

（四）积极预防和有效调控失业风险。落实调整失业保险费率政策，减轻企业和个人负担，稳定就业岗位。将失业保险基金支持企业稳岗政策实施范围由兼并重组企业、化解产能过剩企业、淘汰落后产能企业等三类企业扩大到所有符合条件的企业。生产经营困难企业可通过与职工进行集体协商，采取在岗培训、轮班工作、弹性工时、协商薪酬等办法不裁员或少裁员。对确实要裁员的，应制定人员安置方案，实施专项就业帮扶行动，妥善处理劳动关系和社会保险接续，促进失业人员尽快再就业。淘汰落后产能奖励资金、依据兼并重组政策规定支付给企业的土地补偿费要优先用于职工安置。完善失业监测预警机制，建立应对失业风险的就业应急预案。

二、积极推进创业带动就业

（五）营造宽松便捷的准入环境。深化商事制度改革，进一步落实注册资本登记制度改革，坚决推行工商营业执照、组织机构代码证、税务登记证"三证合一"，年内出台推进"三证合一"登记制度改革意见和统一社会信用代码方案，实现"一照一码"。继续优化登记方式，放松经营范围登记管制，支持各地结合实际放宽新注册企业场所登记条件限制，推动"一址多照"、集群注册等住所登记改革，分行业、分业态释放住所资源。运用大数据加强对市场主体的服务和监管。依托企业信用信息公示系统，实现政策集中公示、扶持申请导航、享受扶持信息公示。建立小微企业目录，对小微企业发展状况开展抽样统计。推动修订与商事制度改革不衔接、不配套的法律、法规和政策性文件。全面完成清理非行政许可审批事项，再取消下放一批制约经济发展、束缚企业活力等含金量高的行政许可事项，全面清理中央设定、地方实施的行政审批事项，大幅减少投资项目前置审批。对保留的审批事项，规范审批行为，明确标准，缩短流程，限时办结，推广"一个窗口"受理、网上并联审批等方式。

（六）培育创业创新公共平台。抓住新技术革命和产业变革的重要机遇，适应创业创新主体大众化趋势，大力发展技术转移转化、科技金融、认证认可、检验检测等科技服务业，总结推广创客空间、创业咖啡、创新工场等新型孵化模式，加快发展市场化、专业化、集成化、网络化的众创空间，实现创新与创业、线上与线下、孵化与投资相结合，为创业者提供低成本、便利化、全要素、开放式的综合服务平台和发展空间。落实科技企业孵化器、大学科技园的税收优惠政策，对符合条件的众创空间等新型孵化机构适用科技企业孵化器税收优惠政策。有条件的地方可对众创空间的房租、宽带网络、公共软件等给予适当补贴，或通过盘活商业用房、闲置厂房等资源提供成本较低的场所。可在符合土地利用总体规划和城乡规划前提下，或利用原有经批准的各类园区，建设创业基地，为创业者提供服务，打造一批创业示范基地。鼓励企业由传统的管控型组织转型为新型创业平台，让员工成为平台上的创业者，形成市场主导、风投参与、企业孵化的创业生态系统。

（七）拓宽创业投融资渠道。运用财税政策，支持风险投资、创业投资、天使投资等发展。运用市场机制，引导社会资金和金融资本支持创业活动，壮大创业投资规模。按照政府引导、市场化运作、专业化管理的原则，加快设立国家中小企业发展基金和国家新兴产业创业投资引导基金，带动社会资本共同加大对中小企业创业创新的投入，促进初创期科技型中小企业成长，支持新兴产业领域早中期、初创期企业发展。鼓励地方设立创业投资引导等基金。发挥多层次资本市场作用，加快创业板等资本市场改革，强化全国中小企业股份转让系统融资、交易等功能，规范发展服务小微企业的区域性股权市场。开展股权众筹融资试点，推动多渠道股权融资，积极探索和规范发展互联网金融，发展新型金融机构和融资服务机构，促进大众创业。

（八）支持创业担保贷款发展。将小额担保贷款调整为创业担保贷款，针对有创业要求、具备一定创业条件但缺乏创业资金的就业重点群体和困难人员，提高其金融服务可获得性，明确支持对象、标准和条件，贷款最高额度由针对不同群体的 5 万元、8 万元、10 万元不等统一调整为 10 万元。鼓励金融机构参照贷款基础利率，结合风险分担情况，合理确定贷款利率水平，对个人发放的创业担保贷款，在贷款基础利率基础上上浮 3 个百分点以内的，由财政给予贴息。简化程序，细化措施，健全贷款发放考核办法和财政贴息资金规范管理约束机制，提高代偿效率，完善担保基金呆坏账核销办法。

（九）加大减税降费力度。实施更加积极的促进就业创业税收优惠政策，将企业吸纳就业税收优惠的人员范围由失业一年以上人员调整为失业半年以上人员。高校毕业生、登记失业人员等重点群体创办个体工商户、个人独资企业的，可依法享受税收减免政策。抓紧推广中关村国家自主创新示范区税收试点政策，将职工教育经费税前扣除试点政策、企业转增股本分期缴纳个人所得税试点政策、股权奖励分期缴纳个人所得税试点政策推广至全国范围。全面清理涉企行政事业性收费、政府性基金、具有强制垄断性的经营服务性收费、行业协会商会涉企收费，落实涉企收费清单管理制度和创业负担举报反馈机制。

（十）调动科研人员创业积极性。探索高校、科研院所等事业单位专业技术人员在职创业、离岗创业有关政策。对于离岗创业的，经原单位同意，可在 3 年内保留人事关系，与原单位其他在岗人员同等享有参加职称评聘、岗位等级晋升和社会保险等方面的权利。原单位应当根据专业技术人员创业的实际情况，与其签订或变更聘用合同，明确权利义务。加快推进中央级事业单位科技成果使用、处置和收益管理改革试点政策推广。鼓励利用财政性资金设立的科研机构、普通高校、职业院校，通过合作实施、转让、许可和投资等方式，向高校毕业生创设的小微企业优先转移科技成果。完善科技人员创业股权激励政策，放宽股权奖励、股权出售的企业设立年限和盈利水平限制。

（十一）鼓励农村劳动力创业。支持农民工返乡创业，发展农民合作社、家庭农场等新型农业经营主体，落实定向减税和普遍性降费政策。依托现有各类园区等存量资源，整合创建一批农民工返乡创业园，强化财政扶持和金融服务。将农民创业与发展县域经济结合起来，大力发展农产品加工、休闲农业、乡村旅游、农村服务业等劳动密集型产业项目，促进农村一二三产业融合。依托基层就业和社会保障服务设施等公共平台，提供创业指导和服务。鼓励各类企业和社会机构利用现有资源，搭建一批农业创业创新示范基地和见习基地，培训一批农民创业创新辅导员。支持农民网上创业，大力发展"互联网+"和电子商务，积极组织创新创业农民与企业、小康村、市场和园区对接，推进农村青年创业富民行动。

（十二）营造大众创业良好氛围。支持举办创业训练营、创业创新大赛、创新成果和创业项目展示推介等活动，搭建创业者交流平台，培育创业文化，营造鼓励创业、宽容失败的良好社会氛围，让大众创业、万众创新蔚然成风。对劳动者创办社会组织、从事网络创业符合条件的，给予相应创业扶持政策。推进创业型城市创建，对政策落实好、创业环境优、工作成效显著的，按规定予以表彰。

三、统筹推进高校毕业生等重点群体就业

（十三）鼓励高校毕业生多渠道就业。把高校毕业生就业摆在就业工作首位。完善工资待遇进一步向基层倾斜的办法，健全高校毕业生到基层工作的服务保障机制，鼓励毕业生到乡镇特别是困难乡镇机关事业单位工作。对高校毕业生到中西部地区、艰苦边远地区和老工业基地县以下基层单位就业、履行一定服务期限的，按规定给予学费补偿和国家助学贷款代偿。结合政府购买服务工作的推进，在基层特别是街道（乡镇）、社区（村）购买一批公共管理和社会服务岗位，优先用于吸纳高校毕业生就业。对小微企业新招用毕业年度高校毕业生，签订1年以上劳动合同并缴纳社会保险费的，给予1年社会保险补贴。落实完善见

习补贴政策，对见习期满留用率达到 50% 以上的见习单位，适当提高见习补贴标准。将求职补贴调整为求职创业补贴，对象范围扩展到已获得国家助学贷款的毕业年度高校毕业生。深入实施大学生创业引领计划、离校未就业高校毕业生就业促进计划，整合发展高校毕业生就业创业基金，完善管理体制和市场化运行机制，实现基金滚动使用，为高校毕业生就业创业提供支持。积极支持和鼓励高校毕业生投身现代农业建设。对高校毕业生申报从事灵活就业的，按规定纳入各项社会保险，各级公共就业人才服务机构要提供人事、劳动保障代理服务。技师学院高级工班、预备技师班和特殊教育院校职业教育类毕业生可参照高校毕业生享受相关就业补贴政策。

（十四）加强对困难人员的就业援助。合理确定就业困难人员范围，规范认定程序，加强实名制动态管理和分类帮扶。坚持市场导向，鼓励其到企业就业、自主创业或灵活就业。对用人单位招用就业困难人员，签订劳动合同并缴纳社会保险费的，在一定期限内给予社会保险补贴。对就业困难人员灵活就业并缴纳社会保险费的，给予一定比例的社会保险补贴。对通过市场渠道确实难以实现就业的，可通过公益性岗位予以托底安置，并给予社会保险补贴及适当岗位补贴。社会保险补贴和岗位补贴期限最长不超过 3 年，对初次核定享受补贴政策时距退休年龄不足 5 年的人员，可延长至退休。规范公益性岗位开发和管理，科学设定公益性岗位总量，适度控制岗位规模，制定岗位申报评估办法，严格按照法律规定安排就业困难人员，不得用于安排非就业困难人员。加强对就业困难人员在岗情况的管理和工作考核，建立定期核查机制，完善就业困难人员享受扶持政策期满退出办法，做好退出后的政策衔接和就业服务。依法大力推进残疾人按比例就业，加大对用人单位安置残疾人的补贴和奖励力度，建立用人单位按比例安排残疾人就业公示制度。加快完善残疾人集中就业单位扶持政策，推进残疾人辅助性就业和灵活就业。加大对困难人员就业援助力度，确保零就业家庭、最低生活保障家庭等困难家庭至少有一人就业。对就业困难人员较集中的地区，上级政府要强化帮扶责任，加大产业、项目、资金、人才等支持力度。

（十五）推进农村劳动力转移就业。结合新型城镇化建设和户籍制度改革，建立健全城乡劳动者平等就业制度，进一步清理针对农民工就业的歧视性规定。

完善职业培训、就业服务、劳动维权"三位一体"的工作机制，加强农民工输出输入地劳务对接，特别是对劳动力资源较为丰富的老少边穷地区，充分发挥各类公共就业服务机构和人力资源服务机构作用，积极开展有组织的劳务输出，加强对转移就业农民工的跟踪服务，有针对性地帮助其解决实际困难，推进农村富余劳动力有序外出就业和就地就近转移就业。做好被征地农民就业工作，在制定征地补偿安置方案时，要明确促进被征地农民就业的具体措施。

（十六）促进退役军人就业。扶持自主择业军转干部、自主就业退役士兵就业创业，落实各项优惠政策，组织实施教育培训，加强就业指导和服务，搭建就业创业服务平台。对符合政府安排工作条件的退役士官、义务兵，要确保岗位落实，细化完善公务员招录和事业单位招聘时同等条件优先录用（聘用），以及国有、国有控股和国有资本占主导地位企业按比例预留岗位择优招录的措施。退役士兵报考公务员、应聘事业单位职位的，在军队服现役经历视为基层工作经历，服现役年限计算为工作年限。调整完善促进军转干部及随军家属就业税收政策。

四、加强就业创业服务和职业培训

（十七）强化公共就业创业服务。健全覆盖城乡的公共就业创业服务体系，提高服务均等化、标准化和专业化水平。完善公共就业服务体系的创业服务功能，充分发挥公共就业服务、中小企业服务、高校毕业生就业指导等机构的作用，为创业者提供项目开发、开业指导、融资服务、跟踪扶持等服务，创新服务内容和方式。健全公共就业创业服务经费保障机制，切实将县级以上公共就业创业服务机构和县级以下（不含县级）基层公共就业创业服务平台经费纳入同级财政预算。将职业介绍补贴和扶持公共就业服务补助合并调整为就业创业服务补贴，支持各地按照精准发力、绩效管理的原则，加强公共就业创业服务能力建设，向社会力量购买基本就业创业服务成果。创新就业创业服务供给模式，形成多元参与、公平竞争格局，提高服务质量和效率。

（十八）加快公共就业服务信息化。按照统一建设、省级集中、业务协同、资源共享的原则，逐步建成以省级为基础、全国一体化的就业信息化格局。建立省级集中的就业信息资源库，加强信息系统应用，实现就业管理和就业服务工作全程信息化。推进公共就业信息服务平台建设，实现各类就业信息统一发布，健全全国就业信息监测平台。推进就业信息共享开放，支持社会服务机构利用政府数据开展专业化就业服务，推动政府、社会协同提升公共就业服务水平。

（十九）加强人力资源市场建设。加快建立统一规范灵活的人力资源市场，消除城乡、行业、身份、性别、残疾等影响平等就业的制度障碍和就业歧视，形成有利于公平就业的制度环境。健全统一的市场监管体系，推进人力资源市场诚信体系建设和标准化建设。加强对企业招聘行为、职业中介活动的规范，及时纠正招聘过程中的歧视、限制及欺诈等行为。建立国有企事业单位公开招聘制度，推动实现招聘信息公开、过程公开和结果公开。加快发展人力资源服务业，规范发展人事代理、人才推荐、人员培训、劳务派遣等人力资源服务，提升服务供给能力和水平。完善党政机关、企事业单位、社会各方面人才顺畅流动的制度体系。

（二十）加强职业培训和创业培训。顺应产业结构迈向中高端水平、缓解就业结构性矛盾的需求，优化高校学科专业结构，加快发展现代职业教育，大规模开展职业培训，加大创业培训力度。利用各类创业培训资源，开发针对不同创业群体、创业活动不同阶段特点的创业培训项目，把创新创业课程纳入国民教育体系。重点实施农民工职业技能提升和失业人员转业转岗培训，增强其就业创业和职业转换能力。尊重劳动者培训意愿，引导劳动者自主选择培训项目、培训方式和培训机构。发挥企业主体作用，支持企业以新招用青年劳动者和新转岗人员为重点开展新型学徒制培训。强化基础能力建设，创新培训模式，建立高水平、专兼职的创业培训师资队伍，提升培训质量，落实职业培训补贴政策，合理确定补贴标准。推进职业资格管理改革，完善有利于劳动者成长成才的培养、评价和激励机制，畅通技能人才职业上升通道，推动形成劳动、技能等要素按贡献参与分配的机制，使技能劳动者获得与其能力业绩相适应的工资待遇。

（二十一）建立健全失业保险、社会救助与就业的联动机制。进一步完善失业保险制度，充分发挥失业保险保生活、防失业、促就业的作用，鼓励领取失业保险金人员尽快实现就业或自主创业。对实现就业或自主创业的最低生活保障对象，在核算家庭收入时，可以扣减必要的就业成本。

（二十二）完善失业登记办法。在法定劳动年龄内、有劳动能力和就业要求、处于无业状态的城镇常住人员，可以到常住地的公共就业服务机构进行失业登记。各地公共就业服务机构要为登记失业的各类人员提供均等化的政策咨询、职业指导、职业介绍等公共就业服务和普惠性就业政策，并逐步使外来劳动者与当地户籍人口享有同等的就业扶持政策。将《就业失业登记证》调整为《就业创业证》，免费发放，作为劳动者享受公共就业服务及就业扶持政策的凭证。有条件的地方可积极推动社会保障卡在就业领域的应用。

五、强化组织领导

（二十三）健全协调机制。县级以上人民政府要加强对就业创业工作的领导，把促进就业创业摆上重要议程，健全政府负责人牵头的就业创业工作协调机制，加强就业形势分析研判，落实完善就业创业政策，协调解决重点难点问题，确保各项就业目标完成和就业局势稳定。有关部门要增强全局意识，密切配合，尽职履责。进一步发挥各人民团体以及其他社会组织的作用，充分调动社会各方促进就业创业积极性。

（二十四）落实目标责任制。将就业创业工作纳入政绩考核，细化目标任务、政策落实、就业创业服务、资金投入、群众满意度等指标，提高权重，并层层分解，督促落实。对在就业创业工作中取得显著成绩的单位和个人，按国家有关规定予以表彰奖励。有关地区不履行促进就业职责，造成恶劣社会影响的，对当地人民政府有关负责人及具体责任人实行问责。

（二十五）保障资金投入。各级人民政府要根据就业状况和就业工作目标，在财政预算中合理安排就业相关资金。按照系统规范、精简效能的原则，明确政府间促进就业政策的功能定位，严格支出责任划分。进一步规范就业专项资金管理，强化资金预算执行和监督，开展资金使用绩效评价，着力提高就业专项资金使用效益。

（二十六）建立健全就业创业统计监测体系。健全就业统计指标，完善统计口径和统计调查方法，逐步将性别等指标纳入统计监测范围，探索建立创业工作统计指标。进一步加强和完善全国劳动力调查制度建设，扩大调查范围，增加调查内容。强化统计调查的质量控制。加大就业统计调查人员、经费和软硬件等保障力度，推进就业统计调查信息化建设。依托行业组织，建立健全行业人力资源需求预测和就业状况定期发布制度。

（二十七）注重舆论引导。坚持正确导向，加强政策解读，及时回应社会关切，大力宣传促进就业创业工作的经验做法，宣传劳动者自主就业、自主创业和用人单位促进就业的典型事迹，引导全社会共同关心和支持就业创业工作，引导高校毕业生等各类劳动者转变观念，树立正确的就业观，大力营造劳动光荣、技能宝贵、创造伟大的时代风尚。

各地区、各部门要认真落实本意见提出的各项任务，结合本地区、本部门实际，创造性地开展工作，制定具体方案和配套政策，同时要切实转变职能，简化办事流程，提高服务效率，确保各项就业创业政策措施落实到位，以稳就业惠民生促进经济社会平稳健康发展。

国务院

2015 年 4 月 27 日

国务院办公厅关于发展众创空间
推进大众创新创业的指导意见

国办发〔2015〕9号

各省、自治区、直辖市人民政府，国务院各部委、各直属机构：

为加快实施创新驱动发展战略，适应和引领经济发展新常态，顺应网络时代大众创业、万众创新的新趋势，加快发展众创空间等新型创业服务平台，营造良好的创新创业生态环境，激发亿万群众创造活力，打造经济发展新引擎，经国务院同意，现提出以下意见。

一、总体要求

（一）指导思想。全面落实党的十八大和十八届二中、三中、四中全会精神，按照党中央、国务院决策部署，以营造良好创新创业生态环境为目标，以激发全社会创新创业活力为主线，以构建众创空间等创业服务平台为载体，有效整合资源，集成落实政策，完善服务模式，培育创新文化，加快形成大众创业、万众创新的生动局面。

（二）基本原则。

坚持市场导向。充分发挥市场配置资源的决定性作用，以社会力量为主构建市场化的众创空间，以满足个性化多样化消费需求和用户体验为出发点，促进创新创意与市场需求和社会资本有效对接。

加强政策集成。进一步加大简政放权力度，优化市场竞争环境。完善创新创业政策体系，加大政策落实力度，降低创新创业成本，壮大创新创业群体。完善股权激励和利益分配机制，保障创新创业者的合法权益。

强化开放共享。充分运用互联网和开源技术，构建开放创新创业平台，促进更多创业者加入和集聚。加强跨区域、跨国技术转移，整合利用全球创新资源。推动产学研协同创新，促进科技资源开放共享。

创新服务模式。通过市场化机制、专业化服务和资本化途径，有效集成创业服务资源，提供全链条增值服务。强化创业辅导，培育企业家精神，发挥资本推力作用，提高创新创业效率。

（三）发展目标。到 2020 年，形成一批有效满足大众创新创业需求、具有较强专业化服务能力的众创空间等新型创业服务平台；培育一批天使投资人和创业投资机构，投融资渠道更加畅通；孵化培育一大批创新型小微企业，并从中成长出能够引领未来经济发展的骨干企业，形成新的产业业态和经济增长点；创业群体高度活跃，以创业促进就业，提供更多高质量就业岗位；创新创业政策体系更加健全，服务体系更加完善，全社会创新创业文化氛围更加浓厚。

二、重点任务

（一）加快构建众创空间。总结推广创客空间、创业咖啡、创新工场等新型孵化模式，充分利用国家自主创新示范区、国家高新技术产业开发区、科技企业孵化器、小企业创业基地、大学科技园和高校、科研院所的有利条件，发挥行业领军企业、创业投资机构、社会组织等社会力量的主力军作用，构建一批低成本、便利化、全要素、开放式的众创空间。发挥政策集成和协同效应，实现创新与创业相结合、线上与线下相结合、孵化与投资相结合，为广大创新创业者提供良好的工作空间、网络空间、社交空间和资源共享空间。

（二）降低创新创业门槛。深化商事制度改革，针对众创空间等新型孵化机构集中办公等特点，鼓励各地结合实际，简化住所登记手续，采取一站式窗口、网上申报、多证联办等措施为创业企业工商注册提供便利。有条件的地方政府可对众创空间等新型孵化机构的房租、宽带接入费用和用于创业服务的公共软件、开发工具给予适当财政补贴，鼓励众创空间为创业者提供免费高带宽互联网接入服务。

（三）鼓励科技人员和大学生创业。加快推进中央级事业单位科技成果使用、处置和收益管理改革试点，完善科技人员创业股权激励机制。推进实施大学生创业引领计划，鼓励高校开发开设创新创业教育课程，建立健全大学生创业指导服务专门机构，加强大学生创业培训，整合发展国家和省级高校毕业生就业创业基金，为大学生创业提供场所、公共服务和资金支持，以创业带动就业。

（四）支持创新创业公共服务。综合运用政府购买服务、无偿资助、业务奖励等方式，支持中小企业公共服务平台和服务机构建设，为中小企业提供全方位专业化优质服务，支持服务机构为初创企业提供法律、知识产权、财务、咨询、检验检测认证和技术转移等服务，促进科技基础条件平台开放共享。加强电子商务基础建设，为创新创业搭建高效便利的服务平台，提高小微企业市场竞争力。完善专利审查快速通道，对小微企业亟需获得授权的核心专利申请予以优先审查。

（五）加强财政资金引导。通过中小企业发展专项资金，运用阶段参股、风险补助和投资保障等方式，引导创业投资机构投资于初创期科技型中小企业。发挥国家新兴产业创业投资引导基金对社会资本的带动作用，重点支持战略性新兴产业和高技术产业早中期、初创期创新型企业发展。发挥国家科技成果转化引导基金作用，综合运用设立创业投资子基金、贷款风险补偿、绩效奖励等方式，促进科技成果转移转化。发挥财政资金杠杆作用，通过市场机制引导社会资金和金融资本支持创业活动。发挥财税政策作用支持天使投资、创业投资发展，培育发展天使投资群体，推动大众创新创业。

（六）完善创业投融资机制。发挥多层次资本市场作用，为创新型企业提供综合金融服务。开展互联网股权众筹融资试点，增强众筹对大众创新创业的服务能力。规范和发展服务小微企业的区域性股权市场，促进科技初创企业融资，完善创业投资、天使投资退出和流转机制。鼓励银行业金融机构新设或改造部分分（支）行，作为从事科技型中小企业金融服务的专业或特色分（支）行，提供科技融资担保、知识产权质押、股权质押等方式的金融服务。

（七）丰富创新创业活动。鼓励社会力量围绕大众创业、万众创新组织开展各类公益活动。继续办好中国创新创业大赛、中国农业科技创新创业大赛等赛事活动，积极支持参与国际创新创业大赛，为投资机构与创新创业者提供对接平台。建立健全创业辅导制度，培育一批专业创业辅导师，鼓励拥有丰富经验和创业资源的企业家、天使投资人和专家学者担任创业导师或组成辅导团队。鼓励大企业建立服务大众创业的开放创新平台，支持社会力量举办创业沙龙、创业大讲堂、创业训练营等创业培训活动。

（八）营造创新创业文化氛围。积极倡导敢为人先、宽容失败的创新文化，树立崇尚创新、创业致富的价值导向，大力培育企业家精神和创客文化，将奇思妙想、创新创意转化为实实在在的创业活动。加强各类媒体对大众创新创业的新闻宣传和舆论引导，报道一批创新创业先进事迹，树立一批创新创业典型人物，让大众创业、万众创新在全社会蔚然成风。

三、组织实施

（一）加强组织领导。各地区、各部门要高度重视推进大众创新创业工作，切实抓紧抓好。各有关部门要按照职能分工，积极落实促进创新创业的各项政策措施。各地要加强对创新创业工作的组织领导，结合地方实际制定具体实施方案，明确工作部署，切实加大资金投入、政策支持和条件保障力度。

（二）加强示范引导。在国家自主创新示范区、国家高新技术产业开发区、小企业创业基地、大学科技园和其他有条件的地区开展创业示范工程。鼓励各地积极探索推进大众创新创业的新机制、新政策，不断完善创新创业服务体系，营造良好的创新创业环境。

（三）加强协调推进。科技部要加强与相关部门的工作协调，研究完善推进大众创新创业的政策措施，加强对发展众创空间的指导和支持。各地要做好大众创新创业政策落实情况调研、发展情况统计汇总等工作，及时报告有关进展情况。

国务院办公厅

2015 年 3 月 2 日

人力资源社会保障部　工业和信息化部
关于实施专精特新中小企业就业创业扬帆计划的通知

人社部发〔2023〕47 号

各省、自治区、直辖市及新疆生产建设兵团人力资源社会保障厅（局）、中小企业主管部门，各计划单列市人力资源社会保障局、中小企业主管部门：

专精特新中小企业创新能力强、质量效益高、带动就业能力强。为进一步支持专精特新中小企业健康发展，创造更多高质量就业岗位，吸纳更多重点群体就业，人力资源社会保障部、工业和信息化部拟在全国范围内实施专精特新中小企业就业创业扬帆计划，现将有关事项通知如下：

一、工作目标

以习近平新时代中国特色社会主义思想为指导，全面贯彻党的二十大精神，落实中央经济工作会议要求，坚持管理和服务并重、帮扶和发展并举，着力强政策、优服务、重激励、促发展，挖掘专精特新中小企业发展潜力，激发劳动者创新创业活力，拓宽市场化就业渠道，促进专精特新中小企业健康发展，为推动实现中国式现代化提供有力支撑。

二、主要内容

（一）鼓励创办创新型中小企业。加大创业帮扶力度，统筹用好各类创业载体，对创办创新型中小企业的劳动者，优先提供创业孵化支持，提供项目指导、风险评估、实战模拟等服务，聚焦不同创业阶段，针对性开展创业培训，促进创意成果转化。加强融资支持，对符合条件的，加快落实创业担保贷款、稳岗扩岗专项贷款等政策，提升申领便利度，缓解融资难题。支持专精特新中小企业参加"创客中国""中国创翼"等创业创新活动，组织优秀企业家开展交流沙龙、合作对话等，提供项目展示、管理咨询、资源对接等服务。

（二）保障专精特新中小企业用工。将专精特新中小企业全部纳入重点企业用工服务范围，指定人社服务专员，开展企业岗位空缺和用工需求情况调查，提供用工指导服务。强化招聘对接，在"10+N"公共就业服务活动中，设立专精特新中小企业招聘专区，归集发布岗位信息，促进供需匹配。深化劳务协作机制，建立跨区域劳务协作联盟，有组织开展省内外劳务协作，对季节性用工需求明显的专精特新中小企业，探索建立用工余缺调剂机制，缓解临时用工难题。

（三）保障技术技能人才供给。实施数字技术工程师培育项目，围绕智能制造、大数据、区块链等专精特新中小企业关联度高的新领域，分职业、分方向、分等级开展规范化培训。梳理专精特新中小企业急需紧缺职业（工种）信息，及时更新本地区技能培训专业目录，科学设置培训课程，推广订单、定向、定岗式培训。鼓励专精特新中小企业组织员工开展职业技能培训，健全产教融合、校企合作机制，支持开展数字技能、绿色技能等领域技能人才联合培养。

（四）支持技术技能人才发展。按照国家有关规定，动态调整职称专业设置，根据当地产业发展和专精特新中小企业需要，增设人工智能、大数据、工业互联网等新专业，健全完善职业标准和评价标准体系。贯通继续教育、职称评审、职业培训政策，依托数字技术工程师培育项目取得高级专业技术等级证书的，可作为申报高级职称的重要参考；取得中级、初级专业技术等级证书的，可纳入各地各部门中级、初级职称认定范围。鼓励地方结合实际，将专精特新中小企业急需紧缺人才纳入人才引进目录、人才政策支持范围，加大对人才住房、子女教育等方面支持力度。

（五）支持开展就业见习活动。在全国范围内实施专精特新中小企业青年就业见习领航行动，动员企业结合实际需求，开发见习岗位，建设就业见习基地，广泛吸纳高校毕业生等青年开展就业见习活动。对组织开展就业见习的企业，落实就业见习补贴政策；对见习期满提前留用的，给予剩余期限见习补贴。加强就业见习指导服务，做好协议签订、岗前培训、待遇保障、专人带教、权益维护等工作，对见习岗位质量好、见习留用率高的，优先推荐参加国家级就业见习示范单位创建活动。

（六）支持构建和谐劳动关系。指导专精特新中小企业依法合规用工，鼓励围绕劳动报酬、休息休假、福利待遇等开展集体协商，指导企业强化人文关怀，构建和谐劳动关系。加强劳动争议隐患排查，指导专精特新中小企业建立健全内部申诉和协商回应制度，妥善化解因不规范用工等引发的苗头性问题，稳定用工规模。健全重大集体劳动争议应急处置机制，依法依规及时公正处理专精特新中小企业的争议案件，保障企业和劳动者合法权益。

（七）打包兑现就业扶持政策。加强大数据应用，定期开展就业失业、用工备案、社保参保以及高校毕业生、脱贫人口信息等数据比对，精准识别政策享受对象，主动向受益对象推送政策，实现"政策找人"。推进"人社服务快办行动"，深化涉企"一件事"集成改革，大力推广"直补快办"模式，对直接吸纳符合条件的重点群体就业的，按规定一揽子兑现吸纳就业补贴、社保补贴、扩岗补助等政策，对专精特新中小企业政策享受、员工招聘、参保缴费、档案转递等事项打包办、提速办。

三、组织实施

（一）加强组织领导。各地要提高思想认识，把支持专精特新中小企业发展吸纳就业作为贯彻党的二十大精神的重要举措，作为做好当前稳就业工作的重要抓手，列入重要议事日程。各地人力资源社会保障、工业和信息化部门要发挥牵头作用，健全数据共享、定期会商、政企联动机制，人力资源社会保障部门主要负责提供用工指导服务、技术技能培训、就业政策落实等，工业和信息化部门主要负责联系专精特新中小企业，了解企业用工形势和意见诉求，定期更新企业清单并提供人力资源社会保障部门，共同协调推动解决困难问题。

（二）细化工作措施。各地要结合实际，围绕当地产业体系和重点行业，确定重点支持的企业清单，细化工作举措，明确任务安排和时间节点，确保各项任务落到实处。要大兴调查研究之风，深入基层、问需于企、问计于民，真正摸清企业和劳动者的急难愁盼，稳步推动落实解决，切实提高服务对象的获得感和满意度。

（三）强化调度推进。各地要加强指导调度，密切跟踪工作进展，重点关注企业的经营发展、政策落实、技能培训、用工服务、开展见习、吸纳就业等情况，及时掌握工作成效。对抓落实有力有效的，要加大政策和资金支持力度；对工作进度慢的，及时通过调研、督导、约谈等方式督促加大工作力度，确保工作有序推进。

（四）注重宣传推广。广泛挖掘选树一批吸纳就业数量较多、具有良好社会声誉的专精特新中小企业，及时纳入和谐劳动关系创建、就业和社会保障先进民营企业表彰等活动范围，发挥示范引领作用。加大宣传报道力度，通过各类主流媒体平台，大力宣传典型经验，广泛解读政策举措，主动回应社会关切，营造良好舆论氛围。

人力资源社会保障部　工业和信息化部

2023 年 9 月 14 日

关于延续实施创业投资企业个人合伙人所得税政策的公告

财政部　税务总局　国家发展改革委　中国证监会公告 2023 年第 24 号

为继续支持创业投资企业（含创投基金，以下统称创投企业）发展，现将有关个人所得税政策问题公告如下：

一、创投企业可以选择按单一投资基金核算或者按创投企业年度所得整体核算两种方式之一，对其个人合伙人来源于创投企业的所得计算个人所得税应纳税额。

本公告所称创投企业，是指符合《创业投资企业管理暂行办法》（发展改革委等 10 部门令第 39 号）或者《私募投资基金监督管理暂行办法》（证监会令第 105 号）关于创业投资企业（基金）的有关规定，并按照上述规定完成备案且规范运作的合伙制创业投资企业（基金）。

二、创投企业选择按单一投资基金核算的，其个人合伙人从该基金应分得的股权转让所得和股息红利所得，按照 20% 税率计算缴纳个人所得税。

创投企业选择按年度所得整体核算的，其个人合伙人应从创投企业取得的所得，按照"经营所得"项目、5%—35% 的超额累进税率计算缴纳个人所得税。

三、单一投资基金核算，是指单一投资基金（包括不以基金名义设立的创投企业）在一个纳税年度内从不同创业投资项目取得的股权转让所得和股息红利所得按下述方法分别核算纳税：

（一）股权转让所得。单个投资项目的股权转让所得，按年度股权转让收入扣除对应股权原值和转让环节合理费用后的余额计算，股权原值和转让环节合理费用的确定方法，参照股权转让所得个人所得税有关政策规定执行；单一投资基金的股权转让所得，按一个纳税年度内不同投资项目的所得和损失相互抵减后的余额计算，余额大于或等于零的，即确认为该基金的年度股权转让所得；余额小于零的，该基金年度股权转让所得按零计算且不能跨年结转。

个人合伙人按照其应从基金年度股权转让所得中分得的份额计算其应纳税额，并由创投企业在次年 3 月 31 日前代扣代缴个人所得税。如符合《财政部　税务总局关于创业投资企业和天使投资个人有关税收政策的通知》（财税〔2018〕55号）规定条件的，创投企业个人合伙人可以按照被转让项目对应投资额的70%抵扣其应从基金年度股权转让所得中分得的份额后再计算其应纳税额，当期不足抵扣的，不得向以后年度结转。

（二）股息红利所得。单一投资基金的股息红利所得，以其来源于所投资项目分配的股息、红利收入以及其他固定收益类证券等收入的全额计算。

个人合伙人按照其应从基金股息红利所得中分得的份额计算其应纳税额，并由创投企业按次代扣代缴个人所得税。

（三）除前述可以扣除的成本、费用之外，单一投资基金发生的包括投资基金管理人的管理费和业绩报酬在内的其他支出，不得在核算时扣除。

本条规定的单一投资基金核算方法仅适用于计算创投企业个人合伙人的应纳税额。

四、创投企业年度所得整体核算，是指将创投企业以每一纳税年度的收入总额减除成本、费用以及损失后，计算应分配给个人合伙人的所得。如符合《财政部　税务总局关于创业投资企业和天使投资个人有关税收政策的通知》（财税〔2018〕55号）规定条件的，创投企业个人合伙人可以按照被转让项目对应投资额的70%抵扣其可以从创投企业应分得的经营所得后再计算其应纳税额。年度核算亏损的，准予按有关规定向以后年度结转。

按照"经营所得"项目计税的个人合伙人，没有综合所得的，可依法减除基本减除费用、专项扣除、专项附加扣除以及国务院确定的其他扣除。从多处取得经营所得的，应汇总计算个人所得税，只减除一次上述费用和扣除。

五、创投企业选择按单一投资基金核算或按创投企业年度所得整体核算后，3年内不能变更。

六、创投企业选择按单一投资基金核算的，应当在按照本公告第一条规定完成备案的30日内，向主管税务机关进行核算方式备案；未按规定备案的，视同选择按创投企业年度所得整体核算。创投企业选择一种核算方式满3年需要调整的，应当在满3年的次年1月31日前，重新向主管税务机关备案。

七、税务部门依法开展税收征管和后续管理工作，可转请发展改革部门、证券监督管理部门对创投企业及其所投项目是否符合有关规定进行核查，发展改革部门、证券监督管理部门应当予以配合。

八、本公告执行至 2027 年 12 月 31 日。

特此公告。

财政部　税务总局　国家发展改革委　中国证监会

2023 年 8 月 21 日

关于进一步支持重点群体创业就业有关税收政策的公告

财政部　税务总局　人力资源社会保障部　农业农村部公告 2023 年第 15 号

为进一步支持重点群体创业就业，现将有关税收政策公告如下：

一、自 2023 年 1 月 1 日至 2027 年 12 月 31 日，脱贫人口（含防止返贫监测对象，下同）、持《就业创业证》（注明"自主创业税收政策"或"毕业年度内自主创业税收政策"）或《就业失业登记证》（注明"自主创业税收政策"）的人员，从事个体经营的，自办理个体工商户登记当月起，在 3 年（36 个月，下同）内按每户每年 20000 元为限额依次扣减其当年实际应缴纳的增值税、城市维护建设税、教育费附加、地方教育附加和个人所得税。限额标准最高可上浮20%，各省、自治区、直辖市人民政府可根据本地区实际情况在此幅度内确定具体限额标准。

纳税人年度应缴纳税款小于上述扣减限额的，减免税额以其实际缴纳的税款为限；大于上述扣减限额的，以上述扣减限额为限。

上述人员具体包括：1. 纳入全国防止返贫监测和衔接推进乡村振兴信息系统的脱贫人口；2. 在人力资源社会保障部门公共就业服务机构登记失业半年以上的人员；3. 零就业家庭、享受城市居民最低生活保障家庭劳动年龄内的登记失业人员；4. 毕业年度内高校毕业生。高校毕业生是指实施高等学历教育的普通高等学校、成人高等学校应届毕业的学生；毕业年度是指毕业所在自然年，即1 月 1 日至 12 月 31 日。

二、自 2023 年 1 月 1 日至 2027 年 12 月 31 日，企业招用脱贫人口，以及在人力资源社会保障部门公共就业服务机构登记失业半年以上且持《就业创业证》或《就业失业登记证》（注明"企业吸纳税收政策"）的人员，与其签订 1 年以上期限劳动合同并依法缴纳社会保险费的，自签订劳动合同并缴纳社会保险当月起，在 3 年内按实际招用人数予以定额依次扣减增值税、城市维护建设税、教育费附加、地方教育附加和企业所得税优惠。定额标准为每人每年 6000 元，最高可上浮30%，各省、自治区、直辖市人民政府可根据本地区实际情况在此幅度内确定具体定额标准。城市维护建设税、教育费附加、地方教育附加的计税依据是享受本项税收优惠政策前的增值税应纳税额。

按上述标准计算的税收扣减额应在企业当年实际应缴纳的增值税、城市维护建设税、教育费附加、地方教育附加和企业所得税税额中扣减，当年扣减不完的，不得结转下年使用。

本公告所称企业是指属于增值税纳税人或企业所得税纳税人的企业等单位。

三、农业农村部（国家乡村振兴局）、人力资源社会保障部、税务总局要实现脱贫人口身份信息数据共享，推动数据下沉。

四、企业招用就业人员既可以适用本公告规定的税收优惠政策，又可以适用其他扶持就业专项税收优惠政策的，企业可以选择适用最优惠的政策，但不得重复享受。

五、纳税人在 2027 年 12 月 31 日享受本公告规定的税收优惠政策未满 3 年的，可继续享受至 3 年期满为止。本公告所述人员，以前年度已享受重点群体创业就业税收优惠政策满 3 年的，不得再享受本公告规定的税收优惠政策；以前年度享受重点群体创业就业税收优惠政策未满 3 年且符合本公告规定条件的，可按本公告规定享受优惠至 3 年期满。

六、按本公告规定应予减征的税费，在本公告发布前已征收的，可抵减纳税人以后纳税期应缴纳税费或予以退还。发布之日前已办理注销的，不再追溯享受。

特此公告。

财政部　税务总局
人力资源社会保障部　农业农村部
2023 年 8 月 2 日

退役军人事务部等 21 部门关于支持
退役军人创业创新的指导意见

退役军人部发〔2022〕77 号

各省、自治区、直辖市及新疆生产建设兵团退役军人事务厅（局）、发展改革委、教育厅（教委、局）、科技厅（委、局）、工业和信息化主管部门、民政厅（局）、财政厅（局）、人力资源社会保障厅（局）、自然资源厅（局）、住房城乡建设厅（委、局）、农业农村（农牧）厅（局、委）、商务厅（局）、国资委、市场监管局（厅、委）、乡村振兴局、团委、工商联；中国人民银行上海总部，各分行、营业管理部，省会（首府）城市中心支行，各副省级城市中心支行；国家税务总局各省、自治区、直辖市、计划单列市税务局；各银保监局，各大型银行、股份制银行；中国证监会各派出机构，上海证券交易所、深圳证券交易所：

退役军人是重要的人才资源，是社会主义现代化建设的重要力量。支持有条件、有意愿的退役军人创业创新，促进退役军人中小企业、个体工商户等市场主体高质量发展，是做好"六稳"工作、落实"六保"任务的必要举措，是实现退役军人自身价值、助推经济社会发展、服务国防和军队建设的有效途径。为提升退役军人创业创新能力，培育壮大退役军人市场主体，带动更多就业，现提出以下意见。

一、总体要求

以习近平新时代中国特色社会主义思想为指导，深入贯彻习近平总书记关于退役军人工作的重要论述，全面落实党中央、国务院稳就业、保市场主体决策部署，坚持政府推动、市场引导、自愿选择、社会支持，在享受普惠性政策和公共服务基础上，同等条件下给予优先优待的原则，经过 3 至 5 年的努力，支持退役军人创业创新政策体系更加完善、服务能力有效提升，市场主体活力竞相迸发，带动就业能力持续增强，构建"以创新引领创业、以创业带动就业"的工作格局。

二、强化金融支持

（一）加大创业担保贷款支持力度。各地有关部门要落实创业担保贷款政策，为符合条件的退役军人创业创新提供融资支持，按规定免除反担保要求。鼓励有条件的地方适当提高贷款额度上限。推进创业担保贷款线上办理，简化审批流程、压缩审批时间。对还款积极、带动就业能力强、创业项目好的退役军人创业者，可累计提供不超过 3 次的创业担保贷款贴息支持。鼓励经办银行对暂时存在贷款偿还困难且符合相关条件的退役军人给予展期。

（二）创新金融信贷产品。各地有关部门要引导金融机构创新适合退役军人有效融资需求的信贷产品，为退役军人创业创新提供支持。发挥政府性融资担保机构作用，为退役军人中小企业、个体工商户提供融资增信支持，符合相关代偿条件的，依法依约及时履行代偿责任。有条件的地方可探索设立市场化风险补偿基金、提供贷款贴息等，支持退役军人创业创新。

（三）引导社会资本支持。切实发挥国家和地方中小企业发展基金等政府投资基金作用，撬动更多社会资本投早、投小、投创新，支持符合条件的退役军人创业创新。发挥多层次资本市场作用，为符合条件的退役军人创办企业上市或挂牌融资提供便利支持。加大债券产品创新，支持退役军人创办的企业通过发行创新创业公司债券等进行融资。鼓励各地退役军人事务部门引导社会资本设立专项基金，为退役军人创业创新提供资金支持。

三、大力降本减负

（四）落实税费减免。各地有关部门要按规定全面落实研发费用税前加计扣除、小规模纳税人阶段性免征增值税、小微企业减征所得税、增值税留抵退税等普惠税费支持政策。自主择业军队转业干部、自主就业退役士兵可按现行规定享受相应税收优惠政策。

（五）缓解租金压力。严格落实国务院出台的阶段性减免市场主体房屋租金政策，2022 年对退役军人服务业小微企业和个体工商户承租国有房屋减免 3—6 个月租金。鼓励将国有房屋直接租赁给退役军人中小微企业、个体工商户，对确需转租、分租的，要确保免租惠及最终承租人。引导非国有房屋租赁主体在平等协商的基础上合理分担疫情带来的损失。

（六）优化供地保障。各地有关部门在安排年度新增建设用地计划指标，统筹相关产业用地时，同等条件下优先考虑退役军人创办的企业。退役军人利用存量房产、土地资源发展国家支持的产业、行业的，可享受在一定年期内不改变用地主体和规划条件的过渡性支持政策，现有建设用地过渡期支持政策以 5 年为限。移民搬迁旧宅基地腾退节余的建设用地指标和村庄建设用地整治复垦腾退的建设用地指标，纳入增减挂钩管理的，优先支持退役军人发展乡村产业。退役军人创办农业休闲观光度假场所和农家乐的，可依法通过租赁等方式使用集体建设用地。

（七）落实补贴优惠。各地人力资源社会保障部门对符合条件的退役军人，按规定落实一次性创业补贴、社会保险补贴等。鼓励基础电信企业对退役军人创办的中小企业、个体工商户使用宽带和专线给予资费优惠。有条件的地方可建立退役军人创业风险救助机制，对退役军人创业者予以支持。

四、优化创业环境

（八）完善公共服务。各地有关部门要完善科技创新资源开放共享平台，强化对退役军人的技术创新服务。支持行业企业、军工企业面向符合条件的退役军人发布企业需求、技术创新清单，开展"揭榜挂帅"，引导退役军人精准创业创新。鼓励各级各类公共服务机构、展示交流平台、公共服务示范平台设立退役军人窗口或"绿色通道"，为退役军人登记注册、税费办理、补贴申领等提供专属式、一站式服务。

（九）强化载体建设。政府投资开发的孵化器、众创空间、加速器等创业载体应安排一定比例的场地，优先提供给退役军人优惠租用，有条件的地方可对退役军人到孵化器等各类创业载体创业给予租金补贴。鼓励孵化器、众创空间、加速器等各类创业载体向退役军人免费开放，并视情将支持退役军人创业创新情况纳入国家级科技企业孵化器考核评价。支持在国家大众创业万众创新示范基地、国家小型微型企业创业创新示范基地、全国农村创业创新园区（基地）等各类基地（园区）设立退役军人就业创业园地或开辟专区，按规定提供优惠服务。允许发行地方政府专项债券，支持符合条件的退役军人就业创业园地建设项目。

（十）积极搭建平台。各地退役军人事务部门要运用"互联网+创业创新"模式，推进退役军人中小企业、个体工商户与资本、技术、商超、电商在线实时对接，利用5G技术、云平台和大数据等助力创业创新。定期举办退役军人创业创新大赛、展交会等活动。建立健全与各级各类创业大赛、展交会、博览会联动机制，深化交流合作，支持各类创业大赛对退役军人予以倾斜。加强退役军人创业创新项目后续跟踪服务，强化与国有大中型企业、军工企业、金融机构的需求对接。

（十一）健全激励机制。各地有关部门要依法依规将退役军人中小企业、个体工商户纳入政府采购政策支持范围。对社会责任强、带动就业多、事迹突出的退役军人创业者，积极纳入"全国模范退役军人""全国爱国拥军模范""全国先进个体工商户""中国青年创业奖""全国乡村振兴青年先锋"评选表彰和"最美退役军人""最美拥军人物"学习宣传范围，在推选工商联执委会、全国青联委员时优先考虑。共青团中央等部门组织开展的青年创业帮扶计划，对符合条件的退役军人创业者给予倾斜。退役军人中小企业在同等条件下可优先参与科技型中小企业评价。鼓励符合条件的退役军人中小企业参与专精特新中小企业认定，并按规定享受相关政策。

五、深化服务引导

（十二）开展创业培训。各地有关部门要依托普通高校、职业院校、教育培训机构、公共职业技能培训平台等优质资源，对有创业意愿的退役军人开展风险提示、政策解读、经验分享、实践指导等创业培训，并按规定落实培训补贴。

（十三）做好创业服务。各地退役军人事务部门要充分发挥服务保障体系作用，用好全国退役军人就业创业信息平台，落实常态化联系制度，建立退役军人创办的中小企业、个体工商户等市场主体台账，实现"一企一档""一户一案"。要积极协调各部门资源，发挥就业创业指导团队、行业协会商会等社会力量作用，提供权威政策解读、个性化资源匹配等服务，助力企业纾困解难、发展壮大，带动更多退役军人就业。支持各地依法依规建立退役军人创业互助协作机制或平台，实现信息共享、抱团创业、融通发展。支持各地通过购买服务方式，引导市场化服务机构为符合条件的退役军人创业提供服务。

（十四）加强个体工商户引导扶持。各地有关部门要落实好退役军人个体工商户的各项优惠政策，推进准入退出便利化，推动电子营业执照跨区域、跨层级、跨领域应用，支持退役军人电子商务经营者依法依规使用网络经营场所登记注册。各地退役军人事务部门要充分利用个体工商户规模小、资产轻、灵活度高的特点，依托乡村振兴和区域一体化发展规划，结合地方资源禀赋和产业优势，发展一批退役军人个体工商户，培育一批产品质量好、诚信度高、有一定品牌影响力的知名退役军人个体工商户，支持一批经济效益好、发展前景广的退役军人个体工商户转型升级，带动更多就业。

六、加强组织实施

（十五）健全工作机制。各地有关部门要进一步提高政治站位，高度重视退役军人创业创新工作，多措并举，抓出实效。要在符合规定前提下，做到数据共享、信息互通，及时开展数据比对、分析研判和议事会商，推动财税、金融、土地、创业载体建设等扶持政策落地见效。

（十六）加强统筹协调。各地退役军人事务部门负责退役军人创业创新工作的整体推动，充分运用当地党委退役军人事务工作领导机构力量，主动沟通协调，争取部门支持。要加强与人民银行、银保监局等部门的协调联动，提高退役军人信贷服务覆盖面；要联合工信部门开展企业规模类型自测、"一起益企"等服务活动；要联合市场监管部门做好退役军人中小企业、个体工商户、农民专业合作社等市场主体数据比对和监测分析；要联合税务部门开展税费政策解读运用工作；要联合农业农村、乡村振兴等部门积极引导退役军人投身乡村振兴；要联合各级共青团、工商联等群团组织共同开展企业服务活动。

（十七）做好经费保障。各地有关部门要统筹利用好稳市场主体保就业等现有资金渠道因地制宜支持做好退役军人创业创新工作。对生产经营暂时面临困难但产品有市场、项目有前景、技术有竞争力的退役军人中小企业、个体工商户，各地可在现有资金渠道内按规定给予支持。

（十八）注重宣传引导。各地退役军人事务部门要把优惠扶持政策列出清单，建立政策明白卡，采取线上线下相结合的方式做好推送解读，扩大政策覆盖面和应用率。用好"退役军人创业光荣榜"，积极选树创业典型。充分运用报刊、电视、广播、网络等全媒体资源，总结推广试点示范经验做法，大力宣传退役军人创业创新典型和优秀企业家案例，营造全社会广泛关心、支持和参与退役军人创业创新良好氛围。

退役军人创办的企业是指有退役军人作为有限责任公司和股份有限公司控股股东、股份有限公司发起人、个人独资企业投资人、合伙企业合伙人的企业，或者由退役军人担任公司法定代表人、个人独资企业负责人、合伙企业执行事务合伙人满1年的企业。退役军人个体工商户是指在市场监管部门登记且经营者为退役军人的个体工商户。退役军人农民专业合作社是指由退役军人担任理事长的农民专业合作社（联合社）。中小企业划型按照《关于印发中小企业划型标准规定的通知》（工信部联企业〔2011〕300号）有关规定执行，若有修订以最新标准为准。

退役军人事务部　国家发展改革委　教育部

科技部　工业和信息化部　民政部

财政部　人力资源社会保障部　自然资源部

住房城乡建设部　农业农村部　商务部

中国人民银行　国务院国资委　税务总局

市场监管总局　中国银保监会　中国证监会

国家乡村振兴局　共青团中央　全国工商联

2022年11月28日

教育部关于做好 2023 届全国普通高校毕业生就业创业工作的通知

教学〔2022〕5 号

各省、自治区、直辖市教育厅（教委），新疆生产建设兵团教育局，有关省、自治区人力资源社会保障厅，部属各高等学校、部省合建各高等学校：

党的二十大明确指出，人才是第一资源，实施就业优先战略，强化就业优先政策，健全就业促进机制，促进高质量充分就业。高校毕业生是国家宝贵的人才资源，是促进就业的重要群体。为深入学习贯彻党的二十大精神，全面落实党中央、国务院对高校毕业生就业创业工作的决策部署，教育部决定实施"2023 届全国普通高校毕业生就业创业促进行动"，各地各高校要切实增强责任感使命感，紧密结合实际，创新思路举措，千方百计促进高校毕业生多渠道就业创业，奋力开创高校毕业生就业创业工作新局面。现就做好 2023 届高校毕业生就业创业工作通知如下。

一、更大力度开拓市场化社会化就业渠道

1. 深入开展市场化岗位开拓行动。各地各高校要深入开展全国高校书记校长访企拓岗促就业专项行动，二级院系领导班子成员也要积极参与。鼓励高校与对接企业和用人单位开展集中走访，深化多领域校企合作。教育部在全国范围内组织开展"校园招聘月""就业促进周"等岗位开拓和供需对接系列活动。充分发挥全国普通高校毕业生就业创业指导委员会和行业协会作用，完善"分行业就指委+分行业协会"促就业工作机制。

2. 实施"万企进校园计划"。各地各高校要充分发挥校园招聘主渠道作用，在符合新冠肺炎疫情防控要求的前提下，积极举办线下校园招聘活动，确保校园招聘活动有序开展。高校要创造条件主动邀请用人单位进校招聘，支持院系开展小而精、专而优的小型专场招聘活动。

3. 全面推广使用国家大学生就业服务平台。教育部将进一步优化升级国家大学生就业服务平台功能和服务，不断提升平台专业化、智能化、便利化水平。

各省级大学生就业网站、各高校就业网站要于 2022 年 12 月底之前，全部与国家大学生就业服务平台互联互通，实现岗位信息共享。鼓励地方和高校依托平台联合举办区域性、行业性专场招聘活动。各地各高校要指导 2023 届毕业生、毕业班辅导员、就业工作人员及时注册使用平台，确保有需要的毕业生都能及时获得就业信息。

4. 充分发挥中小企业吸纳就业作用。开展民营企业招聘高校毕业生专项行动，精准汇集推送岗位需求信息。会同有关部门举办"全国中小企业人才供需对接大会""民企高校携手促就业""全国中小企业网上百日招聘高校毕业生""全国民营企业招聘月"等活动，为中小企业招聘高校毕业生搭建平台。各地教育部门要配合本地相关部门落实对中小微企业吸纳高校毕业生的优惠政策，支持开发创造更多适合高校毕业生的就业岗位。各高校要加强与中小企业的供需对接，为中小企业进校招聘提供便利，引导更多高校毕业生到中小企业就业。

5. 支持自主创业和灵活就业。各地各高校要积极鼓励和支持高校毕业生自主创业，在资金、场地等方面向毕业生创业者倾斜，为高校毕业生创新创业孵化、成果转化等提供服务。推动中国国际"互联网+"大学生创新创业大赛等大学生创业项目转化落地。各地教育部门要配合有关部门落实灵活就业社会保障政策，为毕业生从事新形态就业提供支持，推动灵活就业规范化发展，切实维护高校毕业生合法权益。

二、充分发挥政策性岗位吸纳作用

6. 优化政策性岗位招录安排。各地教育部门要配合有关部门统筹好政策性岗位招录时间安排，尽早安排高校升学考试、公务员和事业单位、国企等政策性岗位招考及各类职业资格考试。充分发挥政策性岗位稳就业作用，稳定并适度扩大招录高校毕业生规模。发挥国有企业示范作用，办好第四季"国聘行动"。

7. 积极拓宽基层就业空间。各地教育部门要积极配合有关部门挖掘基层医疗卫生、养老服务、社会工作、司法辅助、科研助理等就业机会，组织实施好"特岗计划""三支一扶""西部计划"等基层就业项目，拓展"城乡社区专项计划"，鼓励扩大地方基层项目规模，引导更多毕业生到中西部地区、东北地区、艰苦边远地区和基层一线就业创业。健全支持激励体系，落实好学费补偿贷款代偿、考研加分等优惠政策。

8. 积极配合做好大学生征兵工作。各地各高校要密切军地协同，加大征兵宣传进校园工作力度，畅通入伍绿色通道，配合兵役机关做好兵员预征预储、高校毕业生征集等工作。各地教育部门要研究制定细化方案和实施办法，落实好退役普通高职（专科）士兵免试参加普通专升本招生、退役大学生士兵专项硕士研究生招生计划等优惠政策。

三、建设高质量就业指导服务体系

9. 全面加强就业指导。高校要健全完善分阶段、全覆盖的大学生生涯规划与就业指导体系，确保有需要的学生都能获得有效的就业指导。要进一步完善就业创业指导课程标准，打造一批就业指导名师、优秀就业指导课程和教材。充分利用"互联网+就业指导"公益直播课等各类资源，提升就业创业指导课程质量和实效。要通过校企供需对接、职业规划竞赛、简历撰写指导、面试求职培训、一对一咨询等多种形式，为学生提供个性化就业指导和服务。要打造校内外互补、专兼结合的就业指导教师队伍，鼓励用人单位、行业组织更多参与高校生涯教育和就业指导。

10. 深入推进就业育人。各地各高校要把就业教育和就业引导作为"三全育人"的重要内容，深入开展就业育人主题教育，引导高校毕业生保持平实之心，客观看待个人条件和社会需求，从实际出发选择职业和工作岗位。开展就业育人优秀案例创建活动，选树一批就业典型人物，积极引导高校毕业生到祖国需要的地方建功立业。

11. 切实维护毕业生就业权益。各地各高校要积极营造平等就业环境，在各类校园招聘活动中，不得设置违反国家规定的有关歧视性条款和限制性条件。配合有关部门畅通投诉举报渠道，对于存在就业歧视、招聘欺诈、"培训贷"等问题的用人单位，要纳入招聘"黑名单"并及时向高校毕业生发布警示提醒。加强就业安全教育，督促用人单位与高校毕业生签订劳动（聘用）合同或就业协议书，帮助和支持毕业生防范求职风险，维护就业权益。积极配合有关部门推进毕业生就业体检结果互认。

四、精准开展重点群体就业帮扶

12. 健全就业帮扶机制。各地各高校要重点关注脱贫家庭、低保家庭、零就业家庭、残疾等困难高校毕业生，建立帮扶工作台账，按照"一人一档""一人一策"精准开展就业帮扶工作。健全"一对一"帮扶责任制，高校和院系领导班子成员、就业指导教师、班主任、专任教师、辅导员等要与困难学生开展结对帮扶，确保每一个困难学生都得到有效帮助。做好离校未就业毕业生不断线服务。

13. 深入实施宏志助航计划。继续组织实施"中央专项彩票公益金宏志助航计划——全国高校毕业生就业能力培训项目"，开展线上线下就业能力培训，提升毕业生就业竞争力。各地各高校和各培训基地要精心组织实施，配备优秀师资，优化培训内容，提升培训质量。鼓励各地各高校配套设立省级、校级项目，推动"宏志助航计划"覆盖更多毕业生。各地要强化培训基地管理，宣传推广优秀典型经验。

五、简化优化求职就业手续

14. 稳妥有序推进取消就业报到证。《国务院办公厅关于进一步做好高校毕业生等青年就业创业工作的通知》（国办发〔2022〕13号）明确，从2023年起，不再发放《全国普通高等学校本专科毕业生就业报到证》和《全国毕业研究生就业报到证》（以下统称就业报到证），取消就业报到证补办、改派手续，不再将就业报到证作为办理高校毕业生招聘录用、落户、档案接收转递等手续的必需材料。各地要制定落实取消报到证的工作方案。各省级教育部门和高校要加强与组织、公安、人力资源社会保障等部门的工作协同，做好相关工作的衔接，向用人单位和毕业生开展解读宣传，耐心细致做好指导咨询，帮助毕业生顺利完成就业报到、落户和档案转递。

15. 建立毕业去向登记制度。根据国务院办公厅有关文件要求，从2023年起，教育部门建立高校毕业生毕业去向登记制度，作为高校为毕业生办理离校手续的必要环节。全面推广使用全国高校毕业生毕业去向登记系统。各地各高校要统筹部署、精心安排，指导本地本高校毕业生（含结业生）按规定及时完成毕业去向登记。实行定向招生就业办法的高校毕业生，各省级教育部门和高校要指导其严格按照定向协议就业并登记去向信息。教育部有关单位根据有关部门需要和毕业生本人授权，统一提供毕业生离校时相应去向登记信息查询核验服务。

16. 强化就业统计监测工作。各地各高校要严格落实就业统计监测工作"四不准""三严禁"要求，严格执行毕业生就业统计监测工作违规处理办法，对违反规定的高校和相关人员，严肃查处通报，纳入负面清单管理。严格落实就业统计监测规范要求，严格审核学生就业信息及相关佐证材料。组织开展就业统计监测专门培训，强化高校毕业生就业数据的报送、统计和分析工作。持续开展毕业生就业状况布点监测，丰富完善布点监测内容。

六、完善就业与招生培养联动机制

17. 健全完善就业反馈机制。各地各高校要建立完善就业与招生、培养联动的有效机制，把高校毕业生就业状况作为高等教育结构调整的重要内容。引导高校重点布局社会需求强、就业前景广、人才缺口大的学科专业，及时淘汰或更新升级已经不适应社会需要的学科专业。教育部将把高校毕业生就业状况作为"双一流"建设成效评价、学科专业设置和评估、招生计划安排等工作的重要依据。实行高校毕业生就业去向落实率红黄牌提示制度。深入开展高校毕业生就业状况跟踪调查，调查结果作为衡量高校人才培养质量的重要参考。

18. 深化就业工作评价改革。探索实施高校毕业生就业工作合格评价，建立部、省两级就业工作合格评价机制，促进高校就业工作制度化、规范化。加强全国就业工作优秀经验宣传推广，推动高校毕业生就业工作能力和服务水平不断提升。

七、加强组织领导

19. 压紧压实工作责任。各地各高校要把高校毕业生就业摆在突出重要的位置，落实就业"一把手"工程，建立健全主要领导亲自部署、分管领导靠前指挥、院系领导落实责任、各部门协同推进、全员参与的协调机制，将就业工作纳入领导班子考核重要内容。建立完善就业风险防范化解机制，确保安全稳定。各省级教育行政部门适时牵头成立高校毕业生就业工作专班，制定工作方案，明确任务清单，全力推进各项工作任务。教育部将省级人民政府及相关职能部门制定促进毕业生就业政策及其实施情况，纳入省级人民政府履行教育职责评价重要内容。

20. 加强就业工作机构和队伍建设。各地教育部门、各高校要积极创造条件认真落实高校毕业生就业机构、人员、场地、经费"四到位"要求，根据本地实际情况，明确提出各项指标要求，并报教育部备案。各高校要配齐配强就业指导人员，鼓励就业指导人员按要求参加相关职称评审。组织开展毕业班辅导员、就业工作人员全员培训，加大资源供给和培训保障力度。

21. 做好就业总结宣传工作。大力宣传就业工作典型高校、用人单位和先进人物。持续开展全国普通高校毕业生就业创业工作典型案例总结宣传，推出一批具有推广价值的优秀案例。各地各高校要多渠道、全方位宣传国家就业创业政策，营造全社会关心支持毕业生就业的良好氛围。

教育部

2022 年 11 月 14 日

人力资源社会保障部　国家发展改革委
财政部　农业农村部　国家乡村振兴局
关于进一步支持农民工就业创业的实施意见

人社部发〔2022〕76号

各省、自治区、直辖市及新疆生产建设兵团人力资源社会保障厅（局）、发展改革委、财政厅（局）、农业农村（农牧）厅（局、委）、乡村振兴局（支援合作办、合作交流办）：

促进农民工及脱贫人口就业创业，是保持就业大局稳定的重要支撑，是巩固拓展脱贫攻坚成果同乡村振兴有效衔接的关键举措。为深入贯彻党的二十大精神，落实党中央、国务院关于高效统筹疫情防控和经济社会发展决策部署，多措并举稳增长稳就业，进一步支持农民工及脱贫人口（含防止返贫监测对象，下同）就业创业，提出如下意见。

一、支持稳定农民工就业岗位

（一）强化稳岗扶持政策。全面落实社保费缓缴、稳岗返还、留工培训补助、社会保险补贴等政策，结合实际实行"免申即享""直补快办"，重点支持农民工就业集中的建筑业、制造业、服务业企业渡过难关，最大限度稳定农民工就业岗位。加速落地吸纳农民工就业数量较多、成效较好的项目，尽快发挥带动农民工就业作用。

（二）健全稳岗服务机制。加强对农民工所在企业的用工指导，会同相关行业主管部门依托公共就业服务机构、经营性人力资源服务机构开通省或地市范围内共享用工服务，组织暂时停工企业与用工短缺企业开展用工余缺调剂。坚持协商一致、依法依规组织开展用工余缺调剂，保障好共享用工中劳动者权益，同步推动稳就业、保用工，努力将农民工稳在当地。

二、引导农民工有序外出务工

（三）健全劳务协作机制。在东西部协作、对口支援和省内协作机制基础上，地理相邻、人员往来密切的省份可探索组建区域劳务协作联盟，推动区域内信息对接、培训联动，为农民工外出务工提供支持，根据需要提供"点对点"劳务输出。动态掌握农民工返乡情况，及时形成就业人员清单、失业人员清单和有意愿外出人员清单。健全跨区域就业服务机制，动员市场化服务机构参与，完善岗位收集、精准匹配、高效输出全流程服务，帮助有意愿外出的农民工再次外出。

（四）培育发展劳务品牌。着眼劳务品牌行业特征、区域特色、经营服务模式等，结合当地资源禀赋、文化特色分类打造一批知名劳务品牌，培育一批劳务品牌龙头企业，推动做大做强做优，提高农民工就业质量。举办劳务品牌推介活动，搭建展示交流平台，形成比学赶超的良好氛围，推动壮大更多劳务品牌。

（五）健全输出服务平台。在农民工及脱贫人口输出较多的市县、乡村和就业集中地区，合理设置就业服务站点，扩大服务供给，为农民工即时提供跨区域就业岗位信息，帮助有序外出务工。充分发挥各级各类人力资源服务机构作用，为农民工提供高效率、低成本、全流程的劳务输出服务。对组织农民工外出务工数量较多、成效较好的人力资源服务机构，按规定给予就业创业服务补助。

三、促进农民工就近就业创业

（六）加快发展县域特色产业。结合推进以县城为重要载体的城镇化建设，鼓励新办环境友好型和劳动密集型企业，提升县域就业承载力，为农民工提供更多就近就业机会。构建现代农业产业体系，发展乡村特色产业、农村电商等新产业新业态，推进农村一二三产业融合发展，支持农民工家门口就业。

（七）加快开发就近就业岗位。按照"应用尽用、能用尽用"的原则，充分挖掘重点工程项目主体工程建设及附属临建、服务保障、建后管护等方面用工潜力，围绕适合人工作业、劳动密集型的建设任务和用工环节，大力实施以工代赈，吸纳当地农民工参加工程建设，尽可能增加劳务报酬发放规模，为农民工就近就业增收创造条件。结合乡村振兴战略实施，持续推进乡村建设行动和农村人居环境整治提升行动，开发更多乡村基层服务管理岗位。依托县域特色农副产品、文化旅游等资源，积极开发适合农村留守人员特点和需求的就业岗位。

（八）加快推进返乡入乡创业。实施重点群体创业推进行动，组建一批创业服务专家队伍，为返乡创业农民工提供政策咨询、开业指导等专业化服务。强化试点示范，挖掘典型案例，高质量建设返乡入乡创业园、创业孵化基地，推荐带动就业明显、发展前景好的返乡入乡创业项目入驻。推动创业担保贷款、税费减免、场地安排、一次性创业补贴等政策"打包办""提速办"，为农民工返乡创业提供培育、孵化、加速等创业扶持。

四、强化农民工就业服务保障

（九）精准提供就业服务。允许失业农民工在常住地、就业地、参保地进行失业登记，同等提供职业指导、职业介绍等基本公共就业服务，落实就业扶持政策，促进尽快实现转岗就业。优化零工服务，加大零工信息归集推介力度，建立"即时快招"服务机制，动员人力资源服务机构提供优质高效的专业服务。推广"隔屏对话""无接触面试"等线下服务新模式，有序组织线下招聘活动，优化"互联网+就业"线上服务，满足农民工求职就业需求。

（十）开展各级各类培训。围绕市场急需紧缺工种，为有意愿外出农民工开展针对性技能培训、安全知识培训，大力开展新职业新业态培训，鼓励支持获得技能等级证书，加快推进产训结合行动，提升培训针对性和有效性，对符合条件的按规定给予补贴。积极推进乡村建设所需的农业农村本地人才技能培训，为不愿外出农民工提供种养殖等各类现代农业技术培训和其它涉农技术培训，提升农业农村产业发展能力和新型农业经营主体经营管理能力，帮助稳定收入水平，培养一批农业农村高技能人才和乡村工匠。

（十一）切实维护劳动权益。指导企业依法合规用工，保障农民工合法劳动权益。对企业依法解除、终止农民工劳动合同的，督促企业依法支付劳动报酬和经济补偿。持续深化推进根治欠薪，畅通线上线下维权渠道，依法查处拖欠农民工工资等违法问题，加大劳动争议处理力度，努力做到案结事了。支持有条件地区在农民工就业集中地区建立劳动维权咨询服务点，设立维权信息告示牌，明示劳动维权相关信息，提供免费维权咨询服务。

（十二）做好大龄农民工就业扶持。收集适合大龄农民工的就业岗位、零工信息，在农民工专场招聘活动中持续发布。尊重大龄农民工就业需求和企业用工需要，指导企业根据农民工身体状况合理安排工作岗位，强化安全生产管理，定期开展职业健康体检，不得以年龄为由"一刀切"清退。大龄农民工有就业需求的，可以到公共就业服务机构进行求职登记，享受免费公共就业服务。

五、实施防止返贫就业攻坚行动

（十三）做好就业失业监测。依托全国防返贫监测信息系统，聚焦未就业和就业不稳的脱贫人口，建立就业帮扶台账。加强与失业登记、参加社会保险等信息比对，定期开展电话联系、上门走访，准确掌握就业失业状态，及时发现苗头性、倾向性问题，按月在全国防返贫监测信息系统更新相关数据。

（十四）实施优先就业帮扶。将脱贫人口作为有组织劳务输出的优先保障对象，加密岗位归集发布，加快劳务输出组织，推动脱贫人口愿出能出。全面落实失业保险稳岗返还、社会保险补贴等政策，引导企业优先留用脱贫人口，对失业的优先提供转岗服务，帮助尽快实现再就业。强化就近就业岗位推荐，通过以工代赈工程项目、就业帮扶车间、乡村公益性岗位等方式，有序承接返乡脱贫人口。将吸纳脱贫人口就业数量作为认定就业帮扶车间的基本标准，利用衔接推进乡村振兴补助资金对就业帮扶车间吸纳脱贫人口就业给予奖补。

（十五）强化重点地区倾斜。聚焦国家乡村振兴重点帮扶县、易地搬迁大型安置区，依托东西部协作机制、省内协作机制，持续实施就业帮扶专项行动，密集开展岗位投放和招聘活动，援建一批产业项目、企业实体和就业帮扶车间，确保当地脱贫人口就业规模保持稳定。深化易地搬迁安置区按比例安排就业机制，政府投资建设项目、安置区周边以工代赈项目、基层服务管理和公共服务项目要安排一定比例的岗位用于吸纳搬迁群众就业。

（十六）加大安置保障力度。统筹用好现有各类乡村公益性岗位，对"无法离乡、无业可扶"且有就业意愿、有能力胜任岗位工作的脱贫人口实施安置，不得在现有规定外另行设置年龄、残疾等不必要的限制条件。充分考虑当地脱贫人口数量、就业困难程度及收入水平、岗位职责内容，科学设定岗位总量，合理确定岗位补贴标准，指导用人单位按规定为在岗人员参加工伤保险或购买人身意外伤害保险，依法签订劳动合同或劳务协议，每次签订期限不超过1年。督促用人单位加强在岗人员履职情况监管，定期考核工作成效、遵守规章制度和工作纪律情况。对于从事非全日制乡村公益性岗位的人员，在确保严格履行岗位职责的前提下，可采取适度灵活的管理方式，允许其同时从事其他灵活就业，灵活就业收入超出当地防止返贫监测范围的，应退出岗位。

　　各地要高度重视农民工及脱贫人口就业创业工作，进一步压实工作责任，动态掌握就业失业情况，及时提供针对性就业帮扶。工作中遇到的重大问题，请及时报告。

　　人力资源社会保障部　国家发展改革委　财政部　农业农村部　国家乡村振兴局

2022年11月9日

国家发展改革委等部门关于深入实施创业带动就业示范行动力促高校毕业生创业就业的通知

发改高技〔2022〕187 号

各省、自治区、直辖市及计划单列市、新疆生产建设兵团发展改革委、教育厅（教委、教育局）、工业和信息化主管部门、人力资源社会保障厅（局）、农业农村（农牧）厅（局、委）、共青团委、妇联，有关中央企业：

2021 年，国家发展改革委会同教育部、工业和信息化部、人力资源社会保障部、农业农村部和国资委，依托大众创业万众创新示范基地（以下简称示范基地）组织实施创业带动就业示范行动（以下简称示范行动），在推动创业带动就业方面积累了有益经验、取得了积极成效。为贯彻落实中央经济工作会议精神，进一步做好高校毕业生重点群体就业工作，现就深入实施创业带动就业示范行动有关事宜通知如下。

一、总体要求

以习近平新时代中国特色社会主义思想为指导，全面贯彻落实党的十九大及十九届历次全会精神，聚焦高校毕业生创业就业，落细落实行动组织、政策扶持、宣传推广等工作，将《国务院办公厅关于进一步支持大学生创新创业的指导意见》（国办发〔2021〕35 号）和《关于深入组织实施创业带动就业示范行动的通知》（发改办高技〔2021〕244 号）的部署落到实处，发挥示范基地带动作用，力争 2022 年为高校毕业生提供 200 万个高质量就业机会，为全国做好创业带动就业工作做示范。

二、突出年度重点

（一）聚焦高校毕业生群体。2022 届全国高校毕业生预计 1076 万人，他们是城镇新成长劳动力的主力军。近年来，越来越多高校毕业生投身创新创业实践，但也面临融资难、经验少、服务不到位等问题。2022 年组织实施示范行动，要紧紧围绕促进高校毕业生创业就业展开，坚持问题导向，帮助高校毕业生解决创业面临的突出问题，降低创新创业门槛；供给优质创新创业教育、培训、实习等资源，帮助高校毕业生提升创业就业能力，创造更多高质量就业机会，缓解结构性就业矛盾。

（二）突出创业带动就业主线。创业具有带动就业的乘数效应，是解决就业问题的渠道之一。在组织示范行动过程中，要坚持抓创业、促就业，抓创业就是要大力扶持高质量的创新创业项目，引导更多创业企业吸纳高校毕业生共同创业，为高校毕业生提供更多施展才华的机会；促就业就是要尊重高校毕业生的创业意愿，引导高校毕业生正确认识创业风险，着重帮助有强烈创业意愿、有良好项目基础的高校毕业生实现创业梦想；要多措并举、深度挖掘工作岗位，为高校毕业生特别是女性高校毕业生、零就业家庭、享受城市居民最低生活保障家庭等群体找工作创造机会。

（三）做实四个专项行动任务。各示范基地要将组织示范行动与特色化功能化专业化发展紧密结合起来，与实施示范基地建设三年行动计划紧密结合起来，结合自身发展方向，从社会服务领域双创带动就业、大中小企业融通创新、精益创业带动就业等3个专项行动中选择一项承担，聚焦高校毕业生创业就业开展。此外，企业、高校示范基地均要组织实施高校毕业生创业就业校企行专项行动，要与公共就业和人才服务机构加强协调联动，探索拓展结对共建范围，将与高校示范基地探索成熟的典型做法复制推广到其他高校，在促进高校毕业生创业就业中发挥重要作用。

三、做实行动方案

（一）认真动员部署。层层动员部署，国家发展改革委对示范基地主管部门进行动员部署，主管部门对管理的示范基地进行动员部署，示范基地对内部参与部门进行动员部署。动员部署要将组织示范行动、力促高校毕业生创业就业的重大意义讲清楚，要将示范行动的目标任务讲清楚，要将责任分工、工作要求、时间节点等讲清楚。

（二）精心谋划方案。各示范基地要根据自身承担的专项行动（企业、高校示范基地均承担两项），研究制定工作方案，明确行动目标、任务和保障措施。各主管部门要对示范基地制定的专项行动工作方案严格把关，重点评估其是否可测度可考核可实施。各示范基地要按照新要求抓紧制定专项行动工作方案，明确行动目标、任务和保障措施，2022 年 2 月 21 日前报送主管部门，并通过电子邮件方式抄报国家发展改革委。2022 年 2 月底前，各主管部门将审核通过的专项行动工作方案报送国家发展改革委，作为示范基地年度评估的依据。

（三）做实过程调度。各示范基地要定期调度示范行动实施情况，掌握示范行动取得成效。主管部门要定期汇总分析示范行动开展情况，分析监测示范基地工作成效，给予针对性支持，纾解示范行动开展过程中的痛点堵点。国家发展改革委将会同有关部门，搜集汇总各示范基地创业带动就业的好经验、好做法，分析研判全国双创发展趋势。

四、落实激励政策

（一）落实落地普惠政策。国家发展改革委会同教育部、工业和信息化部、人力资源社会保障部、农业农村部、国资委、共青团中央、全国妇联等，建立《扶持高校毕业生创业就业普惠政策清单》（附件）。各地方发展改革委会同同级相关部门，在《扶持高校毕业生创业就业普惠政策清单》基础上，系统梳理本地区相关支持政策，补充细化形成支持示范行动实施的政策清单，2 月底前印送本地区的示范基地（包括本地区由国家部门管理的示范基地），并抄送国家发展改革委。

（二）强化专门政策支持。国家发展改革委会同示范基地主管部门，在 2022 年底前启动示范基地年度评估；对抓示范行动成效显著的示范基地，根据中央预算内投资安排，支持其承担创新创业服务平台建设项目；对真抓实干、成效显著的区域类示范基地，优先推荐纳入国务院督查激励名单。各地方发展改革委会同同级相关部门，根据本地区的实际情况，研究制定激励本地区示范基地抓示范行动组织实施的专项政策。

（三）疏通政策落地堵点。示范基地指导帮助高校毕业生创业团队、吸纳高校毕业生的创业企业等落实扶持政策。国家发展改革委结合示范行动月调度系统，及时了解掌握支持政策落实落地情况。示范基地在填报月调度数据时，一并反映本地区公布政策清单中未落实的政策及原因；国家发展改革委会同有关主管部门及时研判分析，协调推动政策落实。对于多方面集中反映、具有普遍性的政策落地问题，国家发展改革委将与有关部门专题协商，纳入双创痛点堵点疏解行动，持续推动解决。

五、强化宣传推广

（一）用好双创活动周平台。国家发展改革委会同有关方面，重点围绕力促高校毕业生创业就业，谋划和筹备 2022 年全国双创活动周，营造鼓励和支持高校毕业生创业就业的良好氛围。各地发展改革委、各示范基地结合示范行动开展情况，向全国双创活动周组委会推荐优秀创业项目，汇聚资金、技术、人才等资源，加速优秀创业项目发展。各地发展改革委要围绕推动示范行动实施、力促高校毕业生创业就业，谋划和筹备本地区 2022 年双创活动周。

（二）借力各类双创活动。充分发挥教育部中国国际"互联网+"大学生创新创业大赛，人力资源社会保障部中国创翼创业创新大赛，工业和信息化部"创客中国"中小企业创新创业大赛，农业农村部全国农村创业创新项目创意大赛，国资委中央企业熠星创新创意大赛，共青团中央创青春挑战杯系列赛事和中国青年创新创业训练营、全国妇联中国妇女创新创业大赛等重大赛事平台，为高校毕业生创新创业提供更多展示机会。

（三）持续抓好媒体宣传。示范基地要及时总结组织实施专项行动中涌现出的好经验好做法，发动新闻媒体开展广泛宣传报道，推动其在更大范围内复制推广。2022 年国家发展改革委将会同有关部门，组织开展示范行动专项宣传，通过系列新闻报道、专题研究报告、拍摄系列视频等多种形式，扩大示范行动影响。各地方要及时调度，广泛通过新媒体、传统媒体对示范基地组织实施专项行动开展宣传，树立更多在当地有影响力的创业带动就业典型示范项目。

联系人：国家发展改革委高技术司　68501984

电子邮箱：gjs_ cyfzc@ ndrc. gov. cn

附件：扶持高校毕业生创业就业普惠政策清单

国家发展改革委

教育部

工业和信息化部

人力资源社会保障部

农业农村部

国务院国资委

共青团中央

全国妇联

2022 年 2 月 8 日

附件

扶持高校毕业生创业就业普惠政策清单

一、鼓励高校毕业生自主创业

1. 政府投资开发的孵化器等创业载体应安排 30% 左右的场地，免费提供给高校毕业生。有条件的地方可对高校毕业生到孵化器创业给予租金补贴。

2. 高校毕业生从事个体经营的，自办理个体工商户登记当月起，在 3 年（36 个月）内按每户每年 12000 元为限额依次扣减其当年实际应缴纳的增值税、城市维护建设税、教育费附加、地方教育附加和个人所得税。限额标准最高可上浮 20%，各省、自治区、直辖市人民政府可根据本地区实际情况在此幅度内确定具体限额标准。

3. 毕业后创业的大学生可按规定缴纳"五险一金"。高校毕业生自主创业，可申请最高 20 万元创业担保贷款，对符合条件的借款人合伙创业或组织起来共同创业的，贷款额度可适当提高；对 10 万元以下贷款、获得市级以上荣誉称号以及经金融机构评估认定信用良好的大学生创业者，原则上取消反担保。对高校毕业生设立的符合条件的小微企业，最高贷款额度提高至 300 万元。

4. 实施弹性学制，放宽学生修业年限，允许调整学业进程、保留学籍休学创新创业。

5. 对小型微利企业应纳税所得额不超过 100 万元的部分，减按 12.5% 计入应纳税所得额，按 20% 的税率缴纳企业所得税；对年应纳税所得额超过 100 万元但不超过 300 万元的部分，减按 50% 计入应纳税所得额，按 20% 的税率缴纳企业所得税。个体工商户应纳税所得不超过 100 万元部分个人所得税减半征收。

6. 对月销售额 15 万元以下的小规模纳税人免征增值税。按月纳税的月销售额不超过 10 万元，以及按季纳税的季度销售额不超过 30 万元的缴纳义务人免征教育费附加、地方教育附加、水利建设基金。增值税小规模纳税人可以在 50% 的税额幅度内减征地方"六税两费"〔资源税、城市维护建设税、房产税、城镇土地使用税、印花税（不含证券交易印花税）、耕地占用税和教育费附加、地方教育附加〕。

7. 对首次创办小微企业或从事个体经营满 1 年以上的离校 2 年内高校毕业生，给予一次性创业补贴，具体办法由省级财政、人社部门制定。

二、鼓励企业吸纳高校毕业生

1. 小微企业当年新招用高校毕业生等符合条件人员人数达到一定比例的，可申请最高不超过 300 万元的创业担保贷款，由财政给予贴息。对小微企业吸纳离校 2 年内未就业高校毕业生就业的，按规定给予社会保险补贴。对离校 2 年内未就业的高校毕业生灵活就业后缴纳的社会保险费，给予一定数额的社会保险补贴，补贴标准原则上不超过其实际缴费的 2/3，补贴期限最长不超过 2 年。

2. 对吸纳离校 2 年内未就业高校毕业生、16—24 岁失业青年参加就业见习的单位，给予一定标准的就业见习补贴，用于见习单位支付见习人员见习期间基本生活费、为见习人员办理人身意外伤害保险，以及对见习人员的指导管理费用。对见习人员见习期满留用率达到 50% 以上的单位，可适当提高见习补贴标准。对见习期未满与高校毕业生签订劳动合同的，给予见习单位剩余期限见习补贴。

3. 对招用毕业年度高校毕业生，与之签订 1 年以上劳动合同并为其缴纳社会保险费的小微企业，给予最长不超过 1 年的社会保险补贴，不包括高校毕业生个人应缴纳部分。

4. 对企业新录用的毕业年度高校毕业生，与企业签订 1 年以上期限劳动合同，并于签订劳动合同之日起 1 年内参加由企业依托所属培训机构或政府认定的培训机构开展岗位技能培训的，取得职业资格证书后给予职工个人或企业一定标准的职业培训补贴。

三、鼓励社会支持高校毕业生创新创业

1. 各地区、各高校和科研院所的实验室以及科研仪器、设施等科技创新资源可以面向大学生开放共享，提供低价、优质的专业服务。纳税人提供技术转

让、技术开发和与之相关的技术咨询、技术服务免征增值税。

2. 对国家级或省级科技企业孵化器、大学科技园和国家备案众创空间向在孵对象提供孵化服务取得的收入，免征增值税；其自用及提供给在孵对象使用的房产、土地免征房产税和城镇土地使用税。

3. 符合条件的（投资 2 年以上）创业投资企业、有限合伙制创业投资企业和天使投资个人，采取股权投资方式直接投资于未上市的中小高新技术企业、初创科技型企业的，可按投资额的 70% 抵扣应纳税所得额；当年不足抵扣的，可以在以后纳税年度结转抵扣。

4. 金融机构向小型企业、微型企业及个体工商户发放小额贷款取得的利息收入，免征增值税。

人力资源社会保障部　财政部　国家税务总局　国务院港澳事务办公室
关于支持港澳青年在粤港澳大湾区就业创业的实施意见

人社部发〔2021〕75 号

广东省人力资源和社会保障厅、财政厅、港澳事务办公室，国家税务总局广东省、深圳市税务局：

促进港澳青年到粤港澳大湾区就业创业，是增进港澳同胞民生福祉、助推港澳与内地交往交流交融的重要举措。为贯彻党中央、国务院决策部署，支持港澳青年在粤港澳大湾区就业创业，现提出以下意见。

一、把握总体要求。以习近平新时代中国特色社会主义思想为指导，落实党中央、国务院关于粤港澳大湾区建设总体要求，聚焦港澳青年宜业发展和粤港澳大湾区产业发展需要，强化政策协同、服务协同、资源协同，完善港澳青年就业创业支持体系和便利举措，使有意愿在粤港澳大湾区就业创业的港澳青年得到有针对性的服务保障和政策支持，促进一批港澳青年实现就业创业，融入国家发展大局。

二、拓宽就业渠道。对接粤港澳大湾区现代产业体系建设，特别是先进制造业、战略性新兴产业、现代服务业等发展开发就业岗位，及时发布人才需求目录，引导港澳青年到各类企业就业。配合香港特区政府实施好"大湾区青年就业计划"，引导在香港和粤港澳大湾区均有业务的企业招用香港青年。继续做好港澳青年参加粤港澳大湾区事业单位公开招聘工作，促进人才交往交流。加大"三支一扶"计划招募力度，允许符合条件的港澳青年报名参加。

三、支持创新创业。为有创业意愿的港澳青年提供有针对性的创业培训，助推港澳青年提升创新创业能力。根据港澳青年创业意向和创业领域，推荐合适的创业项目，提供咨询辅导、跟踪扶持、成果转化等"一条龙"创业服务。在粤港澳大湾区自主创业的港澳青年，按规定享受税收优惠、创业担保贷款及贴息、场地支持等扶持政策。发挥南沙粤港澳（国际）青年创新工场、前海深港青年梦工场、横琴澳门青年创业谷等作用，建成一批面向港澳青年的创业孵化载体，鼓励地方因地制宜对创业孵化服务成效较好的予以支持。鼓励粤港澳大湾区各类创业创新大赛开设港澳赛区，为港澳青年搭建创业项目展示、资源对接平台，营造良好创业氛围。

四、提升就业能力。充分调动粤港澳大湾区企业、职业培训机构等优质培训资源积极性，为有培训需求的港澳青年提供高质量技能培训，支持其提升职业发展能力，按规定给予职业培训补贴支持。依托公共就业人才服务机构职业指导力量，并引入一批在粤港澳大湾区就业的港澳籍人士担任职场导师，丰富拓展针对港澳青年的精细化职业指导，介绍产业需求、就业环境、支持政策、求职路径，提供求职方法指导，支持其提升职场适应能力。鼓励粤港澳大湾区用人单位为港澳青年提供就业见习岗位，支持其提升实践能力，对开展见习的单位参照吸纳内地青年按规定给予就业见习补贴。

五、优化就业服务。畅通失业登记渠道，对在粤港澳大湾区就业后失业的港澳青年，允许其参照内地劳动者在常住地、就业地、参保地进行失业登记，享受政策咨询、职业指导、职业介绍等服务。强化多层次岗位信息提供，根据港澳青年求职需要举办专场招聘会，在粤港澳大湾区相关网站开设港澳青年招聘专区，有条件地区可组织直播带岗、远程招聘、城市联动招聘，搭建高效供需对接平台。改造升级粤港澳大湾区各类公共就业创业服务系统，支持港澳台居民居住证、港澳居民来往内地通行证等有效身份证件注册登录，便利港澳青年享受求职招聘服务。允许以政府购买服务方式引入港澳社会服务机构，参与有关政策咨询、岗位推介、联络对接等服务。

六、强化组织领导。粤港澳大湾区各级人力资源社会保障、财政、税务、港澳事务部门要抓好本意见贯彻实施，把支持港澳青年在粤港澳大湾区就业创业摆在突出位置，明确任务分工，压实工作责任。建立部门间、粤港澳大湾区有关城市间工作推进机制，定期与香港、澳门特区政府有关部门对接会商，推动信息共享、情况交流和工作协同，协调解决工作中遇到的问题。建立健全督促检查机制，推动各项工作措施落实落地。

七、加强宣传引导。依托传统媒体和新兴媒体开展政策解读，宣传粤港澳大湾区就业创业政策措施，传递党和政府对粤港澳三地协同发展的高度重视、对在粤港澳大湾区就业创业港澳青年的关心关爱。加强舆论引导，及时回应社会关切，营造有利于内地和港澳青年共同在粤港澳大湾区就业创业的良好氛围。

本意见所称港澳青年，是指 45 周岁（含）以下、具有中国国籍的港澳居民。广东省要按照本意见精神，结合实际制定配套实施细则，明确具体政策标准。

人力资源社会保障部　财政部

国家税务总局　国务院港澳事务办公室

2021 年 9 月 23 日

国家发展改革委办公厅
关于推广支持农民工等人员返乡创业试点经验的通知

发改办就业〔2021〕721 号

各省、自治区、直辖市、新疆生产建设兵团发展改革委：

为贯彻落实《关于支持农民工等人员返乡创业的意见》（国办发〔2015〕47 号），2015 年以来，国家发展改革委会同有关部门分三批组织 341 个返乡创业试点县（市、区）开展支持农民工等人员返乡创业试点工作。试点开展以来，我委大力整合相关政策、项目和市场资源，深入基层狠抓落实落地，各试点地区积极探索适合自身的返乡创业发展路径，形成了多层次多样化高质量的返乡创业发展格局，对带动就地就近就业、繁荣乡村产业、促进乡村振兴起到了巨大的推动作用。为进一步放大试点示范效应，现将试点典型经验予以推广。

一、引进培育发展返乡创业产业集群

结合当地经济发展实际，依托用好各类资源，引进培育发展了一批拉动就业能力强、增收效果显著的县乡特色产业集群，如江西省德兴市的遮阳产业、贵州省正安县的吉他产业、河南省汝州市的机绣纺织产业等等。

（一）充分利用本地要素禀赋。引导返乡创业与本地特色资源、区位条件、产业基础等相结合，大力发展具有比较优势的产业，是各地行之有效、值得推广的成功经验。安徽省凭借邻近长三角的区位优势，通过引导返乡创业积极承接产业转移，望江县大力发展服装产业，潜山县集中发展制刷产业，无为县积极发展电线电缆产业。重庆市充分利用各试点区县资源禀赋和交通优势，统一规划，发展各具特色的返乡创业产业集群，如永川区的现代农业、开州区的电子轻纺、綦江区的机械制造、垫江区的电商物流。江西省实施"一县一品"战略，立足原有的产业基础，南康县集中发展家具产业，新干县着力发展箱包皮具产业，德兴市创新发展遮阳产业。

（二）加大招商引资力度。以乡情、乡愁为纽带，以龙头企业、领军人才为支撑，坚持精准招商，抓好以商招商，开展全产业链招商，引导返乡人员抱团发

展、集群创业。贵州省正安县紧盯大量在外务工正安籍吉他制造业人才这一资源，组织工作队远赴广东等地开展招商，在招才引智中主打"乡情牌"，引导鼓励吉他制造技术人才返乡创业，随后又通过以商招商、产业链招商，引进了知名乐器和配套生产企业，开启了"无中生有"的吉他产业集聚发展之路。江西省鹰潭市余江区建立了以企业为核心的招商平台，依托国际眼镜城等返乡创业龙头企业的市场、技术优势，吸引东部地区上下游企业回归发展，形成了由100多家覆盖眼镜生产、加工、销售等全链条眼镜企业组成的产业集群，成为全国四大眼镜生产基地之一。江西省贵溪市积极引进和发展市场化中介机构，委托中介机构进行市场调查、项目洽谈，成功从东莞、深圳等地引进了多家大型企业项目入驻。

（三）大力发展电商产业。引导返乡农民工等人员创新创业与电商相结合，改变传统销售模式，延伸拉长上下游链条，促进优质产品销售，推动配套行业集聚协同发展，拓展返乡创业空间。国家发展改革委分别与阿里巴巴集团、京东集团等电子商务龙头企业签署战略合作协议，支持试点地区建设电商平台、物流渠道和营销网络，解决农产品"上行难"问题，带动更多人员返乡创业就业。湖北省枝江市以扶持返乡人员电商创业为抓手，通过安排专项扶持资金、建设电商孵化器、开展电商培训、推进返乡电商创业试点等举措，强化政策支持，形成了返乡电商创业的"枝江模式"。江苏省沭阳县大力发展"花木电商"，依托沭阳软件产业园、苏奥电商产业园以及各类众创空间和孵化基地，加强电商创业载体建设，实施"远程网店"工程，建立"淘宝·沭阳直播基地"，在电商主流平台开设花木专场，构建"县有园区、镇有集中区、村有网点"的三级快递物流体系，每年评选"十大诚信花木电商""沭阳十大淘宝精英""沭阳十大诚信花木网店"，通过返乡创业做大做强花木产业，引领全县乡村产业振兴。

二、强化返乡创业平台支撑

搭建返乡创业孵化基地、返乡创业产业园等平台载体，提供配套服务，降低初创成本，为培育返乡创业市场主体提供有力支撑。

（四）打造专业化返乡创业孵化平台。依托各类返乡创业孵化平台，提供全要素全链条的返乡创业孵化服务，帮助返乡创业企业尽快发展壮大。河南省汝州市建立了 4 个返乡创业孵化基地，采取众创空间、创新工场、模拟创业等模式，初创期返乡创业企业可免费入驻。山东省菏泽市牡丹区建立了 6 个线上线下一体、孵化与加速一体的返乡创业孵化基地，具有孵化、培训、辅助运营、物流配送等综合功能。湖南省醴陵市实行创业孵化基地共建、资源共享，构建起"政府、社会、行业企业、学校"四位一体的返乡创业孵化联动机制。四川省宜宾市叙州区搭建孵化物理平台、服务平台、交流平台、推广平台等四大平台，助力种子项目落地生根、新建企业稳定运营、成熟企业加速发展。

（五）建设改造提升返乡创业园。通过建设一体化、标准化厂房，完善基础设施，实现企业"拎包入驻"，降低运营成本，促进返乡创业企业集群发展。河南省汝州市围绕发展机绣产业，根据返乡人员创业和经营特点，建设了占地 4000 余亩的汝绣农民工返乡创业产业园，并实行三年免租金政策，为返乡创业企业提供集聚发展的平台。江西省德兴市投资 8 亿元建成了占地 505 亩的返乡创业示范基地，建设了 40 多万平方米的标准厂房及配套设施，以最低廉的价格出租给返乡创业企业，企业仅需投资生产设备就可以入驻，投资周期大大缩短。安徽省太湖县建设了占地 47.7 亩新仓镇农民工返乡创业园，采取"财政补一点、税收补一点、金融机构贷一点、规费减一点、职能部门帮一点"的方式支持农民工进驻园区经营。

三、着力解决"痛点""难点"问题

聚焦融资难、用地难、引才难等返乡创业面临的"痛点""难点"问题，因地制宜制定政策举措，强化返乡创业要素支持。

（六）缓解融资难问题。各地纷纷通过创新信贷政策、开发返乡创业金融产品、扩大直接融资渠道等举措，缓解返乡创业融资难问题。国家发展改革委会同国家开发银行、农业发展银行搭建"政银企"合作平台，设立返乡创业专项贷款，扩大返乡创业金融供给，重点支持农产品开发、龙头企业发展和园区基础设施建设。河南省设立总规模 100 亿元的农民工返乡创业投资基金，通过撬动社会资本加大对初创型返乡创业企业的支持力度。江西省赣州市南康区以县域金融改

革创新试点为抓手，引导区内银行创新推出"产业升级贷""品牌贷"等50个金融创新产品，发行"双创债"，支持返乡创业企业融资。甘肃省高台县引入社会资本出资，设立"弱水三千创业创新基金"，对种子期返乡创业项目进行天使投资。四川省邛崃市引入保险公司开发农村土地流转履约保证保险产品，降低返乡创业项目风险。

（七）保障返乡创业用地。部分试点地区通过扩大增量、盘活存量、创新供应方式，有效满足了返乡创业用地需求，经验值得复制推广。山西省岚县首次将返乡人员创业用地纳入城乡发展规划、新农村建设总体规划和村镇建设规划统筹安排，优先保障返乡创业用地。云南省南华县在全省范围内率先将政府公租房提供给创业积极性较高的返乡农民工作为经营用房。安徽省泗县在未新增用地指标的前提下，将原"僵尸"企业用地和厂房改造用于支持返乡创业。山东省沂南县通过盘活老厂区低效闲置土地，优先用于返乡创业。四川省仁寿县通过工业用地弹性年期出让、长期租赁、先租后让、租让结合等土地供应方式，降低返乡创业用地一次性支出成本。

（八）注重引人留人。建立完善人才培育、引进、保障、激励政策体系，积极吸引人才、留住人才。重庆市永川区建立返乡人才项目库，收录农村实用人才，采用分类对接、重点跟踪的方式，以乡情和资源等优势吸引他们返乡创业，同时出台了"英才培育引进16条"等激励政策，为返乡人才引进培育提供"绿色通道"、解决后顾之忧。四川省宜宾市实施"杰出创业人才培育计划"，对大学生、科技人员等返乡创业人才给予培育扶持资金，对急需引进人才开展高科技含量返乡创业项目给予补贴。陕西省充分发挥杨凌农业高新技术产业示范区辐射作用，依托各类技术院校教学平台，定向培养返乡创业高端人才。安徽省濉溪县建立了"农民创业星火人才库"，对创业成效突出的返乡创业人才进行跟踪培养，及时吸收进党员和村"两委"队伍。

（九）优化创业服务。深入推进"放管服"改革，强化政府职能，健全服务机制，为返乡创业提供强有力服务保障，营造良好的返乡创业营商环境。江苏省金湖县推行返乡农民工本土创业准入"无门槛"、服务"零收费"、注资"分步走"、场所"无限制"改革，率先上线"多评合一"网上服务平台，为农民工等人员返乡创业提供全程代办服务。四川省宜宾市叙州区创新设立"1+N"返乡创业服务平台，即 1 个县级加多个乡镇服务平台，平台之间网络互通、资源共享，为返乡人员提供远程在线服务。江西省鹰潭市成立了返乡创业项目评审组，实施一名干部联系一个创业项目的"一对一"帮扶指导，为创业者提供政策咨询、项目推介、开业指导、创业培训等服务。江西省于都县建立"店小二"机制，确保每家返乡创业企业有一名挂点县领导、一个服务单位、一名具体负责人提供点对点服务，帮助企业解决项目落地各个阶段的各种困难。安徽省金寨县根据创业者需求列出技能"培训菜单"，依托当地技师学院大力培训返乡创业人员。河南省新蔡县运用政府购买服务机制，引入专业化市场中介服务机构，提供市场分析、管理辅导等深度服务，帮助初创期企业改善管理、开拓市场。

各地要认真学习借鉴并应用典型经验。国家结合新型城镇化开展支持农民工等人员返乡创业试点已到期，试点工作到此结束，相关文件同时废止。同时，鼓励这些地区继续探索创新，不断推出有效的改革举措，推动返乡创业工作再上新台阶。

附件：同时废止的返乡创业试点相关文件

国家发展改革委办公厅

2021 年 9 月 15 日

附件

同时废止的返乡创业试点相关文件

序号	试点相关文件	试点期限
1	《关于结合新型城镇化开展支持农民工等人员返乡创业试点工作的通知》（发改就业〔2015〕2811号）	2015—2020 年
2	《关于同意河北省威县等90个县（市、区）结合新型城镇化开展支持农民工等人员返乡创业试点的通知》（发改就业〔2016〕395号）	2016—2020 年
3	《国家发展改革委办公厅关于做好第二批结合新型城镇化开展支持农民工等人员返乡创业试点地区申报工作的通知》（发改办就业〔2016〕1869号）	2016—2020 年
4	《关于同意河北省阜城县等116个县（市、区）结合新型城镇化开展支持农民工等人员返乡创业试点的通知》（发改就业〔2016〕2640号）	2016—2020 年
5	《国家发展改革委办公厅关于做好第三批结合新型城镇化开展支持农民工等人员返乡创业试点地区申报工作的通知》（发改办就业〔2017〕1201号）	2017—2020 年
6	《关于同意河北省大名县等135个县（市、区）结合新型城镇化开展支持农民工等人员返乡创业试点的通知》（发改就业〔2017〕1848号）	2017—2020 年

参考文献

［1］Acemoglu D, Johnson S. Unbunding Institutions ［J］. Journal of Political Economy, 2005 （113）: 949-995.

［2］Anders Lundstorm, Lois Stevenson. Entrepreneurship Policy for the Future ［R］. Swedish Foundation for Small Business Research, Irwin, 2005 （1）: 45-46.

［3］Au C C, Henderson J V. How Migration Restrictions Limit Agglomeration and Productivity in China ［J］. Journal of Development Economics, 2006 （3）: 1-45.

［4］Barney J B. Is the Resource-Based "View" a Useful Perspective for Strategic Management Research? Yes ［J］. Academy of Management Journal, 2001 （26）: 41-56.

［5］Baum J R, Wally S. Strategic Decision Speed and Firm Performance ［J］. Strategic Management Journal, 2003 （24）: 1107-1129.

［6］Che J, Qian Y. Institutional Environment, Community Government and Corporate Governance: Understanding China's Township-village Enterprises ［J］. Journal of Law, Economics and Organization, 1998 （14）: 1-23.

［7］Conning J H, Robinson J A. Property Rights and the Political Organization of Agriculture ［J］. Journal of Development Economics, 2007, 82 （2）: 416-447.

［8］Cornaggia Jess, Yifei Mao, Xuan Tian, et al. Does Banking Competition Affect Innovation? ［J］. Journal of Financial Economics, 2015 （115）: 189-209.

［9］Danny Miller, Peter H Friesen. Strategy – Making and Environment: The

Third Link [J]. Strategic Management Journal, 1983, 4 (3): 221-235.

[10] David M Hart. The Emergence of Entrepreneurship Policy: Governance, Startups, and Growth in the US Knowledge Economy [M]. Cambridge: Cambridge University Press, 2003.

[11] Deininger K, Jin S Q. The Potential of Land Markets in the Process of Economic Development: Evidence from China [J]. Journal of Development Economics, 2005, 78 (1): 241-270.

[12] Donald P Morgan, Bertrand Rime and Philip E Strahan. Bank Integration and State Business Cycles [J]. The Quarterly Journal of Economics, 2004 (119): 1555-1584.

[13] Duranton G., Puga D. Micro-Foundations of Urban Agglomeration Econo-mies [J]. Handbook of Urban and Regional Economics [J] //Henderson J. V., Thisse J. F. Handbook of Urban and Regional Economics, 2004 (48): 2063-2117.

[14] Foundation for Small Business Research [J]. Irwin, 2005 (1): 45-46.

[15] Gustavo Manso. Motivating innovation [J]. The Journal of Finance, 2011, 66 (5): 1823-1860.

[16] Jock Collins. Cultural Diversity and Entrepreneurship: Policy Responses to Immigrant Entrepreneurs in Australia [J]. Entrepreneurship and Regional Develop-ment, 2003 (15): 23-60.

[17] Knack S, Keefer P. Institutions and Economic Performance: Cross-Country Tests Using Alternative Institutional Measures [J]. Economics and Politics, 1995 (5): 207-227.

[18] Krugman P R. Increasing Returns and Economic Geography [J]. Journal of Political Economy, 1991 (99): 483-499.

[19] Lumpkin G T, Gregory G. Dess. Clarifying the Entrepreneurial Orientation Construct and Linking it to Performance [J]. The Academy of Management Review, 1996 (7): 135-172.

[20] Marvin B. Lieberman, David B. Montgomery. First-mover Advantages [J].

Strategic Management Journal, 1988 (9): 41-58.

[21] Meng X. Labor Market Outcomes and Reforms in China [J]. Journal of Economic Perspectives, 2012 (26): 75-102.

[22] Milgrom P, Roberts J. Economics, Organization, and Management [M]. New Jersey: Pentice Hall, 1992.

[23] Nahapiet J, Ghoshal S. Social Capital, Intelletural Capital and the Organizational Advantage [J]. Academy of Management Review, 1998 (23): 242-266.

[24] Rosenthal S S, Strange W C. Evidence on the Nature and Sources of Agglomeration Economies [M] //Henderson J V, Thisse J F. Handbook of Urban and Regional Economics, North-Holland, Amsterdam, 2004.

[25] Saoussen Ben Gamra. Does Financial Liberalization Matter for Emerging East Asianeconomies Growth? Some New Evidence [C]. International Review of Economic and Finance, 2009.

[26] Schumpeter J A. Capitalism, Socialism and Democracy [M]. New York: Harper and Row Publishers, 1942.

[27] Scott Richardson. Over-Investment of Free Cash Flow [J]. Review of Accounting Studies, 2006 (11): 159-189.

[28] Shleifer A, Vishny R. Politicians and Firms [J]. The Quarterly Journal of Economics, 1994 (109): 995-1025.

[29] Tara Rice, Philip E Strahan. Does Credit Competition Affect Small-Firm Finance? [J]. The Journal of Finance, 2010 (65): 861-889.

[30] Teece D J. Explicating Dynamic Capabilities: The Nature and Microfoundations of [Sustainable] Enterprise Performance [J]. Strategic Management Journal, 2007, 28 (13): 1319-1350

[31] Wan G. Understanding Regional Poverty and Inequality Trends in China: Methodological Issues and Empirical Findings [J]. Review of Income and Wealth, 2007, 53 (1): 25-34.

[32] Wang C, Wan G. Income Polarization in China: Trends and Changes [J].

China Economic Review, 2015 (36): 58-72.

[33] Williamson O E. The Economics Institutions of Capitalism: Firm, Markets, and Relational Contracting [M]. New York: Macmillan Free Press, 1995.

[34] Xin K, Pearce J. Guanxi. Connections as Substitute for Formal Institutional Support [J]. Academy of Management Journal, 1996, 39 (6): 1641-1658.

[35] Zhang J, Zhao Y, Park A, et al. Economic Returns to Schooling in Urban China [J]. Journal of Comparative Economics, 2005 (33): 730-752.

[36] 白俊红, 江可申, 李婧. 应用随机前沿模型评测中国区域研发创新效率 [J]. 管理世界, 2009 (10): 51-61.

[37] 布鲁斯·R. 巴林杰. 创业计划书: 从创意到方案 [原书第 2 版] [M]. 北京: 机械工业出版社, 2016.

[38] 蔡晓珊, 张耀辉. 创业理论研究: 一个文献综述 [J]. 产经评论, 2011 (5): 55-66.

[39] 陈聪, 高建, 李纪珍. 创业者幸福吗? 创业动机影响创业者心理幸福感的实证研究 [J]. 科学学与科学技术管理, 2018 (3): 144-152.

[40] 陈德球, 金雅玲, 董志勇. 政策不确定性、政治关联与企业创新效率 [J]. 南开管理评论, 2016 (4): 27-35.

[41] 陈德球, 李思飞, 王丛. 政府质量、终极产权与公司现金持有 [J]. 管理世界, 2011 (11): 127-141.

[42] 陈德球, 李思飞, 钟昀珈. 政府质量、投资与资本配置效率 [J]. 世界经济, 2012 (3): 89-110.

[43] 陈浩, 陈平, 罗艳. 资源枯竭型城市产业转型成效分析 [J]. 商业研究, 2015 (11): 32-38.

[44] 陈建安. 创业成长抱负: 研究综述与展望 [J]. 经济管理, 2019 (2): 191-208.

[45] 陈景信, 代明. 市场化环境与创业绩效——基于 HLM 模型和区域分层的视角 [J]. 山西财经大学学报, 2018 (11): 81-94.

[46] 陈敏灵, 周彬. 企业家社会资本对创业企业融资的影响研究 [J]. 经

营与管理，2019（5）：30-35.

［47］陈文府.中国企业家创业环境地区差异的实证研究［J］.技术经济，2007（12）：1-4.

［48］陈修德，秦全德，吴小节，等.市场化改革与企业研发效率动态演进——来自中国高新技术产业层面的经验证据［J］.科学学研究，2014（10）：1488-1497.

［49］陈艳.宏观经济环境、投资机会与公司投资效率［J］.宏观经济研究，2013（8）：66-72.

［50］陈元志，陈劲，吉超.中国不同类型企业技术创新效率的趋势与比较［J］.科研管理，2018（5）：1-10.

［51］陈运森，谢德仁.网络位置、独立董事治理与投资效率［J］.管理世界，2011（7）：113-127.

［52］陈宗胜.中国居民收入分配通论：由贫穷迈向共同富裕的中国道路与经验［M］.3版.上海：格致出版社，2018：245-256.

［53］程华，娄夕冉.海外高层次人才创新创业政策研究：政策工具与创新创业过程视角［J］.科技进步与对策，2019（4）：42-45.

［54］程郁，陈雪.创新驱动的经济增长——高新区全要素生产率增长的分解［J］.中国软科学，2013（11）：26-39.

［55］池仁勇，张宓之.浙台中小企业发展与创业环境比较分析［J］.台湾研究，2012（5）：36-40.

［56］代明，郑闽.企业家创业、创新精神与全要素生产率增长——基于中国省际面板数据的实证分析［J］.科技管理研究，2018（1）：156-162.

［57］董利红，严太华，邹庆.制度质量、技术创新的挤出效应与资源诅咒——基于我国省际面板数据的实证分析［J］.科研管理，2015（2）：88-95.

［58］董秀莹.新生代农民工返乡创业政策扶持体系构建［J］.农业经济，2017（8）：69-70.

［59］窦欢，曾建光，王鹏.同业竞争、公司治理与投资效率［J］.经济与管理研究，2018（4）：110-122.

［60］杜威漩．农民工返乡创业减贫效应生成机理及政策启示——政策激励视角的分析［J］．经济体制改革，2019（2）：76-83．

［61］杜运周，任兵，陈忠卫，等．先动性、合法化与中小企业成长——一个中介模型及其启示［J］．管理世界，2008（12）：126-138．

［62］段玲，张甜溪．创新创业相关政策实施情况对经济绩效的影响研究——基于企业家精神的中介效应［J］．重庆文理学院学报（社会科学版），2019（1）：36-47．

［63］范钧，王进伟．网络能力、隐性知识获取与新创企业成长绩效［J］．科学学研究，2011（9）：1365-1373．

［64］冯建民，刘莉，杨云．深圳特区科技创业环境的评价体系设计［J］．中国科技产业，2004（6）：43-46．

［65］冯金余．科技企业孵化器的创新驱动效应研究［J］．科研管理，2017（11）：38-47．

［66］弗里曼．工业创新经济学［M］．北京：北京大学出版社，2004．

［67］高秀娟，彭春燕．国家创业政策演化和发展的计量分析：特征与前瞻［J］．重庆大学学报（社会科学版），2019（1）：57-59．

［68］辜胜阻，李洪斌，王敏．构建让创新源泉充分涌流的创新机制［J］．中国软科学，2014（1）：11-18．

［69］韩飞燕，李波．政府支持和电商平台制度双重视角下农民电商创业意愿研究——基于 SEM 模型［J］．天津大学学报（社会科学版），2019（1）：8-16．

［70］何波．基于 PSR 模型的江门市小微企业创新创业服务支撑体系的评价研究［J］．经贸实践，2018（17）：186-187．

［71］何晓斌，蒋君洁，杨治，等．新创企业家应做"外交家"吗？——新创企业家的社交活动对企业绩效的影响［J］．管理世界，2013（6）：128-137．

［72］何云景．借鉴国外经验构建我国大学生创业支持系统［J］．教育理论与实践，2006（2）：60-65．

［73］侯光文，薛惠锋．集群网络关系与协同创新绩效：基于知识获取的中介效应研究［J］．科研管理，2017（4）：1-9．

［74］胡海青，王兆群，张琅．孵化器控制力对创新孵化绩效的影响：一个有调节的中介效应［J］．南开管理评论，2017（6）：150-162.

［75］胡海青，张颖颖，王兆群，张琅．网络多元性对在孵企业孵化绩效作用机制研究——孵化器支持情境的调节作用［J］．科技进步与对策，2018（15）：76-82.

［76］胡畔，于渤．追赶企业的本地搜索、能力重构与创新绩效：追赶阶段的调节作用［J］．科研管理，2017（7）：72-80.

［77］黄聿舟，裴旭东，刘骏．创业支持政策对创客空间创业孵化绩效的影响［J］．科技进步与对策，2019（3）：111-116.

［78］黄紫微，刘伟，杜晶晶．新兴产业创新与孵化器市场化的互动演化［J］．科研管理，2018（7）：17-25.

［79］姜付秀，伊志宏，苏飞，等．管理者背景特征与企业过度投资行为［J］．管理世界，2009（1）：130-139.

［80］姜彦福，张帏．创业管理学［M］．北京：清华大学出版社，2005.

［81］蒋天颖，张一青，王俊江．战略领导行为、学习导向、知识整合和组织创新绩效［J］．科研管理，2009（6）：48-55.

［82］焦豪，焦捷，刘瑞明．政府质量、公司治理结构与投资决策——基于世界银行企业调查数据的经验研究［J］．管理世界，2017（10）：66-78.

［83］杰弗里·M.伍德里奇．计量经济学导论：现代观点（第6版）［M］．北京：中国人民大学出版社，2018.

［84］杰弗里·蒂蒙斯，小斯蒂芬·斯皮内利．创业学（第6版）［M］．北京：人民邮电出版社，2005.

［85］赖敏，余泳泽，刘大勇，等．制度环境、政府效能与"大众创业万众创新"——来自跨国经验证据［J］．南开经济研究，2018（1）：19-33.

［86］雷鹏，梁彤缨，陈修德，等．融资约束视角下政府补助对企业研发效率的影响研究［J］．软科学，2015（3）：38-42.

［87］李贲，吴利华．开发区设立与企业成长：异质性与机制研究［J］．中国工业经济，2018（4）：79-97.

［88］李贲，吴利华．资源依赖还是创新制胜？——基于组织"烙印"作用的新企业生存研究［J］．外国经济与管理，2018（2）：35-50.

［89］李方正．资源枯竭城市新产业集群培育的动力机制研究——基于系统动力学的视角［J］．区域经济评论，2014（3）：130-135.

［90］李浩，胡海青．孵化器控制力与在孵企业创造力：资源和能力的中介作用［J］．管理评论，2019（3）：83-93.

［91］李宏英．农民工返乡创业与新农村文化建设耦合机制研究［J］．农业经济，2019（1）：82-83.

［92］李健旋，赵林度．金融集聚、生产率增长与城乡收入差距的实证分析——基于动态空间面板模型［J］．中国管理科学，2018（12）：34-43.

［93］李诗田，邱伟年．政治关联、制度环境与企业研发支出［J］．科研管理，2015（4）：56-64.

［94］李实，朱梦冰．中国经济转型40年中居民收入差距的变动［J］．管理世界，2018（12）：19-28.

［95］李晓萍，李平，江飞涛．创新驱动战略中市场作用与政府作为——德国经验及其对我国的启示［J］．产经评论，2015（6）：5-12.

［96］李晓萍，李平，吕大国，等．经济集聚、选择效应与企业生产率［J］．管理世界，2015（4）：25-37.

［97］李新春，梁强，宋丽红．外部关系—内部能力平衡与新创企业成长——基于创业者行为视角的实证研究［J］．中国工业经济，2010（12）：97-107.

［98］李新春，叶文平，朱沆．牢笼的束缚与抗争：地区关系文化与创业企业的关系战略［J］．管理世界，2016（10）：88-102.

［99］李雪莲，马双，邓翔．公务员家庭、创业与寻租动机［J］．经济研究，2015（5）：89-103.

［100］李焰，秦义虎，张肖飞．企业产权、管理者背景特征与投资效率［J］．管理世界，2011（1）：135-144.

［101］李贵芳，马栋栋，徐君．典型资源型城市脆弱性评估及预测研究：以

焦作-大庆-铜陵-白山市为例 [J]. 华东经济管理, 2017 (11): 112-120.

[102] 李贞, 杨洪涛. 吸收能力、关系学习及知识整合对企业创新绩效的影响研究——来自科技型中小企业的实证研究 [J]. 科研管理, 2012 (1): 79-89.

[103] 李正卫, 刘济浔, 潘家栋. 创业生态系统中的政府治理: 新创企业成长视角 [J]. 科研管理, 2019 (12): 42-50.

[104] 梁强, 邹立凯, 宋丽红, 李新春, 王博. 组织印记、生态位与新创企业成长——基于组织生态学视角的质性研究 [J]. 管理世界, 2017 (6): 141-154.

[105] 廖名岩, 曹兴, 屈静晓. 基于环境因素对中国软件产业集群效率的地区差异研究 [J]. 科研管理, 2018 (4): 74-82.

[106] 林龙飞, 陈传波. 中国创业政策 40 年: 历程回顾与趋向展望 [J]. 经济体制改革, 2019 (1): 9-15.

[107] 林亚清, 赵曙明. 政治网络战略、制度支持与战略柔性——恶性竞争的调节作用 [J]. 管理世界, 2013 (4): 82-93.

[108] 林洲钰, 林汉川. 政府质量与企业研发投资 [J]. 中国软科学, 2013 (2): 102-110.

[109] 凌寒. 资源枯竭型城市职业培训公共服务问题研究 [D]. 吉林大学硕士学位论文, 2014.

[110] 刘芳, 梁耀明, 王浩. 企业家能力、关键资源获取与新创企业成长关系研究 [J]. 科技进步与对策, 2014 (8): 85-90.

[111] 刘和东. 中国区域研发效率及其影响因素研究——基于随机前沿函数的实证分析 [J]. 科学学研究, 2011 (4): 548-556.

[112] 刘井建, 史金艳. 组织要素对新创企业成长绩效的影响机制研究 [J]. 科研管理, 2013 (9): 81-88.

[113] 刘井建. 创业学习、动态能力与新创企业成长支持模式研究 [J]. 科学学与科学技术管理, 2011 (2): 127-132.

[114] 刘静, 熊一坚. 基于创业导向的我国中小企业创业支持体系研究 [J]. 企业经济, 2011 (12): 107-110.

［115］刘世磊，张文会．资源枯竭城市转型的产业选择研究［J］．工业经济论坛，2015（3）：121-133．

［116］刘田田，张敬伟，裴雪婷．创业学习互动导向对新创企业绩效的作用机制研究［J］．科技进步与对策，2019（2）：102-109．

［117］刘伟江，孙聪，赵敏慧．科技政策与区域生产率增长——创业与创新的链式中介作用［J］．经济管理，2019（4）：40-56．

［118］刘晓光，张勋，方文全．基础设施的城乡收入分配效应：基于劳动力转移的视角［J］．世界经济，2015（3）：145-170．

［119］刘志彪．从后发到先发：关于实施创新驱动战略的理论思考［J］．产业经济研究，2011（4）：1-7．

［120］柳仕奇，胡炳志，黄茂海．我国保险业与经济发展动态关系研究［J］．保险研究，2018（9）：34-43．

［121］娄丽娜．农民工返乡与农村区域经济发展关系研究［J］．农业经济，2019（4）：61-63．

［122］卢方元，李彦龙．政府支持有助于提升高技术产业 R&D 效率吗？［J］．科学学研究，2016（12）：1800-1806．

［123］鲁喜凤，郭海．机会创新性、资源整合与新企业绩效关系［J］．经济管理，2018（10）：44-57．

［124］吕长江，张海平．股权激励计划对公司投资行为的影响［J］．管理世界，2011（1）：118-126．

［125］吕文晶，陈劲，汪欢吉．组织间依赖研究述评与展望［J］．外国经济与管理，2017（2）：72-85．

［126］罗党论，刘晓龙．政治关系、进入壁垒与企业绩效——来自中国民营上市公司的经验研究［J］．管理世界，2009（5）：35-42．

［127］罗党论，甄丽明．民营控制、政治关系与企业融资约束——基于中国民营上市公司的经验数据［J］．金融研究，2008（12）：37-43．

［128］罗付岩，沈中华．股权激励、代理成本与企业投资效率［J］．财贸研究，2013（2）：146-156．

［129］罗建利，郭红东，贾甫．技术获取模式、技术溢出和创新绩效：以农民合作社为例［J］．科研管理，2019（5）：120-133.

［130］罗萧．中小企业科技创新创业服务体系的构建［J］．企业改革与管理，2018（11）：26-27.

［131］马绰欣，田茂再．基于面板分位回归方法的我国金融发展对城乡收入差距影响分析［J］．数理统计与管理，2017（2）：341-350.

［132］马歇尔．经济学原理［M］．北京：商务印书馆，1997：103-121.

［133］迈克尔·波特．国家竞争优势［M］．北京：中信出版社，2012.

［134］毛中根，洪涛．服务型政府建设与南京市创业环境优化［J］．南京社会科学，2004（9）：361-365.

［135］梅强，杜杰，徐占东．高校创业孵化基地服务绩效评价指标研究［J］．技术与创新管理，2019（1）：9-13.

［136］潘冬，刘东皇，张媛媛．科技企业孵化器知识产权服务升级影响因素及优化建议［J］．科技进步与对策，2019（9）：26-33.

［137］潘光林．创业及其支持系统［J］．统计教育，2001（3）：36-39.

［138］彭伟，符正平．权变视角下联盟网络与新创企业成长关系研究［J］．管理学报．2014（5）：659-668.

［139］彭伟，顾汉杰，符正平．联盟网络、组织合法性与新创企业成长关系研究［J］．管理学报．2013（12）：1760-1769.

［140］珀威茨·K.阿曼德，查尔斯·D.谢泼德．创新管理：情境、战略、系统和流程［M］．北京：北京大学出版社，2014.

［141］钱方明，宁自军．论国内价值链视角下的劳动密集型产业集群升级——以浙江濮院羊毛衫产业为例［J］．科研管理，2018（2）：94-99.

［142］曲进，高升好．银行与企业关联提升抑或降低了企业投资效率？［J］．数量经济技术经济研究，2015（1）：36-51.

［143］曲婉，冯海红．创新创业政策对早期创业行为的作用机制研究［J］．科研管理，2018（10）：12-21.

［144］芮明杰．产业创新理论与实践［M］．上海：上海财经大学出版

社，2019.

[145] 芮明杰. 平台经济趋势与战略［M］. 上海：上海财经大学出版社，2018.

[146] 芮正云，罗瑾琏. 产业网络双重嵌入与新创企业创新追赶［J］. 科学学研究，2019（2）：267-275.

[147] 芮正云，罗瑾琏. 企业平衡式创新搜寻及其阶段效应——间断性平衡还是同时性平衡？［J］. 科研管理，2018（1）：9-17.

[148] 邵佩佩. 中小企业创新创业服务体系建设研究［J］. 信息通信技术与政策，2019（3）：10-12.

[149] 盛明泉，汪顺，商玉萍. 金融资产配置与实体企业全要素生产率："产融相长"还是"脱实向虚"［J］. 财贸研究，2018（10）：87-97.

[150] 盛楠，孟凡祥，姜滨，等. 创新驱动战略下科技人才评价体系建设研究［J］. 科研管理，2016（S1）：602-606.

[151] 史蒂夫·布兰克，鲍勃·多夫. 创业者手册：教你如何构建伟大的企业［M］. 北京：机械工业出版社，2013.

[152] 史欣向，梁彤缨. 社会资本影响了研发效率——基于中国省际面板数据的经验研究［J］. 科研管理，2013（5）：73-79.

[153] 苏文. 政府转型——中国资源型城市经济转型之路［J］. 北京联合大学学报（人文社会科学版），2009（7）：90-94.

[154] 孙静晓，踪家峰. 官员更替影响企业行为和绩效了吗？——基于上市公司投资行为和市场绩效的实证检验［J］. 产业经济研究，2014（5）：92-103.

[155] 孙骞，欧光军. 双重网络嵌入与企业创新绩效——基于吸收能力的机制研究［J］. 科研管理，2018（5）：67-76.

[156] 孙晓华，刘小玲，徐帅. 交通基础设施与服务业的集聚效应——来自省市两级的多层线性分析［J］. 管理评论，2017（6）：214-224.

[157] 孙兆刚. 创新驱动战略与金融创新协同发展机理研究［J］. 科技进步与对策，2015（12）：30-34.

[158] 谭洪波. 中国要素市场扭曲存在工业偏向吗？——基于中国省级面板

数据的实证研究 [J]. 管理世界, 2015 (12): 96-105.

[159] 涂继亮, 陶秋香. 地方高校创新创业教育资源与科技创新服务功能相关性分析及评价模型构建 [J]. 科技进步与对策, 2019 (6): 153-160.

[160] 屠文娟, 邹玉凤, 蔡莉. 基于钻石理论的我国科技企业孵化器竞争力影响因素与提升研究 [J]. 科技管理研究, 2018 (9): 125-133.

[161] 托马斯·H. 拜尔斯, 理查德·C. 多尔夫, 安德鲁·J. 尼尔森. 技术创业: 从创意到企业 (第 4 版) [M]. 北京: 北京大学出版社, 2017.

[162] 万建香, 汪寿阳. 社会资本与技术创新能否打破 "资源诅咒" ？ —— 基于面板门槛效应的研究 [J]. 经济研究, 2016 (12): 76-89.

[163] 王锋正, 姜涛, 郭晓川. 政府质量、环境规制与企业绿色技术创新 [J]. 科研管理, 2018 (1): 26-33.

[164] 王海花, 谢富纪, 周嵩安. 创新生态系统视角下我国实施创新驱动发展战略的 "四维" 协同框架 [J]. 科技进步与对策, 2014 (17): 7-11.

[165] 王宏起, 李婧媛. 区域双创政策对科技创新创业活动的影响机理 [J]. 科技进步与对策, 2017 (18): 36-41.

[166] 王克敏, 杨国超, 刘静, 等. IPO 资源争夺、政府补助与公司业绩研究 [J]. 管理世界, 2015 (9): 147-157.

[167] 王明益, 石丽静. 政府干预影响中国制造业企业市场退出的路径分析 [J]. 经济学动态, 2018 (6): 44-60.

[168] 王琦. 结合产学研完善创新创业教育体系 [J]. 创新创业理论研究与实践, 2018 (20): 54-56.

[169] 王舒扬, 吴蕊, 高旭东. 融资期望违背后的晕轮效应——基于海归创业者的创业环境满意度研究 [J]. 科学学研究, 2018 (3): 484-492.

[170] 王涛, 邱国栋. 创新驱动战略的 "双向驱动" 效用研究 [J]. 技术经济与管理研究, 2014 (6): 33-38

[171] 王伟光, 马胜利, 姜博. 高技术产业创新驱动中低技术产业增长的影响因素研究 [J]. 中国工业经济, 2015 (3): 70-82.

[172] 王肖芳. 创业区位影响农民工创业动机吗？——基于河南省 379 位返

乡创业农民工的实证研究 [J]. 经济经纬, 2017 (6): 38-43.

[173] 王阳. 基本劳动就业创业服务建设与促进就业 [J]. 中国软科学, 2019 (3): 69-85.

[174] 王一凡. 新生代农民工返乡创业的动因及扶持策略探究 [J]. 农业经济, 2018 (8): 72-73.

[175] 王玉民, 刘海波, 靳宗振, 等. 创新驱动发展战略的实施策略研究 [J]. 中国软科学, 2016 (4): 1-12.

[176] 王章豹, 黄驰, 李杨. 理工科大学生创新创业意识和创新创业教育满意度测评及分析——基于 H 大学的调查数据 [J]. 南京航空航天大学学报 [社会科学版], 2019 (2): 91-97.

[177] 王兆群, 胡海青, 李浩, 等. 孵化网络契约与信任关系研究——基于技术重叠的调节效应 [J]. 科学学研究, 2018 (4): 714-722.

[178] 文亮, 李海珍. 中小企业创业环境与创业绩效关系的实证研究 [J]. 系统工程, 2010 (10): 67-74.

[179] 文伟扬, 刘玉兰, 雷茜. 资源枯竭型城市经济结构转型与产业价值链延伸 [J]. 现代商业, 2014 (5): 88-90.

[180] 文正再, 王幸子. 资源枯竭型城市开放式创业服务体系构建研究 [J]. 萍乡学院学报, 2018 (5): 37-42.

[181] 吴建銮, 赵春艳, 南士敬. 国家级孵化器能否提升科技企业研发效率——基于倾向得分匹配法的验证 [J]. 科技进步与对策, 2017 (10): 76-82.

[182] 吴利学, 叶素云, 傅晓霞. 中国制造业生产率提升的来源: 企业成长还是市场更替? [J]. 管理世界, 2016 (6): 22-39.

[183] 吴小春, 宣燚斐. 国内外孵化器运营模式比较研究 [J]. 创新与创业教育, 2018 (5): 39-43.

[184] 项国鹏, 潘凯凌, 张文满. 网络关系、创业机会识别与创业决策——基于浙江新创企业的实证研究 [J]. 科技管理研究, 2018 (22): 169-177.

[185] 肖文, 林高榜. 政府支持、研发管理与技术创新效率——基于中国工业行业的实证分析 [J]. 管理世界, 2014 (4): 71-80.

［186］肖智润．支持中小企业发展的创业培训研究［J］．现代管理科学，2007（10）：89-90．

［187］谢科范，等．高科技企业创业管理［M］．北京：经济管理学出版社，2006．

［188］谢子远，张浩飞，王佳，等．中国高技术产业研发投入为何偏低：FDI 的视角［J］．科研管理，2017（11）：1-9．

［189］谢子远．高技术产业区域集聚能提高研发效率吗？——基于医药制造业的实证检验［J］．科学学研究，2015（2）：215-224．

［190］徐保昌，谢建国．政府质量、政府补贴与企业全要素生产率［J］．经济评论，2015（4）：45-46．

［191］许君如．新经济形态下高技术产业创业孵化发展研究——基于政府资本效用发挥视角［J］．软科学，2019（4）：48-52．

［192］严成樑，胡志国．创新驱动、税收扭曲与长期经济增长［J］．经济研究，2013（12）：55-67．

［193］颜振军，侯寒．中国各省份科技企业孵化器运行效率评价［J］．中国软科学，2019（3）：136-142．

［194］阳银娟．网络营销能力对企业创新绩效的影响研究［J］．科研管理，2017（5）：12-19．

［195］杨娟，赖德胜，邱牧远．如何通过教育缓解收入不平等［J］．经济研究，2015（9）：86-99．

［196］杨隽萍，唐鲁滨，于晓宇．创业网络、创业学习与新创企业成长［J］．管理评论，2013（1）：24-33．

［197］杨俊宇，杨麒颖，张艺枝，等．中国科技企业孵化器发展现状及其改革转型建议［J］．企业改革与管理，2019（5）：3-5．

［198］杨凯瑞，何忍星，钟书华．中国中央政府支持创新创业发展政策文本量化研究（2003—2017）——来自国务院及 16 部委的数据分析［J］．科技进步与对策，2019（1）：107-114．

［199］杨洋，魏江，罗来军．谁在利用政府补贴进行创新？——所有制和要

素市场扭曲的联合调节效应 [J]. 管理世界, 2015 (1): 75-86.

[200] 易锐, 夏清华. 开放式创新有助于改善新创企业脆弱性吗? [J]. 科学学研究, 2018 (6): 1096-1109.

[201] 尹俣潇, 梅强, 徐占东. 创业网络关系嵌入与新创企业成长——创业学习的中介 [J]. 科技管理研究, 2019 (5): 199-206.

[202] 余建辉, 张文忠, 王岱. 中国资源枯竭城市的转型效果评价 [J]. 自然资源学报, 2011 (1): 11-20.

[203] 余明桂, 回雅甫, 潘洪波. 政治联系、寻租与地方政府财政补贴有效性 [J]. 经济研究, 2010 (3): 65-77.

[204] 余明桂, 潘红波. 政治关系、制度环境与民营银行贷款 [J]. 管理世界, 2008 (8): 9-21.

[205] 余维臻, 余克艰. 科技型小微企业协同创新能力增进机制研究 [J]. 科研管理, 2018 (3): 1-10.

[206] 袁剑锋, 许治. 企业孵化器国际研究系统回顾: 现状及未来发展方向 [J]. 科学学与科学技术管理, 2018 (8): 82-99.

[207] 原长弘, 章芬, 姚建军, 等. 政产学研用协同创新与企业竞争力提升 [J]. 科研管理, 2015 (12): 1-8.

[208] 张川川. "中等教育陷阱"? ——出口扩张、就业增长与个体教育决策 [J]. 经济研究, 2015 (12): 115-127.

[209] 张建峰. 关于"政产学研用"在科技企业孵化器方面协同创新浅析 [J]. 科学技术创新, 2019 (8): 143-144.

[210] 张健华, 王鹏, 冯根福. 银行业结构与中国全要素生产率——基于商业银行分省数据和双向距离函数的再检验 [J]. 经济研究, 2016 (11): 110-124.

[211] 张杰, 周晓艳, 李勇. 要素市场扭曲抑制了中国企业 R&D? [J]. 经济研究, 2011 (8): 78-91.

[212] 张杰. 制度金融理论的新发展: 文献述评 [J]. 经济研究, 2011 (3): 145-159.

［213］张敬伟. 基于创造性拼凑与价值创新视角的创业企业成长模型研究［J］. 现代管理科学, 2009（5）：60-61, 70.

［214］张军, 许庆瑞. 管理者认知特征与企业创新能力关系研究［J］. 科研管理, 2018（4）：1-9.

［215］张立新, 段慧昱, 戚晓妮. 创业环境对返乡农民工创业意愿的影响［J］. 农业经济与管理, 2019（1）：72-83.

［216］张龙, 王昀. 社会资本与创业绩效：一个创业者的单案例研究［J］. 商业经济研究, 2018（12）：187-189.

［217］张敏, 黄继承. 政治关联、多元化与企业风险——来自我国证券市场的经验证据［J］. 管理世界, 2009（7）：156-164.

［218］张青, 张瑶. 农村非生产性公共品对农户创业行为选择的影响——基于微观视角的经验分析［J］. 财政研究, 2017（6）：84-97.

［219］张晓冬, 张卉娟. 非赢利型创业孵化机构服务质量评价体系研究——以上海市大学生科技创业基金会为例［J］. 中国城市经济, 2011（24）：272-273.

［220］张晓晶, 李成, 李育. 扭曲、赶超与可持续增长——对政府与市场关系的重新审视［J］. 经济研究, 2018（1）：4-20.

［221］张秀娥, 徐雪娇. 创业学习与新创企业成长：一个链式中介效应模型［J］. 研究与发展管理, 2019（2）：11-19.

［222］张秀娥, 赵敏慧. 创新创业在效率驱动与创新驱动经济体中的作用分析——基于 GEM 数据分析［J］. 华东经济管理, 2017（2）：36-42.

［223］张玉利, 杨俊, 任兵. 社会资本、先前经验与创业机会——一个交互效应模型及其启示［J］. 管理世界, 2008（7）：91-102.

［224］张兆国, 曾牧, 刘永丽. 政治关系、债务融资与企业投资行为——来自我国上市公司的经验证据［J］. 中国软科学, 2011（5）：106-121.

［225］张治河, 焦贝贝, 李怡, 等. 科技资源匮乏地区创新驱动发展路径研究［J］. 科研管理, 2018（2）：46-59.

［226］赵彩虹, 宋洋, 文正再, 等. 产业集聚对新创企业成长的作用机制研究［J］. 工业技术经济, 2019（11）：153-160.

［227］赵静，郝颖. 政府干预、产权特征与企业投资效率［J］. 科研管理，2014（5）：84-92.

［228］赵连荣，葛建平. 我国资源枯竭型城市转型的政策工具研究［J］. 现代城市研究，2013（9）：58-62.

［229］珍妮特·K. 史密斯，理查德·L. 史密斯，理查德·T. 布利斯. 创业融资：战略、估值与交易结构［M］. 北京：北京大学出版社，2017.

［230］郑丹辉，李新春，李孔岳. 相对关系导向与新创企业成长：制度环境的调节作用［J］. 管理学报，2014（4）：510-519.

［231］郑健壮，靳雨涵，段匡哲. 集群内网络关系对企业技术创业的影响：基于浙江的实证研究［J］. 科研管理，2018（1）：64-73.

［232］郑健壮，叶峥，徐寅杰. 集群企业开放度对创新绩效的影响机制：基于浙江三个集群的实证研究［J］. 科研管理，2017（4）：19-27.

［233］钟惠波，刘霞. 套利型创业、创新型创业与中国经济增长——基于市场化协同效应的实证研究［J］. 科技进步与对策，2018（7）：74-81.

［234］仲冰. 资源型城市经济转型研究［J］. 资源与产业，2007（9）：5-7.

［235］周黎安. 中国地方官员的晋升锦标赛模式研究［J］. 经济研究，2007（7）：36-50.

［236］朱益宏，周翔，张全成. 私营企业家政治关联：催化了投机行为还是技术创新？［J］. 科研管理，2016（4）：77-84.

［237］祝佳. 创新驱动与金融支持的区域协同发展研究——基于产业结构差异视角［J］. 中国软科学，2015（9）：106-116.

［238］祝振铎，李新春. 新创企业成长战略：资源拼凑的研究综述与展望［J］. 外国经济与管理，2016（11）：71-82.